JN440601

인터넷에서 배우는

독일 문화

인터넷에서 배우는

독일 문화

인터넷에서 배우는 독일문화

변 난 수 지음

2006년 12월 22일 초판 1쇄 인쇄
2006년 12월 29일 초판 1쇄 발행

펴낸이 ■ 김 진 수
편집이 ■ 진 정 미
펴낸곳 ■ 한국문화사
133-823 서울시 성동구 성수1가 2동 656-1683 두앤캔하우스 502호
전화 ■ 02)464-7708(대표) 3409-4488(편집부) 468-4592~4(영업부)
팩스 ■ 02)499-0846
등록번호 ■ 제2-1276호(1991.11.9 등록)
e-mail ■ hkm77@korea.com
homepage ■ www.hankookmunhwasa.co.kr

가 격 18,000원

ISBN 89-5726-423-X 03300
ISBN 978-89-5726-423-2 03300

이 도서의 국립중앙도서관 출판시도서목록(CIP)은 e-CIP 홈페이지
(http://www.nl.go.kr/cip.php)에서 이용하실 수 있습니다.
(CIP제어번호: CIP2006002651)

책을 펴내며

대학 독어독문학 전공에 있어 이전엔 순수 독문학 중심으로 주로 강의가 이루어져왔다면 이제는 문화교육이나 지역학으로의 전환이 많이 이루어지고 있다. 독일문화에 대한 강의를 준비하며 독문학을 전공하는 학생들을 위하여 어떻게 독일인과 독일문화에 대해 소개를 해줄까 고심하다 이왕이면 우리말로 독일문화에 대한 소개만 할 것이 아니라 독일어 언어실습도 동시에 병행하면 어떨가 하며 교재를 찾던 중에 독일 국제위성방송인 도이체 벨레 Deutsche Welle에서 제공하는 인터넷 사이트에서 독일문화에 대한 좋은 텍스트가 있는 것을 발견하게 되었다. 그리고 우연히 벤야민 바르코브 Benjamin N.O.X. Barkow와 슈테판 차이데니츠 Stefan Zeidenitz 두 독일인이 쓴 책 '독일인에 대한 제노포베의 가이드 Xenophpbe's guide to the Germans'을 접하게 되었다. 60여 페이지 정도 밖에 안되는 이 작은 책자는 영국 Oval Projects Ltd.에서 『제노포브스 가이드』란 이름으로 나오는 시리즈 가운데 한 권이다. 이 시리즈는 유럽의 여러 나라 사람들의 생활과 문화를 해학적으로 소개하고 있으며 평소 흔히 듣던 이야기와는 다른 이야기들, 구석에 숨어 있던 '생생한 문화'가 다양한 시각에서 소개된다. 제노포브 Xenophobe는 외국인을 이유 없이 두려워하거나 혐오하는 사람을 가리킨다 하는데 그런 사람들을 위해 외국문화를 친근하게 소개하는 역할을 하는 이 시리즈는 우리나라에서도 이미 17권이나 푸른나무에서 나온 '유시민과 함께 읽는 XX문화 이야기'(영국, 프랑스, 독일, 이탈리아, 스위스, 오스트리아, 러시아, 헝가리, 폴란드, 일본, 호주 등)의 제목으로 번역되어 있다.

이 책은 우선 재미도 있고 타당성 있는 관점에서 독일의 문화가 소개된다는 점에서 교재로도 손색이 없을 듯하다. 그러나 지식적인 면에 있어 어느 부분들은 너무 간단히 이야기가 넘어가고 있어 그런 부분들을 좀 더 깊이 있게 소개하고 싶은 욕심이 들어 지식적인 면들을 좀 더 보충하면서 나 나름대로 독일인과 독일문화에 대한 책을 한권 만들고 싶은 욕심이 들었다. 그래서 우리말로 독일문화에 대한 강의와 더불어 중간 중간에 독일어로 된 텍스트 문장들을 읽음으로 독일어 학습도 동시에 추구하고자 한다. 다시 말해 문화지식과 언어실습이 자연스럽게 병행되는 것이다. 독일어 문장들은 전부 독일어 위성방송인 Deutsche Welle에서 제공하는 텍스트에서 발견한 것들인데 제노포브 책에서 주장되는 독일인의 성격이나 독일문화를 뒷받침해주고 확인시켜 주는 역할을 한다. 이 사이트는 www.campus-germany.de/german로 들어가 Leben 부분을 클릭하면 각 소제목과 또 그 소제목에 따른 여러 주제의 글이 나온다. 이 글들은 대부분 세계 각 처에서 독일로 유학 온 학생들이 올린 글들이다. 즉 독일문화 체험에 대한 견해들이다. 본 교재에서는 인용한 부분의 출처가 되는 소제목을 ( )안에 제시하여 찾기 편하게 하였다. 그러나 독일어를 모르는 독자들을 위하여 독일어 인용 부분에 번역을 병행했고 다시 독일어 텍스트 부분만 뒤에 2부로 따로 엮어 문법적 설명을 자세히 해놓아서 독일어 공부에 목적이 있는 독자들에게는 큰 도움이 되리라 본다.

그리고 '인터넷에서 배우는 독일문화'이다 보니 독일인이나 독일문화와 관련된 여러 인터넷 사이트 정보들도 많이 수집을 하였다. 그런 자료들은 가능한 출처를 분명히 하여 본문에 제시하고자 하였으며 인용된 단행본 책이나 논문은 뒤에 다시 참고문헌으로 놓아두었다. 본문 중 ( )안에 숫자가 들어 있는 부분은 "유시민과 함께 읽는 독일문화 이야기" 책에서 인용한 쪽 표시이다.

독일인과 독일문화에 대한 지식을 얻으면서 동시에 늘 생각되는 부문은 우리나라 문화, 한국인들에 대한 이해와 관심이었다. 학생들이나 이 책의 독자들도 개인적으로 그런 부분에 관심을 갖고 비교하는 차원에서 스스로 지식을 찾아나가면 좋을 것 같다.

Contents

제1부 독일 문화

1. 독일인

1-1. 국민성과 정체성

버지니아 울프는 자신의 소설 '댈러웨이 부인'에서 "이 사람은 이렇고 저 사람은 저렇다 함부로 정의내릴 수 없다"라고 언급한 적이 있다. 이것은 내가 나 자신에 대해서 또한 다른 사람에 대해 한마디로 정의내리기 힘든 사실에도 적용되며 민족이나 국민성에 대해 정의내리기는 더더욱 어렵다는 사실을 인식시켜 주기도 한다. 우리는 한국인에 대한 국민성과 정체성을 어떻게 이야기할 수 있을까? 또 과연 전형적인 것이 있을까? 이런 질문은 다른 나라로 방향을 돌릴 때 더욱 어려울 수 있다. 단정적으로 이렇다 저렇다 정의내릴 수 없다는 것을 전제하지만 그럼에도 일반적으로 인식되는 내용들을 조금씩 알아보기로 한다.

독일인에 대해서 사람들에게 가장 먼저 떠오르는 생각이 무엇일까?

Der Deutsche trinkt Bier auf dem Oktoberfest... Deutschlands Ureinwohner sind blond, haben blaue Augen, sind kühl und abweisend. Sie ernähren sich am liebsten von Würstchen mit Sauerkraut. Und die deutsche Musik besteht nur aus Beethoven und Bach.

Klischees und Vorurteile über "die Deutschen". Was kann typisch sein für ein Land, in dem mehr als 80 Millionen Menschen leben? Ihnen fällt gerade auch nichts ein? Wie wär's damit: gastfreundlich, freigebig und hilfsbereit. Gerne auch pünktlich, engagiert und arbeitsam. In jedem Fall hat in den letzten Jahrzehnten - nicht zuletzt durch die vielen Migrantinnen und Migranten, die hier leben - die deutsche Gesellschaft so viel Vielfalt und Toleranz gewonnen, dass manches Klischee einfach nicht mehr greift. Das moderne Deutschland ist viel zu abwechslungsreich und vielschichtig, um sich in wenige Worte fassen zu lassen. (Typisch deutsch- Klischees)

독일인은 옥토버페스트에서 맥주를 마시고 독일의 토착인들은 금발에 푸른 눈을 갖고 있으며 냉정하고 거부적이다. 그들은 소시지와 자우어크라우트를 가장 즐겨 먹으며 독일 음악은 베토벤과 바하 뿐이다.

'독일인들'에 대한 상투어와 선입견들. 팔천만 이상이 살고 있는 나라에서 무엇이 전형적일 수 있을까? 당신에게도 아무 생각이 떠오르지 않는가? 다음은 어떤가? 즉 손님을 후대하고 잘 베풀며 도와주기를 좋아한다. 물론 시간을 잘 지키며 참여적이며 근면하다. 어찌되었든 지난 수 십 년간 -특히 이곳에 살고 있는 많은 이주자들로 인해- 독일 사회는 많은 다양성과 관용성을 갖게 되었으며 여러 상투어들은 그래서 더 이상 단순하게 적용되지 않는다.

현대 독일은 몇 마디 말로 파악되기에는 너무 변화가 많고 다층적이다.

1-2. 국민성을 대표하는 캐릭터. 상징적 인물 Symbolfigur

민족에 대한 자화상이나 외국인에 대한 이미지에나 상징적 인물들이 있다. 이 인물들은 각기 시사하는 바가 큰데 국민성을 대표하는 캐릭터로 미국은 '엉클 샘', 영국인은 '존 불', 프랑스인이 '마리안느'를 가지고 있다면 독일인에게는 '잠자는 미셸'이 있다.

엉클 샘 Uncle Sam

미국과 영국의 전쟁시기인 1812년 이래로 엉클 샘의 머리글자인 U.S.에서 미국을 상징하거나 전형적인 미국인을 상징하는 용어로 쓰이게 되었다. 그 이름의 유래에 대해선 책 '지구촌 문화여행'(저자: 박영수, 출판사는 거인)에서 '미국의 상징적 얼굴, 엉클 샘의 유래' 라는 제목으로 나와 있고 인터넷에서도 문화칼럼으로 그 내용이 올라와 있다. 그 외 여러 카페사이트에서도 찾을 수 있는데 그중 하나를 소개한다.

사무엘 웰슨과 이브니저 웰슨이라는 형제가 있었다. 이들 형제는 통조림 공장을 경영하고 있었는데 늘 그들의 식육 통조림 공장이 뉴욕 주에서 가장 훌륭하다고 자랑했다.

그들은 이 공장에서 하루에 소 150마리를 도살해서 통조림으로 만들 수 있다고 주장했는데 그래서 미국과 영국이 1812년 전쟁을 하게 되었을 때, 이 자신만만한 형제는 군대에 쇠고기와 돼지고기를 납품할 계약을 맺었다.

사무엘 웰슨은 무척 기뻤다. 쾌활한 성격을 가진 그는 군중 사이에 섞여 있을 때면 회색 머리카락과 높다란 실크 모자 때문에 남의 눈을 끌었다.

사람들은 그를 엉클 샘(사무엘의 애칭)이라고 불렀다. 그는 트로이에 있던 자기 공장에 사람들이 찾아와 자기공장을 구경하는 것을 언제나 환영했다.

전선에서 싸우고 있는 병사들을 위해 자기가 하고 있는 일이 너무나 자랑스러웠던 것이다.

그러다 어느 날, 그의 공장을 찾아온 한 방문자가 고기 통에 모두 E.A.~U.S.(정부 측의 계약책임자 엘버트 앤더슨과 미국의 머리글자로 1812년 전쟁 기간에 그가 군대에 공급한 쇠고기의 통에 정부 소유라는 것을 나타내기 위하여 찍은 검인도장)란 글자가 찍혀있는 것을 보고, 직공에게 그것이 무슨 뜻이냐고 물었다. 그 직공은 잘 모른다고 하면서 '혹시 엘버트 앤더슨과 엉클 샘이 아닌지 모르겠다.'고 말했다. 그 농담이 히트한 셈이다.

그 방문자들은 돌아가서 그 이야기를 퍼뜨렸고, 입대한 그 공장의 종업원들이 그 이야기를 군대에 전했다. 만화가들은 1830년대에 이 아이디어를 주로 다루기 시작했으며 샘 자신은 1854년에 죽었으나 의회는 그의 이름이 미국을 대표하는 이름으로 국민의 가슴속에 영원히 남아있도록 조처했다. (출처: http://cafe.naver.com/kmc1020/665)

보통 긴 백발과 턱수염에 연미복과 조끼, 줄무늬 바지를 입고 높은 모자를 쓰고 있는 그의 모습은 20세기에 와서 제임스 몽고메리 플랙이 만든 제1차 세계대전의 징병 포스터로 가장 잘 알려지게 되었는데, 이것은 제2차 세계대전 때에도 사용되었으며 '당신이 필요하다'라는 문구가 씌어 있다. 그래서 엉클샘은 애국적 의미, 외국과의 정치적 투쟁과 연결된 이미지로 미국과 미국인을 대변한다.

존 불 John Bull

영국인에 대한 별명으로 문학작품이나 정치만화에서 영국이나 영국인들의 특성을 나타내는 전통적인 인물. 다음(Daum) 백과사전에서 다음과 같이 설명한다.

존 불을 만들어낸 사람은 1712년 스코틀랜드의 수학자이며 의사인 존 아버스넛 Dr. John Arbuthnot이다. 그는 5편의 풍자이야기를 시리즈로 발표하면서 이 인물을 선보였는데 이 시리즈는 〈존 불의 역사 The History of John Bull〉로 묶여 출판되었다. 존 불은 정직한 의류상인으로 친구인 직물상 니콜러스 프록(네덜란드를 상징함)과 함께 장사를 방해하는 루이스 버분(루이 14세)에 대항해 싸운다. 이 풍자가 널리 읽히면서 그는 18세기의 정치적인 글에 자주 나오는 인물이 되었다.

영국인을 대표하는 "존 불(John Bull)은 근면하고 믿을 만하며 성숙하고 이성적인 성인이며 남자답다.

존 불이 가장 유명해진 것은 정기간행 잡지인 〈펀치 Punch〉의 인기 있는 만화에 등장하게 된 19세기 중반과 후반이다. 〈펀치〉의 만화가 존 리치와 존 테니얼 경이 만든 모습은 가장 친숙하며 자주 나온다. 여기서 존 불은 쾌활하고 정직한 농부로서, 강건하고 듬직하며, 가끔 유니언 잭이 그려진 조끼를 입거나, 불독이 뒤따르기도 한다.

불독은 또한 영국을 상징하는 개이다. 불독(bulldog)이란 이름의 어원은 황소(Bull)와 싸우는 개(dog)라는 어원에서 나왔는데 중세 영국의 귀족사회에서 유행했던 '곰 놀리기'라는 놀이가 평민들 사회에서 '황소 놀리기'라는 형태로 바뀌었다 한다. 즉 황소와 개를 대결시켜 놓고 그 과정을 즐기는 볼거리인데 불독의 강한 특징은 한번 물면 오랫동안 놓지 않고 버티는 끈기와 고통을 느끼는데 둔

감한 신경이라 한다. 영국인들은 그 개를 매우 자랑스러워했으며 그래서 모양은 험상궂어 보이나 성격적으로 용감하며 참을성이 많고 온순한 불독이 영국의 상징이 되었다 한다. 그러니 영국을 상징하는 인물 존 불이 불독과 함께 등장하는 것은 자연스러운 일이다.

존 불은 오늘날까지도 세계적으로 알려져 책이나 극, 정기간행물에 이름이 자주 등장하며 상표나 상품명으로 그림과 함께 나온다.

문학적 인물로서 존 불은 선의를 가진 인물이고 상식이 많은 인물이나 낙담하거나 좌절하기도 하는 전형적 시골 촌뜨기이다.

미국의 엉클 샘처럼 권위적인 인물과는 달리 자작농으로 맥주와 가정 내의 평화로움을 선호하며 보수적이나 가부장적 권력을 지니거나 영웅적 도전성을 지닌 인물은 아니다.

엉클 샘처럼 1차대전 때 징집포스터로 유명해졌다.

마리안느

자유와 공화정의 상징. 삼색기가 프랑스의 상징물이듯이 마리안느 또한 프랑스를 대표하면서 옛 프랑스 화폐, 프랑스 유로동전, 우표, 시청, 법정 등에 등장한다. 1789년 프랑스혁명 후 프랑스는 1792년 왕정이 폐지되었다. 이전 앙시앙레짐(Ancien Regime, 구제도. 프랑스 혁명 이전의 사회는 절대왕정의 여러 모순을 내포하고 있던 시대라는 의미에서 구제도)하에서 국가와 동일시되던 인물은 군주였고 그래서 전국 곳곳에 국왕의 흉상이 세워져 있었다. 그러나 1972년 제1공화국이 설립되면서 국가를 대변하던 이미지인 왕의 초상 대신에 그들의 자유국가를 표현할 어떠한 상징체가 필요하게 되었는데 바로 여성이었다. 공화국이나 자유를 표현하는데 왜 남자가 아니고 여성의 모습으로 표현된 것일까에 대해선 여러 의견들이 있다. 그것은 우선 프랑스어로 자유나 공화국의 단어는 모두 여성이기 때문이다. 또 과거 군주(남자)제와의 단절을 상징하기 위해 여자를 내세웠으며 또한 왕정 전제정치에 억눌리고 핍박받는 나약한 민중을 여성이 가장 잘 나타내기 때문이기도 하다. 그래서 여러 여성의 흉상들이 만들어지다 1848년엔 공식적인 여성상이 공포되면서 '마리안느(MARIANNE)'라는 이름이 붙게 되었다. 루브르박물관에 보면 1830년에 화가 들라크루아(Eugéne Delacroix)의 유명한 그림 '민중을 이끄는 자유'가 있는데 이 그림이 구체적 모델이 되었다는 주장도 있는데 이 그림에 보면 가슴을 과감히 드러낸 채 깃발을 치켜들고 민중을 이끄는 여인의 모습이 있다. 잔 다르크로 오인할 수도 있는 이 여자가 바로 마리안느로 굳어지게 되었다는 것이다. 마리안느가 쓰고 있는 프리지아 모자가 또한 자유의 상징이기도 하다. 프리지아모자는 머리에 꼭 눌러 쓰는 원추형 모자로 소아시아의 고대국가인 프리지아에서 유래했으며, 로마에서는 자유의 몸이 된 노예들이 자유의 상징으로 이 모자를 썼고 프랑스 혁명중인 18세기에 빨간색의 프리지아 모자를 자유의 모자로 채택하면서부터 또다시 자유의 상징의 되었다.

마리안느라는 이름의 유래도 분명치는 않으나 프랑스에서 가장 흔한 여성이름이기도 하고 성모와 연결되었다는 주장도 있다.

이후 마리안느는 전국 3만 6000여개 도시 시청 입구마다 자리를 차지했고, 10년마다 그 시대를 대표하는 인기여성을 그 모델로 선정해 왔다.

1886년 프랑스 국민이 미국에 기증한 '자유의 여신상'도 마리안느의 분신인 셈이다.

미셸 Michel

"미셸 Michel"은 독일의 수호성인이었던 성자 "Michael"에게서 이름을 물려받았지만 성자와는 의미적으로 큰 연관은 없는 듯하다. 벌써 16세기부터 "der deutsche Michel"라는 관용구는 오늘날의 평가절하된 "부지런 하지만 융통성이 없는 독일사람"을 뜻하거나, "인습에 젖은 편협한 독일사람"을 뜻한다. 미셸은 강하고 부지런하며 우직하고 성실하지만 - 순전히 칭찬할만한 특성들이다 - 똑똑하지가 못하다. 오히려 약간 멍청하고 조종하기 쉬우며 쉽게 꼬드길 수 있다. 독일의 미셸은 그래서 멍청하고 미숙한 사람, 환상적인 사람을 일컫기도 한다.

미셸의 이름은 독일 역사와 함께 그 의미도 다르게 표현되어지는데 "독일적인 미셸 der deutsche Michel"이란 표현이 처음 등장한 것은 1541년이다. 미국이나, 영국, 그리고 프랑스의 상징적 인물과는 달리 미셸은 투쟁적이거나 정치적 인물로 등장한 것이 아니라 평화를 사랑하고 다소 몽상적인 농부로 묘사된다. 그러나 17세기에 미셸은 오로지 독일어만 사용하는 사람으로 외세나 궁정문화에 맞서는 투쟁의

상징으로 되어지나 19세기 3월전기(Vormärz) 기간에 미셸은 다시 비정치적이고 고루한 사람으로 묘사되다 1848년 독일혁명 기간에는 자신의 권리를 위해 싸우는 민중으로, 또 독일의 통일을 위해 싸우는 인물로 그려진다. 독일인 미셸과 늘 연결되는 단어는 bieder(우직한) 라는 단어인데 이 단어와 더불어 미셸은 긍정적으로 그려지기도 하고 부정적으로 인식되기도 한다.

'비더 bieder'는 위에 언급했듯이 우직한, 고루한, 보수적인 의미를 갖고 있는데 19세기 3월전기 기간과 비더마이어 문학운동과의 연결 속에서 독일인 미셸이 지니는 의미를 더 잘 이해할 수가 있다.

1830년의 프랑스 혁명과 1848년 3월의 독일혁명 사이의 기간은 독일사에서 '3월전기(Vormäerz)'로 불리 우는 전환기로서, 이 시기에는 낭만적 경향이 사라지고 보다 현실적이고 사실적인 경향이 대두하게 된다. 이때의 문학은 두 가지 방향으로 나아가게 되었는데 그 하나가 소위 비더마이어(Biedermeier, 1820~50)로서, 격동하는 정치정세와 사회적 투쟁을 외면하고, 우직하고 범속한 가운데 가정적이며 소시민적인 정취에 잠기는 경향이고, 다른 하나는 그와는 달리 봉건적 압제정치에 반항하여 민주주의를 옹립하려던 청년독일파(Das junge Deutschland)의 진보적인 경향이다.

Biedermeier의 문학과 문화는 시민계층에 의해 이루어진 것이다. 그 시대의 시민계급은 프랑스 혁명과 나폴레옹 전쟁을 겪으면서 변혁에 대해 환멸을 느꼈으며 지쳐 있었다. 따라서 그들은 '은거'와 '사생활'을 동경하였고, 종교, 향토, 가족과 같은 영역에 순응하여 그 속에서 만족을 찾고자 하였다.

내면의 평화와 질서 및 은둔적 행복을 추구하던 Biedermeier 시대의 작가들은 청년독일파가 대도시에 매력을 느꼈던 반면에 시골에 은둔생활을 하는 경우가 많았고, 그곳에서 일체의 정치적 요소를 배격하고 추억 속으로 잠잠하거나 주변의 자연환경을 묘사함으로써 향토적인 자연문학의 경향이 상당히 강하였다. 이러한 우직성은 미셸에게도 적용되어 한편으로는 긍정적으로 소박하고 정직한 인물이란 의미를 갖게 되지만 또 다른 한편으로는 부정적으로 현세와 등을 지고 몽상적세계로 빠져드는 독일인의 특성을 나타내기도 하는 것이다. 이러한 미셸의 몽상적 특징은 풍자화에서 늘 잠잘 때 쓰는 모자와 함께 그려진다는 점이다. 잠자고 있는 미셸, 꿈꾸는 미셸은 그래서 사회참여를 부르짖는 독일인들에게는 "깨어나라 미셸이여"라는 구호로 그 이름이 등장하기도 한다.

1-3. 전형적 게르만민족의 특성 Einige teutonische Besonderheiten

튜튼족이란 고대 유틀란트 반도 즉 북부 유럽의 돌출부로서 현재 덴마크 본토에 살았던 테우토니족을 일컫는 말인데 이들이 사멸한 뒤에도 라틴 작가들은 게르만족을 가리켜 튜튼족이라 불렀으며 이는 현대까지 답습되고 있으니 튜튼족이란 게르만족을 일컫는다. 현대사회에서 게르만족을 대표하는 것이 독일인들이지만 독일인은 게르만족의 일부분이다. 사실 게르만족은 매우 넓은 의미를 갖고 있는데 게르만은 인도-유럽어족(語族) 중 게르만어(語)를 사용하는 민족의 총칭이다. 게르만족은 수많은 부족과 민족으로 구성이 되어 있었으며 그중 하나가 튜튼족이며 지금의 유럽인들은 거의 대부분이 고대 게르만족의 후예라고 해도 지나치지는 않다. 하지만 게르만족은 현재 우리에게 독일인들만을 지칭하는 이름으로 되었다.

투튼족(게르만족)의 전형적인 특성은 어두움, 내향적 성격, 신비로움과 괴기함 그리고 형이상학적 사색에 관심을 갖는 민족이며 이유 없는 잔인성이나 완고함을 갖고 있는 민족으로 주로 묘사되고 있는데 이러한 특성들은 역사적으로나(세계전쟁, 나치) 문학사적으로(낭만주의, 표현주의) 또 예술적으로(고딕양식) 대표되어진다.

a. 꿈꾸기 좋아하는 독일인(Michel)

> 독일인은 내면세계로 퇴각해 들어가 정신분석에 몰두하거나 문화의 상아탑 속에 조용히 숨어 지낸다.(1) 독일인이 자기 자신에 대해 깊이 숙고하는 것을 두고 어떤 외국인이 자아도취라고 여긴다면 그것은 그 사람이 천박하기 때문이라고 독일인은 생각한다.(9)

위에서 독일의 국민성을 대표하는 캐릭터로 미셸이 언급되었는데 미셸의 캐리커츄어 특징은 잠잘 때 쓰는 뾰족모자를 쓰고 무릎까지 오는 바지를 입은 촌뜨기 소년의 모양을 하고 있다. 촌뜨기 모양은 '우둔함'을 의미하나 잠잘 때 쓰는 모자를 쓰고 있음은 몽상가, 공상가를 의미하는데 환상을 쫓는 독일인의 특성에 대해 시인 하인리히 하이네는 "프랑스와 러시아인은 땅을, 영국인은 바다를 가졌지만, 우리에겐 환상의 천상세계가 있지. 오직 우리들만의. 여가는 우리만의 세상, 여기서 우리는 모두가 하나"하고 표현하고 있다.(17) 유럽의 문학과 학문

그리고 예술을 이끌었던 독일 낭만주의의 동화적 세계, 표현주의 예술의 추상성, 수많은 철학자등이 이를 반영한다.

한편 괴테는 이러한 독일인의 특성에 대해 "우리들 독일인이 난삽한 철학적인 문제를 붙들고 씨름하는 동안 영국인은 우리들을 비웃으며 실용주의를 무기로 세계를 장악하고 있다"(18)라고 말하고 있는데 분열과 전쟁으로 얼룩진 독일 역사와 현실의 정치에서 억압받던 시민들이 불편한 현실에서 도피하여 꿈의 세계, 자신의 내면세계, 형이상학적 세계들에서 자유로이 거닐고자 한 것은 어쩌면 당연한 일이었는지 모른다. 그래서 겁 많은 내면세계로 퇴각해 들어가 정신분석에 몰두하거나 문화의 상아탑 속에서 조용히 숨어 지낸다.

b. 독일인의 삶은 진지하다.

영어에는 '스몰 토크 small talk, 잡담'라는 표현이 있지만 독일어에는 사소한 일을 화제로 한 부담 없는 대화에 해당하는 적절한 단어가 없다. 과장해서 말하자면 독일 사람들은 세상이 뒤집어질 만큼 엄청나게 중요한 문제가 아니라면 아예 말을 하지 않는다.

다른 나라에서는 그저 인사치레로 하는 '어떻게 지내십니까 wie geht's?'라는 말에도 독일 사람들은 자신의 전반적 건강여부와 신체 각 부분의 작동 상태에 대한 종합적인 강의로 대답을 하니 자세히 알고 싶은 생각이 없는 사람은 그런 인사를 삼가라는 우스개 말도 있을 정도이다.(51)

독일인들은 인생의 근심걱정 거리를 가지고 농담거리로 삼을 엄두를 내지 못한다. 농담이나 유머 역시 매우 진지하게 받아들이지 않으면 안되는 심각한 문제이다. 그렇게 독일인의 삶이 진지하다 보니 농담도 재미가 없다.

Die Bandbreite der Gesprächsthemen ist abcr eher dürftig. Es wird häufig über die Arbeit oder das Studium geredet und sehr gerne philosophiert. Kein Wunder im Land der Dichter und Denker!

Man findet die Themen auf deutschen Partys zu trocken und ein wenig metaphysisch. Es kann eine ganze Weile dauern, bis man beim Small Talk auf einer Party ins Private übergeht. (Feiern-Studienzeit - Partyzeit)

화제의 폭이 좀 빈약하다. 빈번하게 논해지는 것은 일 아니면 공부이다. 그리고 철학적이다. 시인과 사상가의 나라에서 놀랄만한 일이 아니다. 독일의 파티에서 화제는 너무 무미건조하고 약간은 형이상학적이다. 그래서 파티에서의 잡담에서 개인적인 일로 넘어가기에는 좀 시간이 걸린다.

그러나 위의 주장이 꼭 맞는 것은 아니다. kbs 월드넷에 실린 글을 하나 소개한다.

독일친구들의 대화 주제

독일친구들과 대화를 하면서 느끼는 점이 있다. 우리나라 친구들과 이야기 할 때와는 사뭇 다르다는 것을 느끼는데, 우선 먼저 드는 것이 대화의 주제이며 그 다음에 대화의 분위기이다.

우리나라 사람들은 여기 독일 사람들에 비해서 하나의 것으로 휘둘리기를 잘한다는 생각이 든다. 한 사건, 한 유행, 한 드라마, 한 연예인의 이야기가 나라를 흔들거나 아니면 가까운 주변의 사람들의 관심을 뒤흔들기 십상이고 만나면 한창 떠드는 대화주제로 사용되기가 십상이다. 그러나 이곳 독일 사람들은 거의 그렇지 않다. 그 어떤 대화도 정치나 문화 이외에 한 연예인, 한 노래, 한 영화가 대화주제를 뒤흔들지 않는다. 주로 다루는 이야기는 누구나 대화가 가능한 주제거나, 정말 개인적인 이야기들이다. 또 한 번 이야기가 나오면 깊이 들어가고 시간도 오랫동안 이야기를 한다. 한 대화의 내용을 나누다가 다른 대화로 빨리 넘어가는 것을 본적이 별로 없다.

특히 식사를 할 때 그리고 나서 커피타임을 가질 때 나누어지는 이야기들은 한국에서 여자 친구들이나 보통 어울리면서 나누었던 대화의 주제와 달라 처음에는 끼기가 무척 힘들었다. 그래서 무조건 듣고만 있었다. 물론 빠른 독일어로 떠들어서 알아듣기도 쉽진 않았지만. 아무 때나 끼어서도 안 될 것 같고, 그리고 관심을 가지는 주제들이 문화에 관한 것이 많아 듣고 있으면 그저 배우는 듯했다. 어느 전시회에 갔더니 무엇이 좋았냐느니, 어떤 작품이 어떤 작품과 비교된다느니, 오페라에 갔는데 누가 그 곡을 잘 소화해내었고, 연극 보러 갔는데 그 작품이 어떻다느니 등등. 또 어제 가구를 보러 갔는데 디자인과 원목이 어떻다느니, 신문을 읽었는데 그 나라의 정치가 어떻다느니 하는 그런 이야기들, 혹은 자기네 집에서 어제 요리를 했는데 무슨 외국 요리가 맛있다느니, 처음 먹어보는 이국적인 요리 등을 주제로 삼는다. 그리고 정말 친한 사람들끼리 하는 극히 개인적인 이야기거나, 남자친구와 어떻다느니, 아이에 관한 이야기, 가족에 관한 이야기, 혹은 문화적인 것에 관한 이야기 등등이 내가 여태껏 1년 넘게 연구소의 점심시간에 듣는 대화주제이다.

그리고 연구소 친구들끼리 각자 돌아가면서 식사초대를 해서 가보아도 음식에 관한 이야기에서 정치이야기까지 돌아가다가 한번 논쟁이 붙으면 싸울 정도로 까지 자기주장을 확실히 내세우는데 정말 마지막에 웃고 서로 넘어가거나 아니면 삐져서 집에 가거나 한다. 정말로 싸울 정도의 분위기이면 나는 놀라움으로 대화에 끼는 것보다 구경하기가 일쑤다. 왜냐하면, 내 생각에는 먹으러 와서 좋게 좋게 넘어가야지 왜 논쟁을 그렇게 심하게 하는 지 생각이 들어서이다. 그러면 친구들이 나를 이상하게 본다. 이야기할 때는 확실히 해야 하고 하다보면 서로 날카로워지기가 일쑤인데 당연하지 않느냐고 말이다.

분위기에 적응하고, 대화주제에 적응하고 애 많이 먹었다. 지금도 어떤 주제가 나올지 몰라 좀 준비를 해야 하는데, 즉 신문을 읽고 뉴스를 알 뿐 아니라 문화적인 안목과 관심을 늘 가져야 하는 것으로 신경을 쓴다.

— 출처: kbs world net, 유진영 칼럼, 작성일: 04.10.24

c. 인생이 진지하기 때문에 독일인은 규칙을 잘 지킨다 질서지향적 Alles in Ordnung!

독일인들은 자동차를 몰고 다닐 때나 거리를 걸어 갈 때 질서를 지키는 것을 당연한 것이라고 생각하고 행동한다. 공공장소에서 교과서적으로 질서를 지키는 민족이다. 질서를 어기거나 예의에 어긋나는 것이라고 판단이 되면 항의를 하거나 주의를 준다. 이웃집 사람이라도 불법이라고 판단되면 단호하게 경찰에 신고한다. 따라서 개인적으로 친한 것과 법률을 준수하는 것을 구별한다. 특히나 개인주의가 생활화되어 있기 때문에 개인의 사생활을 침해하거나 참견하지 않는다. 친구 사이라도 지킬 것은 지켜야만 한다.

인간사를 더 복잡하고 어렵게 만드는 어떤 규칙이 있더라도 독일인은 그것을 어기는 것을 혐오한다. 그래서 독일에서는 '명시적으로 허용되지 않았으면 모두 금지된 것'이다.(11)

효율성, 조직력, 규율, 청결성, 정확성, 순종, 질서, 의무, 이런 것들은 독일인의 자랑이다. 이런 단어들은 독일인들의 질서에 대한 집착을 포괄적으로 드러내는 특성이다. 그래서 그들은 철저하게 규정을 준수한다. 이러한 철저함은 여러 곳에서 발견된다. 교통편 시간은 물론 생활에서 각종 시간은 면도날 같이 지켜진다. 늦거나 지연되는 것은 없다. 규정을 만들 때도 합리적으로 만들지만 만들어진 규정은 철저하게 지킨다. 한국에서는 사소하게 넘어갈 문제도 독일인들은 심각하게 고려를 한다. 규정과 규율을 엄격하게 준수하기 때문에 서양의 농담에 독일인들이 나오면 군인처럼 행동한다는 식의 글을 볼 수 있다. 독일에서 자주 쓰이는 말 중에 "알레스 인 오르드눙 Alles in Ordnung"이라는 말이 있다. 직역하면 '모든 것이 질서 안에 있다'라는 뜻이니 "아무 문제없다, 모든 것이 오케이다"라는 말이다. 이 한마디만큼 독일인들의 마음에 꼭 와 닿는 말이 없다. 사실 우리 모두가 일상에서 바라는 것도 바로 이 말이 아닐까?

독일인들은 제대로 작동하는 기계를 좋아한다. 기계를 사용하는데 있어서 가장 근본적인 것은 바로 '제대로 작동'하는 일이기 때문이다. 자동차나 세탁기가 산지 얼마 안 되는데 말썽을 부리는 일은 절대 있어서는 안 된다. 만일 그런 일이 있다면 그것은 단순히 소비자를 열 받게 만드는 정도가 아니라 사회의 기본질서를 파괴하는 사건이다. (12) 그래서 기계가 고장이 나면 독일어 표현은(영어도 마찬가지지만, 질서에서 벗어나 out of order) nicht in Ordnung sein이 된다. 만들어 내는 제품은 일정한 품질을 갖고 있으며 일정한 수준에 도달하지 않으면 판매하지 않는다. 이를 장인정신이라고도 하는데 독일의 전반적인 경제의 경쟁력은 장인정신에 있다.

장인정신이 무엇인가? 사전은 장인을 '손으로 물건 만드는 일을 업으로 하는 사람'이라 정의하고 조선시대에는 관청이나 궁궐에서 쓰이는 물건을 숙련된 기술자로 하여금 제조하도록 했는데 이들을 장인이라 칭했다 한다. 즉 한 가지 기술에 전념하여 그 일에 능통한 사람이 '장이'이자 장인이며 전문가인 것이다. 이러한 장인에게 있어 중요한 것은 자신의 작품에 대해 단순한 기교가 아닌 정신적 자세, 그 가치를 중시하는 태도, 철저한 직업윤리라는 것이다. 독일인들이 만들어내는 물품들의 수준도 바로 이러한 장인정신에 기반을 둔 것이라 본다. 월간조선사가 발간하는 국가전략 계간지 '월드빌리지'(World Village) 2004년 1호 책 제목이 '마이스터(명장)의 나라 독일'이다. 총 5부로 이루어진 이 책의 소제목들만 몇 개 보아도 - '독일, 독일인의 이미지-지나칠 정도로 완벽주의와 질서추구', '독일의 장인정신', 'made in Germany, 이보다 더 품질보증이 확실한 원산지 표시는 없다' - 독일인들의 '독일정신'에 대한 첫인상이 바로 들어온다.

독일인들의 질서의식은 쓰레기 문제와도 연결된다. 독일인이 다른 나라에 갔다가 쓰레기가 널린 거리나 먼지가 잔득 앉은 자동차를 보면 독일인들은 너무나 황당하다는 표정을 한다. 그리고 '여기 사는 사람들은 참 이상하다. 어떻게 질서정연하지 않은 상태에서 참고 살 수가 있을까' 이런 고민을 하며 시간을 보낸다.(12) 독일의 거리는 깨끗하고 집들은 언제나 막 색을 칠한 것 같으며 쓰레기는 종류별로 색갈이 다른 통에 들어가 있다. 만일 누군가가 유리병을 버려야할 컨테이너에 폐지를 쑤셔 박은 후 이웃 연방으로 도망칠 경우 이 사건은 그 이웃연방주 경찰에게로 넘어가 그 범인에 대한 추적이 계속된다 한다. 이 나라는 질서가 있는 것이다. 주변정리를 항상 하기 때문에 바쁜 가운데에서도 혼란하지 않다. 독일인들이 일을 하는 장소는 언제나 깨끗하다. 정연한 거리와 반들반들하게 닦은 유리창과 깨끗한 부엌 등에 잘 나타나 있다.

독일 사람들이 법과 질서를 잘 지키는 것은 하나도 놀랄만한 일이 아니다. 지나치게 경직된 준법 풍토 때문에 가끔 다음과 같은 몹시 괴상망측하고 터무니없는 상황이 벌어지기도 한다.

새벽 두시 쯤 차량이 뜸한 큰 길에서 빨간 신호등이 들어와 있는 횡단보도를 어떤 남자가 무단횡단 한다. 그런데 그 남자가 길 한가운데 쯤 갔을 때 갑자기 자동차 한대가 나타나 이 무단횡단자를 치어버렸다. 경찰이 달려오고 남자는 병원으로 실려 가나 남자를 친 운전자는 아무 일도 없었다는 듯이 차를 몰고 떠난다. 유일한 외국인 목격자가 어안이 벙벙해 경찰관에게 물으니 잘못은 다친 사람이 했고 그는 죽지 않으면 벌금 25유로를 내야한다 라고 말하더라는 것이다.(77)

법과 질서가 공적인 생활에서만 위력을 떨치는 것이 아니다. 집안에서 시끄러운 소리를 내는 것도 강력히 규제하는 법규가 있으므로 집에서도 조심하지 않으면 안 된다. 특히 오후 1시에서 3시 사이는 '성스러운 휴식시간'이라 그때 감히 소음을 내는 자는 저주받아 마땅하며 밤

10시가 넘은 시간에는 사방이 쥐죽은 듯 고요해야 한다. 다층 주택에 사는 사람이 밤늦은 시각에 변기 물을 내리거나 목욕을 하려면 먼저 정말 그래도 되는지를 최소한 두 번 이상 심사숙고해 보아야 한다.

주말 특히 일요일에 잔디를 깎는 것도 이웃의 눈치를 살펴가며 해야 한다. 그렇다고 해서 잔디를 제멋대로 자라게 내버려 두어도 더 큰 말썽이 생길 것이다.(78~79)

여기서 소음문제에 대해 우리가 특히 독일의 사회질서에서 본받을 바가 크다. 요즈음 뉴스에 보면 아파트에서 이웃 층간소음문제로 폭력사태나 심지어 살인도 일어나는 것을 자주 듣게 된다. 소음은 보이지 않는 살인마라 한다. 그만큼 소음은 일상생활에서 가장 많이 느끼는 공해문제이며 사람들의 정서에 강한 영향을 미치기 때문이다. 특히 집과 같은 자신만의 공간, 가장 편하게 쉴 수 있는 가족들의 공간이 소음에 오래 노출되면 불안, 신경장애, 불면, 정서불안 등의 건강장해를 초래하게 된다. 일본의 경우 나가노현에 사는 아파트 입주자들이 피아노를 구입할 때 소음장치를 하지 않은 피아노는 아예 집에 들여놓지 못하도록 지방자치법을 만들었다 한다. 미국이나 독일은 특히나 소음에 대한 법적인 제재가 잘되어 있는 나라인데 독일인들의 질서의식과 소음의 문제에 관하여 아주 상세히 소개된 책을 하나 소개한다. 연수원, 학생, 주재원등 다양한 신분으로 오랫동안 독일에 머문 경험을 바탕으로 김영찬 씨가 쓴 '독일견문록'(출판사: 김&정, 2005)이란 책이다. 그 중 '소리에 민감하다'라는 소제목으로 되어진 글의 내용을 일부 간략하게 요약하여 소개한다.

독일은 소음을 못 참는 나라이다. 독일 사람들은 강박관념이 있는 것 아닌가 싶을 정도로 소음에 민감한 반응을 보인다. 조용함에 대한 독일 사람들의 태도, 관습을 이해 못하면 독일생활에서 불필요한 마찰이 빚어질 수 있다. 독일에는 조용히 해야 하는 정숙시간대(Ruhezeit)라는 것이 있다. 그야말로 조용한 시간으로 평일은 밤 10시부터 다음날 아침 7시까지 그리고 낮 1시부터 3시까지이다. 일요일, 공휴일은 하루종일 큰소리를 내지 않는 것이 상식이다. 그래서 일요일에는 잔디 깎는 기계를 돌리지 못하고 밤에는 악기연습을 할 수 없다. 그래서,

*청소기: 정숙시간대인 오후 2시간과 밤 9시간 동안은 사용하지 말 것.

*세탁기: 일요일이나 공휴일 지하실 세탁장에서 이용이 허락되나 이웃주민과 이야기한 후 사용하는 것이 바람직하다.

*악기연주: 정숙시간대는 소음법으로 금지되나 이 시간대 이외에 하루 2시간은 연습이나 연주를 해도 상관없다.

*차고 문: 차고문의 개폐는 밤10시에서 다음날 아침 6시까지 금지. 어쩔 수 없는 경우는 미리 이웃에 양해를 구한다.

*목욕: 임차계약에 있어 밤11시부터 다음날 아침 5시 까지는 목욕, 샤워가 금지되는 경우가 많다.

*집안 문의 개폐: 실내나 현관문을 닫는 소리에도 늘 신경 쓴다.

이와 같이 질서에 대한 일련의 독일인의 기질은 그들의 엄격한 성향을 대변하는 것이다. 단점도 있는데 관료주의(Bürokratismus)가 그것이다. 너무나 완벽한 체계를 중요시 하다 보니 명령에 충실하고 그것을 중요하게 생각한다. 독일과 영국, 프랑스, 한국의 학생들이 낙하훈련을 받을 때 교관이 각 나라별로 내리는 지시사항이 다르다는 농담이 있다. 독일학생에게는 “이것은 명령이다!”라고 하고 한국한생에게는 “성적에 반영된다!”고 하면 바로 뛰어 내린다는 내용인데 독일인들의 일반적인 의식을 말해준다고 할 수 있겠다.

순종은 질서와 의무에 너무나 잘 어울린다. 그래서 전통적으로 독일 시민의 내면에 복종과 굴종이라는 원초적 본능이 강하며 이러한 신하

근성은 의무감과 충성심의 발로인 것처럼 칭찬을 받는다.(15) 그들은 권위와 명령이라면 철칙인 것처럼 잘 지킨다. 법 앞에서는 그 어떤 예외도 있을 수 없으며 상관의 명령은 무조건 복종해야만 하는 것으로 안다.

명령의 위계가 확고하게 서면 모든 것이 분명해지고 의문의 여지가 없어진다. 이러한 것이 독일인의 마음을 편안하게 만들어주는 것이다. 막강한 권력과 강인한 의지를 가진 지도자는 대게 숭배를 받는다. 독일 역사의 영원한 패륜아 히틀러가 독재의 칼을 마음대로 휘두르고 아데나워와 콜이 십 수 년 이상을 수상 자리에 앉아 있었을 수 있었던 것도 따지고 보면 그러한 가부장적인 권위에 무조건 복종하는 독일인의 유별난 국민성에서 비롯되었다고 볼 수 있다.

아우슈비츠의 유대인들을 대량 학살한 죄로 사형 당했던 아히히만이 법정에 남겼던 최후의 진술은 "나는 다만 명령에 복종했을 뿐 이었다"는 것이었다.

빌헬름 라이히가 쓴 책 '파시즘의 대중심리'도(파시즘의 대중심리/빌헬름 라이히 지음/황선길 옮김/그린비) 바로 이러한 독일인들의 신하근성에 대해 논하고 있다. 매일신문에 이 책에 대한 소개가 있어 소개한다.

오스트리아 빈 대학 의학부 학생으로 22세 때 프로이트를 처음 만난 빌헬름 라이히(1897~1957년). 그는 프로이트의 정신분석 진료소에서 임상조수로 근무하며 정신분석학자로 촉망을 받는다. 그러나 곧 인간의 심리구조를 미시적으로 파악하는 프로이트의 정신분석학을 극복하고 거시적 차원, 즉 역사적·사회적 인식과 연결시키고자 한다. 그의 노력은 정신분석학을 어머니로, 마르크스주의적 사회학을 아버지로 하여 '성경제학'으로 발전하게 된다. 이런 라이히의 성경제학 연구의 결정판이 바로 '파시즘의 대중심리(1933년)'다.

라이히는 1930년대 유럽에 몰아닥친 광기 어린 파시즘을 경험한다. 그는 독일인들이 히틀러에게 왜 열광하는지 분석한다. 히틀러가 속이거나 위협한 것도 아니고, 독일 중산계층이 무지하거나 환상에 빠져있어서도 아니었다. 히틀러는 선거를 통해 집권에 성공했고, 독재정치를 펼쳤다.

당시 유럽 좌파들이 대중들의 무지와 환상을 한탄하며 또 히틀러의 정신이상 운운하며 허둥대는 사이 라이히는 히틀러와 대중들의 성격구조 사이의 심리상태가 유사하다는 점에 주목한다. 그가 히틀러의 자서전 '나의 투쟁'을 분석하며 도출해낸 동일한 성격구조의 특성은 '권위주의에 대한 반항과 수용, 복종이 얽혀있는 태도'로 요약된다. 파시즘이 히틀러 개인의 정신병리적 행동이 아니라 대중의 비합리적 성격구조의 표현이라는 점을 논증한다.

"나는 자신의 성격구조 속에서 파시스트적 감정과 생각의 요소를 가지고 있지 않은 사람은 단 한 명도 없다는 사실을 성격분석 경험을 통해 확인할 수 있었다. 정치적 운동으로서 파시즘은 인민대중에 의해 탄생되고 대변됐다."

그렇다면 이 같은 비합리적 심리구조는 왜 생기는 걸까. 라이히는 이에 대해 권위주의적 가족 이데올로기와 인종이론으로 대변되는 민족주의 국가가 원인이고, 그 밑바닥에는 '성의 억압 경향'이 자리 잡고 있다고 말한다. 즉 성의 억압이 파시즘의 토대로 작용하고 있다는 것.

"성욕에 대한 도덕적 억압의 목적은 고통과 모욕에도 불구하고 권위주의적 질서에 적응하고 그것을 잘 참아내는 말 잘 듣는 노예 같은 인간을 만드는데 있다."

이러한 문제의식은 대중들의 성을 자유롭게 해방해야 한다는 결론에 도달한다. 그가 제시한 해결책은 '노동민주주의'로 "노동의 생물학적 활동 욕구가 충족되고 발전할 수 있는 방식으로 노동을 설계해 성적 에너지를 노동에 대한 관심으로 자연스럽게 승화시킬 수 있도록 하자"는 것이었다.

라이히의 이론은 당시 유럽지성사에 큰 획을 그었지만 한동안 잊혀졌다. 그러다 프랑스 68혁명 이후 드골의 권위주의 체제, 1990년대 유럽 각국의 극우정당이 부상되면서 그의 이론이 새롭게 재조명되고 있다. 우리사회 곳곳에 도사린 '일상의 파시즘'이 폭넓게 논의되고 있는 최근 국내학계의 문제의식과 상통하는 부분도 있다.

— 노진규기자, 2006년 01월 21일, 매일신문

d. 명료함과 확실성

독일인은 두려움과 의심으로 스스로를 들볶아가면서 자신의 삶에서 혼돈을 몰아내려 애쓴다. 불확실성에 대한 공포감은 독일인의 영혼 한가운데를 차지하고 있어서 이런 중압감을 해소하기 위해 독일인은 실생활의 영역에서 질서를 추구하는데 엄청난 정력을 기울인다. 그들이 모든 것을 규제하고 통제하고 점검하고 다시 한 번 점검하고 감시하고 예약하고 확인하고 시험하고 등록하고 기록을 남기고 계획을 세우고 하는 것은 이러한 두려움 때문이다.(11~12)

정확함은 독일인의 대표적인 특징인데 독일인들은 모든 문제에는 유일무이한 정답이 있다는 요지부동의 확신을 가지고 있어서 '이것 아니면 저것'이라는 양자택일적 사고방식을 유발한다. 그래서 그들은 ' 나는 정말 그런지 좀 의심이 드는데'하면 좋은 일을 '그것은 틀린 말이야'하고 못을 콩 박는다. 독일인은 우아한 말솜씨 보다는 명료함과 확실함을 중시한다. 그들은 생각하는 그대로 말하고 말하는 그대로 생각한다. 과장된 우스개로 다음과 같은 농담이 있다. 예컨대 "wissen Sie, wie spät es ist?"(몇시지요? 라는 말이지만 직역하면 지금 얼마나 늦었는지 아시오?)하고 물으면 독일인은 "Ja, ich weiss das 예 압니다"라 대답한다는 것이다. 실제로는 바로 시계를 보고 일러주지만.(20~21)

독일인들은 모든 것을 분류해 놓아야 한다. 선과 악, 우연과 필연,

네 것과 내 것, 공적인 것과 사적인 것 등등. 그러니 언어에서도 모든 단어는 남성, 여성, 중성으로 분명히 정의 내려야 한다. 그래서 칸트는 구분되지 않고 뒤범벅이 된 세상만사를 견디지 못해 그 유명한 정언적 명령이라는 것을 만들어 냈다.(13)

철자와 발음이 규칙적으로 일치하지 않는 외국어는 독일인들을 헷갈리게 만들고 불신감을 준다. 써놓은 철자를 실제로는 겨우 절반쯤만 발음을 내는 프랑스 사람들의 습관을 독일인들은 이해할 수가 없다. 독일에서는 철자와 아주 딴판으로 소리를 내야하는 고약한 경우는 거의 없다. 써진 그대로 발음도 질서 있게 내야하는 것이다. 한마디로 속임수가 없다.

모든지 정확한 것을 추구하는 독일인의 성격은 카니발에서도 드러난다. 그 대표적인 본보기는 쾰른의 카니발인데 정확히 11월 11일 11시 11분에 시작해서 정확히 성회수요일에 끝난다.

그러다보니 독일의 모든 시스템은 체계적이며 완벽하다는 것을 자랑으로 생각한다. 예를 들어 기차의 도착시간은 거의 완벽에 가깝게 지켜진다. 빨리 오는 경우도 드물고 늦게 오는 경우도 드물다. ICE의 열차사고는 독일인들의 자존심에 치명적인 상처를 입혔다는 기사를 본 적이 있을 것이다. 하나의 사고가 자존심의 상처를 입힌다는 표현은 시스템의 완벽에 기울이는 노력을 엿볼 수 있다.

그러나 도이체 벨레의 다음 글은 그러한 독일의 정확성을 조금 반발하는 내용이 된다.

Pünktlichkeit à la Deutsche Bahn

Wie sieht es denn aus mit der Pünktlichkeit, mit diesem deutschen "Markenzeichen"? In einem Seminar über Unternehmenskommunikation fragte einmal jemand, was hinter diesem Klischee denn heutzutage noch steckt. Außer dem Seminarleiter erscheine doch kaum jemand pünktlich bei den Veranstaltungen. Ein weiteres Beispiel - die Deutsche Bahn. Im letzten Monat konnte ich dank eines Interrail-Tickets das Service-Angebot der Deutschen Bahn eingehend kennen lernen. Die Erfahrungen, was die Pünktlichkeit anbelangt, waren erschütternd: Kaum ein Zug hatte keine Verspätung. Wehe, wenn man öfter umsteigen muss und bereits den ersten Anschluss verpasst hat: Nach dem Domino-Prinzip bricht die ganze Kette zusammen. Da muss man halt auf die nächste Verbindung warten.

Und hier kommen dann die anderen Tugenden zum Tragen: Freundlichkeit und Entgegenkommen seitens des Zugpersonals. Und meine größte Entdeckung: Die (deutschen) Fahrgäste nehmen die Verspätungen durchaus mit Geduld und Gelassenheit hin. Das macht sie, einmal mehr, sympathisch. (Typisch deutsch - Deutsche Pünktlichkeit)

독일철도식의 정확성

독일의 '상표'라 할 수 있는 정확성은 어떤 양상일까? 기업들 간의 관계에 대한 한 세미나에서 누군가가 오늘날도 이 상투어 뒤에 무슨 의미가 들어 있겠는지 물었다. 세미나의 의장을 제외하고는 그 행사에 제시간에 나타나지 않으니 말이다. 또 다른 예가 있다. 독일 철도이다. 지난 달 나는 국제간 철도티켓 덕분에 독일철도의 서비스 제공을 상세히 알게 되었다. 정확성에 관해서는 충격적 경험을 했다. 거의 모든 기차가 늦었다. 누군가 자주 갈아타야 한다면 그래서 이미 첫 번 연결 기차를 놓치고 말았다면 정말 어쩌겠는가. 도미노 원칙에 따라 모든 연결이 무너지고 만다. 참으로 다음 연결기차를 기다려야만 하는 것이다. 그러나 또 다른 미덕도 여기 적용이 된다. 그것은 열차승무원의 친절함과 호의다. 그리고 나의 가장 큰 발견은 독일 승객들이 연착을 인내심으로 침착하게 받아들이는 것이다. 그것이 그들에게 한 번 더 호감가게 한다.

1-4. 지방색

어느 나라나 마찬가지겠지만, 독일의 '지방색'은 조금 유별난 경향이 있다. 독일은 의외 적으로 지방색이 매우 강한 나라이다. 그들은 침이 마르도록 조국을 자랑하지만 다른 지역 사람들은 은근히 무시하는 태도를 보인다.

"독일이 동서로 갈라졌기 망정이지, 만약 남북으로 분단되었더라면 통일은 이루어지지 않았을 것이다." 독일은 그만큼 남부와 북부의 기질, 정서, 언어가 동서에 비해 상이하다. 크게 보아 남서쪽 슈바벤, 남동쪽 바이에른 사람들은 중북부와 상당히 다른 느낌을 준다. 바이에른 사람과 프로이센 사람이 만나면 서로를 향해 '꽁생원', '얼간이'이라고 부르면서 깔보고 조롱하는 것은 어디에서든지 흔히 볼 수 있다. 바이에른은 뮌헨을 중심으로 한 남부 알프스 산자락이고 프로이센 사람은 베를린을 중심으로 한 동북지역으로 19세기 제1차 독일통일의 주도권을 프로이센에 빼앗긴 바이에른 사람들은 그래서 프로이센 사람들과 앙숙이다. 뮌헨 지방 사람들은 은근슬쩍 베를린 지방의 사람들을 싫어하고 베를린 지방 사람들 역시 뮌헨 지방의 사람들을 싫어한다는 얘기를 읽은 적이 있다.

예전의 유럽은 지금처럼 영국 프랑스 독일 스위스 이탈리아 뭐 이런 이름의 나라가 아니었다. 이름뿐 아니라 지금의 독일지역에도 여러 공국이나 왕국이 존재하였는데 프로이센은 현재 독일의 기초가 된 나라다. 프로이센이 당시 독일지역에서 가장 우세한 공국이었고 비스마르크가 그 당시 독일지역의 작은 공국들을 통일하여 강한 독일을 만들고자 독일통일 정책을 써서 지금의 독일이 있는 것이다. 우리나라도 지금의 한국 땅에 신라 고구려 백제 가야 여러 나라가 있었던 것을 신라가 통일한 것처럼.

이러한 지방색을 두고 독일은 "민족적인 통일을 끝내 실현하지 못할 것이라"고 비관적인 전망을 하는 사람들도 적지 않다. 그것은 아마도 유럽의 타 국가들보다 비교적 짧은 '통일 역사'에서 기인한다는 것이 일반적인 견해다. 1871년 비스마르크의 주도로 25개의 영방국가 연합체가 탄생하기까지, 현재 우리가 생각하는 '독일'이라는 개념은 수 백 개에 이르는 영방국가들의 추상적인 집합 명사에 지나지 않았다. 이러한 역사적 배경으로 인해 지방마다 각기 틀린 문화적 요소를 가지고 있는 독일 내에서도 가장 독특한 이미지를 가지고 있는 지방이 있으니, 바로 남부의 바이에른 지방이다. 바이에른 사람들은 독일 내의 다른 어느 지역보다도 지방색이 강하다. 애향심과 배타성에 있어서는 타의 추종을 불허하며 자기 주의 이름조차 'Staat - 국가' 란 낱말을 넣어 지방이 아닌 하나의 나라로 생각하고 싶어 한다. '독일인'이라고 불리기보다는 '바이에른 사람'이라고 불리기를 더 좋아하며 자기나라(독일)의 수도야 어디에 있건 자신들이야 말로 진짜 독일인이며 독일의 표준, 원조, 본가라고 생각한다. 심지어 그들은 베를린 사람들이 쓰는 말조차 '북부 사투리'로 취급할 정도다. 그래서 바이에른은 독일에서 가장 강력한 애향심 또는 우월적 지역주의를 가진 부유한 동네이다. 바이에른의 사람들이 거만하고 배타적이라며 투덜대는 독일인들도 적지 않지만, 낙천적이고 자주적인 바이에른인들의 기질을 "독일인의 전형적인 모습"이라 평가하는 대비적인 모습도 바로 이곳에서 발견된다. 그들은 스스로의 '국가(國歌)'도 가지고 있고, 아직도 적지 않은 바이에른 사람들이 바이에른 사투리를 공식 독일어로 생각한다. 예컨대 바이어른 사람들은 베를린 사투리야말로 형편없는 독일 말이라 생각하고 거꾸로 베를린 사람들에게는 '바이에른 사투리'가 더 이상 촌스러울 수가 없다. 그들은 늘 바이에른을 촌스럽다 생각한다. 프로이센은 비스마르크 시대 독일통일의 중심이었다. 이들 지역의 사람들 특성은 무뚝뚝하면서도 철두철미하여 빈틈이 없으며 모든 것을 근본적으로 해결한다는 독일국민성도 프로이센에서 나온 것이라 할 수 있다. 슈바벤은 슈튜트가르트를 중심으로 프랑스와 맞닿은 남서지방으로 그들의 절약정신은 너무나 유명하여 다른 지역 사람들이 그들의 자린고비 기질을 놀려대는 것을 별로 싫어하지 않는다. 이러한 지방색에 대한 유머가 하나 있다:

프로이센 사람, 바이에른 사람, 그리고 슈바벤 사람 이렇게 셋이서 동네 술집에서 맥주를 마시는데 맥주잔에 파리가 한 마리씩 들어갔다. 그러자 프로이센 사람은 맥주를 엎어버린 다음 새로 한 잔을 주문했다. 하지만 바이에른 사람은 파리를 손가락으로 집어낸 다음 그 맥주를 계속해서 마셨고 슈바벤 사람은 파리를 끄집어 낸 다음 파리가 마신 맥주를 다 토해날 때까지 쥐어짰다.(44)

1-5. 다른 유럽 국가들은 독일인들을 어떻게 생각하며 독일인은 다른 나라 사람들을 어떻게 생각하나?

독일이 통일되자 외국인혐오증 환자가 아닌 사람들조차 혹시 앞으로 무슨 나쁜 일이 생기지 않을까 두려움을 느낀다. 그러나 정작 독일사람들이 더 두려워하는 것은 외국에서 독일에 대해서 나쁜 이미지를 갖게 될지도 모른다는 것이다.

독일인들은 다른 나라 사람들이 자신들을 잘 이해하고 좋아해주기를 바란다. 그러나 속으로 절대로 그러지 못할 것이라 생각한다. 그것은 아무래도 세계대전을 통해 그들이 준 많은 상처들 때문일 것이다.

유대인 문제, 나치뿐만 아니라 그 역사적 고찰에 있어 독일은 중앙집권적 통일국가를 이루었을 때마다 독일은 이웃을 침략하고 전쟁 범죄를 저질렀기 때문이다.

다른 민족이 독일인에게 느끼는 감정은 찬탄에서 공포감까지 엄청난 진폭을 지닌다. 한편으로는 넌덜머리를 내든가 그렇지 않으면 외경심을 갖게 된다는 말이다.

영국인은 예로부터 독일인의 빈틈없이 철저한 태도를 높이 평가하면서 어떤 다른 민족보다도 자기네와 닮았다고 보는 경향이 있다. 영국보다 산업혁명과 근대화가 한참 늦었던 독일에게 영국은 선생님의 나라였다. 그래서 독일인은 영국인을 짝사랑하여 한 때 '엥글로매니아'라는 영국병이 지식계층을 휩쓴 적이 있을 정도였다.(2) 정치, 사회, 산업과 기술 등 눈부신 진보를 이룬 영국은 최상의 모범이었다. 그래서 독일인도 보통 영국인을 좋아하고 그들은 영국인이 매우 친절하고 예의 바르며 독일인과 거의 비슷하다고 본다.

인터넷을 뒤지다보면 출처는 분명치 않지만 독일인들에 대한 유럽인의 인식이 재미있는 농담으로 이루어진 것이 종종 있다.

> 1명의 독일인은 천재, 2명의 독일인은 조직, 3명의 독일인은 전쟁이다.
>
> — 영국인의 농담
>
> 독일 사람은 혼자 있으면 학자이고 두 명이 있으면 오페라 아리아를 이중창으로 부르지만, 세 명이 되면 전쟁을 시작한다. — 유럽인의 농담
>
> 독일식 초코렛 케익을 만드는 방법은? 정답은 부엌을 점령한다.
>
> — 영국인의 농담
>
> 1층엔 그리스인 2층엔 이탈리아인 3층엔 독일인이 사는 집에 불이 났다. 누가 살아남았을까? 정답은 독일인. 군사훈련 하느라 집에 없었기 때문이다.
>
> — 영국인의 농담

英 "쉬퍼가 아무리 예뻐도 獨은 싫어"

슈퍼 모델 클라우디아 쉬퍼가 아무리 노력해도 독일인에 대한 영국인의 부정적인 생각에는 변화가 없는 것 같다.

30일 독일 시사주간지 슈피겔에 따르면 영국 런던에 있는 독일문화원과 영국문화원이 공동 실시한 설문조사에서 20대 영국인 가운데 독일에 대해 긍정적인 생각을 하는 사람은 고작 1/3에 불과한 것으로 밝혀졌다.

영국인들이 이런 부정적인 생각을 갖는 데는 나름대로 이유가 있다. 먼저 독일에 대해 생각하면 나치, 제2차 세계대전, 유태인 학살 등 온갖 끔찍한 일이 떠오른다는 것이 대부분의 응답자의 반응이다.

23살 난 한 학생은 "독일이라면 자동차외에는 떠오르는 것이 없다"고 밝혀 영국인들이 독일에 대해 얼마나 관심이 없는지를 잘 드러냈다.

런던주재 독일문화원 원장인 클라우스 크리속은 "이런 부정적인 견해는 영국인들이 독일에 대해 잘 모르고 독일 언론들도 자국문화를 소개하는데 적극적이지 못하기 때문"이라고 지적했다.

이 외에 독일에 대해 떠올리는 것은 높은 생활수준, 과학기술, 고속전철 같은 사회간접자본, 음악, 환경운동 등으로 고정돼 있었다.

이에 반해 독일인들은 영국에 대해 상당히 좋은 생각을 가지고 있고 영어를 배운다면 미국보다는 영국을 우선적으로 고려하는 것으로 밝혀져 좋은 대조를 보였다.

독일인 가운데 한마디라도 영어로 말할 수 있는 사람이 84%인데 비해 독일어를 아는 영국인은 고작 22%에 불과해 영국인들이 독일을 이해하는데 가장 큰 장애요소는 언어라는 사실도 증명됐다.

그러나, 독일인들을 정말 실망시키는 것은 언어나 자국문화를 모르는 것이 아니다. 독일인들이 영국이 낳은 축구스타 데이비드 베컴이나 보비 찰튼을 잘 아는데 비해 영국인들은 독일인 축구스타에 대해 아는바가 전혀 없다는 응답이 대부분이었다.

또, 영국인과 결혼해 영국에서 살고 있는 독일출신 슈퍼모델 클라우디아 쉬퍼 역시 독일인이 아닌 영국인으로 아는 사람도 많아 독일인들을 아연실색하게 했다.

— 노컷뉴스 이사규기자, 2004-07-30 10:28

미국 만화영화의 '전설'로 통하는 윌리엄 해너는 단짝이었던 조지프 바바라와 함께 '톰과 제리' '플린스톤' '젯슨스' 등 3천여 편의 TV용 애니메이션을 제작 감독했다. TV 시리즈 '톰과 제리'로 아카데미상을 무려 일곱 번이나 수상했으며 '허클베리 하운드와 친구들'로 애니메이션 시리즈로는 처음으로 에미상을 수상하기도 했다.

특히 '톰과 제리'는 '고양이는 강자요, 쥐는 약자'라는 고정관념을 깨고 영리한 쥐가 순진한 고양이를 골탕 먹이는 기발한 설정으로 폭발적인 인기를 끌었다. 톰은 영국인에 대한 애칭이며 제리는 독일인에 대한 애칭이기도 해서, 세계 대전 이후 더욱 앙숙이 된 영국인과 독일인의 관계를 패러디했다는 뒷이야기도 있다.

프랑스인은 독일인을 대할 때 불신감과 약간의 적대감을 가지고 있으며 짐짓 우호적인 태도를 취함으로 적당히 예의바르게 거리를 유지하려고 애쓴다.

독일인들은 불란서인들의 문화를 경박스럽다 하며 동정을 하지만 다른 한편 은근히 부러워한다. 문화적 '친불의식'은 독일인들 사이에 널리 퍼져 있으며 프랑스 국경에 가까울수록 더욱 뚜렷해진다, 마치 동경심 가득한 눈길로 이웃집 정원을 훔쳐보는 어린아이와 같이 독일인은 지중해를 끼고 있는 프랑스 사람들의 자유분방한 생활방식과 문화적 풍요 그리고 온화한 기후를 부러워하는 것이다.(3) 사실 독일과 프랑스는 역사적으로 서로 오랫동안 갈등의 관계를 계속하여 왔다. 이러한 역사적 뒷 배경이 프랑스와 독일의 관계를 이해하는데 도움이 될 것이라 생각하여 다음(Daum) 블로그에서 찾은 한 내용과 독일인과 프랑스인들 간의 사이에 대한 다른 인터넷 사이트의 글을 소개한다.

견원지간 전쟁사(犬猿之間戰爭史) - 프랑스, 독일

1. 권력 때문에 나눠진 하나의 나라

로마 제국 멸망이후, 피레네산맥을 넘어 북진하던 이슬람세력을 막아 유럽대륙의 크리스트교를 보호하였으며 현재의 프랑스, 독일, 이탈리아지역을 망라하는 거대 통일제국인 프랑크왕국을 세워 교황으로부터 황제의 관을 물려받은 자가 있었으니 그가 바로 칼 대제 입니다.(800년)

오늘날 유럽의 각국은 프랑크왕국 성립까지를 모두의 공통 역사로 보고 있습니다. 이때는 독일과 프랑스는 하나의 국가 이었습니다. 하지만 칼 대제 사후 자손들의 권력 다툼에 나라가 동/중/서 프랑크왕국으로 분리(870년)되며 별개의 나라로 발전합니다. 즉, 원래 하나였던 프랑스와 독일은 단지 집권자의 권력욕 때문에 갈라지게 된 것 입니다.

서 프랑크에서 발전한 프랑스는 100년 전쟁을 겪으면서 절대왕정국가의 유럽 강대국으로 성장한데 반하여, 동 프랑크는 962년 오토대제에 의해 창건된 신성로마제국 - 제1제국으로 일시적 발전은 하게 되나, 얼마 지나지 않아 약소제후국의 친목모임과 같은 허울뿐인 제국으로 존재합니다. 때문에 이 당시 까지는 프랑스와 독일의 직접적인 대규모 충돌은 없었다고 볼 수 있습니다. 서로간의 국가형성에 바빴고 분열된 제후국이 프랑스와 전쟁을 한다는 것 자체가 말이 되지 않았으니까요.

2. 최초의 세계대전

17세기 초 유럽최초의 세계대전이라 할 수 있는 30년 전쟁이 발생하게 되었는데 처음에는 신성 로마 제국 내 신-구교도 세력 및 이를 후원하는 유럽 각국이 참전한 종교전쟁의 색채를 가졌으나, 전쟁말기인 1640년대부터는 정치적인 전쟁으로 변합니다.

프랑스는 구교의 후원자로서 역할을 하다 1635년 신성로마제국을 침범합니다. 그 이유는 당시 프랑스의 성직자이며 정치가인 리슐리외(드골급 항모의 2번함으로 명명이 예정되어 있을 정도로 프랑스역사에 큰 획을 그은 사람입니다.)의 사상에 의해서 알 수 있습니다.

리슐리외는 프랑스가 유럽의 강국으로 존속하기 위해 주변에 다른 강국이 존재하는 것을 용납 할 수 없었습니다. 때문에 이전까지 분열된 제후국으로만 존재하던 신성로마제국이 30년 전쟁 기간 동안 신교 동맹과 구교 동맹으로 뭉쳐지는 것이 곧 독일통일의 시작으로 생각했습니다.

30년 전쟁 결과 신성로마제국의 피해는 막심하였습니다. 종교내전에 국제전 성격까지 더해져서 말 그대로 국토는 황폐화되었고 인구가 30%나 줄 정도의 엄청난 피해를 입었습니다. 하지만 1648년 10월 24일 30년 전쟁의 마무리로 열린 베스트팔렌 조약에 의거 전쟁기간동안 조그맣게 자라나던 독일통일의 기운이 완전히 사라지게 됩니다.

베스트팔렌조약의 주요내용은 독일 내 신교인정, 스위스 및 네덜란드의 독립승인 등을 들 수 있는데, 근본적인 결론은 다시는 통일의 기운이 나타나지 않게 신성로마제국이 뭉치지 못하게 하는데 목표로 하였다 할 것입니다. 즉, 알자스, 메츠, 베르덩을 프랑스에 할양하고, 신성로마제국을 350여개의 영방으로 완전히 쪼개 각국영토에 대하여 완전한 주권과 외교 및 조약체결권을 인정하여 독일통일의 싹을 잘라 버린 것이었습니다. 도시국가 350여개로 분리된 신성로마제국(명목상으로는 존속)이 더 이상 프랑스의 상대로 떠오르기는 힘들게 보였습니다.

3. 야금야금 자라나다

이러한 프랑스의 교묘한 억압 책에도 불구하고 조금씩 골목대장들이 고개를 들기 시작하였습니다. 이들은 독일 언어와 문화를 가지고 있는 게르만들이 세운 국가들 이었는데, 하나는 신성로마제국 동남부에 자리 잡고 있던 합스부르크王家였고 또 하나는 신성로마제국의 영역 밖에 있기는 하지만 게르만족의 호엔촐레른王家였습니다.

합스부르크가는 오스트리아를 지배하며 신성로마제국 황위를 가지고 있던 관계로, 유럽 유일의 가톨릭 황제가(皇帝家)였습니다. 때문에 절대왕정을 구가하던 프랑스 부르봉王家의 자존심 경쟁 대상으로 서서히 등장하게 됩니다.

합스부르크와 부르봉의 경쟁이 돋보인 곳이 스페인입니다. 15세기 스페인 왕권은 합스부르크가 가지고 있었는데 1700년 스페인 왕위계승전쟁에서 프랑스가 이겨 통치권을 부르봉이 획득합니다. 현재 합스부르크나 부르봉 모두 역사의 뒤안길로 사라졌으나 스페인은 현재도 부르봉의 군주(후앙 카를로스 데

부르봉 에 부르봉 에스파냐국왕)가 군림하고 있습니다. 참 웃기는 역사의 아이러니 입니다.^^

그리고 신성로마제국 변방의 호엔촐레른왕가는 1701년에 프리드리히 1세가 즉위하며 프로이센왕국으로 발전하였고 이후 신성로마 제국 내 국가들을 소리 소문 없이 차근차근 합병하며 그 세력을 넓혀가기 시작 합니다. 특히, 유럽의 절대강국 프랑스가 프랑스혁명이라는 내환에 휘말릴 때 이들은 프랑스, 영국, 러시아와 더불어 유럽의 5대 강국으로 서서히 떠오르게 됩니다. 드디어 리슐리외가 경계하던 프랑스의 적대국이 역사에 등장하게 된 것입니다.

4. 황제의 등장과 침탈

혁명의 혼란기를 수습하고 나폴레옹 보나파르트가 프랑스의 권력을 장악합니다. 명분은 자유, 평등, 박애의 프랑스 혁명 이념을 전파한다고 하였지만 알렉산더와 시저를 동경하던 야심가는 정복전쟁에 나섭니다. 이때 전 유럽은 나폴레옹의 프랑스에 대항하여 대불동맹을 맺고 프랑스에 대항하였으나, 연전연패하였고 대불동맹의 중심에 있으면서 프랑스와 가까이 있던 오스트리아와 프러시아가 많은 수모를 겪게 됩니다.

오스트리아는 패하여 천여 년을 내려오던 신성로마제국의 황제직함을 반납하게 됩니다. 이로써 신성로마제국은 역사의 종말을 맞게 되며 이를 이용하여 나폴레옹은 인민투표라는 명목으로 로마 교황으로부터 유럽 황제의 관을 받습니다. 프러시아 또한 러시아 등과 연합하여 나폴레옹에 대항하였으나 1807년 틸지트조약으로 나폴레옹의 지배를 받게 됩니다.

나폴레옹 또한 프랑스가 유럽 유일의 강대국이기를 원하였습니다. 때문에 리슐리외처럼 독일세력의 분열을 꾀하였습니다. 나폴레옹은 로렌지방을 프랑스에 합병하였고, 독일-프러시아-오스트리아 사이에 있는 신성로마제국의 16 제후국을 라인동맹으로 분리시켜 조금씩 자라나던 독일을 양단하고 독일-프랑스사이에 완충지대를 만들었습니다.

달도 차면 기우는 법, 1814년 3월 영국, 러시아, 프러시아, 오스트리아군에 의해 파리를 점령당하면서 나폴레옹의 운세가 끝나게 되며, 마침내 프러시아와 오스트리아는 30년 전쟁이후로 그동안 프랑스에 당해왔던 수모를 외국과 연합하여 일시나마 만회하게 됩니다.

하지만 전후 세계질서를 주도한 오스트리아 메테르니히 의 반동복고정책으로 프랑스에 대한 철저한 응징은 이뤄지지 못하였고 이로 인하여 전승국의 실익을 챙기지 못한 프러시아는 오스트리아에 불만을 갖게 됩니다.

5. 통일의 전초전

1806년 나폴레옹과의 전쟁에서 패한 프로이센의 철학자 피히테가 독일 국민에게 고함이라는 대 강연을 한 것을 계기로 독일민족의 자각이 이뤄집니다. 즉, 독일민족이 계속되는 프랑스의 침략으로부터 희생당하는 이유가 바로 갈가리 찢겨있기 때문이며 이는 곧 독일통일 운동의 단초를 제공하게 됩니다.

반세기가 지나 프러시아에 철혈재상 비스마르크가 등장하게 되고 프러시아가 독일통일을 주도하게 됩니다. 이때부터 오스트리아와 독일통일의 주역이 되고자 하는 헤게모니 쟁탈전이 이뤄집니다. 프러시아는 독일민족으로만 통일을 완성하고자하는 소독일주의를, 반면 오스트리아는 신성로마제국과 같은 느슨한 형태의 대독일주의를 고수하여 결국 1866년 통일을 위한 전쟁이 벌어집니다. (프러시아-오스트리아 전쟁)

이때 프러시아는 근대 참모제도의 창시자인 몰트케의 지휘 아래 오스트리아를 격파하고 우선 북독일연방을 통한 1차적 독일통일을 완성합니다. 하지만 완전한 독일통일을 훼방하는 외부세력이 있었으니, 그것은 바로 독일민족에게 치욕을 안겨 주었던 보나파르트의 조카가 황제(나폴레옹 3세)로 있는 프랑스였습니다. 결국 프러시아와 프랑스의 일전은 피할 수 없게 되었습니다.

6. 회심의 복수전

비스마르크는 독일통일 과정에 사사건건 간섭하는 프랑스를 격파하여야 목적을 달성 할 수 있다고 생각하였고, 그동안의 꾸준한 군비증강을 하고, 프랑스와 일전을 벌일 준비를 완료하였습니다. 다만, 개전 명분이 부족 하였을 뿐이었습니다. 이때 에스파냐 국왕 선출문제를 둘러싼 양국 간의 외교 분쟁이 발생하여 좋은 빌미를 제공 하였고 양국 국민을 격앙케 하는데 성공하였습니다. 더구나 1870년 7월 19일 프랑스가 선전포고를 하게 되어 전쟁개시 책임조차 프랑스에 전가 할 수 있게 됩니다.

이때 비스마르크의 계획대로 프로이센은 북독일 연방제국뿐만 아니라, 남독일 제후국의 지지까지 얻어 병력을 더욱 증강하여 참모총장 몰트케의 작전에 따라 프랑스 국내로 쳐들어갔습니다. 전황은 프로이센 독일군이 압도적으로 우세하여 9월 2일 나폴레옹 3세는 항복하게 됩니다. 이후 파리를 포위하고 프랑스는 저항하나, 9월말 스트라스부르, 10월말 메츠가 함락되자 파리도 1871년 1월 28일 마침내 성문을 열고 항복을 하게 됩니다.

1871년 프랑스의 유서 깊은 베르사유궁전에서 승리자로써 평화협정을 맺고 통일 독일제국 을 선포합니다. 즉 제2제국 을 성립하게 되고 프로이센의 국왕 빌헬름 1세는 독일제국의 황제로 등극합니다.

그리고 프랑스에 50억 프랑의 배상금을 물리고 30년 전쟁 및 나폴레옹 때 빼앗겼던 알자스-로렌을 독일제국이 찾아옵니다.

이는 독일단독으로 프랑스로부터 거둔 최초의 승리이자 그동안의 치욕을 일거에 만회시켜준 사건입니다. 이후 프랑스는 치욕을 빨리 만회하고자 우리나라가 IMF 당시 금모으기 운동 과 같은 국채상환운동을 벌여 6개월 만에 배상금을 갚아버립니다. 비스마르크조차도 무거운 배상금으로 프랑스를 장기간 옭아 메려고 하였는데 예상보다 빨리 상환이 되자 프랑스의 저력에 두려움을 느끼게 되었다고 합니다.

—출처: 문화와 유머와 삶의 여유, http://blog.daum.net/kyk5571/2353696

독일인 싫지만 독일식은 좋다 - 프랑스인의 감정

프랑스 사람들의 독일에 대한 감정은 매우 복합적이다.

미움과 사랑, 존경과 멸시, 부러움과 질투가 뒤섞여 있다.

그들은 독일이 강력해지는 것을 원하지는 않지만 유럽공동체의 두 큰 기둥인 양국이 좋은 협력관계를 이루어야 한다고 생각한다.

이달에 프랑스의 미테랑 대통령이 독일을 방문했을 때 독일 언론들은 그를 싸늘하게 대했다. 그가 독일 통일에 반대했다는 데 대한 악감정 탓이다. 동서독의 통합이 가장 반갑지 않은 나라는 인접국인 폴란드와 프랑스였다.

역사적으로 독일이 강할 때 두 나라는 가장 심한 고통을 당했다. 프랑스 사람 미테랑이 강력한 독일을 환영할 리가 없는 것이다.

프랑스는 통일된 독일이 동유럽에 영향력을 확대해 가는 것에 불안을 느끼고 있으며 미테랑 대통령의 독일 방문도 실은 이 때문이었다. 그는 뜻한 대로 헬무트 콜수상과 만나 앞으로 독일이 단독으로 동유럽 문제에 주도권을 행사하지 않겠다는 다짐을 받았다. 이웃나라들의 민감성을 잘 알고 있는 독일은 되도록 그들을 자극하지 않으려 신중하게 대처하고 있는 듯하다.

역사적으로 사이가 나빴던 이웃나라 국민들을 부르는 멸시적인 명칭을 대개 나라마다 지니고 있게 마련이다. 프랑스 사람들은 독일인이 못마땅할 때 그들을 '보슈(어원적 불확실, 고집쟁이)'라고 일컫는다. 한국인이 일본인에게 卑稱을 쓸 때와 같은 감정이다.

독일의 강력한 프러시아 왕국의 침공(1870~71)을 맞아 참패한 프랑스는 영토의 일부를 떼어 주어야 했다. 이 전쟁에서 이긴 프러시아 왕은 통일 독일 帝國의 황제가 되어 더욱 위세를 떨쳤으며 그 뒤 프랑스는 왕정이 몰락하고 공화제로 바뀌었다. 프러시아에게 당한 굴욕을 갚아 준 것은 나폴레옹이었다. 그는 독일을 분할해서는 프랑스에 접한 지역에 라인연방이라는 위성국가를 만들었다. 금세기에 와서 프랑스는 나치 독일에 짓밟힌다.

오늘날 나치의 항복일(1945년 5월8일)을 국경일로 지키는 나라로는 프랑스가 유일하다. 한국이 군국주의 일본의 패망일을 국경일로 하고 있는 것과 같다. 5월8일 국경일은 지스카르 데스탱 대통령 때 없어졌으나 미테랑이 집권하면서 부활시켰다. 미테랑 대통령이 끔찍하게 아끼는 에디트 크레송 수상 또한 대단한 독일혐오자다. 이 여수상은 독일어만 들어도 "치가 떨린다"는 사람이다.

프랑스의 한 경제월간지는 걸프 전쟁 때 대문짝만 하게 '독일제 살인개스' '독일인을 경계해야 한다'는 제목을 표지에 박았다. 그리고는 독일이 이라크에 살인 개스 원료와 장비를 제공했다는 비난과 함께 독일이 이 개스를 역사적으로 얼마나 잔인하게 이용했나를 환기시킨 기사를 실었다.

두 나라의 물가상승률 비교에서 1973년 이후 처음으로 올해(91년) 상반기에 4%대 3.2%로 독일 쪽이 프랑스보다 높아졌다. 가난한 동독 동포를 먹여 살리기 위한 이른바 통일비용의 지출 때문이라 정작 독일인 자신들은 불가피한 것으로 여기고 있는 데, 경제문제에 관한 한 항상 꿀리던 프랑스인들은 모처럼 환희의 나팔을 불었다. 프랑스 시사 주간잡지 '렉스프레스'는 '인플레이션, 영광의 날 - 프랑스가 독일보다 나아졌다'는 제목을 달았다.

프랑스인들에게는 독일을 이기는 것보다 통쾌한 일이 없는 것 같다. 두 나라는 초고속전철을 가지고 해외에서 경쟁하고 있는데 미국 텍사스 주가 테제베(TGV)를 도입하기로 결정하자 프랑스는 승리감에 도취되었다.

그러나 독일의 모든 것이 혐오의 대상은 아니다. 독일과 독일인은 싫지만 독일제 상품과 독일 경제는 좋아한다. 독일제는 믿을 수 있는 것으로 치부되고 독일의 경영 기법을 본받는 것이 프랑스 기업들의 유행처럼 되어 있다. '독일 방식'은 프랑스 기업인들에게 가장 이상적인 것으로 비친다.

근래 프랑스의 신문 잡지들에서는 '독일 모델을 적용 할 것인가' '독일의 도제(徒弟) 제도를 도입할 수 있을까' '라인강 건너 쪽의 기업 모델' 등등의 제목으로 쓴 기사들을 볼 수 있다. 일본과 독일을 싫어하는 크레송 수상마저도 독일을 본받으라고 기업인들을 독려하고 있을 정도다.

산업계의 독일 배우기 열기는 그대로 독일어 학습열로 이어져 파리의 독일 문화원(괴테 인수티투트)에서는 독일어 수강 희망자가 너무 몰려 골치를 앓고 있다.

그러나 아직 독일 경영방식이 프랑스 풍토에 잘 접목돼 성공했다는 소식은 들리지 않는다. 산업구조에서 프랑스는 대기업 위주, 독일은 중소기업과 대기업의 조화라는 차이가 있는 것으로 인식되고 있다. 단순한 경영 기법의 도입만으로는 안 되고 학교 교육, 은행 업무까지 독일식으로 바꾸지 않으면 안 된다는 지적도 나온다.

매년 프랑스의 기술자 배출은 독일의 반밖에 되지 않는다. 크레송 수상은 93년까지 배출 기술자 수를 두 배로 늘리려 하고 있지만 전문가들에게는 무모한 계획으로 여겨지고 있다.

중소기업이 잘 움직이도록 하려면 너무 긴 대금 결제(決濟)기일을 줄여야 한다는 주장도 있다. 프랑스에서는 결제기일이 1백 20일이나 되는데 독일처럼 30일로 해야 한다는 것이다.

두 나라의 군사적 협력관계의 상징적인 존재는 1988년 10월 창설된 불독(佛獨)연합 여단이다. 독일의 슈투트가르트 부근 뵈블링겐에 사령부를 두고 있는 이 군대는 병력 4천 2백 명 이며 2개 보병대대와 기갑여단, 포병대대, 병참지원 및 항공부대로 구성돼 있다. 이 부대는 장차 유럽 통합군 설치의 기초로서 만들어진 것이라는 명분을 띠고 있지만, 독일과 어떤 식으로든 끈을 맺어 독주를 막고 싶어 하는 프랑스의 욕망과, 프랑스군의 핵우산 아래 보호될 수 있다는 독일의 계산이 어울 어진 것이다.

지난 6월 르 몽드 신문에는 독일과 프랑스가 국가연합으로 통합되어야 한다는 한 은행가의 글이 실려 화제가 된 일이 있다. 그렇게 될 경우 세계 제1의 무역국, 제2의 경제 강국이 된다는 것이었다. 기고가 자신도 실현 가능성이 희박하다고 했으나 이 글은 통일 독일과의 협력관계가 중요하다는 프랑스 지식인의 인식을 드러낸 한 예가 될 것이다.

–칼럼니스트 박강문, 출처: 박강문칼럼, http://user.chollian.net/~baggang

이탈리아인들은 독일인들이 어떻게 누군가에게 뇌물을 먹이지 않고도 골치 아픈 문제들을 그렇게 잘 처리하는지 도무지 이해하지 못한다. 하지만 그들은 독일인이 세련이나 멋과는 거리가 먼 족속이라 생각한다.(8)

독일인은 이탈리아인에 대해서 오랜 세월 나누어가진 공통의 역사적 경험 때문에 일종의 동류의식을 가지고 있다. 전쟁, 침략을 통해 깊고 지속적인 우호관계가 형성된 것이다. 또 하나의 공통점은 이탈리아는 독일과 마찬가지로 19세기에 와서야 통일 민족국가가 되었다는 사실이다. 이탈리아 역시 남북 간에 경제적, 문화적 격차가 너무 커서 여러해 전부터 북부동맹을 중심으로 한 분리주의 운동이 크게 세력을 확장하고 있다. 그러다 보니 두 나라 국민 모두 통일이 정말로 좋은 일이었는지 확신하지 못하고 있다는 데에서도 공통점을 찾을 수 있다.(3)

오스트리아인에게 독일인은 가능한 한 멀리 떨어져 있어야 할, 더 멀리 있으면 있을수록 좋은 그런 사람을 말한다. 오스트리아는 지금의 독일인 프로이센과 늘 툭탁거렸으며 대부분 두들겨 맞는 편이었다. 또한 2차 대전 때는 히틀러에게 점령당하여 해체되기까지 하였다.

Vielleicht ist es ja typisch, dass es den Deutschen manchmal schwer fällt, positiv über sich selbst zu reden? Das Märchen vom "hässlichen Deutschen", der es oft schwer hat mit seinem Image in der Welt, konnten auch Boris Becker und Claudia Schiffer nicht umschreiben. (Typisch deutsch- Klischees)

어쩌면 독일인들은 자신에 대해 긍정적으로 말하는 것이 어렵다라고 하는 것이 전형적이지 않을까? 세상에서의 자기 이미지에 대해 어려움을 갖고 있는 '추한 독일인'에 대한 풍문은 보리스 베커나 클라우디아 쉬퍼도 바꿀 수가 없었다.

2. 독일어

2-1. deutsch의 기원

'deutsch'는 민족, 국가, 언어개념으로 복합성을 지니고 있다. 독일의, 독일사람의, 독일어의.

명사화된 형용사로 der Deutsche(독일 사람), ein Deutscher(한 독일인), die Deutschen(독일인들), das Deutsch(독일어).

도이치 deutsch라는 단어는 고대독일어 'diutisc'란 단어에서 유래했는데 이 말은 '민족'이라는 뜻의 'diot'의 형용사형이다. 원래 귀족층이 라틴어를 쓴 것과 달리 보통 사람들이 일상생활에서 사용한 언어를 가리키는 말이었다. 이 단어가 독일민족을 지칭하는 말로도 전용된 것은 훨씬 나중의 일 즉 750년경부터이다. 독일민족은 원래 여러 부족에서 나와서 여러 나라로 갈라져 살았고 국경 역시 끊임없이 바뀌었기 때문에 일정한 지정학적 근거로 민족의 정체성을 논하기는 어려웠고 언어가 유일한 공통적 연결고리였다. 따라서 원래 민족을 가리키는 말이 언어를 지칭하는 단어로 전용된 것은 자연스런 현상으로 볼 수 있다.(87)

독일어를 모국어로 하는 사람은 현재 약 1억 명이다. 주요 분포지역은 독일 · 오스트리아 · 스위스 등으로, 독일에 8000만 명, 오스트리아에 755만 명, 스위스의 독일어지역에(스위스는 독어, 불어, 이태리어 3개 언어가 모두 모국어) 400만 명(총인구의 약 2/3에 해당한다)이 분포하며, 룩셈부르크 및 리히텐슈타인에서도 공용어로 독일어를 사용하지만 두 나라를 합쳐서 40만 명에도 못 미친다. 그 밖에도 국경변경이나 이민 관계 때문에(전부 9개 나라가 국경을 접한다. 덴마크, 네델란드, 벨기에, 룩셈부르크, 프랑스, 스위스, 오스트리아, 체코, 폴란드)이런 국가 등에도 독일어 그룹이 존재한다. 이러한 넓은 의미의 독일어권 중에서도 독일에서 사용되는 독일어를 〈독일 본국의 독일어〉라고 하며, 오스트리아 및 스위스에서 공적인 문서에는 의식적으로 〈본국의 독일어〉와는 다른 단어나 표현형식이 사용된다. 독일어와 가장 가까운 언어가 네델란드어이다.(참조 : 네이트 백과사전)

2-2. 표준 독일어와 사투리

흔히 표준 독일어는 고지 독일어 Hochdeutsch, 사투리는 저지 독일어 Niederdeutsch라 부르는데 고지는 중남부의 고지대, 저지는 북부의 저지대를 일컫는 말이다. 즉 북부의 〈저지 독일어〉와 중남부의 〈고지 독일어〉로 나뉜다. 고지독일어나 저지 독일어나 다 방언(특정한 지역의 언어적 용법으로 사투리)이었는데 남부 방언에서 현대 표준어가 발전한 것으로 볼 수 있다.

고지와 저지라는 말을 좀 더 이해하기 위해 독일의 지형을 살펴보면 독일의 북쪽 1/3 정도를 차지하는 북쪽은 주로 독일평야. 브레멘 · 함부르크주 이외에도 베를린 · 작센안할트 · 브란덴부르크 · 니더작센 주의 대부분과 노르트라인베스트팔렌 주의 서북부로 이루어졌다. 대체로 빙하시대 동안 빙하가 녹으면서 형성된 이 지역은 거대하게 뻗어 있는 해안 평야로부터 완만하게 기복이 진 구릉지대, 수림지, 호수 습지, 황무지 등으로 이어진다. 이곳의 많은 강 · 운하는 이 지역의 부를 이루는 데 기여했다. 엘베 강과 베저 강, 라인 강.

흔히 독일 중앙고원으로 알려진 독일의 1/3에 해당하는 중부지역은 삼림이 우거진 산마루의 저지대와 고원 등으로 이루어진 복합적 지형을 보인다.

독일의 나머지 1/3에 해당하는 남쪽은 산악지역. 바덴뷔르템베르크주와 바이에른 주의 대부분을 점한다. 남부 산악지방의 가장 동쪽 부분에는 보헤미아 숲과 슈바르츠발트 삼림지대가 있다. 남쪽 아름다운 경관으로 유명한 바이에른알프스 산맥이 있는데 바이에른 알프스에는 독일에서 가장 높은 추크슈피체 봉(2,962m)이 있다.

독일 지형은 북쪽 해안에서부터 남부의 알프스 산악지역으로 가면서 고도가 계속 높아지기 때문에 북쪽은 일반적으로 저지 남쪽은 고지가 되는 것이다.

그리고 음운(音韻) 변화가 남(南)독일에서 시작되어 점차 북쪽으로 이동해 갔는데 남쪽의 고지독일어는 많은 변화를 겪게 되지만, 북쪽의 저지 독일어는 변화가 거의 없었다.

'고지(高地) 독일어'를 의미하는 Hochdeutsch란 단어가 오늘날 〈표준 독일어〉라는 의미로도 사용되고 있는 것은 현재의 표준 독일어가 고지 독일(독일 남부)의 방언을 기반으로 하여 성립되었기 때문이다.

표준 독일어가 형성된 데에는 마틴 루터의 성경 번역이 기여한 바가 크다. Luther는 성서번역을 하면서 독일의 두 가지 언어층, 즉 상류층 문화어와 하류층 방언을 융합하려 노력하였다. 결국 표준 독일어는 기원적으로 일종의 혼종어로서, 중부와 남부 지역에서 사용되는 방언 요소에서 파생되었다 할 수 있다.

문장어로서의 독일어는, 문법 · 철자 · 발음에 대해서 지역전체에 통용되는 독일어 표준이 거의 완성되어 있다. 그러나 일상생활에서 사용되는 구어(口語)에서는 각 지방의 사투리 즉 방언이 효력을 발휘하고 있을 뿐만 아니라, 발음에서도 표준발음이 있음에도 불구하고 대부분의 경우 당사자의 출신지를 금방 짐작할 수 있을 정도로 사투리가 섞인 발음을 사용하고 있다. 그래서 학교문법에서 표준 독일어만을 배운 사람은 독일어 각 방언을 이해하기 어렵다. 〈북부독일 사람과 남부독일 사람이 각각 그들의 방언으로 이야기를 한다면 통역 없이는 서로 무슨 말을 하고 있는지 모를 것이다〉라는 것은 결코 과장이 아니다. 이러한 방언의 차이 이외에도 독일어에서는 일상어로 사용되는 단어에도 지역에 따라 차이가 있다. 예를 들면 〈정육점〉을 북부에서는 Schlachter, 중동부에서는 Fleischer, 남부에서는 Metzger, 오스트리아에서는 Fleischhakker 또는 Fleischhauer라고 한다. 〈카니발〉은 라인지방의 쾰른과 마인츠에서는 Karneval이지만 뮌헨을 비롯한 남부에서는 Fasching으로 정착되어 있다. 〈넥타이〉는 보통 Krawatte라고 하지만 북부 및 중부에서는 Schlips를 사용하는 경우가 많다. 〈말〉을 의미하는 표준 독일어는 Pferd이지만, 중부에서는 Gaul, 오스트리아를 포함한 남부에서는 Roβ라고 한다. 〈토요일〉을 표준 독일어에서는 Sonnabend와 Samstag가 함께 사용되지만, 전자는 북쪽의 지역에서, 후자는 주로 남부에서 사용된다. 또한 〈소년〉을 의미하는 Knabe는 북부・중부에서는 Junge, 남부에서는 Bube라고 한다.

Guten Tag은 독일의 어느 교과서에나 나오는 인사법이나 Grüss Gott이라는 말은 바이에른 지방의 인사법이다.

2-3. 신조어의 산실

독일어는 조어능력이 풍부한 언어이다. 예를 들면 부정사는 전부 머리글자를 대문자로 씀으로써 중성명사화 할 수 있기 때문에, 적어도 이론적으로는 부정사와 같은 수만큼의 중성명사가 존재한다. 형용사의 명사화라는 현상도 있다. 게다가 3개의 성(남성・중성・여성)이 모든 명사를 만든다고 할 수 있기 때문에 이렇게 하여 만들어진 명사의 수도 대단히 많다. 또 전철(前綴)이 붙은 이른바 복합동사로서 사전에 수록되어 있는 것은 극히 한정되어 있으나, 이론상으로 전철과 동사가 조합하여 만드는 단어의 수는 거의 무한정하다. 그만큼 독일어를 읽거나 듣거나 할 때 사전에 수록되지 않은 단어를 접할 가능성이 크기 때문에 이런 경우에는 그 단어를 이미 알고 있는 요소로 분해한 후에 그들 단어를 재합성하면 된다.(참조: 네이트 백과사전 '독일어')

Deutsche Sprache - schwere Sprache

"Why can't the Tuwort come früher?" Fragen dieser Art sind bei Deutsch lernenden Ausländern ebenso verbreitet wie die oft scheiternden Versuche, das frisch gelernte Deutsch anzuwenden.

"Können sie mir bitte drei Brötchen verkaufen?" Antwort des Bäckers: "Moana Sie Semmln?". Hier gibt es drei Erklärungsmöglichkeiten:

Entweder man ist im falschen Land, die Lehrer haben einem die falsche Sprache beigebracht, oder aber man spricht gar kein Deutsch in Deutschland. Spricht man natürlich schon, aber mal klingt es schwäbisch, mal kölsch, mal sächsisch und, wenn es einen ganz hart trifft, eben bayerisch. Aber schon das Hochdeutsch an sich ist kompliziert genug. Und wenn es um Dinge wie Groβ- und Kleinschreibung oder gar solche grammatikalische Finessen wie den Konjunktiv geht, da versagt im Land der Denker und Dichter selbst so manch ein Muttersprachler. Trotz oder gerade wegen der heftig umstrittenen Rechtschreibreform ist das Setzen von Kommata immer noch ein Gräuel, genauso wie der unbändige Hang zur Substantivierung, der dann so hübsche Ungetüme wie das Wort "Betä ubungsmittelverordnungsänderungsgesetz" hervorbringt. Deutsche Sprache. Nicht immer schön, dafür exakt. (Sprache-Deutsche Sprache, schwere Sprache)

독일의 언어 - 어려운 언어

왜 동사는 좀 더 일찍 나오지 않지? 이런 종류의 질문은 독일어를 배우는 외국인에게 흔히 일어난다. 마찬가지로 막 배운 독일어를 사용하고자 하는 시도도 흔히 좌절하고 만다. "롤빵 세 개를 주시겠어요?"에 빵집 주인이 "Moana Sie Semmeln?"(Moana는 meinen의 남부 사투리이고 Semmel은 롤빵인 Brö tchen의 남부 사투리)라 답하면 세 가지로 설명할 수 있다. 다른 나라에 와 있거나 학교에서 선생님이 독일어를 잘못 가르쳤거나 독일에서 사람들은 독일어를 사용하지 않는다는 말이다. 비록 독일어를 말한다 해도 때로는 슈바벤 방언이 들리고 때로는 작센방언이, 운이 더 나쁘면 바이에른 방언이 울린다. 표준독일어 자체도 충분히 복잡하다. 대문자 혹은 소문자 문제나 접속법 같은 까다로운 문법이 문제가 될 때는 시인과 사상가의 나라에서 조차 많은 모국어사용자들이 틀리게 된다. 이론이 분분한 정서법에도 불구하고 아니면 바로 그 때문에 콤마 찍기가 아직도 여전히 공포스런 일이다. 마찬가지로 명사화에 대한 엄청난 성향은 "마취제처방전개정법안"과 같은 괴물단어를 만들어내기도 한다. 독일어는 아름답지는 않다, 그 대신 정확하다.)

2-4. Sie und Du

〈duzen〉과 〈Siezen〉

독일어의 du와 Sie를 번역하는데 있어 영어도 그러하지만 우리말도 어려움이 있다.

영어에서 Sie에서 du로 넘어갈 때 Sie 사용 때도 you, 말을 틀 때도 you can just call me 'you'이고 우리말에서도 '너'와 '당신'으로 구별해서 번역할 수가 없다.

이것은 단지 문법의 문제가 아니고 문화의 문제이기 때문이다. 영어를 사용하는 사람에게 있어 친근한 'you'와 격식적인 'you'의 구분이 없다. 그렇다고 우리말식의 반말과 존댓말의 차이도 아니다. 그러나 독일인에게 있어서는 du와 Sie의 구분에 대해 많이 의식을 하고 있기 때문에 du/Sie의 원칙이 무너질 때 불편함을 느낀다. 독일어를 사용하는 사람들은 영어를 사용하는 사람들보다 알고지내는 사람과 거리감을 더 오래 유지하는 경향이 있다. 독일에서 사업을 하는 사람들은 동료들과 비록 오래 일해 왔다 해도 서로서로를 계속해서 Sie라고 부른다. 그것은 그들이 서로 친근하지 않다는 의미가 아니다. 단지 그들은 독일인들의 주요한 구분 즉 아주 친한 친구와 단지 알고지내는 사람과의 차이를 유지하려는 것이다.

그렇다면 du/Sie의 원칙은 무엇인가?

독일어를 처음 배우는 사람들은 Sie를 좀 더 격식을 차린 질문 즉 Wie heiβen Sie?나 Hans, hast du deinen Onkel?를 배우며 Sie는 낯선 사람에게 혹은 잘 모르는 사람에게 쓰는 존칭으로 배우고 du는 아이들, 가까운 친구들, 그리고 가족에게 부르는 호칭으로 배운다.

그러나 독일인들에게 조차도 복잡한 경우가 있다.

예를 들어 시동생 등 시집식구 혹은 여자 쪽 식구를 처음 만날 때 du를 써야하나 Sie를 써야 하는가? 그들은 낯선 사람이나 또한 가족이다. 확신이 안 설 때는 표준적인 Sie를 쓰라라고 하는 것이 일반적 규칙이다. 그러나 만일 당신이 당신 가족에게 격식을 차린 Sie를 쓰면 섭섭해 할 지도 모르며 은근히 화가 날지도 모른다. 동시에 Sie가 더 적당한 경우인데 du를 쓴다면 상대가 모욕감이나 무시당하는 느낌을 받을 수도 있다.

자 그러면 du/Sie 구분을 요약하면 다음과 같다.

— Sie는 다음에서 사용:

· 방금 만났거나 어쩌다 한두번 만난 어른(성인)에게는 Sie를 써라.
· Herr나 Frau(Mr. Mrs, Miss)를 사용하며 불러야 할 경우
· 비지니스적 상황에서
· 일자리에서 동료들에게(특별히 친하거나 가까운 친구가 아니라면)

— du는 다음에서 사용:

· 가족이나 잘 아는 친척들
· 아주 가까운 친구들
· 12살 미만의 아이들
· 애완동물
· 기도에서 신을 부를 때
· 독일어를 말하는 사람이 내게 du를 사용하라 권할 때

(인터넷에서 낯선 사람에게 이메일을 보낼 때 du를 사용하는 것이 일반적이나 일부 독일인들은 Sie를 더 좋아한다.)

(비록 성이 아닌 이름을 부를 경우라도 함부로 du를 사용하지 않는다. 미국인들에게 적용되는데 그들은 쉽게 이름을 부르기 때문이다)

(편지에서 대문자는 오직 Sie만 쓰지 du나 ihr는 반드시 소문자로 쓴다. 그러나 일부 독일인들은 이 정서법을 잘 지키지 않기도 한다)

[퀴즈] du, ihr, Sie - 어느 용어가 맞는 호칭인가?

1. 방금 만난 어른이나 어쩌다 몇 번 만난 적 있는 어른. (Sie)
2. 가족의 여러 명이나 친척의 여러 명. (ihr)
3. 가족이나 친척의 한 사람. (du)
4. Frau Schmidt에게 전화로. (Sie)
5. 비즈니스 편지에서. (Sie)
6. 이웃집의 개에게 말을 걸 때. (du)
7. 신에게 기도할 때 신을. (du)
8. 2명 이상의 친구들에게. (ihr)
9. 직장에서 직장 동료에게. (Sie)
10. 같이 일하는 동료의 아이들에게. (ihr)
11. 친한 친구에게 편지를 쓰며. (du)

"Du" und "Sie"

Es war schon recht seltsam, aber eigentlich auch ein erhebendes Gefühl: Mit Beginn des 11. Schuljahrs sollten die Lehrer uns plötzlich mit "Sie" anreden. Da waren wir mit 16 Jahren - zumindest sprachlich - zu "Respektspersonen" geworden, galten also irgendwie schon als Erwachsene, obwohl man doch gesetzlich erst mit 18 so richtig erwachsen ist.

Im Unterricht wurde es nun amüsant: Einige Lehrer gerieten regelmäßig ins Stottern - "Kannst du ... äh ... könnten Sie bitte ..." -, andere boten uns gleich beiderseits das als freundschaftlich-vertrauter geltende "Du" an. (Sprache - "Du" und "Sie")

'Du'와 'Sie'

정말 기묘하긴 하나 또한 사실 감격스런 느낌이다. 11학년이 되면 선생님들이 갑자기 우리를 'Sie'라 호칭하는 것이 말이다. 그때 우리는 16살이 되면서 - 적어도 언어적으로 - '존경받는 사람'이 된다. 또한 비록 법적으로 18살이 되어야 비로서 성인이긴 하나 여하튼 이미 성인으로 간주되는 것이다. 수업시간은 즐겁다. 왜냐면 몇몇 선생님들이 흔히 말을 더듬게 되기 때문이다. " 너... 아니 댁은.." 다른 분들은 즉시 서로에게 좀 더 정답고 친밀한 'du'를 제안하시기도 한다.)

Das richtige Augenmaβ

Wo genau die Altersgrenze zwischen Duzen und Siezen liegt, ist dennoch schwer zu sagen. Wenn man einen Unbekannten anspricht, ist gutes Augenma*β* gefragt: Sieht jemand wie 18 oder älter aus, ist eher das "Sie" angebracht; Jüngere kann man mit "Du" anreden, ohne dass sich der- bzw. diejenige respektlos behandelt fühlt.

Unter Gleichaltrigen - vor allem unter Studenten - ist das "Du" selbstverständlich. Sogar Senioren, die ihr Rentnerdasein mit einem Studium aufpeppen, bieten ihren (um Jahrzehnte) jüngeren Kommilitonen gerne das "Du" an: Das klingt ungezwungener und nicht so distanziert.

올바른 눈대중

평칭과 존칭 사이의 나이 경계선이 어디에 있는지 말하기는 어렵다. 모르는 사람에게 말을 걸때는 좋은 눈대중이 요구된다. 누군가 18살 혹은 그 이상으로 보인다면 차라리 '존칭'을 사용한다. 더 어린 사람에겐 평칭으로 말을 걸 수 있다. 그러나 그 사람이 무례하게 취급당한다는 느낌을 주지 말아야 한다.

동년배끼리는, 특히 대학생들 사이에서는 '평칭'이 당연하다. 더구나 연금생활자로서의 존재를 대학에서의 공부로 활기를 불어넣고자 하는 노령자들은 수십년 더 어린 학우들에게 평칭을 제안하기도 한다. 그것이 더 자연스럽고 거리감 없이 들린다.)

Faustregeln

Ein paar allgemeine Faustregeln: Ohne Rücksicht auf das Alter duzt man sich natürlich im Kreis der Familie. Die Zeiten, da man noch die Groβeltern oder gar die Eltern mit "Sie" ansprechen musste, sind lange vorbei. Ebenso duzt man sich im Freundeskreis, im Sportverein und in sonstigen Freizeitgruppen. Auch in Diskotheken, Studentenkneipen und anderen Orten, wo junges Publikum anzutreffen ist, sagt man üblicherweise "Du". Ansonsten ist zunächst einmal das Siezen angesagt: Ob man sich mit dem Uni-Professor unterhält oder beim Bäcker ein Brot kauft - hier herrscht sprachliche Distanz.

Natürlich kommt es vor, dass man sich nach einiger Zeit und bei gegenseitiger Sympathie das "Du" anbietet. Die Initiative sollte aber dann von demjenigen ausgehen, der älter ist (bzw. sich für älter hält).

Die komplizierten Regeln des Duzens und Siezens gehen mittlerweile vielen Deutschen auf die Nerven: Häufig zu hören ist der neidvolle Seufzer, die Engländer hätten es ja mit ihrem "you" so einfach. Und so geht vor allem unter den Jüngeren der Trend zum freundschaftlichen "Du".

대체적인 규칙

일반적으로 몇 가지 대체적 규칙이 있다. 나이를 고려치 않고 가족 안에서는 평칭을 쓴다. 조부모에게 혹은 부모님에게 존칭을 쓰던 시대는 오래전 지나갔다. 친구들 사이에서도 평칭을 쓰며 스포츠클럽이나 여가그룹에서 또한 디스코텍이나 학생 술집, 그리고 젊은 고객들을 만날 수 있는 장소에서는 보통 평칭을 쓴다. 그 외에는 우선 처음에 존칭을 쓴다. 대학교수와 이야기하거나 빵집주인에게서 빵을 살 때는 언어적 거리감이 지배적이다. 물론 조금 시간이 지나거나 서로 호감을 갖게 될 때 평칭을 서로 제안하기도 한다. 그러나 그 시작은 나이가 좀 더 많거나 많다고 여기는 사람이 먼저 시작한다.

평칭과 존칭의 복잡한 규칙은 많은 독일인들의 신경을 거슬리기도 한다. 그래서 자주 부러움에 가득 찬 탄식을 듣기도 하는데 그것은 '영국인들'은 'you'로 아주 간단하다는 것이다. 그래서 특히 젊은이들 사이에서는 친근한 평칭이 추세가 되고 있다.

2-5. 욕설

독일어는 인도유럽어족에 속한다. 그러나 독일어의 욕설은 다른 유럽 언어와는 크게 구별된다. 우선 인도유럽어족에 대해 간략히 설명하자면 인도에서부터 유럽 대부분의 지역에 분포하는 언어족으로 크게 인도이란어군과 유럽의 주요 어파(語派)로 그리스어파, 게르만어파(영어 · 독일어 · 북유럽 여러 언어 등), 슬라브어파(러시아어 · 폴란드어 · 체코어 등), 켈트어파(아일랜드어 · 웨일스어 등), 라틴어와 라틴어를 이어받아(로마의 언어, 즉 라틴어가 변화한 형태를 로망스어, 혹은 로만어라 한다) 오늘에 이르고 있는 이탈리아어군(라틴어 · 프랑스어 · 이탈리아어 · 에스파냐어 · 루마니아어 등)이 있다.

어느 나라나 그러하듯이 대체로 욕설은 욕먹을 짓을 한 사람을 별로 아름답지 못한 습성을 가진 동물과 비교하는 식이다. 인체의 배설작용과 생식기관 역시 주요 비유대상 중 하나이다.(52) 특히 로만어에서는 무언가 부정적인 것을 표현하기 위해서 성적인 것이 사용되는데 프랑스어에서는 여성 성기가 욕에 자주 사용되고 스페인어에서도 성교가 욕으로 자주 사용된다한다. 이는 독일인에게는 완전히 낯선 방식이다. 독일인들은 오히려 배설물과 관련된 욕을 많이 사용하는데 그래서 독일어의 욕은 항문기에 고착되었다고도 한다. 이에 대해 언어학자 한스-마르틴 가우거와 슈피겔 대담을 정리한 글이 인터넷에 있어 소개한다.

▶ 독일어의 욕은 항문기에 고착

(언어학자 한스-마르틴 가우거와 슈피겔 대담 정리)

독일어의 욕설은 다른 유럽 언어와는 크게 구별된다. 로만어에서는 무언가 부정적인 것을 표현하기 위해서 성적인 것이 사용된다. 예를 들어 스페인어에서는 'Joder'가 성교의 통속적 표현이면서 동시에 괴롭힌다는 의미를 가진다. "No jodas"는 직역하면 "Vögle mich nicht(날 씹하지마)"이지만 "날 괴롭히지마"라는 의미로 쓰인다. 이는 독일인에게는 완전히 낯선 방식이다.

이탈리아와 같은 카톨릭 국가에서 섹스를 언급하는 것은 큰 타부를 깨는 것이며, 특히 Porca Maria같이 성이 종교와 관련될 때는 금기 파괴의 효과가 엄청나다. 물론 이러한 욕을 일상적으로 자주 쓰고 듣게 되면 그러한 효과는 거의 사라지게 된다.

프랑스어에서는 여성 성기인 con이 욕에 자주 사용되고 이는 점점 발전해서 deconner는(미친 짓), connerie(멍청한 짓) 등으로 파생되기도 하는데 독일어에는 이런 표현이 전혀 없다.

▶ 똥, 오줌으로 욕하는 독일어

이에 비해 독일인들은 주로 똥이나 오줌과 같은 배설물을 욕으로 사용한다. "Arsch(엉덩이)", "Arschloch(똥구멍)", "Scheiβe(똥)" 같은 용어가 사용되는데, 로만어에서는 이런 용어를 가끔 사용하기도 하지만, 전적으로 이런 표현이 주종을 이루는 것은 독일어뿐이다.

같은 게르만어인 영어에서도 성적인 표현인 "fuck off"가 쓰이는데, 이는 독일어에서는 "verpiss dich(오줌 싸라)" 등으로 번역되는 편이 적당하다. 즉 영어의 성적 표현이 독일어에서는 배설물 표현으로 바뀌는 것이다. 또한 바로 독일의 이웃인 네덜란드에서도 욕은 성적 표현으로 주로 나타난다. 이런 점에서는 독일은 하나의 고립된 섬과 같다.

이제는 독일이건 유럽이건 간에 성에 대한 담론은 더 이상 금기가 아니다. 이제는 예전과는 반대로 신앙과 죽음에 대해서는 더 이상 말하려 하지 않지만, 성에 대해서는 누구나 이야기한다. 그럼에도 불구하고 독일인의 욕은 성에 대해 말하기를 꺼린다.

이에 대해 미국 언어학자 알랜 던데스는 "독일인이 항문기에 고착되어 있다"면서 "이는 독일이 역사적으로 후진적임을 말해주는 것"이라고 했다. 그러나 독일인의 욕설은 부정적인 것(배설물)을 부정적인 상황에 사용하는 것이며, 이는 다소 환상이 부족하고 투박한 것일 수는 있으나 도덕적으로 비판할 것은 아니다.

최근에서는 독일 젊은이들도 욕을 쓸 때 배설물이 아니라 성적인 표현을 써가는 경우가 있다. 이들은 이제 "엿 먹였다"고 할 때 "verarschen" 대신 "ficken"을 쓰기도 하는 것이다. 또한 이들은 "fick dich ins Knie"같은 표현도 쓴다. 이러한 현상은 언어학적으로 매우 새로운 것이다.

▶ "구린내 나는 손가락"

그러나 이러한 변화 가운데에서도 성적인 표현을 배설과 연관시키는 경향이 보인다. 한 예로 가운데 손가락을 쳐드는 것을 욕을 독일어에서는 "Stinkefinger (구린내 나는 손가락)"이라고 한다. 이러한 제스춰가 처음 나온 로만어에서는 강간을 위협한다는 성적인 의미만을 가지는데 비해 독일어에서 이것이 배설물과 관련되고 나아가 남성들 간의 항문 섹스와 관련되는 것으로 보인다.

한편 유럽에서 이 제스춰는 다른 측면으로 보면 호모섹스 타부와 연관되는데, 이를 많이 사용하는 남자는 이성간 섹스를 강조하여 자신이 호모가 아니라는 것을 보여주려고 한다. 이는 군대 내무반에서 여자의 벗은 사진을 많이 걸어놓아 자신이 호모가 아님을 강조하려는 심리와 비슷하다.

—출처: 베를린천사 1999년 11월 1일 제4호

독일어의 욕을 영어와 함께 비교하며 몇 가지를 소개한다.

- Abhanden kommen, get lost 꺼져, 나가!
- Lügner, liar 거짓말쟁이!
- Fick Dich! fuck you 빌어먹을
- Schlampe, bitch 창녀라는 뜻도 있지만, 정확한 뉘앙스는 걸레라는 뜻.

· Hurensohn, son of bitch 상당히 쎈 욕.
· Arschloch, asshole 원래 항문이란 뜻이나 '지겨운 놈'
· Abhanden kommen, get out 나가!
· Verflucht(Verdammt), damn 제기랄
· Zum Donnerwetter, damn it 제기랄
· Verdammter Mist, goddamn it 제기랄
· Geh zum Teufel(Hol dich der Teufel, Scher dich zum Teufel), go to hell, idiot 멍충이, 바보
· dummkopf, fool 멍청한 놈, 독일어에서는 dumm이 들어가면 거의 욕이 된다.

2-6. 단어의 어원에 대한 재미있는 이론

언어학과 상관없는 보통사람들 사이에서 여러 가지 단어의 기원에 관한 재미있는 이론들이 많이 떠돌고 있다. 그중 몇 가지를 소개하면,

- 혼인 Exhe라는 단어가 라틴어 속담인 'Errare humanum est 사람은 누구나 실수를 한다'에서 세 단어의 첫 글자만을 따 모은 것이라는 이론이다.
- 플래이보이 혹은 방탕자라는 의미의 Draufgänger는 draufgehen이라는 동사에서 나왔는데 이는 '무모하게 죽을 짓을 하다'와 '방탕하게 산다'라는 두 가지 뜻을 가지고 있다.(87)
- 독일 휴양소는 효과적인 치료의 필수조건으로 남편이나 아내를 데리고 오지 못하게 한다고 하는데 이 규칙은 새로운 사회현상과 신조어를 낳았다. 그것은 쿠어샤텐(Kurschatten)이란 단어인데 쿠어는 휴양이고 샤텐은 그림자 또는 사물의 부정적인 면을 가리키는 단어인데 이 두 단어가 합쳐져 '휴양지에서 사귄 애인'이라는 뜻이 된다.(63)

3. 독일의 정신적 문화와 언론

3-1. 괴테

독일은 흔히 "시인과 사상가의 나라 Land der Dichter und Denker"라 불린다. 그것은 독일인들이 심오하고 진지하고 엄격하다보니 우울한 천재들이 많았기 때문인데 철학의 영웅들을 나열하자면 피히테, 헤겔, 칸트, 라이프니츠, 니체, 쇼펜하우어 등등 그 목록이 만만치 않다. 문학에 있어서도 마찬가지다. 그 결과 위대한 정신적 업적이 질로만이 아니라 양으로도 드러나게 된다. 괴테전집은 무려 143권이나 되며 니체전집은 30권 바그너의 대표적 오페라를 감상 하는데 수 시간이 걸린다.(45)

사실 독일의 문학은 다른 나라들에 비해 비교적 나이가 젊다. 영국, 프랑스, 스페인 등에서는 16세기부터 벌써 문학의 고전적 단계가 시작되었지만 독일에서는 18세기 말에야 비로소 문학이라고 할만한 것이 생겨났다. 독일의 계몽주의 문학 때서부터 비로소 문학다운 문학이 시작했다 볼 수 있는 것이다. 그러나 세계문학 지도에 독일문학의 깃발을 꽂은 인물은 요한 볼프강 괴테이다. 어느 누구에게나 '독일문학의 대표자'는 당연 괴테이다. 독일의 세계적 문화기관인 독일문화원이 괴테 인스티튜트라는 이름을 갖고 있는 것도 그래서 당연할 것이다. 어디 그뿐인가.

어느 나라의 역사에도 후대의 사람들이 왕이 아닌 한 개인에게 한 시대의 이름을 명명하는 영예를 부여한 적이 없다. 괴테시대(1770~1832, Goethezeit, the age of Goethe)가 바로 그 예외이다. 그 기간 동안 독일문화는 천재 괴테를 중앙으로 하고 문학과 철학과 음악 등에

황금의 시기를 맞게 된다. 철학에서는 독일관념론의 대가들인 칸트, 피히테, 쉘링, 헤겔 등이 음악에서는 하이든, 모차르트, 베토벤 등의 고전주의 작곡가들과 슈베르트, 멘델스존, 슈만 등의 낭만주의 음악이 절정을 이루었다. 문학에 있어서는 질풍노도, 고전주의, 그리고 낭만주의 운동의 물결이 여러 뛰어난 작가들과 어문학자들 즉 레싱, 헤르더, 쉴러, 클라이스트, 슐레겔 형제, 노발리스, 그림형제들과 함께 전개되었는데 오직 괴테만이 이 세 가지 운동 모두에 걸쳐 계속 발전하고 있었다. 괴테는 무엇보다도 영국, 프랑스, 이탈리아의 고전문학과 어깨를 나란히 할 수 있는 그런 수준의 문학을 창조함으로서 독일민족에게 문화의 신전 맨 앞에 앉을 자격을 선사했으며 문학이라는 산맥의 높은 봉우리를 정복할 수 있었다. 그래서 괴테는 독일의 세익스피어라 할 수 있다.

일상적으로 현재 우리가 사용하는 "세계문학" 개념은 서점에서 흔히 접하듯이 외국문학 고전의 목록으로서 흔히 호머, 단테, 셰익스피어, 괴테 혹은 프루스트, 조이스, 카프카 등 문학적인 영향력이 큰 작가들의 이상적 선집을 의미한다. 다시 말해 세계문학이란 국가적, 지역적 한계를 넘어 모든 세계민족에게 고유한 작품을 일컫는다. 다시 말해 시간과 공간의 제약을 뛰어넘어 많은 사람들에게 읽히고 감동을 주는 '고전'인 것이다. 그런데 이 '세계문학'이란 개념은 비란트Wieland에 의해 처음 사용되었으나 1827년 괴테에 의해 정착된다.

아직 그 사회 문화적 기능이 저조한 19세기 초 여러 기술과 교통수단의 발전이 이루어지면서 각 민족문학들의 교류가 서서히 열리는 시대적 상황 속에서 괴테는 번역과 비교문학적 문학비평을 통한 상호 문화적 교류의 국제적 영역이 열림을 보게 된다.

비록 괴테가 계속 바이마르에서 창작활동을 하긴 했으나 그 당시 유럽 널리 그의 작품 '베르테르', '파우스트'의 전설적인 작가가 된 괴테는 여러 국경을 넘나드는 편지, 신문, 잡지, 책, 그림 등의 정신적 교류를 갖게 된다. 또한 프랑스, 영국 등 외국의 괴테 애호자, 숭배자들의 방문을 통하여 보다 넓은 세상을 접하고 국제적으로 자신의 문학적 영향력을 행사할 수 있게 된다. 청년시절에 이미 그는 그의 첫 소설 '베르테르'로 인해 문학적 슈퍼스타가 되었으며 '젊은 베르테르의 슬픔'의 주인공인 베르테르가 사랑의 고뇌를 견디지 못해 자살하게 되었을 때 입은 노란색과 푸른색의 옷은 온 유럽의 젊은이들이 흉내를 내었다 한다.

젊은 베르테르의 슬픔은 질풍노도기의 작품으로 서간체소설이며 감정해방을 정당화하여 전통에 반기든 소설이다. "Bester Freund, was ist das Herz des Menschen? 친애하는 벗이여, 인간의 감정이란 무엇일까?" 라는 말로 시작하면서 인간과 자연의 관계를 새로이 정립한다. 그래서 아름다운 자연에 대한 경탄이나 주인공의 서정적 독백, 사랑과 자연의 체험이 풍부하게 서술되어 있으며 주인공의 내면세계가 봄, 여름, 가을, 겨울과 같은 4계절의 변화나 밤과 낮의 변화, 정적과 폭풍, 햇볕과 비등을 통해 반영되고 있는 것도 소설의 특징이다. 흔히 연애소설로만 인식이 되고 있으나 사실은 시민계급에 속한 베르테르가 사회계급제도와 인습 때문에 좌절하는 모습을 통해 질풍노도기의 이념이 많이 반영된 작품이다.

나폴레옹은 7번이나 읽었다고 하고 18세기말까지 15종류 번역판이 나왔을 정도니 그 인기를 짐작할 수가 있다.

괴테는 37세가 되던 해인 1786년 9월 3일 독일 땅을 떠나 1년 9개월 동안 이탈리아 전역을 두루 여행하게 된다. 이 새로운 세계에 괴테는 마음과 눈을 활짝 열어 놓고 음미하는데 이 여행은 괴테 자신의 인간적 성숙에도 큰 기여를 했지만 독일문학의 발전과정에도 큰 전환점을 이루게 된다. 괴테가 이탈리아 여행을 하고 돌아온 1789년부터의 시기를 우리는 독일문학사에서 '독일고전주의'라 부르기 때문이다.

우리말로 '고전'이라 하면 옛 서적이면서 고래로 모범이 되는 서적, 즉 긴 세월을 거쳐서 그 불변의 가치가 공인된 명저를 의미한다. 다시 말해 고전이란 길이 간직될 가치 있는 책이란 뜻이다.

영어나 독일어의 고전 classic, Klassik의 어원은 어떠한 의미를 갖고 있는가 알아보자.

[고전주의]

1. 어원: 라틴어. 고대 로마에서 재산소유의 등급분류를 5등분 혹 6등분 하였는데 그중 가장 많은 세금을 내야하는 일등급의 시민계급. 즉 최상급에 속하는 모범적 시민을 뜻한다. 이 말이 문학적 의미로 쓰이게 된 것은 2세기경 로마의 저술가 겔리우스가 일등급의 저술가(문장에서 문법적 정확성을 갖는 작가, 규범적인 작가)를 의미하게 되면서 독일에서는 18세기 그리이스나 로마의 모범적인 작가란 의미로 사용되었다. 그것이 곧 자국의 혹 타국의 우수한 대작가 및 명작의 뜻으로 확대가 됨. 특정한 가치척도와 결부. 모범적, 표본적이라는 가치평가. 제일급, 우수하고 규범적.
2. 역사적 시대구분으로 문화적 전성기인 고대 Antike, 즉 고대 로마와 그리이스 시대 혹은 고대 로마나 그리이스 적인 요소를 말한다. 그들 고대인의 생활양식, 미의 이념, 문화나 예술의 본질 등이 포함된다. 고대의 예술과 문명을 인류의 최고업적이자 이상으로 봄.
3. 문학사적으로 독일은 18세기 전후 얼마간. 영국은 16세기 후반, 스페인은 16~17세기, 프랑스는 17세기 루이 14세 때. 각기 고전주의라 부름.
4. 미학적으로 전시대적인 양식상의 구별: harmonisch, 고전적인 것의 근본요소를 균형과 조화, 위대성, 고귀성, 육체와 정신의 일치, 우아하고 질서정연한 상태 속에서 고전적인 것을 발견. 빙켈만(Johann Joachim Winckelmann 1717~68, 독일 미학・미술사학자)은 'Edle Einfalt, stille Gröβe 고귀한 단순성과 고요한 위대성'을 고전적인 것이라 정의.

고귀한과 위대성, 고요함과 단순성이 상식적인 결합이나 그것을 뒤집어 형용사가 모순적으로 쓰였는데 귀족 세계와 시민적 세계의 신분적 화해를 - 고귀한과 위대성은 귀족을 고요함과 단순성은 시민적이며 개인적인 세계를 의미 - 포함하여 세계의 부조화를 조화로 이끄는 일로서로 결합과 조화를 제시한다. 고전주의 가치개념 중 가장 중심이 되는 것은 중용과 절도, 아름다운 인간애, 휴머니즘, 반 권위주의적인데 18세기 독일 고전주의 문학의 특성도 이 범주에 속한다고 보아야 한다.

5. 질풍노도에 반대되는 개념으로 비합리적인데서 벗어나 질서정연하고 법칙을 중요시하며 형식의 아름다움을 추구한다. 이것이 프랑스에서는 미사여귀나 장식에만 빠지려는 부작용을 일으키기도 하였다.

괴테는 독일의 다른 우울한 천재와는 전혀 다른 인물이었다. 그는 언제나 삶의 한복판에 굳건하게 서서 풍부한 인생경험과 매혹적인 다양성을 보여준 작가이며 시인이자 장관이었고 자연과학 학자이기도 했다. 괴테는 자신의 진정한 자아를 발견하려는 노력을 전 생애를 통해 계속했는데 그는 나이가 들면서 자신에게 남겨진 시간이 언제나 무한한 것이 아니라는 것을 늘 인식하고 있었다. 그래서 남겨진 시간 속에서도 언제나 세계와 삶과 죽음에 대한 신비를 발견하려 애썼다. 괴테는 죽기 일 년 전 에케만과의 대화에서 "내 생애 가장 중요한 작업이 완성되었다" 했는데 그 작품은 바로 '파우스트'이다. '파우스트'에 관한 연구는 수도 없이 많지만 최근 나온 연구서 가운데 연세대의 김수용 교수의 "괴테 파우스트 휴머니즘"(책세상, 2004)은 괴테의 파우스트를 이해하는데 많은 도움이 될 것이다. 이 책의 내용을 간단히 요약하면 다음과 같다. 세계는 이 작품을 '위대한 인류의 유산'이라는 표현을 하고 있다. 동시에 독일문학사상 가장 위대한 작품으로 추앙되는 작품이기도 하다. 악마 메피스토가 파우스트의 영혼을 걸고 주님에게 내기를 제안하는 '천상의 서곡'에서 시작하는 파우스트는 인간본성에 내재한 이중성, 그 모순과 대립, 갈등이 가장 중심 되는 내용이다. 이런 근원적인 인간의 이중성에 의해 방황하는 상징적 존재가 바로 파우스트이다. 그는 신성과 동물성 사이에서 끊임없이 방황하는 존재이며 불안정한 존재이다. 그래서 악마는 파우스트를 '그는 하늘로부터는 가장 아름다운 별을, 땅으로부터는 모든 쾌락을 요구하는 자로 그래서 그 어느 것도 파우스트의 들끓는 가슴을 만족시키지 못 한다'라고 묘사한다. 만족하지 못하는 마음은 '가능성'과 '발전'을 가져오기도 하고 창조적 행위의 원천이 된다. 그러나 신과 도덕의 이름으로 인간에게 주어진 모든 한계를 뛰어넘으려하는 파우스트의 욕망은 그레첸의 비극을 일으키기도 한다. 그레첸은 순박하고 천진한 소녀이며 그녀로 대변되는 세계는 소시민적 목가의 세계다. 그러나 그녀의 파우스트에 대한 사랑으로 그레첸과 그녀의 목가적 세계는 처참하게 파괴된다. 그래서 파우스트 1부의 후반부를 이루는 이 사랑의 비극을 '그레첸 비극'이라 부르는 것이다. 한없이 순진하던 소녀가 어머니를 독살하게 되고 두려움과 죄책감에 빠진 그녀가 광란 속에서 아이를 물에 던져 죽이게 되고 결국 처형당하고 마는 것이다. 그러나 그레첸의 사랑은 철저하게 자신을 의식하지 않는 헌신적 사랑이었으며 그런 점에서 독일 문학사상 가장 감동적이고 숭고하며 고귀한 여성상으로 여겨지고 있는데 괴테도 파우스트에서 그녀를 통해 '영원히 여성적인 것 Das Ewig-Weibliche'을 나타내고 있다.

파우스트는 '한편의 비극'이라는 부제가 붙어있다. 또한 '파우스트'는 인류의 비극으로 불리어지기도 한다. 괴테이전의 파우스트 전설이나 문학에서는 악마와의 계약은 파우스트가 원하는 모든 세속적이고 본능적인 요구충족과 그 대가로 파우스트의 영혼을 넘겨받는 것이다. 그러나 괴테의 파우스트가 찾는 것은 단지 물질적이고 본능적인 쾌락이 결코 아니다. 그는 근원적인 것, 절대적인 것, 영원한 것이다. 그래서 현세의 쾌락은 파우스트에게 궁극적 의미를 지닐 수 없다. 하나의 목적에 이르면 바로 또 다른 목적을 찾아 헤매는 파우스트의 시선은 항상 미래를 향해 있다. 그러나 그가 추구하는 것은 한계가 없는 무한한 것의 성취, 또한 자신을 신적인 존재로 완성시키는 것이기 때문에 완전한 신적존재라는 도달할 수 없는 목적을 지닌 인간, 죽음을 회피할 수 없는 유한한 인간에게 그러한 미래는 절망으로 다가온다. '절대적으로' 성취 불가능한 것을 절대적으로 갈구하는 것, 이러한 파우스트적 추구는 물론 비극적이다. 그러나 역설적으로 괴테는 파우스트의 절대적 절망을 '희망의 원칙'으로 환원시키고자 한다. 만일 파우스트가 추구하는 것이 현실적으로 성취 가능한 것이라면 그는 미래의 언젠가 그 목적에 이를 것이고 더 이상의 추구를 멈출 것이다. 그야말로 미래에 더 이상 아무 것도 기대할 것이 없게 되며 모든 것은 정체에 빠질 것이고 더 이상의 창조는 없다. 희망은 아직 존재하지 않는 것에 대한 요구이자 바램이다. 비록 미완성으로 끝날지라도 더 나은 미래를 위해 지금의 현실을 부족한 것으로 부정하고 이 부정으로 인하여 미래로 이어지는 영원한 형성의 과정에 참여하는 영원성을 얻게 된다. 이러한 '희망의 원칙'이 괴테 파우스트의 핵심강령인 것이다.

괴테의 소설(젊은 베르테르의 슬픔 Die Leiden des jungen Werthers, 1774) 이나 희곡 '파우스트'에서는 세계고에 대한 인식이 많이 나타나 있다. 세계고(世界苦, Weltschmerz)란 19세기 유럽에 유행한 우울하고 비관주의적인 분위기를 일컫는데 낭만주의 작가들을 중심으로 세상에, 현실에 적응하길 거부하거나 적응하지 못함으로써 생겨난 우울한 감정이다. 세계고라는 말은 장 파울이 자신의 비관주의 소설(1827)에서처음 사용하였다. 많은 작가들이 자신의 문학에서 자신이 꿈꾸는 이상적인 세계와 현실을 비교하면서 세계에 대한 허무주의적 혐오와 인생에 지친 회의적 관점을 드러낸다.

위에 이미 언급했듯이 흔히 소설 '베르테르'는 연애소설로만 인식될 수 있지만 괴테는 이 소설에서 시민계급에 속한 한 청년이 자신의 개성을 펼쳐 보이려 하다가 사회계급제도와 인습 때문에 좌절당하는 모습을 그리고 있다. 베르테르는 자신의 이상과 세상을 타협하지 못하고 이상에만 집착하다 몰락한다. 그의 자살은 사회에 대한 저항이기도 하다.

괴테탄생 250주년 기념

1999년은 괴테의 탄생 250주년 되는 뜻 깊은 해였다. 대한민국과 독일연방공화국은 괴테탄생 250주년을 기념하는 뜻에서 공동우표와 소형시트를 발행하였다. 요셉 카알 틸러의 괴테초상을 기본으로 하여 독일과 한국에서 각각 디자인 되었으며 소형시트는 우표와 함께 '파우스트' 중 메피스토와 파우스트박사가 대화를 나누고 있는 장면이 그리고 소형시트의 배경부분은 "영원히 여성적인 것이 우리를 인도한다. Das Ewig-Weibliche zieht uns hinan"는 파우스트의 마지막 구절이 쓰여 져 있다. 낭시 우표액면가는 독일은 110 pfennige 한국은 170원, 소형시트 액면가는 대한민국에서 독일까지의 항공우편요금인 480원이다.

—발행일: 1999년 8월 13일, 디자이너: 이해옥

우표에서 소형시트souvenir sheet(S/S), Miniature sheet(M/S)란 우표 수집을 하는 사람들을 위해 즉 수집용으로 만든 우표의 한 형태로써 비교적 비중 있는 우표에 한하여 발행 하고있으며, 한 장 또는 여러 장을 넣고 우표 주위에 기념문자 등을 넣은 것이다. 원래 우표는 전지형태로 발행되는데 우표 20장짜리라던가 100장짜리로 이루어져 있다. 그것을 통째로 사거나 수집해도 좋지만, 우표 20장전지를 통째로 사게 되면 비싸고 취급하기도 힘들기 때문에 수집용으로 처음부터 2장이나 4장짜리를 한 세트로 찍어서 파는데 그걸 소형시트라고 한다. 1957년 이후부터 우체국에서 정식으로 소형시트를 판매하기 시작했으며 그 특이성과 희소가치로 인해 수집가들에게 인기가 아주 높다.

낱장우표와 동일한 우표를 안에 담고 있는 소형시트와 낱장우표로 나오지 않은 우표만을 담고 있는 소형시트가 있다. 우리나라의 소형시트는 대체로 낱장우표로 발행된 우표를 소형시트에 담고 있다. 괴테탄생 250주년 기념으로 나온 것도 그 형태다.

3-2. 신문, 잡지, TV와 방송

독일의 기본법 제5조에 보면 "방송이나 필름을 통한 언론의 자유 및 보도의 자유는 보장된다. 검열은 없다"고 규정되어 있다. 이는 의사표현의 자유와 출판의 자유 그리고 신문과 방송보도의 자유를 보장하고 있는 것이다. 그렇다고 이 같은 언론의 자유는 무제한 것이 아니라 미성년자를 위해서 청소년을 잔인하고 비윤리적인 출판물에서 보호하려는 청소년보호법에 의해 통제를 받는다.

신문은 전국일간지, 지방일간지, 주간신문으로 나눌 수 있다.

- **전국일간지**로는 FAZ(Frankfurter Allgemeine Zeitung 프랑크푸르트 알게마이너 차이퉁, 프랑크푸르트), SZ(Süddeutsche Zeitung 쥐트도이췌 차이퉁, 뮌헨) 그리고 빌트(Bild)가 있다. 이 중 빌트는 전국최대 발행부수를 자랑하는데(470만 부 이상) 가판대에서 판매하는 가판신문이다. 빌트가 그림이라는 의미를 가지고 있듯 선정적인 사진과 대문짝만한 제목으로 교육수준이 낮은 계층에서 압도적인 인기를 누리고 있다. '엽기적 살인. 애인 죽이고 39개로 토막 낸 후 분산 냉동' 이것이 빌트가 다루는 '중요한 사건'의 전형적인 방식이다.(49)
- **지방일간지**: 연방제이다 보니 전국일간지보다 연방주나 도시마다 유수의 지방일간지가 산재해 있다. 그중 대표적 지방 일간지로는 에센에서 발행되며 발행부수가 115만 부에 이르는 WAZ(Westdeutsche Allgemeine Zeitung 베스트도이췌 알게마이너 차이퉁, 서부독일 일간지).
- **주간일간지**: 가장 널리 알려진 주간신문은 디 차이트 Die Zeit인데 1주일 동안 유럽 권에서 일어나는 정치, 사회, 경제, 문화 각 분

야에 걸쳐 중요한 주제들을 비판적 입장에서 심층 분석하여 보도하기 때문에 지식인층이 많이 구독한다. 독일 언론계의 귀부인으로 불린다.

– **잡지(주간지)**

① **슈피겔** Spiegel, 함부르크, 130만 부

미국 시사주간지인 타임지를 모델로 삼아 창간된 잡지. 진보적 좌파성향이 강한 잡지. 최고의 전통과 권위를 갖고 있다. 심층기사와 기획기사가 돋보이며 독일사회에 많은 영향력을 행사한다. 매주 월요일 발행되는 주간잡지이기 때문에 독일 정치가들은 월요일 아침마다 가슴을 졸인다 한다. 지난주에 한 일 또는 하지 않은 일에 대해서 슈피겔이 어떤 보도와 논평을 내놓을까 하는 걱정 때문이다. 그보다 더 끔찍한 것은 슈피겔이 아예 무시하고 보도조차 하지 않는 것이라 한다.(50)

② **포쿠스** Focus, 뮌헨, 100만 부

1993년 창간. 중도 보수적 경향.

③ **슈테른** Stern, 함부르크 157만 부

최대발행 부수, 슈피겔 보다 좀 더 가벼운 기사를 많이 싣는 대중용 시사오락 주간지. 독일 잡지의 다양성은 그 어느 나라에 뒤지지 않는데 주제, 취미, 전문분야에 따른 전문잡지가 다양하다. 개와 고양이, 낚시꾼, 보디빌더, 자동차경주, 서핑, 뜨개질, 동성연애, 채소밭 가꾸기, 정원 가꾸기, 주식투자, 도배, 새디스트.

– **분테** Bunte는 사교계, 연예계에 총력을 집중하는 잡지로 병원대기실과 미장원에서 가장 인기 있는 자리를 지키고 있다.

– TV: 독일 텔레비전 프로그램은 빈약하다고 할 수 있다. 대부분은 미국에서 부분적으로는 유럽 다른 나라에서 수입 해다가 독일어로 더빙을 한 시리즈가 대부분이다. 시추에이션 코미디나 토크쇼는 미국방송을 모방해서 하나 진행자들이 능수능란하지 못하고 시원치가 않다. 독일인들이 자신 있게 전문적으로 다루는 무대는 뉴스와 심층취재, 다큐멘터리 등이다. 이른바 전문가들의 독무대

로 길고 상세하며 보도의 형평성을 유지하기 위해 어떤 전문가의 의견이 나오면 반드시 그와 다른 의견을 가진 또 다른 전문가의 코멘트가 이어진다.(48)

① **공영방송**: 시청료와 광고료로 운영

독일의 대표적 공영방송은 한국의 KBS에 해당되는 ARD(아에르데)와 ZDF(체데에프)가 있다.

② **민영방송**

두개의 공영방송으로 유지되던 독일은 1984년에 처음으로 민영방송의 사업을 승인하였다. 순전히 광고수입에만 의지하는 영리목적의 방송이다. 대표적 3대 민영방송은 RTL(에르테엘), SAT1(자트아인스), Pro 7(프로지벤). 통일 이후에는 더 많은 공영방송이 신설되고 있으며 민영방송도 마찬가지이다.

③ **도이췌 벨레** DW(Deutsche Welle), 쾰른

1953년에 창설되었으며 연방정부가 운영하는 해외홍보방송이다.

처음에는 라디오방송만 내보냈으나 TV방송과 온라인서비스도 제공하기 시작했다. 독일의 멀티미디어로서의 역할. 미국 CNN 다음으로 조밀한 위성방송 체제를 갖추고 있다. 한국에서 TV 방송 시작은 99년 1월 15일 부터. 24시간 독일뿐만 아니라 전 세계를 대상으로 독일의 정치, 문화, 경제 등을 소개한다. 언어는 독일어 외에도 영어, 스페인어 방송도 송신한다. 독일어는 13시간, 영어는 9시간, 스페인어는 2시간 방송을 실시한다. 어학코스도 제공하고 있다.

4. 자동차와 대중교통

4-1. 자동차를 신앙으로 삼는 민족

독일인의 성향에 대해 논하면서 자가용 승용차에 대한 애착을 빼놓을 수는 없다. 오죽하면 제노포브스 가이드는 독일문화이야기에서 '자동차를 신앙으로 삼는 민족'을 소제목 가운데 하나로 내세웠을까?

독일인이 다른 무엇보다도 정열을 바치는 대상은 자동차다. 독일에서 자동차는 하느님에 버금가는 대우를 받는다. 우스개말로 이탈리아인들은 '아이들이 차 때문에 사고를 당할까봐' 거리에 못나가게 하고 독일인들은 '자동차가 길에서 마음 놓고 돌아다닐 수 있도록' 하기 위하여 아이들을 집안에 묶어둔다.(36)

좀 더 구체적으로 독일인에게 자동차는 어떤 존재 일까?

이 부분을 알려면 독일인의 생활상을 알아야 한다. 독일은 국민소득이 높은 나라지만 삶의 질은 별 윤택함이 없는 나라다. 현재 독일에서 30중반의 일반직장인이 받는 급료는 보통 우리 돈으로 400만 원 선인데 이중 약 40%를 세금으로 내며 나머지 60%를 갖고 생활을 한다.

그러나 이중 대다수의 도시생활자는 자기 집이 없는 경우가 많으며 그 이유는 자기 집을 소유하면 더 많은 세금을 내야하며 우리와 다르게 자기 집의 소유개념이 별로 없기 때문이다. 그러므로 집세로 월 60~80만 원 정도를 내면서 생활 하고 있다. 물론 맞벌이가 많으며 교육비 및 의료비 등이 않드나 일반가정이 생활하기엔 부족함이 따를 수밖에 없다. 이것저것 공제 후 남은 돈으로 생활을 하는데 당연히 검소할 수밖에 없는 것이다. 그래서 독일의 일반가정에서 외식하기란 좀처럼 기회가 오질 않는다. 특별한 날 아니면 연말모임 이외 말고는 거의 없다고 보면 되며 기껏 외식이란 게 맥도널드에서 가족끼리 햄버그 먹는 정도 입니다

독일에서 기차여행을 해보면 아는데 우리와 다르게 국토가 넓으니 간혹 장거리 기차를 타보면 식사시간이 됐는데도 식당 칸에 가는 사람이 별로 없다. 간단한 샌드위치를 도시락 삼아 가져오는 이들이 있으며 그렇지 않은 경우는 굶는 거다. 그래서 기차를 타기위해 반호프(Bahnhof, 일반역)또는 하우프트 반호프(Hauptbahnhof, 중앙역)에는

간이음식점이 많다. 물론 가격이 싸며 양도 많은 편이다. 식사시간이 아니지만 이들은 기차를 타기 전에 이곳에서 미리 해결하고 또한 목적지에 도착하면 제일 먼저 찾는 곳도 이곳이다.

이렇게 검소한 생활을 하는 독일인들도 자동차엔 아낌이 없으며 자동차 욕심이 유난히 많음을 느낄 수 있다. 널리 보급된 자전거 문화에도 불구하고 자동차를 소유한다는 것은 독일인에게 사회적으로 존중받을 만한 위치에 올랐다는 자부심의 상징이다.

메르체데스 벤츠와 BMW같은 고급차가 아니라도 독일인은 차를 무척이나 아낀다.

자동차 소유에 집착하는 태도는 독일인에게 자동차가 단순한 이동수단 이상의 의미임을 반증하는 것이기도 하다. 자동차는 그 차를 소유한 사람의 성공이나 자아상을 반영한다. 그러나 독일인들에게 자동차는 단순히 신분의 상징을 넘어 인격을 말해주는 지표이기도 하다.

따라서 독일인은 자동차를 살 때 자신의 가치를 보다 잘 표현해 줄, 혹은 좀 더 높은 수준으로 표현해 줄 모델을 선택하곤 한다. 이 경우 이상적인 선택은 보통 BMW 혹은 메르체데스이다. BMW는 Bayerishe Motoren Werke의 약자로 처음엔 항공기 엔진을 생산하다 30년대에 본격적으로 자동차를 생산하기 시작한 회사다. 최고의 자리는 당연히 메르체데스 벤츠이다. 메르체데스는 다임러의 처남 에밀 예리네크의 딸 이름에서 유래하였다. 반면 그 뒤를 잇는 포르셰는 높은 가격에도 불구하고 품위가 조금 떨어지는 차로 여긴다. 집 한 채 값이 나가는 고급 스포츠카인 포르셰를 모는 사람은 빈시 못힐 사기꾼으로 의심받는다. 오펠차는 독일의 중급차이다. 따라서 BMW를 모는 사람보다 한 단계 처지는 대접을 받는다.

독일의 진정한 '국민차 VOLKSWAGEN'란 뜻의 폭스바겐은 그리 역사가 깊지는 않은 회사다. 그런데 폭스바겐을 탄생시킨 주인공은 다름 아닌 아돌프 히틀러라고 한다. 자신의 결정으로 탄생한 아우토반을 누비는 독일국민을 위한 차를 구상 중이던 히틀러는 이전에 벤츠의 디자인을 담당하던 포쉐 박사를 설득, 자동차 역사상 유래를 찾기 힘든 베스트 카인 비틀을 탄생시키면서 명성을 얻게 된 회사인 것이다. 비틀은 전후 쑥대밭이 돼버린 독일을 지금의 독일로 재 거듭나게 한 장본이기도 하며 약 1900만 대라는 어마어마한 생산숫자는 폭스바겐을 전 세계 사람들에게 깊게 각인시킨 베스트카이다. 일명 딱정벌레차라는 닉네임에 맞게 괴상하게 생긴 비틀은 후속모델인 골프가 생산되기 전까지 60여년을 생산한 차량이며 지금은 비틀의 신화를 잇기 위해 탄생된 뉴비틀이 생산됨으로써 딱정벌레차의 명성을 계속 이어가고 있다. 현재 폭스바겐은 생산량 세계 4위의 거대의 자동차 회사로써 자동차 뿐 아니라 금융업에도 진출한 거대 기업이며 체코의 스코다, 아우디, 람보르기니, 스페인의 시에트 등을 인수한 회사이기도 하다. 그동안의 서민적인 이미지에서 탈피를 모색하는 중이다.

때로 자동차는 거대한 역사적 사건을 상징하기도 한다. 트라반트 Trabant는 언제나 베를린 장벽의 붕괴를 연상시키는데 트라반트 자동차는 옛 동독 국영 자동차로 트라비라고도 불리는데 디자인과 성능의 후진성 때문에 중앙통제식 사회주의 체제의 비효율을 집약하는 상징으로도 통한다. 그런데 이 트라비들이 장벽이 무너짐과 동시에 끝없이 줄을 지어 서쪽으로 서쪽으로 털털거리며 굴러갔기 때문에 베를린 장벽의 붕괴와 함께 연결되며 이로 인해 동독사회는 파산의 나락으로 떨어지고 말았다.(37)

독일인은 차를 가꾸기 위해 상당한 노력을 투자하는데 이는 자동차가 주는 심리적 효과를 생각하면 전혀 놀랍지 않다. 거리의 차들은 대부분 쇼룸에서 막 빠져 나온 듯 매끈한 광택을 발산한다. 독일의 자동차는 안과 겉이 다 먼지 한 톨 없이 반들거린다. 진짜로 뻔뻔스러운 사람 혹은 외국인이 아니면 먼지투성이 차를 몰고 다니지 않는다. 그런 사람을 보면 너나없이 잔뜩 미간을 찌푸리고 눈총을 쏘아댄다고 한다. 독일에서는 절대 자동차를 가벼이 여겨서는 안 된다. 따라서 만일 당신이 일정 수준의 존중을 당신의 차에 표하지 않을 경우 엄청난 비난을 감수해야 한다. 누군가의 차에 기대거나 걸터앉는 행위는 곧 그의 자녀나 아내 혹은 강아지를 깔고 앉는 것과 같은 폭력으로 받아들인다. (참고: 검색어로 '독일의 자동차 이야기'나 '독일의 자동차 문화'를 치면 여러 사이트들이 나오는데 다 참고가 될 것이다)

4-2. 아우토반

독일어로 Auto 자동차와 Bahn 길의 합성어. 말 그대로 자동차도로.

독일의 고속도로 아우토반을 유일한 자유지대라 부른다. 아우토반에는 속도제한이 없기 때문이다. 인터체인지나 공사구간에만 속도제한이 있고 기껏해야 시속 130km로 달리는 것이 바람직하다는 '권장최고속도' 표시판이 있을 뿐이다. 하지만 처음으로 독일로 차를 끌고 온 외국인을 빼면 이 자상한 권고를 따르는 사람은 하나도 없다. 자동차 가속페달을 더 내려가지 않을 때까지 마음껏 밟아볼 수 있는 도로, 이것은 일상생활의 모든 영역에서 제한과 금지가 판을 치는 독일에서는 엄청난 가치를 지닌 자유공간이다.(67) 독일 운전자들은 여기서 '자유로운 시민이 가질 수 있는 질주의 자유'를 만끽하면서 내면의 욕구를 속도계 바늘을 통해 발산한다. 그리고 호쾌하게 앞서가는 차를 추월하는 가운데 그 어떤 자신의 우월성을 발견해보는 것이다. 그래서 아우토반에서는 시속 200km를 넘게 달리는 차를 쉽게 볼 수 있다.

이들은 아무래도 대게 스포츠카나 벤츠, 베엠베 등 상위고급자동차들이다. 편도 3차선의 경우 3차선은 120km, 중간차선은 140~150km, 일차선은 그야말로 추월만 하는 추월선. 1차선으로 계속 달리는 것은 시속 250km 이상을 계속 유지해야만 가능하기 때문에 사실상 불가능하다.

독일 아우토반은, 총 연장 1만 5000km. (참고로 미국은 땅이 넓으니 10만km 이상이라 한다). 독일의 면적은 우리나라 남북한의 1.6배. 인구는 8천만 정도. 남한 99393km^2 즉 10만이 채 안고, 독일 35만 km^{2}니 남한의 3.5배. 우리나라 고속도로 총 2800km정도 된다)

정식 명칭은 라이히스 아우토반(Reichs Autobahn).

1933년에 이르러 '독일제국 아우토반법'이 성립되어 히틀러의 명령으로 급속히 건설되었다.

이용료가 없다. 인접국 프랑스나 이탈리아에서는 승용차에 대해 고속도로통행료를 받는데 독일은 받지 않는다. 화물차량은 도로 훼손율이 많기 때문에 1995년부터 12톤 이상의 대형화물차에 대해 통행증제도를 도입하였고 유해 배기 가스량에 따라 요금을 차등화 했다가 2003년부터 이용한 거리에 따라 즉, 주행거리에 따라 요금제를 도입하기로 하고 2005년 1월부터 시행하였다. 톨게이트를 만들면 엄청난 설치, 유지비가 들기 때문에, 또 이것 때문에 차들이 멈추어야 되니 교통흐름에 지장을 주지 않는 최첨단시스템을 도입하였는데 인공위성을 이용한 고속도로 통행료 징수이다. 화물차에 컴퓨터보드를 설치하고 인공위성을 통해 위치추적시스템을 이용해서 주행거리를 계산한다.

아우토반에서는 오토바이도 달릴 수 있고 교통량이 적은 곳은 2차선, 도심지는 3~4차선이다.

독일 연방행정조사기관에서 발표한 통계자료에 따르면 속도제한이 없는 독일의 고속도로(아우토반)가 속도제한이 130km/h인 프랑스 이탈리아 등의 고속도로와 교통사고율이 비슷하거나 오히려 약간 낮다. 특히 독일 전체 교통사고에서 아우토반 내 교통사고가 차지하는 비율은 10%에도 미치지 못한다. 아우토반의 총연장이 15000km에 달하고 80km/h부터 200km/h를 넘는 차들이 섞여서 다니는 도로라는 점을 감안하면 놀라운 결과다.

수준 높은 운전자들과 교통안전시스템이 조화를 이루고 있기 때문이다. 우선 지그재그로 난폭하게 운전하는 차량이 없다. 1차선에서 자신보다 빠른 차에게는 무조건 양보하여 2차선으로 물러나고, 2차선에서 1차선 차량을 추월 할 수는 없다. 서행하면서 1차로를 고집스럽게 점유하는 개념 없는 운전자도 없다. 갑자기 끼어들어 브레이크를 밟게 만드는 운전자도 찾아보기 힘들다. 즉, 운전을 하면서 위협을 느끼거나 화가 날 일이 거의 없어 도로의 분위기가 평화롭다. 화물차의 난폭한 운행도 찾아 볼 수가 없다. 모든 화물차들은 제일 끝 차선에서 기차처럼 느껴질 정도로 일렬로 붙어서 달린다. 모든 화물차의 적재함은 완벽하게 포장돼 싣고 가던 물건이 떨어질 일도 없다.

독일의 운전자들은 까다롭고도 광범위한 질문의 필기시험에 합격하고 도로주행시험에 합격해야 운전면허증을 획득할 수 있다고 한다. 다시 말해 면허실기시험에 있어 면허장에서의 실기시험은 없다. 도로주행시험을 치른다. 무려 45분 동안 시험관이 가자는 곳으로 가야한다. 시내, 외곽도로, 고속도로, 주택가 등등.

우리나라가 면허증발급에 3일 걸린다면 독일은 한두 달 걸린다. 게다가 어릴 때부터 부모와 학교로부터 교통안전에 대한 교육을 귀가 따가울 정도로 받은 뒤 운전대를 잡게 된다.

그래서 독일 운전자들의 운전 실력과 센스 매너는 세계 최고 수준이다. 속도에 대해서는 유독 관대한 그들이지만 나머지 교통과 관련된 룰은 어느 나라보다 철저하게 지키기 때문에 첨단 교통안전 시스템이 의미를 가질 수 있다. 물론 독일이라고 난폭운전자와 교통법규를 밥 먹듯 위반하는 운전자가 없는 것은 아니지만 그런 '공공의 적'들을 목격할 수 있는 빈도가 현격히 낮아 운전에 위협이 될 정도는 아니다.

한국에서는 횡단보도를 건널 때 초록색 신호등이 켜졌어도 꼭 차가 오는지 좌우를 살피고 건너야 하지만 독일에서는 보행자가 우선이라는 관념이 확실하게 세워져 있다. 신호등이 없는 횡단보도도 으레 속도를 줄이고 사람이 건너려는 의사를 보이면 거의 대부분 서준다.

정지선은 정확하게 지킨다. 도로 소통여건이 우리보다 낫기 때문에 마음의 여유도 크게 작용할 것이다.

> **신호등:** 우리나라는 신호등이 멀리 있어 노란불이 깜박일 때 빨리 통과하려 하나 독일에선 정지선을 넘어서면 신호등이 보이지 않게 되어 있어 제도적으로 지킬 수밖에 없다.(김영찬)

이 표지판은 바로 독일의 아우토반의 표지판이다. 차를 사랑하는 사람들이라면 한번쯤 달리고 싶은 고속도로이자 세계에서 최초로 세워진 고속도로.

그럼 이 고속도로는 누가 만들었을까? 이것은 히틀러의 명에 의하여 세워지긴 했지만 실제로는 1920년대에 히틀러 집권 전인 바이마르 공화국 시절에 작은 구간으로 몇 개가 이미 세워졌다. 그러나 그것은 작은 규모였으며 아직 제대로 된 고속도로가 아니었으며 진짜 제대로 된 고속도로는 히틀러가 세우라고 명한 것이다. 그런데 진짜로 그것을 설계하고 세운 것은 누구였을까?

그는 프리츠 토트(1891~1942)로서 29세 때 처음에는 수력발전소에 근무하다 토목공사 회사에서 일하며 건축 건설에 참여한다. 31세로 국가사회주의노동자당인 나치당에도 입당하여 토목공사일과 정당의 일을 같이 하였다.

42세가 되었을 때 1933년에 수상으로 첫 집권한 히틀러는 그를 도로감찰장관으로 명하며 그에게 한 가지를 제안하는데 그것은 바이마르 공화국이 한 때 추진했으나 재정과 건설 기술 문제로 드문드문 세워진 고속도로를 전국적인 도로망으로 세우자는 것이었다. 즉시 토트는 제작 프로젝트를 추진했고 10만 이상의 노동자를 선전으로 동원하였다. 덕분에 실업자들을 구제하기도 하였다. 히틀러 집권 중 약 4000km를 완공.

—참고: 네이버 백과사전 '아우토반'

4-3. 대중교통

독일의 대중교통수단은 속도 무한 자유인 아우토반과 달리 질서와 정확 그리고 효율성 모든 면에서 독일적 시스템을 보여주는 본보기라 할 수 있다.

독일의 시내 교통수단은 시민들의 이동수단 뿐 아니라 철도와의 연계를 수행하는 역할도 한다. 독일의 시내 교통수단은 크게 개인교통수단인 자가용(PKW)과 Bus, U-Bahn, Stadtbahn 등의 대중교통(Öffentlicher Nahverkehr)으로 나눌 수 있다.

(1) PKW, Personenkraftwagen

세계적인 자동차 생산 국가답게 Mercedes-Benz, BMW, AUDI, Porsche 등의 고급 승용차들이 흔히 보이며, 서민층에서는 Opel, Volkswagen 등이 주종을 이루는 경우가 더욱 많다. 이들 승용차들의 시내 도로주행 제한속도는 50/km이며 이를 위반할 시 무인 카메라에 포착되면 벌금을 지불해야만 한다. 흔히 다른 유럽에서는 벌금을 잘 안내더라도 독일에서는 꼭 내야지 그러지 않으면 여러 불이익을 당한다고들 이야기한다. 독일의 시내도로는 일방통행(Einbahnstraβe)이 많아 운전하기가 쉽지 않으며 현지인이 아닐 경우 신호체계나 도로상태에 익숙치 않아 본의 아니게 종종 규칙을 위반할 때가 많다.

(2) 대중교통 (Öffentlicher Nahverkehr 대중 근거리교통)

독일과 같이 인구의 분포가 고르게 펴져 있어서 어느 한 도시에 인구의 집중이 되어있지 않으며, 따라서 교통정체 또한 그다지 심하지 않은 곳에서는 대중교통의 이용이 더욱 편리할 때가 많다. 독일의 대중교통은 모두 정거장(Haltestelle)에 시간이 명시 되어있어 제 시간에 정확히 발착을 하며 많게는 7~8분에 한 대씩, 적게는 20분에 한 대씩 운행하고 밤늦게는 1시간당 1대가 운행하는 것이 보통이다. 모든 대중교통수단은 승차 시에 표 검사를 하지 않으며 꼭 미리 표를 구입하지 않더라도 승차를 할 때 운전기사에게 표를 구입하거나, 아니면 승차를 한 다음 자동판매기를 통해 표를 사는 경우가 대부분이다. 따라서 실제적으로 무임승차가 가능하나 불시에 이루어지는 표 검사에서 일단 무임승차를 한 것이 발각될 경우에는 매우 엄중한 처벌이 뒤따른다. 전차표는 일반적으로 정류장에 있는 자동판매기에서 살 수 있다. 또한 도시 마다 차표만 전문적으로 파는 판매대가 있기도 하다. 옛 모델의 차량에서는 차표를 운전기사에게서 직접 살 수도 있으나 최근 나오는 모델은 안전을 위해서 운전석이 차단되어 있어서 반드시 표를 미리 구입해야만 한다. 또한 주의해야 할 것은 독일은 지하철이나 전차 그리고 버스에서 표 검사를 하는 사람은 없다. 표를 구입 후 보통 전차 안에 있는 소위 자동 개찰구에 '찰깍'하고 표를 찍어야 한다. 만약 그러지 않으면 무임승차로 간주되며 종종 기습적으로 실시되는 차표 검사원에게 적발될 경우 아주 높은 벌금을 내야만 한다.

Bus

독일의 버스는 일단 그 쾌적함과 안전함이 가장 큰 장점이라 할 수 있다. 대부분의 Bus가 Benz사의 고급기종을 사용하고 있으며 정확한 시간에 발착을 함은 물론이고 승객의 안전을 위한 운전법이 인상적이다.

요금은 모든 대중교통수단이 그러하듯이 버스도 구간제를 실시하고 있는데, 최저요금은 도시에 따라 1.5~2EURO 수준이다. (한 정거장의 거리는 대체로 우리나라 버스 정거장의 1/2~2/3 정도의 거리이다.)

U-bahn & S-bahn

독일의 전철에는 U-bahn과 S-bahn이 있다. U-bahn은 대체로 땅 밑으로 다니며 시내 단거리 구간, S반은 땅위로 다니며 시내와 외각을 연결하는 장거리구간이다.

S반은 보통 다른 외국에서는 트램 tram이라고 불리는 전차의 일종이다. S-bahn의 최대 장점이란 다름 아닌 정체가 없다는 점인데, 바로 U-Bahn의 장점인 정체가 없다는 점과 Bus의 장점인 도로 위를 달리기 때문에 지루하지 않다는 장점을 혼합하여 만든 교통수단이라고 생각된다. 즉 이러한 S-bahn과 같은 교통수단은 인구밀도가 낮거나 인구수가 많지 않은 유럽에서나 가능한 이상적인 교통수단이라 하겠다.

한 도시에서 다른 도시로 이동할 때는 철도를 이용하는 것이 가장 빠른데 그것은 기차역이 도심 한가운데 있기 때문이다.

철도에는 인터시티 익스프레스 ICE, 인터시티 IC, 유로시티 EC 등이 있다.

ICE(Inter City Express)

1991년부터 선보인 이 열차는 초고속 열차를 의미하며 현재 독일에서 가장 빠른 속도로 달리는 기차이다. 이 열차는 그 특성상 정차횟수가 극히 적으며 대체로 정거장 사이의 길이가 무척 길다. 주 거점은 Berlin, Hamburg, München, Nürnberg, Frankfurt, Hannover, Köln, Kassel, Stuttgart 등의 대도시이며 이 도시들을 거점으로 주변의 도시들을 연결한다. 대체로 1시간당 1대의 편수로 운행하며 심야운행은 하지 않는다. 이 열차의 최고속도는 250Km/h로서 인접국가인 프랑스가 자랑하는 TGV에 비하여(350km) 속도는 다소 떨어지는 면이 있으나(우리나라 300km) 그 외의 승차감이나 안정성, 쾌적함이나 좌석의 공간 등은 어느 열차와도 비교할 수 없을 만큼 뛰어나다.

특이하게 앞뒤로 똑같이 생긴 기관차를 달고 운행하는 하얀 바탕에 얇은 빨간색 선이 있는 열차.

IC(Inter City)

1971년에 운행을 시작한 IC는 ICE가 등장하기 전, 즉 통일이 되기 전까지는 독일에서 최고속도로 운행하던 열차였다. 이 열차의 운행 시스템은 ICE와 거의 비슷하며 IC노선도에서 알 수 있듯이 단지 중간에 쉬는 도시가 훨씬 많다는 차이만 존재한다. IC는 ICE와 달리 우리가 들으면 잘 모를만한 그런 중(中)도시들에도 정차를 한다. IC 또한 1시간에 1대씩 운행하는 구간이 많으며 IC는 심야운행을 한다.

EC(Euro City)

EC는 그 이름에서 느낄 수 있듯이 IC와 똑같은 기종, 똑같은 성능의 열차이며 단지 국외로 이동한다는 차이만 지니고 있을 뿐이다. EC는 독일뿐 아니라 범 유럽적 철도제도로 유럽 대부분의 국가의 철도제도에도 같은 방법으로 운행을 하고 있다. 따라서 다른 나라의 EC도 독일 역에 정차를 하게 된다.

✎ IR(Inter Regio)

IC보다 한 단계 아래 기종인 IR는 말 그대로 독일내의 지역 곳곳을 잇는 열차이다. ICE와 IC가 대도시를 위주로 운행을 하는 반면에 ICE나 IC가 가지 않는 비교적 작은 도시들에까지 운행을 하여 그 연결정도가 매우 세밀한 것을 알 수 있다.

역시 고급열차의 수준을 자랑하고 있어 상대적으로 저렴한 가격과 함께 독일에서의 쾌적한 여행에 한몫을 하고 있다. 창문 부분에 파란색의 굵은 선을 가지고 있다.

✎ 독일의 자동차 문화

(요약) "독일 법규의 가장 큰 차이점은 꼭 필요한 경우에만 규제한다는 점이다. 즉, 규제해야 할 이유가 있는 곳에서는 철저히 규제를 하고, 그 밖의 구간에서는 원하는 만큼 달릴 수 있도록 허용하는 것이다. 아마도 이 같은 법규의 합리성이 존재하기에, 독일국민은 세상 그 누구보다도 교통법규를 준수할 수 있었던 게 아닐까하는 생각이 들었다."

독일에 유학해 대학에서 독일문학을 전공하며 세월을 보낸 지가 벌써 6년이 지났다. 9년 가까이 되는 시간 동안, 학업에 몰두하며 정신적 · 물질적 스트레스와 긴장감에 시달리던 그 때는 잘 몰랐지만, 지금 돌이켜 생각하면 젊은 날의 소중한 시간을 주로 '나의 발전'을 위해 보낼 수 있었다는 것이 얼마나 행복한 삶의 순간이었는지를 새삼 깨닫게 된다. 물론 여기서 말하는 '발전'이란 단지 학업과 관련된 것만을 의미하는 것이 아니다. 30년 가까이 온통 '친숙한 것'들에 둘러싸여 아무 생각 없이 살아가던 내가, 어느 날 갑자기 이국만리 머나먼 타국에서 말과 글이 다르고 생각과 문화가 다른 사람들 속에 끼여 하루하루를 보내게 되면서 겪었던 모든 생각의 변화까지도 아우르는 것이다.

인간이 자연 상태에서 벗어나 일정한 목적을 실현하려는 활동의 과정 및 그 결과, 그리고 특정 집단 내에서 오랜 시간을 지나며 형성된 생활양식을 가리켜 흔히들 '문화'라고 부른다. 이러한 문화는 대기 속의 산소처럼 평소에는 그 존재를 느끼지 못한다. 하지만 물을 떠난 물고기가 숨을 쉴 수 없듯, 익숙해져 있던 문화에서 벗어나는 순간 비로소 우리들은 자신의 문화를 새삼 인식하게 되는가보다.

독일생활을 시작하면서 한국과 독일이라는 서로 다른 문화의 충돌현상을 감지하던 나는 또한 이 두 개의 문화를 자연스레 비교하는 가운데 새삼 우리 문화의 참된 모습을 확인하게 되는 부대 효과를 누릴 수가 있었다. 그 한 가지 대표적인 예가 아마도 '자동차문화' 내지는 '교통문화'일 것이다.

✎ 소형 자동차

사실 유학생의 신분으로 독일에 머물면서 직접 운전을 해본 경험은 없다. 유학을 떠날 당시만 해도 운전면허 소유는 특기사항에 속하는 항목이었고, 또 독일에 도착한 이후로는 경제적인 이유로 해서 운전면허를 따거나 자기 차를 몬다는 생각을 해보지 않았기 때문이다. 하지만 기차를 제외한 공공교통수단이 우리나라처럼 잘 연결되어 있지도 않고, 또 그 요금 또한 터무니없을 만큼 비싼 까닭에, 나 또한 자의반 타의반으로 자동차에 관심을 가질 수밖에 없었다.

나는 무엇보다도 독일의 거리를 질주하는 차들의 다 국적성과 다양성에 놀랐다. 독일 차는 물론이오, 미국, 프랑스, 이탈리아, 일본, 스웨덴에서 한국에 이르기까지 세계 곳곳에서 생산된 차들이 줄을 잇고 있었던 것이다. 하지만 자동차와 연관해 무엇보다도 나를 놀라게 만들었던 점은 소형승용차가 생각보다 훨씬 많았다는 사실이다. 외국영화나 잡지의 눈요깃감 1호인 고급승용차는 다 어디로 갔는지, 길거리를 달리는 차들은 1,500cc 이하의 소형차가 대부분이었다. 벤츠(Benz)나 베엠베(BMW) 승용차 중에서도 어렵지 않게 2도어 자동차를 찾아볼 수 있었고, 자동변속기보다는 수동변속기가 장착된 자동차가 대부분이었다. 물론 내가 머물던 곳이 대도시가 아니라 대학도시라는 특성을 고려할 수도 있었겠지만, 어쨌든 그런 소형차들을 보며 나는 말로만 듣던 독일인의 근검정신을 느낄 수 있었다.

✎ 합리적인 교통규제

흔히들 독일의 고속도로인 아우토반(Autobahn)에는 속도제한이 없다고 알고 있지만, 의외로 많은 곳에서 속도제한 표지판을 확인할 수 있다. 하지만 우리나라 고속도로와 비교할 때, 독일 법규의 가장 큰 차이점은 꼭 필요한 경우에만 규제한다는 점이다.

독일의 아우토반을 달리다 속도제한 표지판을 만나게 되면, 곧이어 도로가 심하게 굽어 있거나 노면의 굴곡이 심한 구간, 또는 공사구간이나 터널구간 등을 만나게 된다고 예상하면 틀림없다. 즉, 규제해야 할 이유가 있는 곳에서는 철저히 규제를 하고, 그 밖의 구간에서는 원하는 만큼 달릴 수 있도록 허용하는 것이다. 아마도 이 같은 법규의 합리성이 존재하기에, 독일국민은 세상 그 누구보다도 교통법규를 준수할 수 있었던 게 아닐까하는 생각이 들었다.

✎ 추월의 원칙

가끔씩 한국에서 가족이나 손님들이 찾아올 때면, 그들의 관광 가이드를 자처하며 타국생활에 찌든 일상에서 벗어나곤 했다. 그럴 때면 승용차나 승합차를 빌려 그 유명한 아우토반을 달리곤 했다. 도로상태가 좋은 것인지 차가 좋은 것인지는 몰라도 아무튼 차는 어느새 시속 200km를 넘어서곤 했다.

그처럼 속도계의 바늘이 점점 올라가는 것을 보면서 느끼던 불안은 '앞차가 갑자기 브레이크를 밟거나 옆 차가 갑자기 끼어들면 어떻게 하나?'하는 것이었는데, 그런 생각은 기우에 불과할 뿐이었다. 모든 차들은 주행차선과 추월차선을 제각기 정확히 지키고 있었기 때문이다. 또한 고속으로 달리는 차량들은 만일의 경우에 서로가 끼어들 수 있는 공간을 확보하고자, 지그재그의 대각선 간격을 유지한 채 운전하는 모습을 쉽게 찾아볼 수 있었다.

독일에서 앞차를 추월하고자 하는 경우는 표지판에서 추월을 금지하는 구간이 아니라면 어디서나 가능하다. 단, 반드시 앞 차량의 좌측으로 추월을 해야 한다. 또한 편도 2차선 이상의 도로에서는 자기 차의 속도가 얼마이든지 자신의 우측 차선이 비어 있을 경우 반드시 주행차선으로 들어가야 한다. 즉, 차량의 우측으로 추월하는 행위는 불법이며, 주행차선으로 주행하다가 추월할 경우에만 추월차선으로 들어서는 것이 원칙이다.

좌측 추월선을 이용한 추월 원칙이 얼마나 잘 지켜지고 있는지, 심지어는 우측 사이드미러를 설치하지 않은 자동차들을 쉽사리 접할 수 있었다. 물론 사이드미러를 설치하지 않음으로써 조금이라도 자동차 가격을 낮출 수 있다는 경제적 이유 때문이기는 하지만, 이처럼 사이드미러 설치를 생략할 수 있기 위해서는 좌측추월이라는 교통법규를 준수하는 다른 운전자들에 대한 신뢰가 우선되어야 한다는 점도 간과할 수 없는 사실이다.

✎ 신호등이 있는 교차로 통과

우리나라와 비교할 때, 독일 신호체계의 특징은 무엇보다도 신호주기가 짧다는 점이다. 따라서 이번 신호에 통과하지 못하더라도 조금만 기다리면 다음 신호에 통과할 수 있으므로, 운전자들은 굳이 신호를 위반할 필요성을 느끼지 않는 듯하다. 또한 신호등이 교차로 건너편에 있는 것이 아니라 횡단보도 바로 위에 위치하고 있으므로, 신호를 보기 위해서는 무조건 정지선에 정지할 수밖에 없다.

운전자뿐만 아니라 보행자도 신호를 준수하기는 마찬가지이다. 독일인들의 준법정신 앞에서 얼굴을 붉혀야만 했던 개인적인 경험이 있어 소개한다.

아내와 함께 독일인 친구의 집을 방문하기 위해 찾아가던 길이었다. 길이 낯선 연유에서인지 어느새 약속시간이 가까워져 있었다. 그러다가 골목길 앞의 작은 건널목 앞에 이르러, 나는 임신해 배가 부른 아내의 손을 잡고 빨간불 앞에 멈춰 섰다. 잠시 서 있는 가운데 좌우를 살펴보았지만 작은 골목길인지라 다가오는 차가 보이지 않았다. 나는 얼른 아내의 손을 잡고 빨간불을 무시한 채 길을 건너려는 신호를 보냈다. 바로 그때였다. 다른 한손을 누군가가 살며시 잡는 게 느껴졌다. 독일인 아주머니였다. 아주머니는 살며시 미소 띤 눈길로 길 건너편 쪽을 가리켜 보였다. 건널목 맞은편에는 한 어린아이가 엄마의 손을 잡은 채 초록불이 켜지기를 기다리고 있었다. 문득 의아해 하는듯한 눈치를 보이는 내게 옆에 선 아주머니가 말을 했다. "건너편에 서 있는 어린아이나, 곧 태어날 당신의 아이를 위해서 잠깐만 기다려도 될 것 같아요!"

부드러운 그 말 한 마디는 그 후로도 오래도록 내 머릿속을 떠나지 않았다.

✎ 신호등 없는 교차로의 통과

우리나라에서는 먼저 진입한 사람이 먼저 지나가는 것이 관례로 되어 있으며, 사고가 난 경우 누가 먼저 진입 했는가 등을 따진다. 하지만 독일에서는 우선도로와 양보도로의 구분이 확실히 정해져 있으며, 신호가 없는 교차로의 경우에는 오른쪽 우선원칙이 절대원칙으로 지켜지고 있다. 특히 정지신호가 있는 곳에서는 모든 차량은 무조건 일단정지한 후 다시 출발해야 한다.

우선 도로에는 마름모꼴 노란색 표지판이 서 있으며, 이러한 우선도로를 진행하는 차량에게 교차로 통행의 우선권이 주어진다. 이와 반대로 양보도로에서는 교차로 직전에 커다란 붉은 바탕에 "STOP"이라는 검은 글씨가 쓰여진 표지판을 볼 수 있다. 이런 도로를 지나는 경우, 교차로를 만나면 무조건 일단정지한 후 안전하게 통과할 수 있다는 판단이 설 경우에만 진입해야 한다.

교차로에 특별한 표지판이 설치되어 있지 않은 경우에는 '오른쪽 운전자 우선 rechts vor links' 원칙이 기본이다.

독일에 간 지 일 년쯤 지나 대학을 옮기고자 괴팅엔이라는 도시를 찾은 적이 있었다. 마침 그곳에 먼저 가 자리를 잡고 있던 후배의 이런저런 도움을 받게 되었고, 그 날 아침에는 후배가 운전하는 차를 타고 시내에 나가게 되었다. 시내 어느 골목에서 삼거리로 접어들던 순간, 갑자기 우리가 탄 차는 우리 차의 좌측에서 직진방향으로 진입한 차의 앞문 중간쯤을 들이받고 말았다. 순식간에 벌어진 일이었지만, 나나 후배는 직감적으로 우리의 잘못으로 접촉사고가 일어났다는 점을 확인할 수 있었다. 잠시 후, 차문을 열고 내리는 후배의 얼굴은 긴장 때문인지 땀이 흐르고 있었고, 뒤를 따라 밖으로 나서는 내 마음 또한 "나 때문에…"라는 자책감으로 일그러져 있었다. 상대방 차 운전자는 이내 우리에게 다가왔고, 미안해하는 우리들의 얼굴표정을 읽은 듯 오히려 걱정하지 말라고 위로해 주었다.

잠시 동안의 무거운 침묵이 흐른 후 사고연락을 접한 경찰관 두 사람을 태운 순찰차가 도착했고, 그 순간 주변상황을 파악한 그들이 상대방 운전자를 향해 던진 한 마디 말로 인해 상황은 완전히 뒤집히고 말았다. "당신에게 100% 잘못이 있습니다. 이곳에서는 오른편 운전자에게 우선권이 있습니다." 상대편 운전자는 청천벽력과도 같은 경찰관의 한 마디에 사색이 되었고, 접촉사고 당시의 상황을 들어 자신의 잘못이 없음을 강변했다. "내 차는 이미 삼거리 교차로에 접어들었고, 저 사람들의 차가 그 뒤에 내 차의 옆문을 들이박았단 말입니다." 나와 후배 또한 그 말에 아무런 이의를 달지 않았지만, 경찰관의 '오른편 운전자 우선권' 원칙 주장에는 추호의 변화도 없었다. 어리둥절하기만 한 가운데서도 법적인 책임과 더불어 경제적인 손실의 우려를 털어버려 한결 가벼워진 내 귓전으로 상대방 운전자에게 재차 사고 상황을 정리해 주는 경찰관의 목소리가 들려왔다. "양쪽 차가 충돌할 경우, 운전자가 충돌의 위험에 직접적으로 노출되는 쪽, 즉 오른편 차량에 우선권을 부여함으로써 인간의 소중한 생명을 보호하는 것이 이 원칙의 핵심입니다." 그 말을 들으며 나는 그 무엇보다도 '인간의 생명을 존중한다.'는 독일인들의 평소 주장이 단지 허튼소리만은 아님을 몸소 확인할 수 있었다.

✎ 양보와 배려

신호위반이나 끼어들기 같은 행위는 독일에선 좀처럼 볼 수 없다. 또 심각한 정체로 인해 차량이 길게 늘어서 있더라도 옆길에서 진입하는 차가 진입신호를 보내면 선선히 멈춰서 진입공간을 마련해준다. 차선을 변경할 때도 미리 변경신호만 보내면 편하게 진입할 수 있도록 뒤차는 서행하며 기다려준다.

교차로에서는 자기 차가 우선일지라도 일단 정지해 주위를 살펴본 후 통과한다. 특히 횡단보도에서는 사람이 지나가지 않더라도 일단 멈추거나 서행했다가 다시 움직인다. 앞차가 늦게 가더라도 소리를 지르거나 경적을 울려대는 일도 거의 없다. 일반적으로 경적을 울리는 경우는, 길을 지나가는 아는 사람에게 인사를 보내거나, 갓 결혼한 신혼부부를 태우고 달리며 축하의 뜻을 전하는 결혼식 행사차량뿐이다.

차량 정체시 교차로마다 차량이 뒤엉키며 막히는 일도 거의 없다. 초록불이더라도 앞차가 밀려 있으면 교차로로 진입하지 않고, 정지선에 서서 기다린다. 2차선이 갑자기 1차선으로 좁아지더라도 각 차선이 한 대씩 교대로 순서에 맞춰 진입한다. 대낮이지만 날씨가 조금만 흐려도 대부분의 차들은 헤드라이트를 켠다. 상대방이 자신을 쉽게 알아볼 수 있도록 상대 차를 배려하기 위해서이다.

구급차나 경찰차, 소방차 등이 경광등을 켜고 사이렌을 울리며 달려올 때면, 대부분의 차들은 인도를 이용해서라도 길을 만들어준다. 나의 길을 고집하기보다는, 긴급한 상황에 처한 이웃을 그렇게라도 돕고 싶다는 따뜻한 마음의 표현일 것이다.

자동차 접촉사고가 났을 때 독일식 자동차문화는 더욱 의미심장하다. 서로 큰소리를 치며 잘잘못을 따지기보다는, 경찰이 올 때까지 묵묵히 기다리며 상대방을 배려하기 위해 노력한다.

✎ 환경보호의식과 승용차 함께 타기

독일에서는 매연을 줄이기 위해, 불필요한 공회전을 금지하고 있다. 또한 잠시라도 정차할 경우 시동을 끄고 기다리는 일이 거의 습관화되어 있다. 심지어는 기차건널목이나 교차로에서 신호를 기다리는 경우에도 시동을 끄고 기다릴 정도이다. 이는 석유파동 및 80년대 이후 활발해진 환경보호운동에 의한 영향 때문이다. 이후 자동차 대신에 자전거를 이용하는 시민들이 많아졌고, 그들을 위해 시내 곳곳에는 자전거전용도로와 보행자도로가 갖추어지기 시작했다.

또한 독일에서는 승용차 함께 타기가 널리 행해진다. 이는 불필요한 차량이동을 줄여 석유소비를 낮추겠다는 환경의식 고취와 함께 출퇴근 차량 함께 타기로 이어진다. 독일의 쾰른대학교 교통연구소에서 연구한 바에 따르면, 자동차 함께 타기의 잠재적 이용자수는 독일 전역에서 약 245만 명에 달하는 것으로 나타났다. 이는 곧 전체 주차 공간 수요의 1% 가량이 감소하는 것을 의미한다. 차량의 주행거리 또한 감소하여 그만큼 대기오염 배출물질 및 소음이 감소하고, 기후악화 방지효과도 기대된다고 한다.

또한 독일의 기차요금은 상당히 비싼 편이다. 따라서 학생이나 일반인들은 값비싼 기차 대신 승용차로 장거리 여행을 함께하면서 기름값을 나누어 지불할 여행 동료를 구하는 경우도 많다. 이를 통해 경제적 이익을 거둘 뿐만 아니라, 경우에 따라서는 좋은 친구를 사귈 수 있는 기회 또한 갖게 된다. 아울러 각 도시나 대학에는 이러한 여행 동료들을 알선해 서로 연결해 주는 '승용차 함께 타기 센터'가 마련되어 있다.

✎ 주유소의 이용

독일의 공식 인건비는 악명 높을 정도로 비싸다. 따라서 거의 모든 주유소가 셀프 주유 시스템으로 운용된다. 운전자는 주유기 앞에 차를 댄 뒤, 자신이 원하는 만큼의 연료를 주입한 후 가게 안으로 들어가서 주유기 번호를 말하면 금액이 표시된다. 휘발유는 유연휘발유와 무연휘발유가 있는데, 자신의 차에 적합한 휘발유가 무엇인지 잘 알고 주유해야 한다.

일반적으로 주유소에는 진공청소기나 물통과 자루 달린 와이퍼 등 간단한 청소도구, 그리고 타이어 공기주입기 등이 비치되어 있으므로 각자 필요한 경우 사용할 수 있다.

✎ 자동차에 대한 일반인의 관심

벤츠, 베엠베(BMW), 폭스바겐(Volkswagen), 아우디(Audi) 등 세계적인 자동차 메이커들이 몰려있는 독일의 일반 국민들의 자동차에 대한 관심도도 상당하다. 독일인들의 자동차에 대한 지식과 관심도가 어느 정도인지는 일반 독일 가정의 차고나 창고 안을 들여다보면 금방 알 수 있다. 그 안에는 수많은 자동차 수리도구나 연장, 부품들이 깨끗이 정리되어 있다. 웬만한 자동차 고장이나 부품 교체는 차 주인이 자기 차고 안에서 직접 처리한다. 이곳저곳에서 중고부품들을 구해 차를 자기 취향에 맞게 개조하는 사람들도 흔히 볼 수 있다.

타이어와 오일 정도는 자기가 손수 갈아 끼우는 경우가 흔하다. 공식 인건비가 워낙 비싼 탓도 있지만, 어려서부터 웬만한 자동차 수리나 부품교체는 직접 하도록 교육을 받았기 때문이다.

✎ 주차

독일에서도 주차난은 비교적 심각한 도시문제 가운데 하나이다. 그런 만큼 독특한 주차관리방식이 운영되고 있다. 우선 공공장소나 관공서 및 시내를 방문하는 운전자는 자동차에 주차시계를 가지고 다녀야 한다.

종이로 만들어진 네모난 주차시계의 안쪽에는 동그란 시계가 그려져 있어 주차시간을 표시할 수 있게 되어 있다. 일단 주차 가능한 곳을 찾아서 차를 주차한 후, 운전자는 자신의 주차시계를 현재시간에 맞춘 다음 운전석 위에 올려놓는다. 그런 후, 각 지역의 주차규정시간에 맞추어 일을 끝낸 후, 차를 빼내면 된다. 일단은 무료나 유료로 주차장을 일정 시간 동안 이용하게 하는 대신에, 혼자서 지나치게 오랫동안 주자시설을 사용하는 것을 방지하기 위해 일정시간 사용이라는 이 같은 부가 규정을 지키도록 한 것이다. 규정위반 대상은 주차시계 미비치, 주차시간 초과, 주차시계 조작 등이다.

독일 자동차문화의 장점을 간략하게나마 살펴보는 가운데, 그들의 자동차문화가 다른 나라에 비해 상당히 발전해 있음을 확인할 수 있었다. 독일의 시민들 사이에는 자동차 증가에 상응하는 올바른 자동차문화가 이미 정착되어 있어 무질서에 따른 많은 부작용의 발생을 억제하였고, 이러한 운전문화는 결국 환경친화적인 자동차 운행원칙으로까지 발전해 가고 있다. 예를 들어 환경을 해치는 운전습관인 불필요한 차량운행, 장시간의 공회전, 과속주행, 급정차 및 급출발, 과적, 과다경적 등은 거의 찾아볼 수 없게 된 것이다.

그 까닭은 무엇일까? 독일에는 엄격한 자동차 관련 법규가 마련되어 있기 때문일까? 단순히 그 때문만은 아닐 것이다. 엄격한 법규는 한국이나 다른 나라에도 얼마든지 있다. 오히려 어릴 때부터 서로가 서로를 인정하고 배려하는 사회의 원칙 속에서 자라온데다, 또한 외부에서 강제로 주입되기보다는 일상생활 속에서 자발적인 질서와 절제의 진정한 가치와 효용을 스스로 느끼고 체험한 때문이 아닌가 싶다.

물론 독일이라고 해서 언제나 긍정적인 면만이 존재하지 않는다는 것은 삼척동자도 다 아는 사실이다. 단지 내가 여기에서 굳이 독일 자동차문화의 좋은 점만을 열거한 까닭은, 그러한 예를 소개하는 가운데 우리들의 자동차문화를 한 걸음 더 발전시킬 수 있지 않을까 하는 바람을 갖고 있기 때문이다.

— 김완균 박사, 출처: 한국외국어대학교 외국학종합연구센터 국제지역정보 제8권 11호, 통권 136호, 2004. 11. 01.

✎ 여행 100배 즐기기-열차이용 주의사항

유럽 배낭여행에 있어 기차의 중요성은 아무리 강조해도 지나치지 않다. 유럽에서 기차를 타는 방법은 우리나라와는 다르므로 열차를 이용할 때 주의할 사항을 문답식으로 몇 가지 적어봤다. 아래의 내용에 대해 반드시 유레일 패스를 구입한 곳에서 확인하고 확실히 사전 교육을 받고 가야만 유럽 기차로 인해 낭패를 보는 일이 없다.

▷ 현재의 역에서 자신의 열차가 출발하는가?

유럽의 대부분 도시에서는 목적지별로 다른 역에서 열차가 출발한다. 출발하는 철도역이 대부분 다르므로 현재의 역이 자신이 택한 열차가 출발하는 역이 맞는지 살펴보아야 한다. 이에 대한 정보는 토마스쿡 시간표나 유레일 패스 시간표에 나와 있다.

▷ 플랫폼 위치는 정확한가?

역 구내의 포스터식 시간표와 플랫폼 사이의 판에서 원하는 열차의 플랫폼 번호를 확인해야 한다. 시간표에는 출발과 도착하는 트랙, 플랫폼 번호, 주요 정차역 등이 기재되어 있다. 열차 연착이나 연발의 경우 플랫폼이 바뀌는 경우가 있으니 사전에 역무원에게 확인하는 것이 바람직하다.

▷ 타려고 하는 열차 칸이 정확한가?

유럽 열차의 운행 제도는 목적지가 다른 객차가 몇 량씩 연결되어 있다. 그러므로 열차를 타기 전에 그 객차가 자신의 목적지까지 가는 것인지 아닌지 반드시 확인할 필요가 있다.

▷ 탑승한 후 좌석의 유무 상태를 점검했는가?

특히 야간열차의 경우 좌석을 확보하려고 서두르다 보면 이미 예약이 되어 있는 경우가 비일비재하다. 이렇게 예약석에 앉아 있다가 그 자리 주인이 오면 꼼짝없이 밤새 서서 가는 사태가 발생할 수도 있으므로 좌석의 예약 유무를 반드시 확인해야 한다.

▷ 내려야 할 곳은 스스로 체크했는가?

유럽 열차 내에서는 안내방송이 거의 없다. 설령 안내방송이 나온다 해도 현지어로 나오기 때문에 이해하기가 사실상 어렵다. 따라서 내려야 할 곳을 체크하는 가장 좋은 방법은 목적지의 도착시간을 시간표에서 확인하는 것이다.

— 장주영(고나우여행사 항공사업부 팀장),

출처: 대구 매일신문 2005년 06월 08일

Der beste Freund - das Auto

Die Deutschen sind eine Auto-Nation - das ist unbestritten: Das einzige Land ohne generelle Geschwindigkeitsbegrenzung auf der Autobahn, das Land, wo manche Familien mehr Autos als Mitglieder haben, das Land des Mercedes'. Die deutsch-automobile Beziehung ist sehr harmonisch. Die Besitzer pflegen ihre Autos mit Liebe zum Detail. Viele Deutsche waschen ihren Wagen regelmäßig in einer automatischen Waschanlage. Einigen jedoch sind die dort üblichen Bürsten zu kratzig. So waschen sie ihre Autos lieber von Hand. Aber Vorsicht! In Deutschland darf man dies nur in einer Selbstbedienungswaschanlage tun. Eine Straßenwäsche gilt als zu umweltbelastend. Dabei wäre es doch so schön, wenn alle Nachbarn sehen könnten, wie man sein Schätzchen hätschelt und streichelt. (Typisch deutsch-Der beste Freund, das Auto)

가장 친한 친구 - 자동차

독일인들은 자동차-민족이다. 그것은 논쟁의 여지가 없다.

아우토반에서 일반적으로 속도제한이 없는 유일한 나라이며 많은 세대에서 가족 수보다 더 많은 자동차를 갖고 있는 나라이며 메르체데스의 나라다. 독일인과 자동차의 관계는 아주 조화적이다. 소유자는 자신의 자동차를 애정으로 세세히 돌본다. 많은 독일인들이 규칙적으로 자동차를 자동 세차장에서 세차를 하며 몇몇 사람들에게는 거기서 사용되는 솔이 너무 거칠게 여겨져 차라리 손으로 세차를 한다. 그러나 조심해야 한다. 독일에서 세차는 단지 셀프세차장에서만 할 수 있다. 거리에서 세차하는 것은 환경에 유해하다 간주된다. 세차 때 사람들이 자신의 애인(자동차)을 얼마나 조심스럽게 다루고 애무하듯이 다루는지 이웃사람들이 다 볼 수 있다면 정말 좋을텐데!

5. 화폐

우리가 유럽여행을 가면 그것이 단체여행이던 배낭여행이던 여러 나라를 돌게 된다. 유럽처럼 국경이 연이어지는 나라에서 국경을 넘을 때마다 화폐가 바뀐다는 것은 보통 문제가 아니다. 일일이 환전을 해야하기 때문이다. 환전만큼이나 번잡한 것은 나라를 옮겨가며 돈을 쓸 때마다 가격비교를 위해 머릿속으로 계산기처럼 환산해보아야 했다는 점이다. 돈은 언어와 아울러 나라가 바뀌었음을 알려주는 또 하나의 표시였다. 그러나 이제는 독일에서 오스트리아로 또 이탈리아, 프랑스로 옮겨 다니면서 같은 돈 유로를 쓰게 되니 편리하다 할 수 있다.

유로화는 EU(European Union: 유럽연합)의 단일화폐의 명칭이다. EU는 유럽의 통합을 위해서 EMU 즉, 유럽경제통화통합(Euro-pean Economic and Monetary Union)을 99년 1월 1일, 창설했다.

유럽통화동맹(EMU)의 출범으로 단일 통화인 유로(Euro)화가 탄생했다. 유로화 지폐 및 주화의 제작, 유로화에 대한 시민 홍보 등을 위해 3년간의 과도기를 설정 2002년 1월 1일~2002년 6월 1일까지의 완결기간을 확정했으며 2002년 6월 1일을 기하여 각 국가의 지폐와 동전은 법적 통화로서의 효력을 상실하며, 유로 지폐와 동전만이 유통되고 현금지급기도 이에 따라 교체되었다. 이는 단일통화의 출범만을 의미하는 것보다는 화폐 단일화를 통한 진정한 단일시장의 형성에 있다. EMU에 참가해 단일통화를 도입하는 국가들은 독일, 프랑스, 벨기에, 룩셈브르크, 네덜란드, 오스트리아, 아일랜드, 이탈리아, 스페인, 포르투칼, 핀란드, 그리스 12개국이 있으며 영국, 덴마크, 스웨덴, 스위스는 불참하였다. 마르크는 더 이상 독일의 공식 화폐가 아니다. DM과의 석별에 대해서는 다시 뒤에 언급하겠다.

✎ **유로화**

기 호 : 그리스문자 ϵ(엡실런)과 Europe의 E를 조합하여 형상화, 영어 알파벳 C에 가로선 두개를 그은 모양.

중간 '=' : Euro 사용 지역의 안정을 바란다는 의미

유로를 사용하는 국가 중 Euro를 유로라고 발음하는 나라는 영어를 사용하는 아일랜드 정도다. 독일에서는 오이로, 프랑스는 위로, 이탈리아는 에우로 등으로 발음한다.

[유로화의 앞면과 뒷면]

[유로화의 앞면과 뒷면]

"유로화 더이상 아름다울 수 없다"

"돈이 이렇게 아름다울 수가…."

1월 1일부터 유럽 12개국에서 쓰이는 유로화를 손에 쥔 사람들이 한결같이 내뱉는 감탄사다. 유럽의 역사와 전통 조형미학이 지폐와 동전 안에 고스란히 녹아있기 때문이다. '대량생산된 시각예술품'이란 찬사를 듣기도 한다.

'유로랜드' 12개국은 돈에다 경제의 힘뿐만 아니라 문화의 저력까지 담은 것이다. 한국은행 이정식 발권국장은 이에 대해 "돈의 도안에는 역사와 가치관이 스며 있으며 그 사회의 심미(審美)적 평균치가 드러나기도 하는 것"이라면서 유로화를 그 대표적인 예로 꼽았다.

클라라 슈만, 생 텍쥐페리, 지그문트 프로이트, 카라바지오, 퀴리 부인, 에펠, 세잔….

유럽 각국의 구권(舊券)에 그려졌던 위인들이다. 이들은 유로화의 등장으로 화폐에서 퇴장했다. 유럽중앙은행(ECB)이 특정국 이미지를 연상시킬 수 있는 인물을 유로지폐에서 배제키로 한 것이다.

—참고: Daum 카페 지혜창고, 글쓴이: HYE, 시사창고 2002.01.17

유로화 지폐 디자인은 1996년 공모를 거쳐 유럽통화기구에서 여러 디자인을 검토한 결과 오스트리아 중앙은행의 화폐디자이너인 칼리나

(Robert Kalina)가 도안한 지폐디자인을 채택한 것이다. 오스트리아는 자국인의 도안이 채택되었기 때문에 유로화 도입에 대한 지지도가 가장 높았다 한다. 지폐 도안은 유럽대륙의 지도와 유명한 건축물들을 이미지로 하여 각각 양면에 새긴 것이다. 일반적으로 한 국가의 화폐는 그들의 문화, 역사 그리고 정체성 등을 형상화하는 것이 일반적이다. 그러나 유로화는 유럽연합 15개국(그 중 유로화를 도입한 국가는 12개국으로 영국, 스웨덴 그리고 덴마크는 제외)의 단일 정체성을 표현키 위해 범 유럽적 정서를 디자인에 반영한 것이다.

지폐는 각기 다른 도안과 크기로 500, 200, 100, 50, 20, 10, 5유로의 총 7가지가 발행된다.

앞면은 주로 건축물의 창문과 문을 그리고 있는데 이는 유럽의 화합과 개방성을 의미하는 것이다. 또한 지폐 뒷면 디자인은 유럽대륙의 지도위에 각 세기를 대표하는 다리들을 그렸는데 이는 EU 시민 간 또는 EU와 외부 세계와의 교류 및 상호이해를 나타낸다.

최고액권인 500유로는 우리나라 돈으로 64만원에 이른다. 그래서 주유소나 작은 가게에서는 거스름돈이나 위조지폐를 받을 경우 타격이 큰 점 등을 고려해 200유로나 500유로짜리 지폐는 받지 않는 경우가 많다.

주화는 8종류로 1, 2유로 와 50, 20, 10, 5, 2 그리고 1센트로 발행된다.

모든 주화는 앞면에 공통적으로 유로화 액면가를 새겨 넣고 유럽대륙을 상징하는 기본 문양으로 통일되어있다. 그리니 지폐와 달리 주화는 뒷면에는 회원 각 국의 고유한 문화적 전통을 상징하는 인물 및 문양 그리고 건축물 등을 담고 있다. 일예로 프랑스 시민이 베를린에서 핫도그를 구입하면서 지불한 유로 주화에 스페인 국왕의 얼굴이 새겨져 있을 수 있는 것이다.

물론 도안이 달라도 규격이나 무게가 같고 12개 나라 자판기에서 다 받아들이는 등 다른 나라에서 사용하는데 문제가 없다. 공동 앞면에는 주화도안 공모에서 당선된 벨기에인 이름 Luc Luycx의 이니셜인 LL이 작게 각인되어 있다.

그럼 지폐와 주화의 도안을 좀 더 자세히 알아보자.

1) 유로화 지폐:

a. 화폐의 이름은 라틴어(EURO)와 그리스어(EYPO) 알파벳으로 표기되어 있다.

b. 1998년 출범한 유럽중앙은행the European Central Bank (ECB)은 유로화를 발권하는 은행이며 유로화를 사용하는 12개 나라의 통화정책을 관장한다. 독일 프랑크푸르트의 유로타워 건물 안에 있다. 이 유럽중앙은행의 이니셜이 다른 4개의 언어변형 즉 유럽연합 국가들이 표기하는 언어들의 이니셜 - BCE, EZB, EKT, EKP- 과 함께 표기되어 있다.

c. 기호 ©는 판권보호 copyright 을 나타낸다.

d. 유럽연합의 깃발. 유럽연합 나라들을 상징하는 별 12개

e. 화폐디자이너인 칼리나는 '유럽의 각 시대와 스타일'이라는 주제에서 영감을 받았다. 그래서 유럽문화사 중 고대부터 현대에 이르기까지 유럽 건축문화의 변천과정을 상징하는 「7대 건축문화양식」이 사용되었다. 주로 건축물의 중요 요소로 여겨지는 창문, 정문, 다리 문양을 시대별 특성에 맞게 일관되고 쉽게 표현하고 있어 전문가가 아니더라도 누구나 건축문화의 흐름을 알아 볼 수 있는 것이 특징이다.

이와 같이 유로지폐는 인간의 주거생활과 가장 밀접한 관계를 가지고 있는 건축문화를 주 도안으로 사용함으로써 앞으로 12개 국가의 결속력을 강화시키는 원동력이 될 것으로 보인다. 그리고 그들은 건축문화에 대한 자부심과 함께 또 다른 미래의 건축문화 창출의 주역이 되기 위해 꿈꿀 것이다.

- 5유로의 도안은 클래식 양식, 10유로는 로마네스크 양식을 나타낸다.
- 20유로는 고딕 양식, 50유로는 르네상스 양식을 나타내고 있다.
- 100유로는 바로크와 로코코 양식이며, 200유로에는 철과 유리 등 새로운 건축 재료를 사용하기 시작했던 19세기 건축문화가 표현되어 있다.
- 500유로에는 철근콘크리트 등 다양한 건축 재료들을 소재로 이용하였던 20세기건축문화를 담았는데 절제된 디자인으로 자연과 조화를 이룬 것이 특징이다.

그러나 어느 특정한 나라를 연상시키는 것을 피하기 위하여 이 창문이나 다리들은 어느 특정한 나라의 어느 특정한 건축물을 보여주는 것이 아니다. 비슷한 모양의 다리나 창들은 어느 한 나라가 아닌 여러 유럽 나라들에서 발견될 수 있다.

- 고내 클래식 양식: 서양문화의 근원인 그리스의 헬레니즘 문화를 배경으로 한 고대 그리스에서 전개된 건축양식이다. 단순·중후·남성적인 건축이 크게 발달되었다.
- 중세 로마네스크 양식: 로마풍의 둥그스름한 느낌의 중후한 양식

을 말하는 것이며 뾰족 삼각형적인 고딕과는 대비된다. 둥근 아치가 특징.

- 중세 고딕양식: 교회건축의 절정기였으며 건축・회화・조각을 종합한 종합예술작품이라고 불리우던 고딕건축양식의 특징은 높은 건물과 첨탑, 첨두 아치로 수직적 상승감을 나타내는 건물 양식이 대표적이다.
- 르네상스 양식: 15, 16세기에 유행, 고대 로마 양식이 부흥된 양식으로 둥근 아치와 기둥을 세우는 것이 그 특징. 가구식 구조 (두개 수직 기둥과 그 위 가로 받침대).
- 근세 바로코, 근세 로코코: 17, 18세기에 유행, 강렬한 인상과 함께 화려한 장식으로 유명.

위조화폐 방지 - 유로화는 위조를 방지하기 위해 홀로그램, 금속 보안줄, 특수 잉크 등을 도입하고 있다.

2) 유로화 동전

벨기에 미술가 뤽스가 고안한 유로권의 공동문양의 기본 모티브는 모두 유럽 지도.

1~5센트는 세계 속의 유럽을 의미하며 10~50센트는 유럽의 각 나라가 독립적임을 의미하기 위해 퍼즐 맞추기처럼 띄어 놓고 그렸다. 그리고 1, 2유로 동전은 각 나라의 국경을 없애고 그려 유로 연합이 하나임을 의미한다.

[유로동전의 공동 앞면]

- 1센트: 지름: 16.25mm 두께: 1.67mm 무게: 2.30g
- 2센트: 지름: 18.75mm 두께: 1.67mm 무게: 3.06g
- 5센트: 지름: 21.25mm 두께: 1.67mm 무게: 3.92g
- 10센트: 지름: 19.75mm 두께: 1.93mm 무게: 3.06g
- 20센트: 지름: 22.25mm 두께: 2.14mm 무게: 5.74g
- 50센트: 지름: 24.25mm 두께: 2.38mm 무게: 7.80g
- 1유로=100센트:
  약 1350~1450원: 지름: 23.25mm 두께: 2.33mm 무게: 7.50g
- 2유로: 지름: 25.75mm 두께: 2.20mm 무게: 8.50g

그러면 독일의 동전 뒷면에 대해 알아보자.

- 2 Euro: 독일 군주국의 전통적 상징인 독수리가 유럽의 별들로 둘러싸여 있다. 그러나 독일이란 단어 Germany 혹은 Deutschland는 어느 동전에도 나타나지 않는다.
- 1 Euro: 사이즈나 칼라만 다르고 2유로 동전과 같은 디자인.
- 50 Euro Cents: 브란덴부르크 문. 독일분단의 상징이자 통일의 상징. 문의 개방은 유럽통합의 상징이기도 하다. 슈프레의 아테네라 불리는 베를린의 브란덴부르크 문은 1788~91년 프리드리히 빌헬름 2세의 명령

으로 지어졌다. 문 위에 사두마차를 끄는 승리의 여신상은 철십자가를 감싸고 있는 떡갈나무 화관 위에 제국의 상징인 독수리가 앉아 있는 긴 장식품을 들고 있다.

- 20 Euro Cents: 50센트와 같다. 단 가장자리 곡선처리와 물결무늬만 다르다.
- 10 Euro Cents: 역시 50센트와 같으며 크기만 다르고 가장자리만 다르다.
- 5 Euro Cents: 떡갈나무(오크) 가지. 독일 페니히 동전을 연상시킴. 우리가 흔히 도토리 나무라고 부르는 떡갈나무. 재목이 단단해 가구는 물론 철로 건설의 침목으로도 쓰이며 나무껍질에서 얻는 탄닌 성분은 물감으로 이용된다. 더욱이 열매로는 묵을 만들어 우리의 미각을 즐겁게 해 주기도 한다. 견고성과 실용성 때문에 우리 생활에 여러 모로 이용되는 떡갈나무는 독일민족을 상징하는 나무이기도 하다.
- 2 Euro Cents: 5센트와 같고 사이즈만 다름.
- 1 Euro Cent: 5센트와 같고 사이즈만 다름.

독일 유로화 동전의 뒷모습은 다음과 같다.

€ 0,01	€ 0,02	€ 0,05

떡갈나무 잎		
€ 0,10	€ 0,20	€ 0,50

브란덴부르크 문		

독일제국의 상징이었던 독수리.

〈독일 마르크화의 역사〉

독일에서 마르크화가 사용된 것은 130년 가까이 되지만 독일의 상징이 된 도이체 마르크(Deutsche Mark, DM, 그 이전엔 그냥 마르크)는 2차대전 후 미국과 영국 점령국 통치시절인 1948년 6월 화폐 개혁을 통해 도입되었으며 1999년까지 서독과 통일 독일의 통화 단위였다 2002년 유로로 대체되었다. 독일은 2차 대전의 후유증 즉 나치 시절의 오용 때문에 국기나 국가를 다른 나라처럼 내놓고 흔들거나 부르는 것을 삼가왔다. 그래서 DM은 독일인이 가장 아끼는 그리고 내놓고 이야기할 수 있는 유일한 국가적 상징물이었다. 독일 통일시기에 독일정부가 독일통일에 대한 프랑스의 지지를 요청했을 때 프랑스의 미테랑 대통령이 그 대가로 무엇을 내놓을 것인가 하고 물었을 때 독일은 유럽공동통화에 참여할 것을 즉 마르크화를 버리고 유로화 사용을 약속했다 한다. 이러한 결단으로 인해 독일통일은 예상보다 쉽게 추진될 수 있었다 한다. 유로화와 교환되고 회수된 도이체 마르크는 절단되어 압축한 후 화력발전소로 보내져 소각되었다. 한 독일 잡지는 '강력했던 마르크화답게 화력이 석탄보다 강했다'고 표현했다.(김영찬)

마르크화의 지폐는 1,000DM, 500DM, 100DM, 50DM, 20DM, 10DM, 5DM, 주화는 5DM, 2DM, 1DM, 50Pf, 10Pf, 5Pf, 2Pf, 1Pf가

있다. 1마르크(DM)는 100페니히(Pfennig) 이다. 통일 이전에는 서독의 도이체 마르크(Deutsche Mark)와 동독의 데데에르 마르크(DDR Mark)로 구별해서 사용되다가 통일 이후 도이체 마르크로 통합되었다. 마르크라는 이름의 유래와 역사를 살펴보면 '마르크'는 '경계'를 의미하는 옛 독일어 '마르카 marka'에서 나온 말로 독일인은 역사적으로 자기 땅을 가질 기회를 별로 많이 갖지 못했고 그래서 전통족으로 뚜렷한 경계선을 그어 자신의 지배구역을 표시하려고하는 독일인의 취향이나 전통적으로 관념의 영역에서 뚜렷한 경계 긋기를 즐기는 경향을 고려할 때 독일의 화폐이름은 참으로 적절한 것이었다 할 수 있다.(72) 마르크의 역사를 살펴보면 중세 때 마르크는 가장 일반적으로 사용되는 금과 은의 무게 단위로서 약 8온스(226.8g) 가량의 중량을 나타냈다 하는데 1871년 프로이센을 중심으로 독일제국이 성립되면서 금화로서 이전의 은화를 대체하게 되었는데 이를 〈금마르크 Goldmark, 1871~1918〉라 한다. 이전의 은화는 Vereinsthaler라 불리었는데 환율은 3Vereinsthaler가 1Mark의 비율이었다. 제1차 세계대전 후 금본위제는 정지되고 〈금마르크〉는 〈종이마르크(지폐마르크) Papiermark, 1919~23〉로 바뀌었으며 인플레이션이 일어나자 토지를 담보로 〈렌텐마르크 Rentenmark, 1923~24〉가 과도기적으로 발행되어 점차 종이마르크와 교환됨으로써 통화 안정에 성공하였다. 다음해 〈라이히스마르크 Reichsmark, 1924~48〉가 발행되어 금본위제로 복귀하였다. 그러나 독일의 금본위제는 1948년 새 통화 〈도이체마르크 Deutsche Mark, 1948~2001〉를 발행하면서 허물어졌다. 1도이체 마르크 10 옛 라이히스마르크의 비율로 교환했다. 1995년 12월 15일 에스파냐 마드리드에서 열린 EU 정상회의에서 15개 회원국들은 1999년 1월 경제통화동맹(EMU)을 출범시키고 단일통화의 명칭을 '유로(EURO)'로 하는 데 합의하였다. 1999년 1월 1일~2001년 12월 31일까지의 과도기를 거쳐 2002년 1월 1일~2002년 6월 1일까지의 완결기간을 확정하였다. 이에 따라서 도이체 마르크는 역사 속으로 사라지게 되었다.

1EUR은 1.95583DM 이다. 즉 유로화와 옛 마르크의 비율은 1대 2 정도이다.

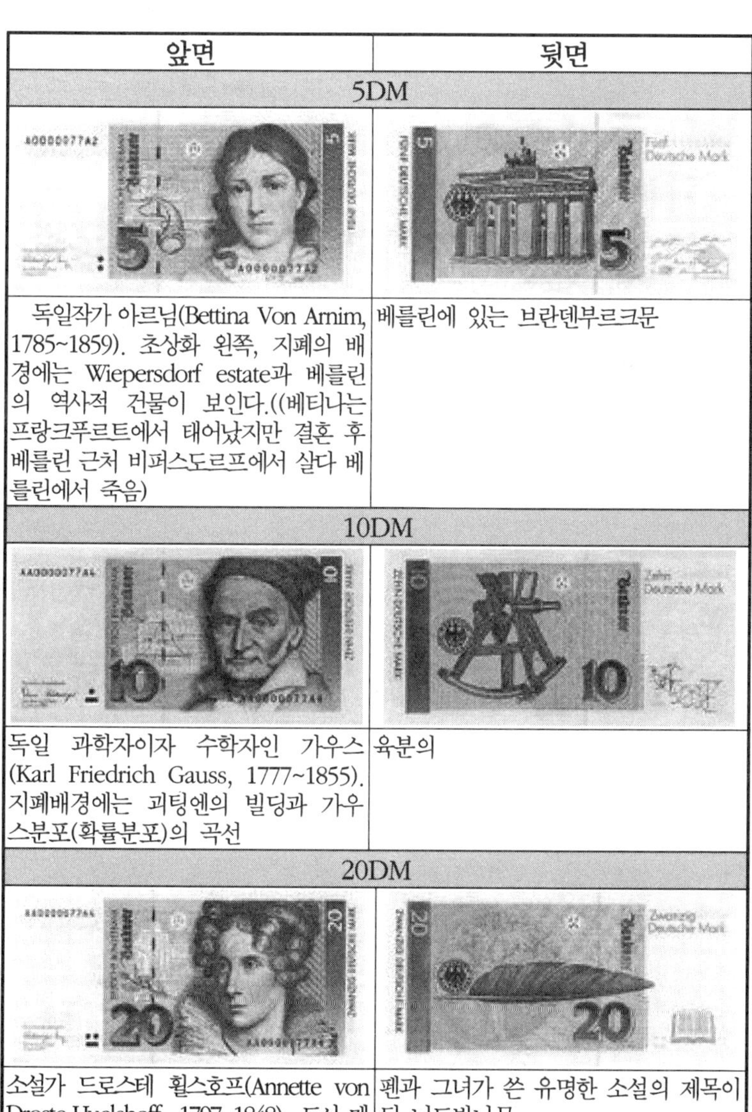

앞면	뒷면
5DM	
독일작가 아르님(Bettina Von Arnim, 1785~1859). 초상화 왼쪽, 지폐의 배경에는 Wiepersdorf estate과 베를린의 역사적 건물이 보인다.((베티나는 프랑크푸르트에서 태어났지만 결혼 후 베를린 근처 비퍼스도르프에서 살다 베를린에서 죽음)	베를린에 있는 브란덴부르크문
10DM	
독일 과학자이자 수학자인 가우스(Karl Friedrich Gauss, 1777~1855). 지폐배경에는 괴팅엔의 빌딩과 가우스분포(확률분포)의 곡선	육분의
20DM	
소설가 드로스테 휠스호프(Annette von Droste-Huelshoff, 1797~1848). 도시 메어스부르크의 건물이 배경으로 보인다 .	펜과 그녀가 쓴 유명한 소설의 제목이 된 너도밤나무

20DM	
	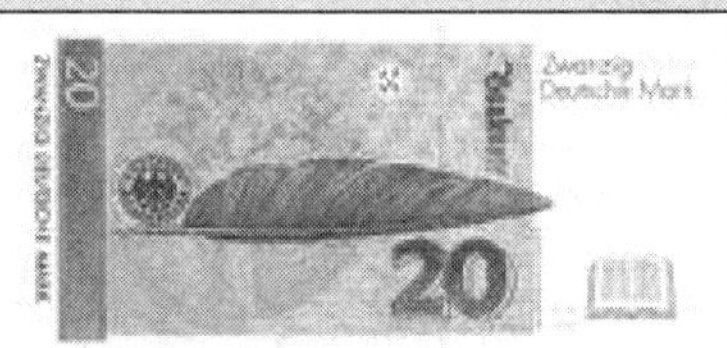
소설가 드로스테 휠스호프(Annette von Droste-Huelshoff, 1797~1848). 도시 메어스부르크의 건물이 배경으로 보인다 .	펜과 그녀가 쓴 유명한 소설의 제목이 된 너도밤나무
50DM	

유명한 건축가 노이만(Balthasar Neumann, 1687~1753). 배경엔 뷔르츠부르크의 건물.	뷔르츠부르크 집의 계단 일부와 유명한 교회 Kreuzkapelle 평면도
100DM	

피아니스트이자 작곡가 클라라 슈만(Klara Schumann, 1819~1896). 지폐배경은 도시 라이프찌히 건물과 악기 리르.	그랜드피아노와 프랑크푸르트에 있는 음악학교 Hoch′sches Konservatorium,
200DM	

과학자 에리히(Paul Ehrlich, 1854~1915). 배경엔 프랑크푸르트의 건물들과 에리히가 발견한 매독치료약	현미경과 단순화된 세균조직과 그리스 신화의 의술의 신을 나타내는 막대.

500DM	
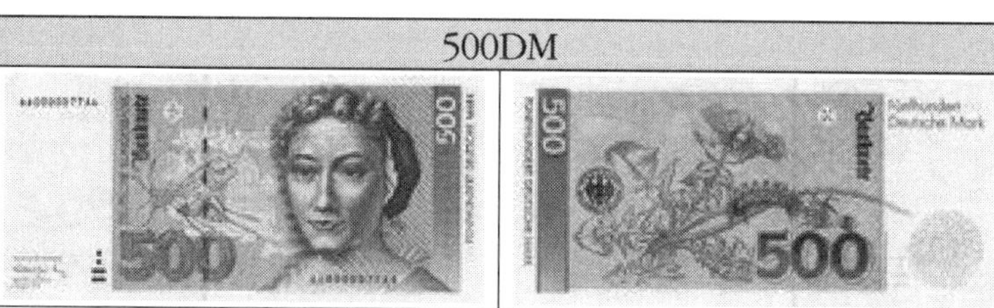	
자연과학자인 메리안(Anna Maria Sibylla Merian, 1647~1717). 곤충과 고대도시 Nuremberg의 빌딩이 배경으로 보인다.	민들레, 나비와 자벌레가 앉아 있다.
1000DM	

그림 빌헬름(Wilhelm Grimm, 1786~1859)과 야콥(Jakob Grimm, 1785~1863). 역사적 도시 카셀 Kassel의 빌딩이 뒷 배경.	독일어 사전과 베를린에 있는 왕립도서관.

5DM

✎ 아르님(Bettina von Arnim, 1785~1859)

프랑크푸르트 암 마인 귀족가문 출생. Clemens Brentano(1778~1842)의 누이 동생이며 Achim von Arnim(1781~1831)의 아내. 아르님은 뛰어난 재능을 지닌 낭만주의자였다. 그녀는 기인에 가까울 정도로 인습에 얽매이지 않는 사람이었고 사내처럼 제멋대로 굴며 장난끼가 많았으나(손님들은 그녀가 책상 밑에 들어가 있거나 책상 위에 앉아 있는 것은 자주 보았으나 의자에 앉아 있는 것은 보지 못했으며 방안을 이쪽저쪽 깡충거리며 뛰어 다니거나 사과를 가지고 공놀이를 하든가 옆에서 뜨개질하는 사람의 실이나 바늘을 감추어 버려 소란을 피우는 장난꾸러기였다 묘사한다) 남편에게는 충실한 아내(1811년 아힘 폰 아르님과 결혼)였으며 7명의 아이들에게는 헌신적인 어머니였다. 또 민감하고 열정적이었으나 자신의 개인적인 자유를 잃지 않으려 했으며, 어떤 일에 헌신할 정열을 갖고 있으면서도 나르시시즘에 가까울 정도로 자신의 성격을 예찬하는 데 몰두했다. 아르님은 이러한 성격상의 모순을 자신의 작품에 투영했는데 가장 잘 알려진 작품으로 '괴테와 한 아이 사이의 왕복 서간 Goethes Briefwechsel mit einem Kinde 1835'(그녀가 숭배하는 괴테에게 직접 편지 연락을 했던 것을 수정하여 낸 책으로 괴테 연구를 위한 중요한 사료가 된다), 그녀의 어릴적부터의 친구 카롤리네 폰 귄데로데의 서간집 'Die Günderode귄더로데양', 오빠 클레멘스 브렌타노와의 편지 왕래를 기록한 것으로 알려진 'Brentanos Frühlingskranz 브렌타노의 봄의 화환 1844'가 있다. 이 서간집들은 그녀의 환상대로 고쳐 쓰기도 하여 그녀의 환상과 실제가 교차한다. 그녀의 만년에는 사회문제에 관심을 기울여 인간들의 상실된 권리를 찾아 달라고 빌헬름 4세를 향하여 자신의 정치적 자유의 신념과 사회정의의 이상을 털어놓은 '이 책은 국왕의 것 Dies Buch gehört dem König 1843'으로 유명하다. 독일문학사에서 대부분 여성들은 이름 언급조차 없는 경우가 많다. 독일에서 1970년대에 여성문학이 새로이 대두되면서 역사 속에 잊혀진 여성작가들을 발굴하여 여성문학사의 전통을 새로이 수립하고자 했는데 흔히 독일 여성문학의 시발점으로 베티나 폰 아르님과 카로리네 폰 권더로데 Karoline von Günderode가 손꼽힌다. 이들이 쓴 18세기의 서간이나 전기, 회상록 등이 여성해방의 시각에서 재조명되고 연구되었다. 특히 이 두 여자의 우정은 베티나 아르님의 문학적 작업에서 지대한 영향을 미쳤다. 그녀는 권더로데가 26세에 자살하고 난 후 50세부터 글을 쓰기 시작했다. 그 우정 없이는 지적, 정신적 성장 그리고 문학 활동이 불가능 했을 것이다.

✎ 브란덴부르크 문(Brandenburger Tor)

통일 전 동베를린과 서베를린의 경계 부근에 있는 고전적 양식의 건축물.

10DM

✎ 가우스(Karl Friedrich Gauss, 1777~1855)

독일의 수학자, 물리학자, 천문학자.

19세기 최대의 수학자라고 일컬어진다.

오늘날까지 모든 수학자들의 왕으로 추앙받고 있다.

아르키메데스와 뉴턴에 버금가는 가장 뛰어난 수학자의 한 사람으로 꼽힌다. 벽돌구이를 직업으로 하는 가난한 가정에서 태어났지만 10살 때부터 학교에서 신동으로 알려진 수학의 천재였다.

물리학상의 업적도 많은데 1831년에는 괴팅겐대학 물리학교수에 취임하기도 했다.

✎ 육분의(sextant)

선박이 대양을 항해할 때 태양 · 달 · 별의 수평선상의 각도를 측정하여 천측(天測)의 위치를 구하는 데 없어서는 안 될 중요한 기기. 가우스는 수학자이지만, 수학자 보다는 수학을 바탕으로 한 천문학 분야에도 큰 업적을 남겨 뒷면을 장식한다.

20DM

✎ 드로스테 휠스호프(Annette von Droste-Hölshoff, 1797~1848)

독일문학사상 최고의 여류 서정 시인으로 일컫는다. 유서 깊은 귀족 집안에서 출생하였지만 그녀의 연약한 체질은 일생 결혼을 허용하지 않아 매우 조용하게 거의 은둔자의 생활을 하였다. 그러나 안으로는 뜨거운 정열과 종교적인 고뇌를 누구보다 강하게 갖고 있었는데 고민하는 신앙과 정열은 인간의 고민과 고통을 예민하게 느끼도록 하였고 동시에 그녀를 시인으로 만든 계기였다. 독서 및 지식인과의 교육으로 교양을 쌓아 그녀는 그 당시의 일반 여성들보다 높은 교양을 지니고 있었다. 풍부한 외국어의 지식, 역사, 음악 등에 박식하였다. 신앙의 고뇌를 피력한 종교시 '영적인 한 해 Das Geistliche Jahr, 1851'와 고향의 한 유대인살해 범죄사건을 소재로 한 중편소설 '유대인의 너도밤나무 Die Judenbuche, 1842'가 대표작이다. '너도밤나무'는 범죄의 심리적 · 사회적 요인을 명확하게 밝힌 한편 그리스도교적 관용을 호소하는 작자의 경건한 의도가 엿보인다. 주인공 메르겔은 아버지가 술주정뱅이이나 사고로 죽고 어머니는 아들에게 좋은 교육을 하려하나 오히려 역효과를 일으킨다. 그에게 영향을 준 자는 숙부인 살인자인데 메르겔도 유대인 아론이 빚 독촉을 하자 그를 너도밤나무 아래에서 죽이고 숙부의 사생아이자 친한 친구인 요한네스와 멀리 도망한다. 28년 후 돌아온 메르겔은 유대인을 죽였던 그 너도밤나무에 목을 매 자살한다. 그 나무에는 헤브라이어로 '그대가 접근하면 그대가 내게 입힌 화를 그대로 받으리라'가 조각되어 있었다. 자기 자신의 생활환경과 멀리 떨어진 하층계급의 실태와 심리를 깊이 파고 들어가 세밀한 묘사를 해낸 것이 놀랍다.

✎ 깃펜

드로스테 휠스호프가 문인으로 깃펜이 뒷면에 인쇄되었다.

50DM

✎ 노이만(Balthasar Neumann, 1687~1753)

건축가. 후기 바로크 양식의 대가이며 여러 방면에 재능이 있었다. 1709년에 뷔르츠부르크로 이주하여 건축을 배운 뒤 궁전 · 주택 · 공공건물 · 다리 · 상수도시설 · 소방시설 및 100개가 넘는 교회를 설계했다. 대학에서 건축을 가르치기도 했다. 완고하고 보수적인 사람이었지만 재치가 번뜩이는 훌륭한 건물을 설계했고 공사를 맡으면 과학적으로 정밀하게 처리했다. 지극히 복잡하고 독창적인 실내장식을 고안해 최소의 재료로 가장 안전한 건물을 지었다. 그는 자신이 만든 걸작에 어울리는 호화로운 장식을 만들기 위해 화가와 조각가 · 공예가 · 주물공 · 정원사들을 직접 지휘했다. 바로크 시대의 훌륭한 궁전, 로코코 양식의 교회등 위대한 건축물을 많이 이룩했다.

✎ 성당과 대주교관의 계단

노이만이 설계한 건물들이 뒷면을 장식한다.

100DM

✎ 클라라 슈만(Clara Josephine Schumann, 1819~96)

피아니스트 · 작곡가. 라이프치히 출생. 유명한 피아노교사 비크의 장녀이며, 슈만의 아내이다. 리스트로부터 천재소녀라고 격찬 받았다. 1840년 아버지의 반대를 무릅쓰고 슈만과 결혼하여 잠시 활동을 쉬었다. 슈만과 쇼팽 해석에 뛰어나며 그들의 작품 보급에 이바지하였다. 슈만이 죽은 후 브람스의 작품 소개에 힘썼고, 특히 슈만과 브람스의 연주해석은 오늘날까지 하나의 규범이 되어 있다. 피아노독주곡 등 많은 작품이 있다.

✎ 피아노

피아니스트인 클라라를 나타내는 피아노가 인쇄되어 있다.

200DM

✎ 에를리히(Paul Ehrlich, 1854~1915)

독일의 세균학자, 화학자, 의학자. 혈액학·면역학·화학요법에서 선구적인 연구를 했고, 처음으로 매독의 효과적인 치료법을 발견했다. 1908년 일리야 메치니코프와 함께 노벨 생리학·의학상을 공동 수상했다.

대학에서 의학을 공부하면서 각종 색소가 세포연구에 이용되고 있는 점에 깊은 관심을 가지고 있었다. 오늘날 백혈구 분석에 사용되는 방법의 기초를 발표하였으며 1882년 코흐의 결핵균발견에 의해 크게 자극받고 결핵균의 항산성(抗酸性) 염색연구를 시작하여 같은 해 염색법을 창안하였다.

✎ 현미경

에를리히가 세균을 연구하기 위하여 사용한 현미경을 나타내고 있다.

✎ 아스클레피오스(Asclepius)

태양의 신 아폴론의 아들로 아스클레피오스를 상징하는 아스클레피오스의 지팡이(막대기)에는 뱀이 비비꼬며 올라가는 형상이 있다. 이것은 신의 사자(使者)인 헤르메스가 평화의 상징으로 들고 다녔던 지팡이 카두세우스(카두케우스 Caduseus)와 혼동이 되기도 한다. 병원, 구급차등에서 볼 수 있다. 아스클레피오스는 죽은 자를 살리는 의술로 유명한데 죽은 뱀에게 다른 뱀이 약초를 물고 와 살리는 것을 보고 이 의술을 배웠다고 한다.

유럽의 의과대학에는 고대 그리스 신화에 나오는 의학의 남신 아스클레피오스와 위생의 여신 히게이아의 상이 건물 양쪽에 서 있다. 비록 허구와 상상으로 만들어진 신화이긴하나 전통적으로 서양의학의 역사는 바로 이 두 신들이 상호작용해 온 역사임을 담담히 밝히고 있는 것이다. 아스클레피오스는 치료의 신이며 히게이아는 병에 걸린 사람이 그 병을 극복할 수 있도록 도와주는 위생과 보건의 수호신이다. 현대적 의미에서 볼 때 전자는 치료의학을 대표하고 후자는 예방의학과 보건학을 대표한다고도 할 수 있다. 서양의학의 역사는 서로 이 두 가지 상보적 관계에 따라 변해왔다고 보고 있으며, 의과대학들은 이러한 역사관을 상징적으로 보여주고 있는 것이다.

아래 첫 번째 그림은 아스클레피우스의 지팡이이고 다음 것은 카두세우스이다.

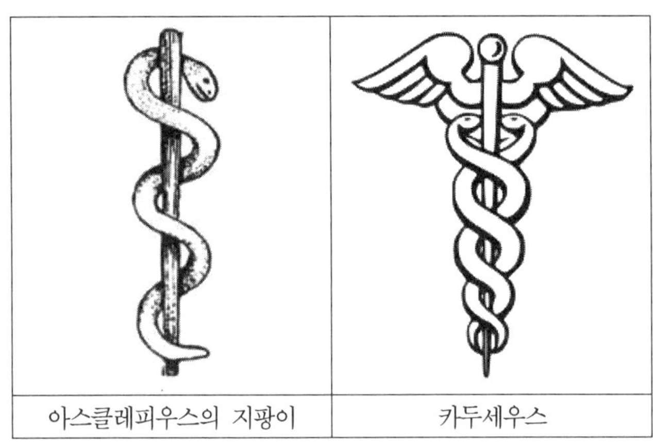

아스클레피우스의 지팡이	카두세우스

500DM

✎ 메리안(Maria Sibylla Merian, 1647~1717)

'곤충의 변태'를 밝혀낸 최초의 생태학 연구자, 과학자, 화가. 프랑크푸르트 출생. 17세기 독일의 대표적인 삽화가·판화가·서적상인 마테우스 메리안의 둘 째 딸로 태어났다. 그녀의 아버지는 3년 후 사망했다. 그녀의 어머니는 아버지의 일을 계속해 나갔으며 메리안 역시 그러한 환경속에서 자라면서 화가로서의 소질을 보였다. 안나 마리아 시빌라 메리안은 아브라함 미그농 Abraham Mignon(1640~79) -바로크화풍의 정물화가-의 제자가 되어 꽃이나 다른 자연물을 그린 회화 장르에서 개성 있는 화풍을 이룩했다. 그녀의 과일과 꽃, 곤충을 소재로 한 그림들은 오랫동안 과학적이며 예술적인 대상으로 논의되었다.

자연을 연구하던 메리안은 1699년 50이 넘은 나이에 딸과 함께 남미의 북동해안에 위치한 네덜란드 식민지 수리남으로 가 나비의 변태와 곤충을 연구했다. 그는 '곤충의 변태'에 대해 획기적인 업적을 이룬 최초의 생태학 연구자이자 이제는 통용되지 않는 독일 마르크화의 500마르크짜리 고액권을 장식한 주인공이다.

당시 자연과학은 애벌레나 구더기들이 더러운 오물에서 생겨난 악마의 소산이며, 나비 같은 아름다운 곤충들이 애벌레에서 변태의 과정을 거쳐 생겨나리라고는 꿈에도 짐작하지 못하던 상태였다. 그런 주장을 잘못 했다가는 신의 세계를 침범했다 하여 마녀로 낙인찍힐 수도 있었다.

메리안 모녀는 수리남의 다채로운 식물과 곤충에 경탄했으며, 생전 처음 접해보는 열대과일의 맛과 밤마다 벌어지는 귀뚜라미, 매미의 콘서트가 주는 감동에 전율했다. 하지만 모녀의 마음을 괴롭게 만든 것은 네덜란드의 설탕 상인들이 집단농장에서 일하는 흑인노예들을 잔혹하게 다루며 착취하는 일이었다.

메리안은 노예들의 현실을 질타하는 보고서를 쓰는 등 노예들과 인간적인 관계를 맺으려 했고 수리남의 권력자들과의 갈등 관계를 초래하기도 했다.

말라리아로 쓰러진 메리안은 1701년 암스테르담으로 서둘러 돌아가 자료를 정리하여 1705년에 '수리남 곤충의 변태'를 출간했다. 일부 남성 과학자들은 그의 관찰 기록이 거짓이라고 비난했지만, 후일 곤충과 식물의 분류 체계가 확립되면서 메리안이 옳았음이 입증되었다. 당시 러시아의 표트르 대제 등 유럽 귀족들 사이에서는 메리안의 그림을 소장하는 것이 사회적 지위를 상징하는 것으로 여겨지기도 했다.

메리안 사후 200년간 조용히 묻혀 있던 이 책은 1907년 러시아의 문인 나보코프에 의해 발견됐다. 메리안의 그림으로 인해 나비를 향한 열정에 사로잡혔던 그는 자신의 작품 '롤리타' 표지에 나비를 그려 넣었다. 그리고 그 나비들 중 한 마리는 메리안의 이름을 본뜬 학명 '잉아 메리아네(Inga Merianae)'로 명명됐다.

—참고: 진우기/번역작가, 한국여성과학기술단체총연합회 사무총장,
여성신문 836호, 2005-07-08

✎ 민들레

메리안이 그린 민들레가 인쇄되어 있다.

1000DM

✎ 그림형제(Brüder Grimm)

형인 야콥 그림(Jacob Grimm, 1785~1863).

동생 빌헬름 그림(Wilhelm Grimm, 1786~1859).

독일의 헤센주에 있는 하나우에서 태어났으나 아버지가 죽은 후 카셀 Kassel로 이사. 그곳에서 가장 아름답고 풍요로운 시기를 보냈다. 같은 집에서 살고 함께 일했으며 함께 학교를 다녔다.

그의 아버지는 법률가였지만 할아버지와 증조할아버지는 목사. 그들은 늘 자손들에게 '성실, 근면, 노력'을 유언으로 남겼으며 선조들의 신앙적 삶은 그림형제들에게 깊은 영향을 남겼다. 그림형제의 아버지는 44살 한창 때에 세상을 떠났는데 그때 야콥은 아홉 살, 빌헬름은 여덟 살이었다. 야콥은 어렸지만 어머니와 어린 동생들에 대한 커다란 책임감을 가지고 있어 늘 집안의 우두머리로 인정을 받았으며 동생 빌헬름도 늘 형의 위치를 인정하고 복종하였다. 두 형제는 대학공부를 위해 마르부르크로 갔는데 그곳에서 법학자 사빙니 선생 밑에서 법학을 공부하게 되었다. 중요한 것은 사빙니 선생을 통해 독문학에 있어 주요한 두 낭만주의 작가들을 알게 되었는데 브렌타노와 아르님이었다 이 두 작가를 알게 되면서 그들의 요청으로 그림형제는 약 13년 동안 동화들을 수집하게 된다. 그림형제는 수집의 천재였다. 과거에는 옛날이야기, 동화 등이 단지 구전되어 내려왔거나 각 지방마다의 사투리로 기록되어 보존되는 정도였는데 그림형제들이 수집한 이야기들은 독일 민속학의 뿌리가 되었으며 표준어로 활자화하면서 문학과 독일어 교육 그리고 어린이 양육에 커다란 영향을 끼쳤다. 1812년 '어린이와 가정동화 Kinder-und Hausmärchen' 제1권을 완성하고 1814년에는 제2권을 완성하였으며 1822년에는 그 동화들의 주해서도 출판하였다.

그림형제의 정열적인 창작 의욕의 원천이 된 것은 독일민족의 통일에 대한 꿈 때문이었다. 사실 독일 낭만주의는 과격한 민족의식과 애국심을 기반으로 발생하게 된 것인데 낭만주의자들은 그들의 선조인 게르만 민족의 역사, 신화, 전설, 민화 등에 대한 관심이 높았으며 그림동화집도 그런 시대적 배경에서 태어난 것이다. 독일이 나폴레옹에게 점령당한 것은 군소국으로 분열되어 있었기 때문이라고 생각한 그림형제는 독일 민족을 통일시키기 위해서는 언어와 문화의 통일이 가장 중요하다고 확신했다.

그들은 늘 함께 공부하고 함께 일하고 하였는데 대학을 졸업하고 1808년에는 왕의 개인 도서관원이 되었으며 그 후에도 헤센 주립도서관의 도서관원으로 수 년 동안 넓고 조용한 도서관에서 만족스런 생활을 보냈다. 그들은 도서관을 '위대한 국민을 생산하는 가장 고귀한 저장소'라 여기었으며 특히 민족적인 것과 조국 독일에 관한 깊은 사랑이 있어 '독일 전설'을 두 권으로 완성하기도 하였으며 '독일어 문법'이라는 책도 저술하여 후대 언어학에 많은 기여를 하였다.

1830년 그림형제는 괴팅엔으로 가서 그곳에서 7년 동안 교수와 도서관장으로 일했다.

그리고 1841년에는 베를린 대학의 교수로서 형인 야콥은 1848년 '독일어사'를 두 권으로 완성하기도 하였다.

1852년부터 그림형제는 '독일어 사전'이라는 거대한 작업에 착수하면서 그들의 생애를 마감하였다. 그림형제가 완성을 못한 부분을 그 후 여러 학자들이 완성시킴.

형은 독신으로 지냈으나 동생은 결혼. 독일에서 그림형제는 존경을 받고 사랑을 받아 왔다. 동생이 먼저 73세로 1859년 세상을 떠나고 형 또한 1863년 78세로 동생의 뒤를 따른다. 그들은 죽어서도 나란히 베를린의 교회 묘지에 함께 누워 있다.(참고: 이성훈, 그림형제. 생애와 동화문학세계, 건국대학교출판부, 1994)

2005년 유네스코 문화유산으로 지정된 '그림 동화(원제 : 어린이와 가정을 위한 동화)'는 '성서' 다음으로 가장 많이 읽히는 책으로 지금까지 세계 160여개 국어로 번역됐다.

〈그림동화〉는 그림형제가 어려서부터 들어온 이야기들과 함께 독일과 유럽의 중세기 민담과 설화, 전래동화를 토대로 다시 꾸며진 동화라고 할 수 있다. 그런데 초판본에서 등장인물이나 전체 줄거리는 오늘날 우리가 알고 있는 것과 크게 다르지 않지만 부분적인 사건 전개면에서나 구체적인 묘사에 있어서는 사회적인 문제가 될 만큼 인간 삶의 복합적 양상을 적나라하게 보여준 구석이 많았다고 한다. 사랑, 미움, 복수, 이별, 외로움, 절망, 좌절, 슬픔, 방황 등 온갖 내적 갈등이나 외적갈등이 다 등장하지만 근친상간이나 친족상해, 복수, 성적인 묘사뿐만 아니라 잔혹하고 엽기적이어서 어른들조차도 읽기 힘든 부분이 많았다고 한다.

현대의 어른들이 아이들에게 심어주고 싶은 '동화적' 이미지로서는 상상할 수조차 없는 장면들이 표현되어 있었기 때문에 이 책들의 초판들은 상당한 비판을 면하기 어려웠다. 1857년에 최종적으로 출판된 그림동화에는 수정과 삭제를 통해 다듬어진 내용들이 오늘날까지 전해지고 있다. 그렇다 하더라도 여전히 우리가 알고 있는 아름답고 동화적인 이야기하고는 상당한 거리감을 느끼기에 충분한 부분이 있다.

그림형제의 동화들이 대부분 월트디즈니식의 애니매이션에 의해 극적인 요소를 가미해서 각색되거나 윤색된 동화라는 것이 밝혀지기 시작한 것은 최근의 일이다. 우리의 기억 속에 있는 '그림 동화'와 그림동화의 원전을 비교해보면 절대 아름답거나 순진하지 않다. 그림 동화는 차라리 '잔혹 동화'다. 마법이나 계략에서 벗어난 아름다운 공주와 왕자가 결혼해서 행복하게 산다는 이야기만 나오는 것 같은 그림동화는 원작의 이미지하고는 전혀 딴 판인 '새로운 작품'이라고 할 만큼 다른 느낌을 주는 것이 많다.

끔찍한 처형과 고문이 가해지던 시대의 폭력성과 잔혹성이 그대로 녹아있는 민담이 그림동화의 시작임을 고려해 그림형제의 그림동화는 특유의 잔혹성에도 그림형제가 13년에 걸쳐 수집·각색한 독일의 옛이야기가 동화의 바이블로 여전히 영향력을 발휘하는 건, 시대가 바뀌어도 변하지 않고 반복되는 사람들의 이야기를 들려주기 때문이다. 동시에 동화란 사람들이 흔히 생각하듯 아름답고 달콤한 이야기만이 아니라, 무시무시하고 잔인한 현실 세계도 그대로 반영한다는 사실을 역설한다.

그림형제는 말한다. "옛이야기는 인류의 기쁨과 슬픔, 희망과 두려움을 표현한 진정한 의미의 시(詩)"라고. 처음부터 어린이를 생각하고 모은 이야기가 아니라는 그림형제의 고백처럼 어른들이 더 공감하며 읽을 수 있다.

그러나 우리들에게 익숙한 그림형제 동화를 어린이들의 이야기가 아닌 다른 방식으로 다시 생각해 보는 것, 새로이 다시 보고 바꾸어 생각하는 재미를 줄 수도 있고 순수하고 아름답게만 보았던 세계가 사실은 인간현실에 존재하는 여러 부정적 요소들을 들추어내고 있다는 새로운 인식도 가져올 수는 있지만 요즈음 어떤 책 특히 1999년에 그림동화를 재구성한 일본인 키루 마사오의 {알고 보면 무시무시한 그림동화}라는 책은 그 성적 노골성이나 여러 표현 묘사 등이 불유쾌함을 주기도 한다.

저서에 〈그림동화〉〈독일어 사전〉〈독일어 문법〉등이 있다.

✎ 독일어 사전

그림형제가 만든 독일어 사전이다.

6. 환경문제(쓰레기)

독일은 환경보호의식과 환경보호정책에 관한 한 세계에서 단연 으뜸가는 나라이다. 이러한 것은 참혹한 환경파괴의 산물을 겪고 난 결과이다. 라인강은 한때 중부 유럽의 거대한 하수도여서 라인의 물을 먹으면 늙지 않는다(강물을 먹은 사람은 그 즉시 죽으니)는 우스개가 나돌 정도였다 한다. 또한 산성비가 초래한 '숲의 죽음'은 독일인들에게 큰 충격이 되었는데 숲이 독일인들에게 미치는 영향력은 크기 때문이다. 숲은 독일민족에게 정신의 고향과도 같은 존재이고 그들에게 숲은 민족 신화의 고향이자(2천여 년 전 숲에서 뛰어나온 그들이 로마제국을 쑥밭으로 만들어버린 게르만 민족의 후예이니) 낭만적 감정의 중심축으로 숲의 죽음은 곧 영혼의 위기인 것이다.(23) 그래서 독일인은 환경보호를 위해 숱한 희생과 노력을 쏟아 부었다. 여기서 독일인의 평소기질이 두드러지게 드러나는 것이 바로 분리수거 시스템이다. 독일 국민들은 가정 쓰레기를 발효처리를 할 수 있는 유기물질과 재활용물품과 '진짜폐기물'을 엄격히 분리해서 집어넣는다. 기업들은 포장재의 양을 줄이고 '환경친화'마크를 붙여 재활용을 유도하려 애쓴다.

독일은 분리수거가 까다롭기로 소문난 나라 중의 한 곳으로 대게 네 가지에서 많게는 열 가지 정도의 분리수거를 자발적으로 시행한다. 일반 쓰레기를 버리는 검은 색, 음식물 쓰레기를 버리는 녹색, 종이를 버리는 파란색, 재활용 쓰레기를 버리는 노란색 등이 그 일반적인 예이다. 음식물 쓰레기의 경우 동네에 따라서는 달걀과 바나나 껍질을 제외한 젖은 음식물과 마른 음식물을 따로 구분한다거나, 사료 가능한 음식물 찌꺼기와 그렇지 않은 찌꺼기를 나누어 수거하기도 한다. 이렇다 보니 페인트, 기름, 브라운관이 포함된 TV 모니터 등은 지정된 날 지정된 장소에 따로 버려야 하는 등의 까다로운 규칙은 애교로 여겨질 정도다.

한국 유학생이 독일 기숙사에 들어가면 제일 먼저 받는 종이가 재활용 방법과 날짜를 설명한 목록이다. 한 유학생의 회고에 따르면 유일하게 한국말이 곁들여져 있던 재활용 목록을 읽으며, 단지 해석이 어려워서 라기 보다는 한국사람 들이 얼마나 이를 많이 위반했기에 이 먼 동네에서 받은 문서에 한국어가 쓰여 있나 하는 생각이 들 정도였다고 한다.

물론 이를 어길 경우 벌금을 낸다거나 일정 기간 동안 해당 동네 쓰레기를 수거해 가지 않는다. 하지만 이것 때문에 큰 문제가 생기지는 않는 것으로 보아 대부분이 자발적으로 동참하고 있다고 볼 수 있다. 이는 아마도 지금의 번거로운 분리수거가 훗날 가용 자원을 효율적으로 분배할 수 있을 것이라는 굳은 확신에서 비롯된, 믿음과 동참의 분리수거가 아닐까.

이렇게 까다로운 방식의 분리수거를 고집하다 보니 국경을 마주하고 있는 독일과 프랑스의 곳곳에서는 웃지 못 할 일이 벌어지기도 한다. 프랑스 국경에서는 한 개의 쓰레기통에 모든 쓰레기를 버리는데 반해, 독일국경에 위치한 집은 여러 개의 쓰레기통에 종류별 분리수거를 하니 마주보던 또래 유치원생 친구들이 "우리 집은 환경을 보호하는데, 너희 집은 환경에 무심하구나"라고 장난을 친다는 것이다.

독일은 산림과 녹음이 우거진 곳에 유치원을 만들어 아이들이 어릴 때부터 자연의 중요성과 자연 보호의 필요성을 깨닫도록 한다. 아이들이 가지고 노는 장난감과 동화책도 나무토막, 나뭇가지, 돌, 등의 자연 소재를 이용해서 자연을 이용해 자연보호를 하도록 가르친다. 이처럼 독일은 아이들이 어릴 때부터 자연을 사랑하고 활용하는 법을 배우고 느낄 수 있도록 배려하고 있는 것이다.

— 출처: 인터넷신문 Prometeus, 제목: 눈에 띄는 경제발전과 뒤지지 않는 환경보호, 월드컵 진출국을 가다(독일), 작성: 취재부, 2006. 06. 09

인터넷 사이트 중 미디어 다음의 세계n의 나라방(독일방)이나 KBS 월드넷(서유럽-독일)에 들어가면 독일에서의 실제 생활경험들에 대해 유익한 정보들이 많이 올라와 있다. 특히 kbs 월드넷엔 전문적인 칼럼니스트들이 아주 많이 있어 독일에 대한 정보가 정말 다양하고 풍부하다. 독일인들의 쓰레기 분리수거에 대한 지식도 독일에서의 실제 생활경험을 한 사람들의 이야기가 가장 설득력 있을 것이다.

다음은 kbs 월드넷(독일)의 최수현 씨의 컬럼 내용 중 독일의 쓰레기 분리수거에 관해 시리즈로 3개의 내용이 있어 소개한다.

[생활문화 돋보기] 분리수거 - 1

작성일: 01. 05. 21

오늘부터 새롭게 [독일 생활문화 돋보기: 사진]라는 새로운 컬럼 형식이 첨가되어집니다. 무엇보다도 독일 일상생활문화에 나타나는 작고 사소하지만 우리에게 흥미로운 주제를 다루려 합니다. 예를 들자면 독일의 거리 모습, 삶의 뒤 배경 등등 우리가 보통 쉽게 접하는 거대한 城의 모습이라든지 웅장한 건축물이 아닌 독일 거리나 일상에서 쉽게 만나지만 눈에 띄지 않는 모습 등입니다. 그리고 이는 인터넷이라는 공간에서 보다 효율적인 면을 극대화시키기 위해서 사진을 중심으로 설명하는 방법을 택했습니다.

오늘 첫 번째 이야기는 독일의 '쓰레기 분리수거' 입니다.

독일이라는 나라는 환경보호에 있어 세계 어느 나라에도 뒤지지 않는 나라이다. 현재 집권당이 녹색당(Grüne)인 것만 보아도 쉽게 그 정도를 짐작할 수 있다. 독일인들은 어린아이 때부터 주위의 자연을 사랑하고 보호할 줄 아는 습성이 몸에 배는 교육을 접하며 무엇보다도 남을 생각할 줄 아는 교육을 강조한다. 처음 독일에 와서 3년 반 정도 기숙사 생활을 하였다. 기숙사는 일반 주택과 달리 전기세 수도세 등이 모두 포함되어 있기에 일반적으로 겨울을 정말 따뜻하게 보낼 수 있다. 기숙사에 사는 대부분 한국인 학생들은 겨울에도 한국의 습관 때문인지 짧은 반팔로 지내는 것을 자주 보게 된다. 반면 독일 친구들은 두터운 옷을 입고 실내화도 두툼한 것으로 신고 겨울을 나는 모습을 보았다. 이것은 이들은 돈을 따로 내지 않는 데도 난방을 최대한 절약하기 때문이다. 우리가 생각할 때 굳이 그럴 필요가 없는데도 그네들은 그러했다. 왜 일까? 이들에겐 이런 습성이 몸에 밴 것이다. 전기, 난방장치 그리고 물을 많이 써도 전혀 상관이 없는데도 필요 없는 낭비는 철저하게 피하는 모습을 자주 보았다. 이렇듯 일반적 보통 독일인들 에너지 절약, 환경보호가 그들 생활문화에 스며들어 가 있다.

그럼 이런 독일인들의 자연보호와 절약정신을 보여주는 것 중에 하나인 그들의 분리수거 방법을 살펴보자.

1. 일반 쓰레기와 재활용 쓰레기 분리

대부분 독일인들은 한국의 연립주택이나 우리나라 초창기 주공 아파트와 같은 낮은 층으로 구성된 주택에서 산다. 이런 주택단지에는 보통 위에서와 같이 커다란 쓰레기통들이 놓여져 있다. 일반적으로 일반 잡쓰레기와 재활용 쓰레기를 분리해서 버리게 된다. 위 그림에서 중간의 3개는 일반 쓰레기를 버리는 용기이다. 거기에는 “단지 잡쓰레기만” 버리라고 표기되어 있다.

재활용이 되는 쓰레기는 위 사진에서 왼쪽과 오른쪽 끝의 용기이며 여기에는 다음과 같이 분리수거의 방법에 대한 설명이 나와 있다.

즉, 여기에는 종이, 메탈, 나무, 플라스틱 그리고 우유나 음료수의 포장용기로 사용되는 종이 팩들을 분리수거한다. 종이 팩은 일반적으로 소위 그린포인트라는 것이 인쇄되어 있다. 이는 재활용을 한다는 표시이다.

2. 음식물 찌꺼기류 분리수거

위에 설명한 분리 방법은 독일 전역에서 행하여지는 분리수거의 방법이다. 이 이외에 지방과 도시에 따라 아래 사진과 같이 비료로 이용되는 음식물 찌꺼기를 따로 분리하는 용기를 마련해 둔 곳도 있다.

이런 분리수거를 적극적으로 권장하기 위하여 시 당국은 각 가정에서 보다 용이하게 음식물 찌꺼기를 담아서 버릴 수 있는 작은 플라스틱 용기와 종이 봉지를 분배한다. 이런 분리수거를 독일 각 시 당국에서 시작한지는 얼마 되지 않았으며 아직 제대로 정착이 되고 있는 것 같지 않다. 단독 주택의 경우는 잘 되고 있으나 여러 사람이 모여 사는 주택단지의 경우 실행이 잘 안 되는 경우가 있다. 이는 여름 같은 경우 악취가 심하기에 쓰레기봉투를 들고 왔다 갔다 하기 번거로운 면이 있으며 굳이 일반 잡쓰레기와 분류하는 것이 아직 습관화되지 않은 경우도 있기 때문인 것 같다. 한편 단독 주택에서 사는 사람들은 본인의 정원에 따로 이런 음식물 찌꺼기 종류를 버릴 수 있는 장소를 따로 마련 직접 비료를 만들어 아주 유용하게 쓰는 경우가 많다.

위 사진에서 보는 용기에 버려지는 쓰레기에는 일반 음식물 찌꺼기, 야채나 과일 찌꺼기, 삶은 음식물 찌꺼기 또는 화분이나 꽃 등의 쓰레기가 속한다.

이런 소위 Bio 쓰레기와 같이 분리수거가 철저하게 지켜지지 않는 것도 있으나 전체적으로 독일 국민들의 쓰레기 분리수거 문화는 아주 잘 지켜지고 있다. 이 이외에도 정기적으로 신문지나 종이와 같은 것은 지방 단체나 일반 작은 단체 등에서 따로 분리수거를 하기도 하며 우리에게도 잘 알려진 '쓰레기 버리는 날'이 일 년에 정기적으로 1~2번은 있다. 이때는 일반 쓰레기통에 들어 갈 수 없는 것들을 버린다. 고장 난 가전제품 이라든지 또는 가구 종류 등을 버릴 수 있다. 이 날은 많은 사람들이 버리는 날이기도 하지만 또한 젊은 학생들이나 생활이 어려운 사람들에게는 필요한 것들을 장만하는 날이기도 하다.

이런 모든 것들에서 우리는 독일 국민 특유의 절약 정신과 철저한 환경보호 정신을 다시 한번 엿 볼 수 있다.

[생활문화 돋보기] 분리수거 - 2

작성일: 01. 05. 23

1. 유리병 분리수거

독일 국민들 사이에서 가장 잘 이루어지는 분리수거가 바로 유리병이 아닌가 싶다. 일반적으로 맥주병, 생수병 그리고 콜라나 기타 음료수는 일반 슈퍼에서 재활용으로 다시 수거하기에 살 때 이미 병 값이 포함되어 있고 병을 돌려주면 그 돈을 환불 받는다. 이 제도는 독일 내에서 아주 철저하게 잘 지켜지며 국민들도 이에 잘 따르고 있다. 그러나 이렇게 재 수거가 안 되는 식용유 병, 식초 병 또는 갖은 반찬 병들과 같은 것들은 주택가 곳곳에 있는 병 수거 용기에 색깔 별로 분리 폐기한다. 위에 사진을 보면 독일어를 모르더라도 어디에 어느 색깔의 병이 들어가는지 알 수 있다. 맨 왼쪽이 맥주병과 같은 옅은 고동색의 병을 가운데에는 흰색의 병을 그리고 오른쪽은 푸른색 계통의 병을 분리 폐기하면 된다. 버릴 때 깨지는 소리가 요란하기에 밤에는 폐기를 하지 않도록 명시되어 있다. 보통 19시 이 후에는 하지 말도록 규정해 놓았다.

2. 바테리 분리수거

현대 문명의 커다란 문제점 중에 하나가 바로 쓰레기 처리 문제이다. 이 중에서도 수은 바테리와 같이 자연환경에 직접적으로 피해가 될 수 있는 것은 일반 다른 쓰레기에 비해서 보다 더 적극적으로 분리수거를 권장하고 있다. 보통 거리에도 있지만 보통 바테리를 파는 슈퍼나 상점에도 바테리 분리수거를 위한 용기들을 볼 수 있다. 위 사진에서 보면 두 가지로 나뉘어 있다. 일반 바테리는 용기의 커다란 구멍에 그리고 작은 수은 바테리는 두 번째 사진에서 보듯이 맨 위쪽 작은 입구에 넣어 분리한다.

3. 신발, 의류 분리수거

옆에 보이는 커다란 통(약 2미터)이 헌 옷과 신발을 버리는 용기이다. 이

헌 옷과 신발들은 대부분 제3국가로 보내진다고 한다. 이 이외도 정기적으로 각 지역 단체에서 옷들과 신발을 수거하기에 정기적으로 우편함에 커다란 수거비닐 봉지를 넣기도 한다.

또한 독일 사람들은 입던 헌 옷도 아는 사람끼리 서로 주고받고 잘 한다. 내가 자라던 어린 시절만 해도 교복은 대 물림의 하나였고 이웃끼리도 옷을 스스럼없이 주고받고 했던 기억인데... 어느덧 한국도 잘 사는 나라가 되었는지 아니면 인심이 각박해 졌는지는 모르지만 요즘은 그런 일을 구차하고 궁색하게 여기는 분위기라서 안타까운 마음이 든다. 없어서 얻어 입는 것이 아닌 환경보호 차원에서도 이는 적극 권장할 만한 일이 아닌가 생각해 본다.

이상과 같이 독일에서는 분리수거가 아주 잘 이루어지고 있다. 일반 쓰레기며 재활용 용품이 정말 헛되이 버려지지 않는 모습을 흔히 접한다. 나와 가까운 사람은 TV를 20년째 쓰고 있다. 그 TV가 망가졌는데 새로 사기보다 고쳐 사용한다. 독일에서는 수리료가 비싸기에 저가의 TV는 사는 값이나 고치는 비용이 거의 대동소이함에도 그는 새것을 안 사고 옛 물건을 고쳐 쓴다. 왜 일까? 나라도 새롭고 기능이 뛰어난 새 TV를 살 텐데... 그가 그렇게 한 것은 무엇보다도 옛 물건을 하나라도 고쳐 씀으로써 환경보호에 조금이라도 도움이 되려는 뜻이었다. 새로 사게 되면 옛 TV는 또 다시 불필요한 쓰레기가 되기 때문이다. 극단적인 예 같지만 이런 사고를 가진 독일인이 적지 않다.

이제 우리나라도 쓰레기 버리는 것은 잘 되고 있다고 들었다. 그러나 아직도 모든 것이 몸에 밴 그런 모습은 아닌 것 같다. 선진국의 생활양식이나 문화 모두 좋은 것만이 아닌 것은 당연지사이다. 그러나 우리가 세계를 둘러보고 무엇을 해야 할까? 좋은 것은 취하고 나쁜 것은 멀리하며 다시 한 번 생각하는 기회가 되어야 하지 않을까 생각한다. 독일인들의 이런 모습은 우리가 정말 다시 한 번 배워야 할 생활문화의 표본이 아닌가 싶다.

[생활문화 돋보기] 분리수거 - 쓰레기 버리는 날

작성일: 01. 10. 10

이미 잠깐 언급했지만 독일에는 일반 쓰레기와 재활용 쓰레기를 철저하게 구분해서 버리는 것이 아주 잘 실행되고 있는 나라이다. 그런데 가전제품이나 가구 등 몸체가 큰 물건은 별도로 분리수거 한다. 즉 쓰레기 버리는 날(슈페어뮐탁, Sperrmuelltag)이라는 날이 있어 거리에 물건을 내다 놓으면 다음 날 행정당국에서 차로 다 수거해 간다. 물론 이때도 버리는 종목이 별도로 명시되어 있으나 대체로 일반 주택 내의 분리수거함에 들어갈 수 없는 큰 물건이라고 생각하면 된다.

보통 가구류, 양탄자, 매트리스, 세탁기, 냉장고, (전자 또는 가스)오븐렌지, 식기 세척기 등등이 여기에 해당되며 못쓰거나 오래된 전자제품을 버리기도 하나 원래 전자 제품은 따로 분리하길 권고한다. 이 전자 제품류에는 전화기, 라디오, TV, 음양기기, 토스터기, 헤어 드라이, 커피기계, 컴퓨터 등 속한다. 이렇게 '쓰레기 버리는 날'은 일 년에 각 지역마다 2번 정도 있으며 어느 날 어느 거리가 버리는 날에 해당하는지는 보통 그 지역에서 무료로 배포되는 각종 소식지에 연초가 되면 발표되며 인터넷 상에서도 그 날짜를 확인할 수 있다.

일반적으로 쓰레기 버리는 날이 10일이라면 9일 저녁때부터 물건을 내다 놓는다. 그리고 그 때부터 버리는 사람뿐만 아니라 거기서 뭔가 챙길 것을 찾는 사람들로 북적거리기도 한다. 특히 학생 기숙사 근처에는 경제적으로 여유롭지 않은 학생들이 여러 가지 자기에게 필요한 물품을 구하려고 기웃거리는 날이기도 하다.

90년대 이후 동서 이데올로기 붕괴와 유고사태 이후 외국인이 급속하게 늘어난 독일에는 최근 이 쓰레기 버리는 날이 되면 보통 도시의 주택에는 많은 외국인들로 붐빈다. 최근에는 이런 날이면 전문적으로 돌아다니면서 가전제품 등이나 괜찮은 가구를 모으는 외국인이 더욱 눈에 띈다. 이들 중에는 적지 않은 사람들이 직접 물건을 수리해서 팔거나 또는 중고상으로 넘기는 사람들 같아 보인다.

개인적으로도 나 또한 독일 와서 살림 장만(?)은 거의 100% 거리의 물건으로 다 충족하였다. 한국에서 갖고 있던 창피스러운 감은 처음에 호기심과 재미로 인하여 거의 없었으며 90년 대 초창기만 해도 외국인들이 많이 눈에 띄지 않았기에 별 스스럼없이 그렇게 돌아다니면서 필요한 작은 장이나 가재도구 등을 마련했다. 현재 지금 이 글을 쓰고 있는 책상 또한 5년 전 거리에서 장만한 것이다.

참고로 독일에는 이런 쓰레기 버리는 날에 버릴 수 없는 것들은 각 도시마다 처리장소를 지정하여 직접 갖다 버리게 한다. 이런 것에는 보통 다음과 같은 것이 속한다: 건자재, 페인트, 기름, 각종 화학물품, 에너지 절약 전구, 의약품, 형광등, 그리고 이미 언급한 전기전자 제품이 이에 속한다. 또한 아래 이미 아래 생활문화 컬럼에 소개되었던 유리병이나 의류 등은 거리 곳곳에 수거함을 마련해 놓아서 쉽게 버릴 수 있게 해 놓았다.

아래에 며칠 전 있었던 쓰레기 버리는 날 거리에 내다 버린 것들을 사진에 담았다. 단지 대부분 차로 실려 가기 바로 전인 오후 시간이라서 이미 사람들이 그 전날 많은 물건을 가져간 이후다. 물건도 어지럽게 널려 있어 보이는 것도 많은 사람들이 이것저것 헤집어보고 한 뒤라 그렇다.

[독일]예전 같지 않은 쓰레기분리수거

환경국가 독일에 오면 구석구석에 설치되어 있는 쓰레기분리대들을 볼 수 있다. 처음엔 귀찮지만 결국 독일인들의 습성을 따라 쓰레기분리에 동참하게 된다. 그런데 연방통계청의 발표에 의하면 독일인들의 쓰레기분리수거참여율이 이전 같지 않다고 한다. 즉 독일인들이 쓰레기분리수거에 있어 좀 느슨해졌다는 이야기이다. 2004년의 경우 1060만 톤의 포장쓰레기를 수거했는데, 이는 전년도에 비해 2%가 줄어든 수치이다. 2003년의 경우에도 마찬가지로 2%가 줄었었다. 게다가 폐병의 비율은 7%나 줄어들었다고 한다.

전체 쓰레기의 56%(600만 톤)는 가정에서 나온다. 평균적으로 독일인은 72킬로그램의 포장지를 노란 통이나 폐병, 휴지를 담는 컨테이너 혹은 그와 유사한 수거함에다 분리해 담았다.

분리된 쓰레기에서 가장 많은 몫을 차지하는 항목은 현저히 줄었음에도 불구하고 20만 톤의 유리용기이다. 이는 개인당 27킬로그램에 이르는 것으로 2003년의 경우엔 29킬로그램이었다. 바로 그 다음에 오는 것은 가벼운 포장재들과 종이류의 포장지들이다.

관청에 따르면, 줄어든 원인은 분리수거 컨테이너에서 종이 포장재들이 차지하는 비율 산출방식의 변화 때문이라고 한다.

—출처: 다음 카페, 해외 짐꾸리기, 글쓴이: 세계로, http://cafe.daum.net/ebonejim

Müll - eine Wissenschaft für sich

Müllentsorgung in Deutschland ist eine ernst und gesetzlich geregelte Angelegenheit. Wer nicht mitmacht oder die Regeln missachtet, der muss mit einer Strafe rechnen.

Der erste "Müll-Intelligenz-Test" erwartet den Neuankömmling in Deutschland gleich am Flughafen. Schon hier wird es klar: Alles, was zu trennen ist, ist auch getrennt zu entsorgen. Und dafür sind in den Hallen Müllsäulen aufgestellt. Kaum zu übersehen! Dank der simplen Info-Bilder kann jeder - mit oder ohne

Sprachkenntnisse - sofort erkennen, in welche der vier Sektionen er welche Abfälle zu werfen hat: Papier, Aludosen, Glas und Restmüll.

쓰레기 - 그 자체 하나의 과학

쓰레기수거는 독일에서 진지하게 법적으로 규정된 문제이다. 동참하지 않거나 규칙을 무시하는 자는 벌칙을 예상해야만 한다.

맨 처음 쓰레기-지능테스트가 독일에 막 도착한 사람들을 공항에서 기다리고 있다. 여기서 이미 분명한 것은 분리할 것은 반드시 분리해 수거해야만 한다는 것이다. 그것을 위해 홀에는 쓰레기 담는 기둥들이 세워져 있다. 거의 간과할 수 없다. 단순한 정보-그림들 덕분에 언어지식이 없는 사람도 4개의 통들 중 어느 통 안으로 어느 쓰레기를 넣어야하는지 즉시 알 수 있다. 즉 종이, 알루미늄캔, 유리, 그리고 나머지 쓰레기.

Die Farbenlehre des Mülls

Diese Lehre ist nicht für Farbenblinde gedacht: gelbe Tonne, blaue Tonne, grüne Tonne - für Plastik, Papier und Metallverpackungen. Braune Tonnen sind Biotonnen für organischen Abfall. Und gro*β*e Container für Glas... Dieses System ist noch ausgeflippter als das am Flughafen. Glas wird nach Farben sortiert: Wei*β*, Grün und Braun. Und wehe Ihnen, wenn Sie die verordneten Einwurfzeiten nicht berücksichtigen.

Einmal wollte ich leere Flaschen an einem Samstag loswerden. Da ich vom Kindesalter an gewöhnt bin, das Glas (wenn schon - denn schon) laut zu zerbrechen, habe ich die Flaschen mit voller Wucht ins Innere des Containers geschmissen. Sofort hat sich jemand aus dem Fenster gelehnt und mich sehr unfreundlich gefragt, ob ich denn wohl lesen könne? Nachdem ich diese Frage mit einem eindeutigen "Ja" beantwortet hatte, erhielt ich von diesem mündigen Bürger den Hinweis, dass das Flascheneinwerfen nur an Werktagen zwischen 7 und 19 Uhr erlaubt sei und dass diese Vorschrift doch auf dem Container deutlich zu lesen sei.

쓰레기의 색채론

이 가르침은 색맹인 사람들을 위해 의도된 것은 아니다. 노란색 통, 파란색 통, 초록색 통은 각각 플라스틱, 종이, 그리고 금속포장재를 위한 것이고 갈색의 통은 유기쓰레기를 위한 비료쓰레기통이다. 유리를 넣는 커다란 컨테이너. 이 시스템은 공항에서 보다 더 정신 나가게 한다. 유리는 색깔에 따라 분리되기 때문이다. 흰색, 초록색, 그리고 갈색. 버리는 시간도 규정돼 있는데 그것을 고려하지 않으면 낭패다. 어느 날 나는 빈 병을 토요일 날 버리려고 했는데 어린아이 때부터 익숙한 대로 유리를 -이왕 할 바에야 철저하게- 큰소리로 깨버리려고 병을 힘껏 컨테이너 속으로 던져 넣었는데 즉시 누군가가 창밖으로 몸을 내밀더니 아주 불친절하게 내가 글도 읽을 줄 모르는지 물었다. 이 질문에 "네"라고 대답한 후 이 어른으로부터 병을 버리는 것은 주중 아침 7시에서 저녁 7시 까지만 허락되었고 이 규정은 컨테이너 위에 분명히 읽을 수 있게 돼 있다는 언급을 들었다.

Einrichtung vom Sperrmüll

Wie kompliziert das Müllentsorgungssystem in Deutschland ist, zeigt ein "Müllplaner". Dieses Heft mit vielen Daten und Terminen wird jedem Haushalt ein Mal in Jahr zugeschickt. Darin wird genau angegeben, wann was wo abgeholt wird. Am interessantesten sind sicherlich die "Sperrmülltermine". An bestimmten Tagen kann man alles, was nicht in die Mülltonnen passt, entsorgen lassen: Schränke, Bänke, vermottete Teppiche, Kloschüsseln, alte Hörfunk- und Fernsehgeräte... Sie werden am Abend auf den Bürgersteig vor dem Haus gestellt und am nächsten Vormittag dann von den städtischen Entsorgungsbetrieben abgeholt. Diese Termine sind auch dann wichtig, wenn Sie selber nichts zum Wegwerfen haben. Man kann nämlich sehr gut die Einrichtung seiner Wohnung oder seines Zimmers mit den von anderen weggeworfenen Sachen vervollständigen – oft sind das absolut funktionstüchtige Dinge. Schämen Sie sich nicht dabei, es ist gang und gäbe!

부피가 큰 쓰레기로 가구꾸미기

독일에서 쓰레기 분리수거가 얼마나 복잡한지는 '쓰레기 계획표'가 보여준다. 여러 날짜와 기간이 적힌 이 작은 책자는 매 세대에 일 년에 한번 보내진다. 그 안에는 정확하게 언제 무엇이 어디에서 수거되도록 하는지 열거되어 있다. 가장 흥미로운 것은 부피가 큰 쓰레기 기간이다. 일정한 날에 쓰레기통에 맞지 않는 것들을 버릴 수가 있다. 즉 옷장, 긴 의자, 곰팡이 쓴 카펫, 변기, 오래된 라디오나 텔레비전수상기... 그것들은 저녁에 집 앞 보도위에 세워진다. 다음날 오전에 시에서 지정한 수거회사가 수거를 해간다. 이 기간은 버릴 것이 아무 것도 없는 당신에게도 중요하다. 왜냐면 다른 사람들이 버린 이 물건들로 당신 방이나 아파트의 가구비치를 잘 갖출 수 있기 때문이다. 그것들은 흔히 절대적으로 기능이 좋은 물건들이다. 그 일을 하는 것에 대해 부끄러워할 필요가 없다. 그것은 흔히 행해지는 일이므로.)(Umweltbewusstsein-Müll, eine Wissenschaft für sich)

7. 음식문화와 맥주

독일음식을 논할 때 흔히 "질보다는 양"이라는 말을 쓴다. 흔히들 말하기를 프랑스인들은 맛을 따지고 영국인은 식사예법을 중시하지만 독일인들에게는 양이 중요하다. '지방과 탄수화물 덩어리'라는 혹평도 종종 듣는다.

독일인이 게걸스러움(Verfressenheit)으로 악명을 얻은 것은 전쟁과 전후 복구 작업으로 인한 오랜 궁핍의 시대가 끝나고 처음으로 넉넉한 돈과 그 돈으로 살 넉넉한 물건을 가지게 된 1950년대였다. 굶주렸던 옛날에 대해 복수라도 하려는 듯 독일인들은 이른바 먹자판(Fresswelle)에 휩쓸렸다. 오늘날까지 다른 나라에 일반적으로 퍼져있는 '징그럽게 뚱뚱한 독일인'이라는 인상은 그 시대가 만들어낸 턱이 두세 개인 탐식가들의 모습에서 유래한 것이다. 이제 독일인들은 자기네의 식습관이 건강에 해롭다는 사실을 인식하고 있다. 그래서 요즈음은 지방을 예전보다 훨씬 적게 먹는 대신 야채와 과일을 많이 먹고 맥주대신 광천수를 마시려 노력하며 단백질과 지방이 적은 가벼운 음식을 높이 평가하는 경향이 일고 있다.

그러나 딱 한 가지 소비가 줄지 않고 있는데 그것은 돼지고기 이다. 독일은 다른 유럽국가 보다 돼지고기를 많이 소비하는데 그 양은 1년에 450만 톤이라 한다.(56~57)

독일 요리

독일은 역사적으로 16개 주들의 요리가 각기 서로 다르게 변화되어왔기 때문에 현재 '전형적인 독일음식'이나 '국민음식'은 찾아볼 수 없다. 모든 지역이 각각 그 특색을 갖고 있어 하나로 연관되는 요리는 없지만 독일 요리 가운데 널리 행해지는 여러 가지 요리법을 요약할 수는 있다. 남부 바이에른이나 슈바벤 지역의 요리는 오스트리아나 스위스까지 보급되었다. 남서독은 불란서 요리의 영향을 많이 받았고 서부독일은 네델란드의 영향을, 동부지역은 동부유럽의 요리와 공통점을 갖고 있다.

－참조: 독일 Wikipedia백과사전 사이트의 deutsche Küche

일반적 특성

독일음식하면 우선 연상되는 것이 영양이 듬뿍하고 살찌기 쉬운 음식이다. 그것은 다음의 사실로 설명될 수 있는데 독일이 비교적 북부 추운지역에 위치하고 혹독한 겨울에 칼로리 공급에 신경을 써야했기 때문이다. 그것이 결과적으로 영양분이 많은 감자요리를 낳게 되었다. 독일은 감자를 가장 많이 소비하는 나라에 속하는데 사실 감자가 독일요리가 된 것은 몇 백 년 밖에 안된다. 독일 요리하면 외국인들에게 제일 먼저 떠오르는 것은 자우어크라우트 이다. 이것은 여러 지역에서 조금씩 다르게 요리된다. 많은 과일들이 독일에서 재배되지 않기 때문에 겨울시기에 비타민C 공급을 보장해주는 자우어크라우트(Sauerkraut)의 역사도 감자처럼 오래된 것은 아니다. 독일에서는 또한 다양한 빵 종류로도 유명하다. 물론 소와 가금류등도 애호를 많이 받지만 '전형적으로 독일적인' 육류공급원은 돼지이다. 돼지로 주로 만드는 것이 소시지인데 독일의 소시지는 믿을 수 없을 만큼 다양하다. 그래서 통일된 이름도 없고 혼란스럽기도 하다. 소시지 이야기는 잠시 후 다시 하겠다.

식습관

하루 식사 중 가장 주된 식사는 전통적으로 점심이다. 보통 12시에서 2시 사이에 한다. 저녁식사는 대부분 간략하게 먹는데 종종 샌드위치로 이루어지기도 한다. 그러나 변화하는 노동관습으로 많은 독일인들이 주식사를 저녁에 한다.

아침은 주로 브뢰트헨(Brötchen), 토스트, 아니면 잼이나 꿀, 소시지, 치즈를 바른 빵, 아니면 우유와 시리얼(Müsli라 부른다. 주로 날 귀리나 말린 과일로 되어 있다), 요구르트 등을 선호한다.

육류와 생선

돼지고기, 소고기, 닭이나 가금류(거위, 오리, 칠면조)등이 가장 많이 소비되는 육류이다.

사냥시즌에는 야생동물들도 인기가 있는데(특히 멧돼지, 토끼, 노루) 양이나 염소는 상거래는 되어도 대부분 지역에서 별로 인기가 없다. 말고기는 일부 지역에서 특별 요리로 나오기도하나 자주 있는 일은 아니다.

독일에서 육류는 흔히 소시지로 만들어 먹는데 날고기를 다져서 먹는 것(지방이 없는 돼지고기를 저민 Mett나 생고기를 계란 노른자와 양파를 넣어 다진 Tatar)도 전형적인 독일의 음식물이다. 가장 많이 먹는 수산물은 청어인데 여러 가지 조리법으로 먹는다. 연어도 많이 먹는다. 담수어로는 송어가 가장 일반적인 요리이다. 잉어나 농어도 많이 먹는다. 북부나 발트해 연안에서는 고래도 먹는다.

– **슈니첼(Schnitzel)**: 우리나라 돈가스와 비슷. 쇠고기, 닭고기 등 여러 재료로 만들 수 있지만 특히 송아지 고기로 만든 비너 슈니첼(Wiener Schnitzel)이 인기다.
– **학세(Haxe)**: 바이에른의 명물로 돼지족발을 오븐에 구운 요리이다. 슈바이너학세(Schweinehaxe)라고도 한다. 맥주안주로도 많이 먹는다.
– **쾨닉스베르거클롭세(Königsberger Klopse)**: 베를린의 명물로 미트볼을 끓여 낸 것이다.

독일 소시지의 종류

독일인이 있는 자리에 꼭 빠지지 않는 음식이 있다면 바로 소시지와 감자, 그리고 맥주이다. 즉, 다양한 먹을거리의 부족으로 인해 이를 대신했던 음식들이 오늘날의 독일 음식 문화의 특징을 만들어 냈다고 말할 수 있다. 그중에서도 '사람은 빵만 먹고 살 수 없다. 반드시 소시지와 햄이 있어야 한다'라는 독일의 속담에서도 알 수 있듯이 소시지는 독일 사람들에게 있어 빼놓을 수 없는 가장 기본적이고 중요한 음식이 되었으며, 이들 음식은 대부분의 독일 가정 식

탁에 하루도 빠지지 않고 오른다.

그래서 독일에는 소시지와 햄의 종류가 상당히 많다. 우리가 독일 소시지의 대명사쯤으로 알고 있는 순대와 같이 굵고 기다란 모양에서부터 새끼손가락 굵기의 것까지 각양각색이다. 또 케첩과 카레가루로 구운 것에서부터 고기가 아닌 간을 이용해 만든 것에 이르기까지, 독일에서 만나게 되는 소시지와 햄의 영역은 크기와 모양, 만드는 재료, 먹는 방법 등이 무궁무진하다. 어떤 음식이든 본고장의 맛을 능가할 만한 것은 없겠지만, 특히 독일에서 맛보는 소시지와 햄은 특별하다. 어떤 것을 먹든 육질 본래의 쫀득쫀득함을 느낄 수 있어 개인적으로 입에 맞는 것을 만나면 감탄이 절로 나온다.

✎ **흰 소시지(Weiβwurst)**는 남독의 바이에른 주(바바리아 주)의 특산품으로 특히 뮌헨의 상징이며 전통음식으로 자리 잡았다. 특이하게도 이들은 아침식사로 흰 소시지를 물에 삶아 먹는다. 엄밀하게 말하면 흰 소시지는 삶는 게 아니고 데친다. 즉 끓는 물에 소시지를 집어넣고는 바로 불을 끄고 소시지를 데우는 것이다. 조심하지 않아서 물이 너무 뜨거워지면 소시지가 터져버리기 십상이고 그러면 소시지의 고소한 국물이 다 빠져나가 맛이 덜하기 때문이다. 흰 소시지를 먹을 때 껍질을 벗겨서 먹는 사람은 독일음식을 아는 사람이고 껍질 채로 그냥 잘라서 먹는 사람은 관광객이거나 나중에 이주해 온 사람이라고 한다. 껍질 채로 먹으면 송아지 고기와 신선한 파슬리가 어우러지는 부드러운 속살의 맛이 희석이 되기 때문이다. 그래서 뜨거운 물에 살짝 데친 후 껍질을 벗겨 달작 지근한 겨자를 발라 먹으면 최고다.

흰 소시지의 전통을 지키려는 뮌헨의 노력은 대단하다. 얼마 전 다른 지방에서 뮌헨식 소시지의 제조법을 모방해서 같은 이름으로 팔자 뮌헨의 정육점들이 들고 일어났다 한다. 뮌헨식 흰 소시지는 50% 이상을 어린 송아지 고기를 쓰고 껍질은 돼지고기 창자를 쓰는데 다른 지방에서 어린 송아지 고기 대신에 값싼 돼지고기를 원료육으로 쓰면서 뮌헨식 흰 소시지라는 이름으로 팔자 뮌헨의 전통 정육점들이 들고 일어난 것이다. 그만큼 흰 소시지에 대한 뮌헨의 자부심은 대단하다.

✎ **Bratwurst(브라트부어스트)**는 "구운 소시지"란 뜻으로 그릴에 구워서 브뢰트헨(Brötchen)이라고 부르는 작은 빵에 끼워서 겨자소스를 뿌려서 먹거나 으깬 감자인 카르토펠브라이(Kartoffelbrei)나 양배추절임인 자우어크라우트(Sauerkraut)를 곁들어 먹는다.

오리지날 브라트부어스트는 "Thüringer Rostbratwurst"라고 알려진 것으로 튀링엔(Thüringen)주에서 생산되는 것이다. 줄여서 튀링어(Thüringer).

괴테로 유명한 도시 바이마르(Weimar)가 속해있는 튀링엔 지역의 소시지는 공장에서 대량 생산되는데 정말 맛이 다르다고 한다. 튀링어의 특징인 하얗고 긴 소시지에 적당히 쫄깃한 돼지 창자가 씹히는 맛으로 숯불에 구워 내어서 숯의 그 향기와 겨자 소스가 어울린 맛이 아주 일품이라 한다.

✎ **프랑크푸르트 소시지(Frankfurter Würstchen, 간단히 줄여 Frankfurter)**는 전통적으로 양의 창자에다 돼지고기를 넣어 만든 소시지로 끓는 물에 데쳐먹는 소시지(Brühwurst)다. 1860년 독일 프랑크푸르트 지방의 소시지 기술자가 처음 만

들었기 때문에 프랑크푸르트라는 도시의 이름을 붙였다. 프랑크푸르트에서는 이 소시지를 사과주와 함께 많이 판매한다. 프랑크푸르터라는 이름은 흔히 비엔나소시지라고 불리기도 하는데 그 이유는 프랑크푸르트에서 교육을 받은 한 정육점 주인이 비엔나(Wien)에서 1805년부터 소고기와 돼지고기를 섞어 만든 소시지를 판매하면서 '프랑크푸르터'라고 하는 이름을 붙였기 때문이다. Frankfurter라는 이름의 이 소시지는 1900년경 미국에 소개되었다. 이 소시지를 샌드위치로 만들어 파는 핫도그 판매대가 1916년 뉴욕의 코니 아일랜드에서 처음 등장했고, 이 샌드위치는 이후 긴 빵 속에 소시지를 넣은 핫도그의 전형이 되었다.

수프

- **굴라쉬주페(Gulaschsuppe)**: 고기와 후추가 들어간 일종의 스튜로 흔히 '유럽식 육개장'이라 불린다.
- **레버크뇌델주페(Leberknödelsuppe)**: 간 고기완자가 들어간 수프로 주로 뮌헨 등 바이에른 지방에서 많이 만난다.
- **카르토펠주페(Kartoffelsuppe)**: 감자를 넣은 수프. 지방별로 맛이 조금씩 다를 수 있다.

야채

찌개 요리 등에 야채를 많이 넣고 밑반찬으로도 나온다. 감자, 무, 시금치, 완두콩, 콩, 콜리플라워를 가장 많이 먹으며 여러 종류의 샐러드, 토마토, 오이, 구운 양파도 고기등과 함께 먹는다.

반찬, 곁들여 나오는 요리

프랑스나 영국, 이태리와 달리 독일은 부식요리가 대체로 전체 식사 값에 포함되어 있다. 국수는 이태리보다 두껍고 계란노른자가 들어 있다. 남부에서의 주요 국수는 슈패츨레(Spätzle)인데 계란 노른자가 아주 많이 들어 있다. 국수 외에도 감자, 만두, 경단(Knödel, 동글동글한 완자)등이 부식요리. 학교식당이나 패스트푸드점에서는 튀긴 감자요리가 많이 나온다.

향료와 약초

겨자가 소시지를 위해 가장 인기 있는 향신료인데 매우 강하다. 남부에서는 좀 달콤한 겨자도 있는데 바이에른의 특산품인 흰 소시지나 레버케제(Leberkäse, 잘게 쓴 고기에 달걀과 겨자 등을 넣은 요리)와 함께 요리한다. 고추냉이도 양념으로 자주 사용된다. 냄새 때문에 오랫동안 아주 기피되던 마늘은 전통적 독일요리에 큰 역할을 못했는데 지난 수 십 년간 불란서와 이태리 요리 영향으로 점점 인기를 얻고 있다. 일반적으로 독일요리는 그다지 맵거나 향료가 많이 들어가지 않는데 가장 즐겨먹는 허브는 파슬리, 사향초(백리향), 월계수, 파, 향료로는 흰 후추, 노간주나무열매(Wacholderbeeren), 캐러웨이(Kümmel) 등이다.

유제품

독일은 아주 다양한 유제품이 많은 나라 가운데 하나이다. 다양한 치즈가 있으며 그중 발효유치즈나 하르츠산(독일 중부의 산맥인 Harz) 치즈, 흰치즈, 요구르트, 버터우유, 발효유(Kefir), 엉긴우유(Dickmilch) 등이 있다.

빵

독일에는 다양한 빵 종류가 있는데(그중 호밀가루 빵인 품퍼니켈, 호밀가루와 밀가루를 섞은 혼합 빵, 통밀 빵 등등) 그중 혼합 빵(Mischbrot)이나 흑빵 종류가 가장 전통적이다. 오늘날은 셀 수 없을 정도의 흰 빵들이 있다. 이러한 빵의 다양성은 미국에서도 성공한 독일빵집이 많은 원인이 되기도 한다. 흔히 사람들은 독일이야말로 빵의 세계적 챔피언이라 한다. 독일에는 또한 온갖 세계의 빵들도 다 있다. 그래서 어떤 지역에서는 흰 빵만 먹기도 한다.

✎ 독일의 빵

독일에는 500 여종 이상의 빵이 있는 빵의 종류가 많은 나라로서 유명합니다.

독일 빵은 대부분이 호밀을 사용합니다. 북쪽 지역에서는 호밀을 많이 취할 수 있기 때문에 북쪽으로 갈수록 호밀의 배합이 높고 거뭇한 빵이 많은 것이 그 특징입니다. 반대로 남쪽지역에서는 밀을 많이 포함한 빵이 많은 것 같습니다.

호밀가루를 많이 사용한 빵을 「로겐(Roggen=호밀) 브로트」, 밀을 많이 사용한 빵을 「바이젠(Weizen=밀) 브로트」라 하고 이 둘을 합친 빵을 「미쉬(Misch=섞다) 브로트」라고 합니다.

호밀 빵은 단단하고 묵직한 것이 특징입니다. 부드러운 빵이나 식빵을 좋아하는 한국 사람들에게는 조금 다가가기 어려운 면도 있습니다.

독일 빵은 호밀을 물과 섞어서 발효 시켜 만들어지는 것이 일반적이고 주체인 호밀은 고섬유, 저지방으로 미네랄이나 섬유질이 뛰어나 건강에 아주 좋습니다. 그렇지만 앞서 말한 것과 같이 우리 입맛에는 쉽게 친숙해 지기 어려운 것이 사실입니다.

독일에서 빵 가게를 개업하려면 「장인(Meister)」이라고 하는 국가 자격을 취득하지 않으면 안됩니다.(혹은 명인이라고 하는 의미)

장인이 되기 위해서는 3년간 현장에서 견습을 하면서 직업 학교에 다니고, 숙련공 시험에 합격한 후 3~5년간의 경험을 더 쌓아 겨우 장인의 수험 자격을 얻을 수 있습니다.

더구나 한 번 이 시험에 낙방을 하면 앞으로 시험을 볼 기회가 주어지지 않는다고 합니다. 매우 취득하기 어려운 자격입니다.

시험은 실기 시험은 물론이고 부기, 상법, 민법 등 경제나 법률 분야 등 경영에 관련되는 과목도 있습니다.

그 맛을 알면 알수록 그 매력에 사로 잡혀 버리는 것이 독일빵입니다.

✎ **독일 빵의 종류**

- 브레첼(Brezel): 독일의 빵가게 마크로도 사용되어지는 빵으로 알칼리 용액에 담그고 그 후에 굽기 때문에 구워지고 나면 독특한 갈색을 띄는 것이 그 특징입니다. 저도 자주 먹던 빵으로 굵은 왕소금이 뿌려져 있는 것이 일반적이고 치즈가 들어 있거나 버터가 들어 있는 것도 있습니다. 우리나라에서는 영어식으로 프랫츨(pretzel)이라 한다.
- 품퍼닉켈(Pumpernickel): 호밀을 90% 이상 사용하고 장시간 걸쳐 찌듯이 굽는 것이 특징이고 묵직합니다. 북부지역에서 많이 만들어집니다.
- 카이저: 독일의 대표적인 테이블 롤로서 양귀비의 열매나 참깨 등이 함께 사용됩니다.
- 호른헨(Hornchen): 각진 빵으로 주로 아침 식사로 사용됩니다.
- 미쉬브로트(Mischbrot 혼합 빵): 호밀가루와 소맥분을 같은 양으로 섞은 빵으로 가볍게 먹을 수 있습니다.
- 로겐브로트(Roggenbrot): 호밀 빵.
- 로겐미쉬브로트(Roggen Mischbrot): 소맥분과 호밀을 섞은 빵으로 주로 저녁 식사로 먹는다.
- 바이젠・슈롯트브로트(Weizen Schrotbrot): 전립분을 100% 사용한 빵으로 위장이 나쁜 사람에게 좋다고 말해지고 있는 건강식입니다.

— 출처: kbs world net, 이주형의독일에서 만난 정의의 여신상, 작성일: 05.01.19.

디저트

여러 종류의 토르테와 케익(Kuchen)들이 있는데 주로 신선한 사과나 자두, 딸기, 배나 대황 등을 넣은 케익이다. 치즈 케익도 인기 있다. Kuchen은 구운 과자나 작은 파이에 크림이나 과일을 얹어 만든 것이고 Torte란 스폰지 케익 위에다 여러 가지 데코레이션을 얹은 케익이다. '쿠헨'이나 '토르테' 앞에 붙은 단어는 과일이나 치즈, 초코렛 등 재료를 나타내고 있다. 1920년 이래 이태리인들이 운영하는 아이스크림 가게(Eisdiele)가 외국음식점으로는 처음 생겨나 아이스크림도 인기다.

- 검은 숲 체리케익(Schwarzwälder Kirschtorte): 체리, 초코크림, 생크림이 어우러져 입안에서 살살 녹는다. 독일에서 가장 인기 있는 케익 중 하나.
- 에르트베어자네토르테(Erdbeersahnetorte): 딸기와 생크림으로 만든 토르테.

음료수

독일에서 커피를 많이 마신다. 아침식사 뿐 아니라 오후 케익과도 마신다. 북쪽 특히 오스트프리스란트(Ostfriesland)에서는 차가 인기 있다. 그 외 독일인들이 사랑하는 것은 물론 맥주다. 독일은 또한 맥주대국이다. 독일은 전 세계 맥주 양조장의 3분의 일을 보유하고 있다니 이것만으로도 맥주가 독일인의 삶에서 갖는 의미를 짐작할 수 있다.

독일 맥주가 질이 좋은 것은 1516년 제정되어 지금까지 유효한 '라인하이츠게보트 Reinheitsgebot' 덕분이다. 글자그대로 청결명령이니 식품위생법이자 청결규정이다. 무려 4000가지가 넘는 다양한 상표를 단 독일산 맥주가 시장을 완벽하게 장악하고 있기 때문에 수입맥주는 독일시장을 뚫지 못한다.(59)

맥주는 독일인들에게 국민적 음료로 사랑받아왔고 사육제·부활절 축제·종교 행사 등에도 빠질 수 없는 필수품이 되었다. 맥주의 나라 독일에서는 일년 중 각 지방의 특색에 맞춰 전국에 걸친 맥주 축제가 열리는데 그 중에서도 축제 기간 중 1000여 개의 고유 민속 행사가 개최되는 세계적 관광 명소 뮌헨의 맥주 축제가 가장 유명하다.

뮌헨은 인구 약 130만 명의 남부 독일의 중심 도시이며 독일 제3의 도시이다. '뢰벤브로이' 등 6개의 유명한 맥주회사가 소재하는 곳으로 이 뮌헨에서 매년 9월말부터 10월초까지 약 2주간에 걸쳐 가을 수확에 감사하는 옥토버페스트라는 세계 제1의 맥주 축제가 열린다. 시월축제는 나중에 다시 설명할 것이다.

필스(Pils, 원래 보헤미아의 필젠이라는 도시에서 생산되었으나 독일에서는 도르트문트. '필스너 Pilsner'라고도 한다)는 전국적으로 인기다. 그 외 지역적 특산 맥주 즉 쾰른의 맥주인 쾰쉬(Kölsch), 알트비어(Altbier, 라인-베스트팔렌 지역), 바이스비어(Weiβbier 혹은 Weizenbier라고도 함), 베를리너 바이세(Berliner Weiβe)등.

쾰쉬(Kölsch)는 쾰른의 대표적인 맥주다. 본에서도 즐겨 마신다. 황색의 옅은 빛깔과 산뜻한 맛이 특징이다. 알코올 도수는 일반적으로 5도이다. 쾰쉬는 주로 막대 모양을 한 '슈탕에'(Stange)라고 부르는 작고 가는 잔으로 마시는데 용량은 보통 0.2리터이다. 작은 잔으로 마시기 때문에 오히려 자칫 과음하기 쉽다.

알트비어(Altbier)는 뒤셀도르프의 대표적인 맥주이며, 뮌스터 및 하노버 등지에서도 즐겨 마신다. 짙은 황갈색을 띠며 알코올 함량은 4.5~4.9도이다. 본래 독일어 '알트'는 '오래된, 늙은, 옛날의' 등의 뜻을 가진 형용사지만, 알트비어는 오래된 맥주 혹은 오래 발효한 맥주가 아니다. 알트비어는 새로운 양조법인 하면발효에 의한 맥주가 아닌 전통적으로 오래된 상면발효에 의한 맥주라는 뜻에서 붙여진 이름이다. 발효가 끝나고 효모(이스트)가 떠오르냐, 가라앉느냐에 따라서 상면발효, 하면발효라 한다.

일반적으로 화이트 맥주라 하면 밀맥주를 의미하는데 바이스 비어는 독일 남부 바이에른 지방에서 유래한 맥주로 보통 사용되는 보리 맥아 대신 밀 맥아를 주원료로 사용한다. 독일어 바이첸(Weizen)은 밀을 의미하는데 바이스비어는 밀이 50% 이상 들어가 밀맥주라고 부른다. 이 때문에 맛이 부드럽고 향이 풍부한 것이 특징이다. 여러가지 과일향(사과향, 파인애플향 등)이 나고, 색은 연한 노란색으로 띠며, 거품과 탄산이 풍부하고, 맛이 부드럽기 때문에 여성들에게 추천할 만한 맥주다.

바이첸비어의 일종인 베를리너 바이쎄(Berliner Weisse)도 유명하다. 이 맥주는 베를린의 대표적인 맥주인데, 약간의 단맛과 새콤한 맛이 나는 여성 취향의 맥주이다. 새콤한 맛이 나는 이유는 발효중에 첨가하는 젖산균 박테리아 때문이며, 단맛은 맥주를 마실 때 첨가하는 시럽 때문이다. 알코올 도수는 3도 정도이다.

맥주는 레몬쥬스와 섞어 마시기도 하는데 남부에서 이 혼합을 라들러(Radler) 혹은 게슈프리츠테(Gespritzte), 북쪽에서는 알스터(Alster)라 부른다.

베를린에는 포츠다머(Potsdamer)가 있는데 맥주와 레모네이드를 혼합한 것이다. 맥주와 콜라를 섞은 것도 널리 보급되었다. 어느 지역은 그것을 디젤(Diesel)이라 부른다. 라인란트에서는 콜라와 레몬쥬스를 섞은 것을(Spezi라 불림) 의미하기도 한다.

✎ 독일의 맥주

드디어 오늘 독일은 올 들어 처음으로 20도를 넘으면서 봄이 찾아 왔다. 그간 거의 두 달 동안 하루가 멀다 하고 내리던 비가 그치자 화창한 봄날을 즐기는 시민들의 모습을 거리 곳곳에서 볼 수 있었다. 이제 본격적으로 맥주를 즐기는 계절이 온 모양이다. 물론 계절을 가리지 않고 맥주를 많이 마시는 독일인이지만 그래도 날이 좋으면 더 많이 마신다. 소위 비어가르텐(Biergarten, 많은 사람들이 맥주를 마실 수 있는 정원)에서 맥주를 본격적으로 마시는 시즌이 다가 온 것이다.

독일 하면 제일 먼저 떠오르는 것 중에 하나가 바로 이 맥주일 것이다. 독일! 맥주의 나라! 과연 이 말이 맞는 말일까? 결론부터 말하자면 맞는 말이다. 독일은 맥주의 나라임에 틀림이 없다. 그 생산과 소비 그리고 제조 방법에서 다른 나라와 분명 다른 면을 보여주고 있다.

흔히들 "이 세상 어떤 음료도 맥주만큼 빠르게 우리 마음을 뜨겁게 그리고 시원하게 하는 음료가 없다!(Wohl kein Getränk auf dieser Welt erhitzt und kühlt die Gemüter so schnell wie Bier)"라고 말한다. 더운 여름날 한 잔의 맥주는 우리 가슴을 정말 시원하게 해 주며 맥주가 몸으로 퍼지기 시작하면 아주 빨리 흥겨운 기분이 되기도 한다.

들어가기에 앞서... 맥주는 무엇인가? 백과사전에서 맥주의 정의를 보면: "보리를 싹틔워 만든 맥아(麥芽)로 맥아 즙을 만들고 여과한 후 홉을 첨가하여 맥주효모균으로 발효시켜 만든 알코올을 함유한 음료"이다. 그럼 맥주는 언제부터 있었을까? 물론 맥주의 원산지가 독일은 아니다. 한자 麥酒가 나타내듯 보리를 처음 재배한 지역에서 나왔을 것이다. 전설에 의하면 8000년 전 한 사람이 빵을 만들려고 반죽을 했는데 너무 오래 햇볕에 쬐어 그 반죽이 부글부글 발효가 되었고 거기서 즙이 흘러 나왔다고 한다. 이것이 바로 보리음료인 맥주의 시작이라고 한다. 역사적으론 그 후 4000년 후 수메르 인들이 메소포타미아에 정주 하면서 보리를 키우기 시작하였고 보리에서 알코올을 만들어 마셨다고 한다. 이런 풍습이 그리스, 로마를 거쳐 중부 유럽에까지 전달되는 것이다. 정확한 연도는 알 수 없으나 이미 로마의 역사가 Tacitus(Tacitus Publius Cornelius, 약 55~115년경)는 "게르만 민족이 즐겨 맥주를 마셨다"고 기록하고 있다. 초창기는 보리나 또는 밀에 여러 종류의 향료를 섞어 만들었다.

그러다 현재 의미의 맥주는 786년에 그 초석이 마련된다. 이때에 처음으로 맥주의 향을 내는 홉을 첨가하기 시작한다. 홉은 그 맛만 내는 일종의 향료이지 맥주를 만드는 재료는 아니다. 이 홉의 첨가로 맥주는 쓴맛과 독특한 향을 갖게 되었으며 또한 이 홉은 단백질 혼탁을 방지하고 맥주의 저장성을 높여주는 작용을 하기도 한다. 이런 맥주의 새로운 발명에 가장 큰 기여를 한 사람은 다른 알코올 종류와 마찬가지로 바로 수도원의 승려들이었다. 그들은 끊임없이 새로운 향료로 맥주 맛을 좋게 하기 위하여 연구하였고 이를 기록으로 남겼다.

전 세계 맥주 생산량의 약 1/8이상이 독일서 소비되는 것만 보아도 과연 독일은 단연코 세계 최고의 맥주 소비 국가임은 분명하다. 그러나 1인당 평균 맥주 소비량을 보면 독일은 세계최고가 아니다. 우리 한국 사람들에게도 잘 알려지고 우리 맥주맛과 가장 근접한 맥주를 필스(Pils/Pilsener)라 한다. 이 이름이 발생지가 현 체코의 필젠(Pilsen)이란 도시이듯이 맥주 마시기 챔피온은 년간 1인 당 맥주 소비량이 160리터나 되는 체코이며 그 다음이 아일랜드(150리터) 그리고 독일은 년간 일인 당 130리터를 맥주를 소비하여 3위에 위치하고 있다.

현재 독일에는 약 1300여개의 맥주 공장이 있으며 한 때 옛날에는 5000개가 넘었다고 하니 과히 놀랄만 하다. 이는 결국 적어도 5000여 종류의 맥주가 있었다는 것을 의미한다. 독일에서도 바이언 주는 전 세계적으로 맥주의 고장으로 간주된다. 여기서 맥주는 소위 생 필수품이기에 맥주가격의 인상은 세금인상보다 더 큰 반향을 불러일으킨다고 한다. 한편 독일서 가장 많이 팔리는 맥주 상표는 봐슈타인 필스너(Warsteiner Pilsener)란 상표이다. 1753년부터 맥주를 제조한 봐슈타인 맥주공장(Die Warsteiner Brauerei Haus Cramer KG)이 일년에 5백 6만 헥토리터의 판매고를 올리고 있으며 독일에서 가장 큰 맥주공장이다.

우리가 독일을 맥주의 고장으로 만들게 하는 것은 여러 가지가 있겠지만 무엇보다도 수많은 맥주공장과 그 종류일 것이다. 자기 고장에 대한 대단한 자부심이 강한 것이 독일이라는 나라의 특성이듯이 맥주에 대하여 각 고장은 서로 자기네 맥주가 최고라는 자긍심을 가지고 있다. 이러하니 사실 어느 고장의 맥주가 최고이다라는 어린아이들의 서열 매기기와 같은 논리가 맥주의 평가에서는 불가능하다. 예를 들어 독일의 베스트팔렌(Westfalen 독일 북서쪽) 지역

주민들은 바이언 주의 맥주를 '어린이 음료수'라 비꼰다. 이는 바이언 주의 맥주가 그들의 맥주보다 달고 약하기 때문이다. 이에 바이언 주민은 "너희들은 프로이센 단위"라고 응수한다. 여기서 프로이센은 19세기 말 독일이 통일되기 전 북쪽 지역을 말하며 이를 빗대어 조소하는 것이다. 이 지역의 맥주잔은 바이언 지역에 비하여 아주 작다.

이렇듯 독일 내에서도 각자 다 다른 견해를 보이고 있는데 우리로서야 어느 장단에 맞추어야 할지 모르는 것은 당연지사이다. 단지 독일의 맥주는 정말 질과 맛이 아주 좋으며 어느 지역을 가던 그 지역의 독특한 맥주 맛을 맛 볼 수 있다.

바이언 주가 외국인에게 맥주의 본 고장으로 인식되는 것에는 바로 그 주의 수도인 뮌헨(München)에서 개최되는 10월 축제(Okterberfest)의 명성 때문일 것이다. 1810년 10월 12일 바이언 왕 루드비히 1세(Ludwig I.)와 테레제(Therese) 공주와의 결혼식 축하 행사가 기원이 된 10월 축제는 현재 세계 최대의 민속 축제이자 바로 맥주 축제이다. 약 9년 전 10월 축제를 구경 갔다. 사실 거길 가려고 뮌헨을 간 것은 아니다. 인척이 있어 잠깐 들렸는데 우연히 10월 축제가 있다는 것이다. 때가 9월 말이라 전혀 예상치 않았는데... 이 10월의 축제는 9월말에 시작하여 10월 첫 주면 막을 내려 사람들이 그 방문시기를 놓치는 경우가 종종 있다. 거두절미하고 뮌헨은 독일 맥주의 바로 핵심적 도시이다. 그러나 재미있는 사실은 독일에서 맥주 양조를 제일 많이 하는 곳은 뮌헨이 아니라 바로 이 뮌헨 사람들이 조소하는 프로이센의 도시 도르트문트(Dortmund)이다. 그리고 더 재미있는 사실은 뮌헨 사람들은 독일에서 와인 소비량이 제일 많은 도시이다. 물론 맥주 또한 많이 마신다.

바이언 주민의 특징은 북쪽 지역에 비하여 커다란 잔으로 마신다. 소위 '리터잔'이다. 1리터의 거대 잔으로 그들은 맥주를 마신다. 그들의 북쪽 주민을 비꼰 프로이센에 단위에 비하여 그들의 '단위'는 이렇게 커다란 잔으로 많이 마신다는 것이다.

그러나 사실 바이언의 맥주 명성은 역사적 근거를 가지고 있다. 1516년 4월 23일이 바로 바이언 주의 맥주명성이 시작되는 날이다. 이 날 바이언 공국의 빌헬름 4세(Wilhelm IV)는 법령을 통하여 "우리 나라에서 양조되는 맥주에는 단지 보리(맥아), 호프 그리고 물 이외에는 어떤 첨가물도 섞지 말아라"

라고 칙령을 내린다. 이것이 바로 '맥주 순수법'의 출발이다. 거의 500년이 지난 지금도 이 규정은 독일 맥주 양조에 적용되고 있으며 이것이 바로 독일 맥주를 세계 최고의 맛과 품질로 만든 비법이다. 한편 이 법령으로 인하여 독일 내에는 다른 첨가물이 들어간 외국 맥주 수입이 금지되어 있다.

맥주는 알코올 도수와 만드는 방법 그리고 색 맛에 따라 그 종류가 천차만별이나 다음에 대략적인 독일 맥주의 종류를 소개한다.

– 약한 맥주: 알코올 0.5~2.8%

베를린너 바이세(Berliner Weiβe): 밝은 색(담색), 단맛, 홉맛이 약함, 많은 CO^2. 여성 취향의 맥주

– 일반 맥주: 알코올 0.5~7%

- 바이첸비어(Weizenbier): 밝은 색 또는 흑맥주(담색 또는 농색), 맥아향기, 약한 홉 맛, 많은 CO^2. 밝은 색을 흑맥주에 대비되는 개념을 바이센 맥주(흰 맥주: Weissbier)라 부른다.
- 알트비어(Altbier): 대부분 흑맥주, 향긋한 냄새, 홉의 쓴맛이 강함. 뒤셀도르프의 구 시가에서 마셔 보길 권 함!
- 쾰른비어(Kölsch): 밝은 색, 향긋한 냄새, 홉의 쓴맛이 강함
- 필스(Pils/Pilsener): 밝은 색, 씁쌀한 맛, 독특한 호프 맛, 남쪽 필스는 맥아 맛이 강한 편이며 북부나 동부 독일은 씁쌀한 홉 맛이 강한 것이 특징. 한국의 맥주와 가장 근접한 맛이며 독일에서도 가장 많이 마시는 맥주의 종류이다.
- 엑스포트(Export): 밝은 색, 무거운 맛, 필스보다 덜 씁쌀한 맛.
- 라거비어(Lagerbier): 소위 살균 처리를 하지 않은 생맥주. 밝은 색, 씁쌀한 맛이 덜 함.

– 강한 맥주: 알코올 5~12%, 맥아의 사용량을 늘린 것이 특징

- 복(Bock): 밝은 색 또는 흑맥주, 무거운 맛, 맥아 향
- 바이첸복(Weizenbock): 밝은 색 또는 흑맥주, 맑거나 둔탁한 맛, 맥아향이 강하고 호프 향이 약함

– 출처: KBS World Net, 최수현의 문화칼럼, 독일 독일인,
작성일: 01. 04. 25

✎ **포도주도 독일에서 인기 있는 음료다.**

총 16개의 포도재배지역이 있다. 독일에서의 포도 재배는 2세기경 로마인들에 의해 모젤에서 시작했다. 독일 포도는 특히 라인강, 마인강 주변, 모젤을 따라, 동부에서는 엘베강과 잘레강을 따라 생산된다.

그 중 리스링(Riesling)과 질바너(Silvaner) 포도로 만든 포도주가 가장 유명한 포도주다. 독일은 햇빛과 상관관계가 많은 레드와인은 재배에 적합하지가 않아 대부분 화이트와인을 위한 포도를 재배하고 있다. 그러나 적색포도주가 흰색보다 더 인기 있다. 포도주는 탄산을 함유한 음료와 혼합하여(Wein-Schorle 탄산수를 탄 포도주) 마시기도 한다. 사과 포도주(남서독에서는 비츠 Viez라 불린다)나 다른 과일주가 헤센과 라인란트-팔츠, 자란트, 바덴-뷔르템베르크 혹은 다른 과일재배지역에서 점점 인기를 얻어가고 있는 추세다. 그 전통은 와인의 전통만큼까지 소급할 수 있다. 화주 Schnaps의 소비는 지난 수 십년간 줄어들었다. 그 대신 칵테일의 소비가 증가하고 있다.

알코홀이 없는 음료로는 탄산이 든 미네랄워터, 사과쥬스, 두 가지를 섞은 것(Schorle), 콜라, 레몬쥬스, 레모네이드, 그 외 과일 쥬스 등이 인기 있다. 아이스티나 여러 혼합음료 등도 점점 인기가 있다.

● 지역적 요리

남서독지역(Baden, Pfalz, Saarland)은 부근 프랑스 엘자스로부터 영향을 받았다. 리슬링 Riesling 백포도주가 자란트에서 유명하다. Schupfnudeln, 혹은 Buwespitzle라 불리는 경단은 밀가루와 감자로 만든 경단이다. 버찌, 달걀, 설탕, 밀가루를 넣어 구운 과자 Kirschenmiche이란 과자도 남독일에서 유명하다. 자우어크라우트를 백포도주와 함께 요리하기도 한다. 팔츠에선 Saumagen(비계살, 감자를 양념해 돼지의 위에 채워 넣은 소시지)이 유명하고 슈바르츠발트의 야생동물들은 바덴바덴의 노루등심고기처럼 음식재료로 사용된다. 그리고 바덴은 달팽이수프에 식용달팽이를 사용한다.

슈바벤지역(오늘날 독일의 바덴뷔르템베르크 주 남부와 바이에른 주 남서부로 중세 때 그 지역을 점령하고 있던 게르만 부족의 이름 '수에벤 Sueben'에서 유래)은 그 지방 특유의 요리로 구별된다. Spätzle(경단과 국수 중간 정도되는 음식)은 양파를 넣은 불고기등과 함께 서브된다.

구운 감자와 먹는 Ochsenmaulsalat(황소의 처진 입술을 소금에 절여 야채와 함께 만든 샐러드)도 슈바벤지역이 원산지이다. 간, 콩팥, 지라 등 소의 내장도 즐겨 먹는다. 독일과 스위스 경계에 있는 보덴제(Bodensee)에서는 담수어들과 보덴호 연어가 애호된다.

헤센주는 Handkäse mit Musik(이름이 재미있으나 손으로 둥글납작하게 만든 치즈에 식초, 기름, 파, 후추 등으로 만든 소스를 쳐서 먹는다)이 유명하다. 전형적인 헤센의 음식인데 전통적 프랑크푸르트 사과주점에서 맛볼 수 있다. 그곳에서 손님들은 사과주와 동반하는 음식으로 Handkäse mit Musik을 내놓는다. 또 헤센주는 프랑크푸르트 돼지갈비를 자우어크라우트나 감자죽과 함께 먹는다. 프랑크푸르트 소시지는 빵과 겨자, 고추냉이가루를 쳐서 함께 먹는다.

바이에른 음식은 지역적으로나 문화적으로나 오스트리아나 뵈멘요리와(뵈멘은 체코의 서부지역으로 보헤미아라고도 한다) 유사하다.

밀가루음식이나 경단들이 다양하게 있는데 Dampfnudel(효모와 함께 솥에 찐 밀가루 국수), Germknödel(효모경단), Zwetschgenknödel(자두가 든 경단), Semmelknödel(버터, 빵가루, 계란, 향료를 넣은 경단), Leberknödel(간이 들어간 완자)등이다. 바이에른 돼지불고기같은 육류요리, 감자경단, 양배추샐러드등도 전통적 음식이다.

바이에른 지역의 특징적인 삶의 양식은 두 번째 아침을 먹는다는 것이다. 그것은 흰 소시지, Leberkäse(고기를 갈아 만든 소시지)를 먹는다. 흰 소시지나 레버케제는 달콤한 겨자나 브레첼과 함께 먹으며 헬레맥주(Helle, 담황색의 보통맥주)나 백맥주(Weiβe)를 같이 마신다.

프랑켄지방(바이에른주의 북서부지역을 그렇게 부른다)의 요리는 뉘른베르크의 Lebkuchen(후추나 꿀이 든 과자) 그리고 구운 소시지로 유명하다. 소시지와 함께 "Grumbernzelod"(감자샐러드)를 먹는다. Schäufele(소금에 절이거나 훈제한 돼지어깨죽지고기)를 감자경단, 밤베르크 양파와 함께 먹는 것을 아주 좋아한다. 커피와 함께 고명을 뿌린 케익을 먹는다. 그 외에도 들장미열매잼과 함께 먹는 프랑켄의 튀김과자를 잊어서는 안된다.

북서독(니더작센, 브레멘, 함부르크, 슐레스비히-홀슈타인, 베스트팔렌)은 바다와 북독해안지대의 고지나 저지(갯땅)에 가깝기 때문에 감자요리, 호밀빵이 특색있다.

홀슈타인이나 뤼네부르크 황야(북부 엘베강과 베저 강 사이)에서는 메밀요리가 유명한데 메밀경단, 생선요리(훈제뱀장어, 청어), 돼지고기로 만든 소시지(Bregenwurst, Kohlwurst), 돼지비계살과 모란채가 자주 쓰이고 모란채가 양배추와 함께 요리한 훈제소시지를 손님에게 대접하는 것으로 유명하다.

이 지역에서는 럼과 크림을 친 뜨거운 커피(der Pharisäer)도 있다. 슐레스비히-홀슈타인 주의 서해안에는 콩, 베이컨, 함부르크 뱀장어수프, 프랑스롤빵, 선원용 스튜 등이 전형적 음식이다.

바다와 연관되어 있지 않는 것은 베스트팔렌-리페 지역의 요리다. 이곳의 전통적 음식은 농업에서 생산되는 것으로 이루어져 있다. 베스트팔렌 햄, 소고기 요리(Pfefferpotthast), 토끼내장요리(Hasenpfeffer), Panhas(순대, 잘게저민 고기, 메밀가루로 만든 베스트팔렌지방 요리)그리고 Pumpernickel(거친 호밀가루로 만든 검은 빵)이 있으며 전통적인 디저트는 Rote Grütze(과일을 넣은 오트밀인데 우유나 크림과 함께 서브된다)이다.

라인란트의 요리는 벨기에나 네델란드와 가까운 것이 이 지역의 특성을 이루고 있다.

쾰른 사람은 말고기를 특히 좋아하고 쾰쉬와 함께 호밀빵을 즐겨 먹는다.

북독일의 요리는(메클렌부르크-포포머른, 브란덴부르크, 베를린)은 영양가가 풍부하며 동부프러시아나 슐레지엔 요리의 영향을 받았다.

베를린의 요리로 돼지족발(Eisbein), 소금에 절여 훈제한 돼지갈비고기(kasseler), 데치는 소시지, 미트볼, 커리부르스트가 유명하다. 동유럽이나 남동유럽에서 온 요리도 매우 인기 있다. 전통적인 생선 요리로 발트해의 대구, 내륙호나 슈프레강 연안에서 나는 에속스, 송어, 가시고기 등이 있다.

감자, 무, 오이, 야생동물 요리도 아주 중요한 역할을 한다. 브란덴부르크는 토르테와 과자로 유명하다. Plinsen(설탕에 잰 과일을 넣어 구운 과자), Eierkuchen(밀가루, 계란, 설탕, 우유를 넣어 만든 팬케익, Windbeutel(크림 과자의 일종).

중부독일(작센-안할트, 튀링엔, 작센)은 특히 영양가 많은 음식과 맥주로 유명하다.

여기서도 동유럽이나 남동유럽에서 온 음식이 매우 인기 있다. 마그데부르크의 기름진 평야, 라이프치히의 평야, 튀링엔의 분지,

중부작센의 구릉지는 토지의 질이 농업에 아주 유리한 지역이다. 그래서 채소나 과일이 풍부하다.

작센-안할트는 Salzwedeler Baumkuchen(뾰족한 탑모양의 케익) 같은 여러 케익 류의 고향이다. 하르츠산맥은 치즈와 풍부한 야생동물로 유명하다. 남쪽에는 포도재배가 되어진다.

잘레강 지류에는 독일의 비교적 큰 샴페인 생산업체인 Rotkäppchen이 있다.

바이에른과 프랑켄이 가까운 튀링엔에서는 튀링엔 경단과 튀링엔 소시지가 생산되며 면류 와 경단은 감자와 더불어 인기 있다. 예나 부근 잘레탈에서는 포도재배도 한다.

오스트리아와 뵈멘 그리고 슐레지안 영향을 받은 작센 음식은 라이프치히 알러라이 das Leipziger Allerlei(당근, 풋콩, 완두, 샐러리, 캐비지, 아스파라거스를 넣은 혼합야채샐러드), 드레스덴 Stollen (크리스마스 때 구워 먹는 길쭉한 과자)등이다. 오스트리아와 문화적으로 가까운 것은 커피와 함께 먹는 과자와 커피집의 전통이다. 작센에서도 유명한 것은 흰 치즈로 만든 과자, 케익 위에 바르는 Eierschecken(달걀, 건포도, 아몬드 가루를 섞어 만든 것), 돼지족발, 감자수프, 초에 절여 구운 쇠고기이다. 소르브족의 영향으로 아마인유와 흰치즈로 요리한 것이 지방 특산품으로 큰 인기를 얻고 있다. 엘베강변 포도주도 유명하다.

새로운 경향

독일 요리가 오랫동안 세련되지 못하고 거칠다는 인식을 받고 있어 좀 더 세련된 독일요리를 만들려 노력한다. 지역적 양질의 재료들을 사용하여 잘 조리함으로 독일 요리도 국제적 최고급요리의 명성을 얻을 수 있다는 것을 보여주고자 한다. 특히 뮌헨의 레스토랑의 일류요리사인 탄트리스와 오스트리아의 에카르트 비치히만이 이러한 발전에 기여를 했다.

주목할만한 추세는 거의 사라진 전통적인 채소들, 미나리, 파슬리뿌리, 감자의 일종인 토피남부르 뿌리를 다시 사용하는 것이다. 1900년경 이러한 재료들의 조리법은 해당 요리책의 레퍼터리였다.

독일의 음식이라면 소시지와 햄, 감자나 거친 호밀빵과 맥주가 떠오르지만 독일에 그런 음식만 있는 것은 아니다. 독일에서도 외국의 영향은 주목 할만한데 그야말로 국제적 음식은 독일에서 다 맛볼 수 있다.

즉석 스파게티와 피자를 파는 이탈리아식당은 우리나라 동네 중국음식점만큼이나 인기가 높고, 미국식 패스트푸드점 맥도날드는 물론 터키식 패스트푸드점도 많다. 케밥은 미국의 패스트푸드 매상고의 두 배를 올린다. 그리스, 인도, 스페인, 멕시코, 중국 식당들도 점차 늘어나고 일본의 스시바도 점점 인기를 얻고 있다.

여기서 터키의 케밥(되너 Döner)에 대한 기사 "케밥, 터키 이주노동자의 힘"을 보자. 다음 기사는 '한겨레 21, 2002년 12월 19일자' 제438호에 실린 글이다.

케밥, 터키 이주노동자의 힘

– 독일 사회에서 괄시받던 터키 이주노동자들, 되너 케밥으로 우뚝 서다

독일의 수도 베를린은 제2의 이스탄불이라고 불린다. 의아스럽겠지만 베를린 거리를 활보하는 10명 중 1명이 터키인이라는 통계를 접하고 나면 고개가

끄덕거려진다. 독일로 이주한 터키 노동자들의 역사는 30년을 훌쩍 넘어섰다. 터키인들은 외국인, 특히 이슬람권 출신에게 가해진 온갖 차별 속에서도 독일 전역에서 250만 명이라는 규모를 이루며, 이제 부정할 수 없는 독일 사회의 구성원이 돼버렸다.

"맥도널드가 물먹었다"

서러움 가득한 터키인들의 이주 역사 속에도 반짝이는 성공담이 하나 있으니, 이는 '되너 케밥'(회전 꼬치구이라는 뜻)이라 불리는 음식이다. 얇게 저민 양고기나 송아지 고기로 쌓아올린 50kg이 넘는 거대한 고기 덩어리가 꼬치에 끼워져 좌우로 회전한다. 기름기가 빠지며 표면이 노르스름하게 익어 가면, 노련한 요리사가 휘두르는 80cm에 이르는 긴 칼이 익은 부위를 얇게 썰어낸다. 이 고기가 취향에 따라 마늘 소스나 매운 소스를 곁들여 구운 빵 사이에 채워진다. 여기에 양상추·토마토·오이 등의 신선한 야채가 더해지면 되너 케밥은 완성된다. 현재 1인분 되너 케밥의 베를린 평균가격은 3천원에 조금 못 미친다. 맥도널드 햄버거 하나 가격보다는 조금 비싸지만, 담백한 맛은 같은 패스트푸드라고 비교하기에는 자존심이 상하는 수준이다. 베를린에서만 매일 25t의 고기가, 독일 전역에서는 하루 평균 무려 700t의 고기가 되너 케밥으로 소비된다. 이는 연간 7억 2천명분에 해당하고, 독일 전체 인구인 8200만 명이 한해에 평균 9개의 되너 케밥을 먹는다는 계산이 나온다. 연간 판매규모도 맥도널드와 버거킹을 큰 폭으로 뛰어넘었음은 물론이다. "맥도널드가 이탈리아에서 피자에 고전한다면, 독일에서는 되너 케밥에 물먹었다"라는 말이 있을 정도다.

지금 형식은 16살 소년의 작품

1973년 〈슈피겔〉은 "터키인이 몰려온다, 누가 막을 것인가"라는 제목으로 표지를 장식했다. 61년부터 시작된 터키 이주민들의 행렬은 이미 70년대 초반 100만의 규모에 다다랐다. 그러나 70년대 중반 찾아온 오일 쇼크로 단순노동과 허드렛일에 종사하던 터키 노동자들은 순식간에 거리로 내몰렸다. 독일 정부도 본격적인 터키인 이주 억제정책을 마련하기 시작했다. 이렇게 궁지에 몰린 독일의 터키인들에게 기회를 제공한 것이 되너 케밥 가게와 고기 생산 공장이었다. 1983년 서베를린에 200여개의 되너 케밥 가게가 성업하였고, 통일 직전인 1988년에는 그 수가 400여개로 늘어났다. 1990년대 말에는 1300여개로 껑충 뛰면서 말 그대로 베를린 전역의 '되너 케밥화'가 이루어졌다. 베를린에서 시작해 독일 전체로 확산된 되너 케밥 열풍은 현재 유럽과 바다 건너 미국 땅에까지 이어지고 있다. 최근에는 한국에서 일하는 터키 노동자들에 의해 한국에도 되너 케밥이 찾아들었다.

되너 케밥의 성공담에 무수한 '원조 논쟁'이 뒤따르고 있음은 어쩌면 당연한 일인지 모른다. 약 160년 전 지금의 터키 땅을 차지하고 있었던 오스만투르크 민족이 커다란 접시에 되너 케밥을 담아 야채와 빵을 곁들여 여럿이 함께 먹었던 데서 유래했다는 것이 정설이다. 그러나 샌드위치처럼 구운 빵 사이로 고기를 넣어 먹는 지금의 패스트푸드 형식은 1971년 베를린에서 한 터키 식당의 점원으로 일하던 16살 소년의 작품이다. 그 16살 소년의 동생 사임 아위권(41)이 베를린에서 운영하는 6개의 되너 케밥 가게들은, 이러한 탄생신화와 함께 한껏 인기를 누리고 있다. "맥도널드처럼 프랜차이징을 통해 세계 시장에 진출할 때가 되지 않았는가"라는 질문에, 아위권은 "햄버거가 지금처럼 인기를 누리게 되는 데는 약 100년의 시간이 걸렸다. 되너 케밥의 경우도 마찬가지일 것이다. 그러나 현재 그 길 위에 서 있음은 분명하다"라며 자신감을 표현했다.

— 베를린 = 강정수 전문위원

독일어로 음식재료 알기

과일 das Obst
채소 das Gemüse
사과 der Apfel
바나나 die Banane
포도 die Weintraube
딸기 die Erdbeere
배 die Birne
토마토 die Tomate
오이 die Gurke
오렌지 die Orange
양파 die Zwiebel
감자 die Kartoffel
당근 die Möhre
피망 die Paprika
고추 die Peperoni
파 das Lauch

대파 der Porre
무 die Rübe
가지 die Aubergine
시금치 der Spinat
자두 die Pflaume
호두 die Walnuβ
땅콩 die Erdnuβ
완두 die Erbse
콩 die Bohne
콜리플라워 der Blumenkohl

Es muss nicht immer Kaviar sein

Essen wie Gott in Deutschland?

Eine groβe Vorliebe der Deutschen gilt traditionell dem "Würstchen". Ob in Bayern die Weiβwurst, in Ostdeutschland die Thüringer Rostbratwurst oder in Frankfurt das Frankfurter Würstchen, die regionalen Unterschiede sind groβ.

Und doch gibt es eine gesamtdeutsche Lieblingswurst. Auf Platz Eins der deutschen Top Ten des schnellen Essens steht die Currywurst mit Pommes Frites - eine gegrillte Wurst aus Schweine-, Kalb- und Rindfleisch mit einer Currysoβe sowie Ketchup und Mayonnaise.

Ansonsten isst man gerne international: In München etwa gibt es angeblich fast mehr italienische Restaurants als in Mailand, und in jeder etwas groöβeren Stadt finden sich die türkischen Döner-und griechischen Gyros-Buden, die die Snacks schnell auf die Hand servieren. Neben den bekannten Fast-Food-Ketten sind aber auch spanische Tapas-Läden, japanische Sushi-Bars und amerikanische Bagel-Shops vielerorts vertreten.

Wer deftige Küche mag, der wird in Deutschland aber weiterhin viel Freude haben. Ob Schweinshaxe oder Würstchen, Kasseler oder Schnitzel - im Gasthof gehören auf jeden Fall Kartoffeln und Sauce dazu.

Und wenn dann nach einigen Wochen in Deutschland die Hose nicht mehr passt, dann weiβ man, dass das obligatorische Stück Torte oder Streuselkuchen zum Nachmittagskaffee vielleicht doch zu viel des Guten war. (Essen -Es muss nicht immer Kaviar sein)

언제나 철갑상어일 필요는 없다

독일에서는 신처럼 먹는다? 한번 음미해보시지요!

독일인들이 가장 좋아하는 것은 물론 소시지이다. 바이어른에서는 흰 소시지, 동부독일은 튀링어 프랑크푸르트에서는 프랑크푸르터 소시지 등인데 지역적 차이가 크다. 모두 공동으로 좋아하고 상위 10권 중 1위를 자랑하는 음식은 감자튀김과 함께 먹는 카레소시지인데 돼지고기나 송아지 혹은 소고기로 된 소시지를 그릴에 구워 카레소스와 케찹 그리고 마요네즈를 쳐서 먹는다. 그 외에 사람들은 국제적 음식을 좋아한다. 가령 뮌헨에는 이태리 밀라노보다 더 많은 이태리식당들이 있으며 대도시마다 터키식 케밥, 그리스의 지로샌드위치 가게가 있는데 간이음식들을 즉시 손위로 서브해준다. 유명한 패스트푸드 체인점 이외에도 스페인의 타파가게, 일본의 스시바, 그리고 미국의 베이글 가게 등이 곳곳에 있다.

실속 있게 양이 많은 음식을 원하는 사람은 독일에서 큰 즐거움을 갖을 것이다. 돼지족발이던 소시지이던 또 돼지갈비 혹은 커틀렛에 꼭 감자와 소스가 곁들인다.

만일 독일에서의 몇 주 후에 바지가 더 이상 맞지 않는다면 오후에 마시는 커피와 곁들여 먹는 데코레이션 케익 한 조각이나 고명뿌린 케익을 너무 지나치게 먹었다는 것을 알게 된다.)

8. 잔치와 축제

8-1. 뮌헨 10월 맥주축제(Wikipedia의 Oktoberfest 참조)

독일인들은 다양한 전통 축제를 즐기고 있는데 그 대부분은 동네 축제라고 할 수 있다. 그 중 가장 핵심적인 것이 맥주 마시기이다. 전형적인 동네 축제는 아침부터 맥주를 거나하게 마시는 것으로 시작된다. 그리고는 동네 교회에서 예배를 보고 그런 다음 다시 한 차례 돌려 마시고 주최 측의 개막 연설을 듣는 동안 마을 광장 주위에 둘러 선 야외 맥주 판매대에서 또 한 잔 들이키고 이어서 행진을 하는 동안 또 몇 모금 목을 축이고 그리고 나서는 다시 여러 잔 맥주를 마심으로 대미를 장식한다.

이런 종류의 축제 중 판을 크게 벌이기로는 세계적으로 이름 난 뮌헨의 '시월축제'가 단연 으뜸이다. 열엿새 계속되는 이 축제에서 바이에른 사람들과 관광객들은 해마다 맥주 소비 신기록을 갈아치운다.(53)

시월축제는 2주간의 축제로 매년 9월 말에서 10월 초에 개최된다. 해마다 600만 명의 사람들이 모인다. 대회장이 되는 테레지아 구릉(Theresienwiese, 흔히 짧게 d'Wiese로 불린다)에서 10월 첫째 일요일로부터 16일 전에 시작되는데 맥주 축제의 개회는 뮌헨 시장의 "O'zapft is!"(zapfen은 꼭지를 이용해 마개를 따고 술을 따르는 것, '병마개를 땄다'의 바이에른 사투리)의 선언과 함께 시작한다. 맥주통을 가득 싣고 화려하게 꾸민 마차를 거느린 시장은 대회장의 중심(옛 궁정양조장)에서 그 해의 새로운 맥주를 높이 쳐드는 것이다.

이곳에는 맥주 회사가 설치한 대형 텐트들이 있는데 그 안에 남녀, 인종 구분 없이 수백 명, 수천 명의 사람들이 항상 만원을 이루며 멈추는 것을 잊어버린 듯한 민속 연주 밴드와 더불어 1000cc짜리 저그(Mass라 불린다)에 맥주를 가득 채우고 어깨동무도 하고, 쭉 늘어서서 기차놀이도 하며 한마음이 되어 마음껏 맥주를 즐긴다.

맨 처음 시월축제는 1810년 10월 17일에 행해졌다. 바이에른 왕국의 루드비히왕자(후에 루드비히 1세)와 작센의 테레제(Therese, 따라서 축제장소가 테레지아 구릉이라 불림) 공주의 결혼식이 12일에 거행되었는데 그를 축하하기 위해 17일 대대적인 말 경주를 조직한 것이다(그래서 첫 시월축제일이 12일이라고도 하고 17일이라고도 한다). 1813년은 나폴레옹 전쟁으로 개최되지 못했다가 1816년 다시 행사를 치르게 된다. 주요 상품은 은, 도자기, 보석 등이었다. 1819년엔 해마다 이 행사를 갖기로 뮌헨시가 결정하면서 바이에른 지역의 날씨를 고려해 조금 앞당겨 개최하기로 했다. 그러나 1854년엔 콜레라 병 때문에 취소되었고 1866년도 프러시아와 오스트리아의 전쟁으로 시월축제는 없었다. 1873년 다시 콜레라로 취소되었으나 1880년 뮌헨 시 정부는 맥주판매를 허가하면서 1892년엔 맥주가 처음으로 유리잔으로 서브가 되었다.

1914~18년은 1차 대전으로, 1923~24년은 인플래이션 문제로, 1939~45년은 2차 대전 때문에 시월축제는 시행되지 못했다. 1810년 이래 시월축제는 총 24번 전쟁이나 병 혹은 다른 긴급한 사정들로 취소되었다. 말 경주는 1960년까지만 행해졌다.

1980년 9월 26일에 21살의 신 나치주의 청년이 폭발물을 설치해 본인을 비롯해 13명의 방문객이 사망하고 200명 이상이 부상을 입었다.

1996년 9월 30일엔 롤러코스터가 충돌하여 26명이 부상을 당했다.

해마다 이런 저런 문제들이 발생하는데 특히 젊은이들이 자신의 알코홀 감당능력을 맹신하여 거의 의식을 잃는 일이 많다. 이런 젊은이들을 'Bierleichen'이라 부르는데 맥주시체란 뜻이다. 이들은 의료진 텐트로 실려가 치료를 받는다.

시월축제에 있어 빼놓을 수 없는 것은 가장행렬인데 1835년 맨 처음 퍼레이드가 거행되고 1950년부터 해마다 중요한 축제 구성요소가 되어졌다. 왕, 왕비, 귀족, 농부, 광대, 거지 등의 분장을 한 사람들이 뮌헨 시내를 행진한다.

축제기간 동안 12000명 이상이 고용되는데 그 중 1600명은 웨이트리스라 한다.

2005년도에 600만 잔의 맥주가 팔렸으며 소는 대략 88마리, 소시지는 22만 개, 닭은 46만 마리가 소모되었다.

시월축제의 주요 양조회사는 Spaten, Augustiner, Paulaner, Hacker-Pschorr, Hofbräunhaus, Löwenbräu등이다.

2006년도 시월축제는 9월 16일부터 10월 3일, 2007년도는 9월 22일부터 10월 7일까지이다.

세계 최대 '공짜' 맥주 축제 현장

– 독일 뮌헨공대 주최 '프라이비어페스트'…100여 종 맥주 '맘껏'

지난주 독일 남부 바이에른의 소도시 프라이징에서는 연일 30℃를 오르내리는 더위를 날려버릴 만큼 시원한 공짜 맥주 축제가 열렸다.

이 축제의 이름은 프라이비어페스트(Freibierfest)로 세계 최대의 공짜 맥주 축제다. 독일 뮌헨공과대학 주최로 이 대학 캠퍼스 안에서 열린다. 이 축제는 1991년에 시작돼 15년 동안 이어지고 있다. 시간이 지날수록 대학생뿐 아니라 지역주민, 타 지역 주민들이 참여하는 독일 내에서도 손꼽히는 맥주 축제가 됐다.

이번 행사를 총지휘한 뮌헨대학교 맥주양조학과 슈테판 뮈첼은 "프라이비어페스트는 독일을 중심으로 유럽 전역에 있는 맥주회사의 협찬을 받아 이루어지는 단일 품목 무료축제로서는 세계적인 규모"라며 자부심을 나타냈다.

이 축제는 뮌헨대학교 맥주양조 및 식품영양학 단과대학 학생회가 주축이 돼 행사를 준비한다. 이들은 축제를 위해 유럽 전역에 있는 수천여 개의 맥주 회사에 협찬 공문을 보낸다. 그 결과 협찬으로 들어온 맥주를 축제에 내놓아 많은 사람들이 마음껏 맥주를 즐길 수 있도록 하는 것이다.

올해에도 100여 개의 회사가 맥주를 협찬했다. 각 회사당 평균 100~200ℓ 정도의 맥주를 보내왔다. 유럽 각국의 맥주회사에서 보내온 맥주의 종류는 헬레스, 알트비어, 필스, 바이스비어, 복비어 등 수십여 가지에 이른다. 여기에 맥주를 색깔 및 알코올농도 등으로 다시 세분하면 종류는 헤아릴 수 없을 만큼 다양해진다.

이렇게 맥주가 준비되면 축제준비위원회는 행사가 있는 주의 월・화・수요일 3일 동안 이 행사에 쓰일 500cc 맥주잔을 판매한다. 맥주잔은 매년 새로운 디자인으로 제작된다.

올해 행사에서는 맥주잔 3500개를 제작해 판매했는데 판매 시작 하루 만에 다 팔렸다. 맥주잔은 학생들에게는 8유로(약 9600원), 교직원을 포함한 일반 고객에게는 10유로(1만 2000원)에 판매됐다.

뮈첼은 "맥주잔 판매가 하루 만에 끝나 학생들의 불만이 높았다"며 "내년부터는 하루씩 팔 수 있는 수량을 정해서 맥주잔을 판매할 계획"이라고 말했다.

행사 당일 이 맥주잔을 가지고 온 학생들과 시민들은 이 맥주잔으로 횟수에 관계없이 100여 종류의 다양한 맥주를 무료로 즐길 수 있다.

이 때문에 행사장 곳곳에서 다양한 맥주를 받기 위해 줄을 선 행렬을 쉽게 볼 수 있었다. 또 독일 사람들이 즐겨 먹는 빵인 젬멜 사이에 넣어 먹을 고기를 굽는 냄새도 행사장에 진동했다.

또 맥주를 마시기 위해서는 맥주잔이 필수이기 때문에 행사 중에 맥주잔을 도난당하는 것을 방지하기 위해 맥주잔에 이름을 새기거나 맥주잔에 고리를 연결해 팔에 거는 등의 홍미로운 모습들도 볼 수 있었다.

뮌헨대에서 식품공학을 전공하고 있는 롤프는 "이 축세 첫해부터 지금까지 매년 맥주잔을 모으고 있다"며 "나에게 이 맥주잔들은 더 없이 소중한 대학 시절의 기념물"이라고 자랑을 늘어놓았다.

분자미생물학을 전공하는 안겔리나는 "학위논문을 쓰느라 정신이 없지만 그래도 시간을 내 참가했다"며 "한여름의 시원한 맥주, 음악, 특유의 축제분위기에 이끌려 항상 찾게 된다"고 말했다.

이날 오후 5시에 시작된 축제에는 총 4000~5000여 명의 참가했다. 이날 행사에 공급된 총 1만 5000ℓ의 맥주는 밤 12시를 넘기자 동이나 버렸다. 소비된 맥주량을 500cc 잔으로 환산해보면 3만 잔으로 1인당 평균 약 4ℓ, 즉 500cc잔으로 여덟 잔씩 마신 셈이다.

이날 축제 전 오후 2시에는 뮌헨공대총장과 프라이징 시장이 참석한 가운데 뮌헨공대 바이엔슈테판(식품영양학 및 환경 관련 학과)의 학위수여식이 열렸다.

아울러 재학생 및 졸업생 성적 우수자에 대한 시상식도 있었는데 많은 유럽 학생들 가운데 눈에 띄는 한국 학생이 있었다.

뮌헨공대에서 맥주양조 및 음료공학을 전공하고 있는 송권율 씨는 이날 한국의 학부 과정에 해당하는 포어디플롬(Vordiplom) 과정에서 재학생들 중 최우수성적을 거둬 세계 유명 음료기기 설비제조 업체인 후프만(Huppmann)사가 후원하는 우등상을 수상했다.

송 씨는 "독일이 맥주로 유명하지만 맥주 양조를 독립학과로 개설하고 있는 곳은 뮌헨공대와 베를린공대뿐"이라며 "한국에 있을 때부터 맥주 양조에 관심이 많아 5년 전 독일유학을 결심했다"고 말했다.

처음에는 언어 문제와 문화차이 등으로 많은 어려움을 겪었다. 그러나 어려움을 겪을수록 더욱 많은 사람들을 만나려고 노력했고 맥주양조학과 재학생들과 졸업생의 친목 단체에 가입해 활동하면서 점차 독일 생활에 적응해 나갔다.

송 씨는 맥주에 관심이 있거나 맥주 양조를 전문적으로 공부하고 싶은 후배들에게 "단순히 맥주 만드는 것에 환상을 가지고 유학을 결심해서는 안된다"며 "맥주를 만들기 위해서는 화학, 생물학 등 관련 기초학문에 대한 이론을 철저히 공부해야 한다"고 말했다.

송 씨는 맥주 양조를 더욱 열심히 배워 맥주 양조의 최고 전문가가 되고 싶다는 포부를 밝혔다. 그는 또 "아직은 시작 단계지만 제대로 된 한국어 맥주 관련 전문서적을 출간하기 위해 자료를 모으고 있다"며 "전문가뿐 아니라 일반인들도 쉽게 접할 수 있는 맥주 관련 책을 쓰고 싶다"고 말했다.

— 출처: 미디어다음 국제 / 글= 최진철 독일 통신원, 2005년 06월 27일

8-2. 쾰른의 "제5의 계절"

세계에서 가장 볼 만한 카니발로는 브라질의 리우 카니발과 독일 라인카니발을 꼽는다.

라인 카니발은 라인 강 줄기를 따라 독일의 거의 모든 서부 지방에서 펼쳐지는데 그중 대표적인 축제가 쾰른카니발이다. 독일에서의 사육제의 정확한 역사적 기원은 불분명하지만 쾰른에서는 이미 1234년에 정착되었다.

카니발 기간은 부활절로부터 역산해 나가기 때문에 해마다 다르다. 가령 부활절이 4월 1일이라면, 이로부터 40일 전인 2월 20일이 카니발의 마지막 날이 되며 그전의 약 110일 간이 카니발 기간이 된다. 이 때부터 축제가 시작되어 서서히 그 분위기가 고조되어 가는데 정작 그 절정에 달하는 것은 사순절이 시작되기 일주일 전 즉 카니발 마지막일 주일부터다.

대부분의 세상 사람들은 단지 네 개의 계절만을 알고 있지만 쾰른 사람들은 그들의 축제 기간을 자랑스럽게, 그리고 애정이 어려 있는 태도로 제5의 계절이라고 부르고 있다. 한 해의 다른 계절과 마찬가지로 이 축제의 계절은 기간이 3개월이나 된다.

매년 11월 11일 11시 11분에 구시장터에서의 시끌벅적한 개막 행사로 시작되는 이 사육제축제 〈사육제 謝肉祭 Fasching〉는 고해 화요일에 이르는 마지막 6일 동안 절정에 이르게 되는데 이 기간에 이르기 전에도 여러 가지 다양한 행사가 계속된다. 축제가 시작되면 건전하고 열심히 일하는 독일인에 대한 인상은 사라지게 된다. 위압적으로는 솟아오른 고딕 건축물인 쾰른(Köln) 대성당과 춥고 축축한 겨울 내내 사람들 위를 내리 누르고 있는 무거운 회색의 겨울 하늘이 굽어보고 있는 가운데 도시의 거리들은 흥에 겨운 사람들로 가득 메워지게 된다.

사육제의 기원은 기독교 문화 에서 비롯된 것이고 특히 예수의 수난과 부활 시기에 관련된 것으로 부활절 때까지의 40일간에 걸친 금욕과 금식 기간인 사순절이 시작되기 이전에 사람들이 방탕한 즐거움을 누렸던 것에서 시작한다.

독일어 사용권의 로마 가톨릭 교회에서 사순절 이전 벌이는 축제는 그 명칭이나 기간 그리고 축제행위가 지역마다 많은 차이가 있다. 바이에른과 오스트리아에서는 '파싱', 마인츠와 그 주변에서는 '파스트나흐트', 쾰른과 라인란트에서는 '카르네발'로 알려져 있다. 카니발이 바로 기독교 문화 에서 비롯된 것이고 특히 예수의 수난과 부활 시기에 관련된 것이지만 카니발(Carneval)이란 예수가 태어나기도 전인 로마 시대부터 있었던 말이다.

말뜻 그대로라면 라틴어의 'Carne=고기'와 'val=격리'이니, '고기와의 작별이자 "고기여 사라져라'라는' 뜻이다. 정확한 유래는 지금도 밝혀지지 않고 있지만, 아마도 로마 시대부터 일정 기간 종교적인 이유로 고기를 먹지 않는 의식이 있었던 것 같다. 이런 전통이 기독교로 이어져, 중세기부터 예수가 못 박혀 죽은 다음 사흘 뒤 부활했다는 수난 기간, 곧 부활절을 정점으로 40일 전 열흘을 旬이라 하니 사순절(四旬節)부터 고기를 먹지 않고 근신하게 되는데 이처럼 금욕 기간에 들어가기 전 실컷 고기도 먹고 양껏 마셔 두자는 주지육림의 대 파티가 바로 카니발이다. 그러니 카니발은 '고기를 사양하는'말과 다르게 역설적으로 '고기를 고맙게 먹는'잔치가 되어버린다.

사육제를 가장 정성스럽게 벌이는 쾰른에서는 앞에서도 언급했듯이 공식적인 시작을 11월 11일 11시로 잡는다. 전통적으로 사순절 앞에

오는 축제이기 때문에 일상생활의 규율과 질서에서 벗어나는 기간이자 '억압된 기분을 발산'하는 기간이기도 했다.

수천 명의 사람들이 옛날 시장 거리에 11시 11분의 공식적인 개막을 위해 몰려들게 된다. 보통 때에는 우울한 표정의 통근자들, 눈은 반짝이지만 심각한 표정의 대학생들, 그리고 쾰른의 통행인들도 축제 기간 동안에는 신데렐라와 같은 변신을 경험하게 된다. 그들이 타고 가는 버스는 이동 파티장이 되고 노래와 농담과 술잔이 난무하게 된다. 일 년에 딱 한번 모든 사람들이 평소의 자기와는 다른 모습으로 대중 앞에 나타나서 거리낄 것 없는 행동을 할 수 있는 때가 바로 이 축제 기간 동안이다. 이 기간 동안에 사람들은 정상인의 가면을 벗어버리고 뻔뻔스럽고, 무례하고, 무질서한 모습을 보여주며 "카니발 때 바보가 되지 않는 자는 일 년 내내 바보가 된다"는 속담이 있을 정도로 모두가 바보가 되어 미친 듯 부어라 마셔라 즐기는 "광란의 축제"를 벌인다.

이 축제의 특색은 가면을 쓰고 괴상한 복장을 하고 거대한 시가행진을 벌이는 점이다. 대부분의 사람들은 홀로 혹은 짝을 이루거나 집단을 이루어서 각양각색의 가장 의상을 차려입는다. 이때의 분위기는 마치 꿈나라의 분위기이거나 혹은 영화 촬영장의 세트와 같은 분위기가 된다.

카니발의 절정은 마지막 엿새 동안인데 도시와 사람들은 완전히 딴 모양으로 변모하여, 웃음소리와 음악 소리 그리고 이국적인 의상들이 도시의 밤과 낮을 가득 메우게 된다. 또한 이 기간은 공휴일로 선포되며 상점들은 완전히 철시하게 된다.

사순절이 시작되기 일 주일 전은 목요일부터 펼쳐진다. 이 날은 '여인들의 목요일(Weiberdonnerstag)'이라 하여 하루 종일 완벽한 여인천하가 된다. 이 축제의 참가에는 단 하나의 전제 조건이 있는데 그것은 넥타이를 매어서는 안된다는 것이다. 이것을 모르고 거리에 나오면 여인네들이 대낮부터 마음껏 술을 마시고 거리를 떼 지어 다니며 가위로 남근(男根)의 상징인 남자들의 넥타이를 보는 대로 자른다. 넥타이를 잘린다는 것은 남성이 지배권을 박탈당하고 여성의 지배에 종속된다는 뜻이다. 물론 단 하루뿐이지만. 멋모르고 시내 구경 나온 외국인 신사들의 넥타이가 잘려지는 수모(?)가 도처에서 벌어지며, 이 날은 수상도 예외 없이 넥타이를 잘리면서 히죽대고 웃는 사진이 신문마다 대문짝만하게 실린다. 넥타이 끝을 잃어버리는 보상으로 그는 아가씨의 뽀뽀를 받게 될 것이며 또한 그 넥타이 자락이 아가씨의 치마 끝에 장식품으로 매달리게 된다는 사실만으로도 그는 충분히 보상을 받게 되는 것이다. 이렇게 해서 일단의 일본인 사업가들이 그들의 끝이 잘려나간 넥타이를 자랑스럽게 휘날리면서, 축제 인파에 함께 합류한 적도 있었다.

여인들의 목요일이 되면 아이들은 물론 어른들까지 온갖 아이디어를 짜내 가장을 하고 거리를 돌아다니는데 백화점엔 아예 카니발 분장용품 코너가 해마다 특설되기도 한다. 라인 카니발의 하이라이트는 뭐니뭐니 해도 그 나흘 뒤인 'Rosenmontag'이다. "Rosenmontag"는 흔히 "장미의 월요일"로 잘못 번역되는 일이 적지 않은데, 사실은 "장미"와는 상관이 없다. "rosen"은 "rasen" 즉 "광란하다"를 뜻하는 쾰른 지역의 방언인 것이다. 즉 장미의 월요일이 아닌 광란의 월요인 셈이다. 백만 명 이상의 구경꾼들이 지켜보는 가운데 다섯 시간에 걸친 꽃수레와 기마대와 밴드의 행진은 이 축제의 절정이 되는 행사이다. 이날엔 마인츠로부터 뒤셀도르프에 이르기까지 도시마다 성대한 가장 행렬이 벌어진다. 기업·조합·모임들 단위로 온갖 기상천외의 아이디어를 살린 가장 행렬을 벌이는데, 이 날은 가게도 회사도 오전만 문을 열고 오후엔 남녀노소 할 것 없이 모두 거리로 쏟아져 나와 가장 행렬에 참여하거나 구경을 한다.

이 날 독일은 전국이 술독에 빠진다. 축제에서 사람들이 마시는 전통적인 술은 '쾰슈(Kölsch)'인데 이는 쾰른 근처의 27개에 달하는 양조장에서 생산되는 매우 훌륭한 맥주이다. 쾰슈는 보통 0.2리터짜리의 길쭉한 골무 같은 술잔에 담겨져 나오며 특별한 왕관 모양을 한 쟁반에 담아서 옮겨지기도 하는데 능숙한 웨이터들은 머리에 축제로 가득 차 있어 도저히 빠져나갈 수 있을 것 같지가 않는, 손님들 사이를 가벼이 그 쟁반을 나르곤 한다.

사람들이 좋아하는 또 다른 음료는, 특히 추위를 이기는 데 도움이 되는 포도주 글뤼바인(Glühwein, 설탕이나 꿀과 향료를 넣어 데운 적포도주)이다. 이 독특한 향을 가진 술은 데워져 나오는데 마시면 즉시 몸에 온기가 돌며 즉시 취해 술이 주는 행복감에 빠져들게 된다. 주로 김이 모락모락 나는 볼록한 솥에 담긴 채로 길거리의 행상들이 팔고 있는데 이 술은 축제 참가자들에게는 주요한 자극제가 되도 있다.

가정마다 직장마다 변장한 사람들이 밤새도록 파티를 하며 술을 퍼마시는데 일 년 중 이 날이 가장 폭음하는 날이며 자연 탈선(?)도 폭증하여 카니발이 끝나고 몇 주일 뒤면 이른바 '카니발베이비'때문에 산부인과가 터질 지경이 되곤 한다.

그리고 재의 수요일이 다가오면 재의 수요일이 시작되기 15분전(그러니까 화요일 자정이 되기 전) 술집마다 창문 앞에 내걸어 놓았던 '누벨(Nubbel)'을 땅에 내리게 된다. 누벨은 가장 의상을 입힌 마네킹으로 실물 크기의 짚 인형인데 축제 기간이 시작되면서 쾰른의 많은 술집들은 누벨을 일층 창문에 내걸어서 외관을 장식하는 것이다. 이 누벨은 축제 기간 동안의 방탕과 죄에 대한 희생양이 되는데 사람들은 이 '누벨'을 태우면서 일종의 정화의식을 치르는 것이다. 신부님의 주재 아래에서 '누벨'을 보도에서 태우고 군중들에게는 성유를 발라준다. 이처럼 실컷 먹고 마시고 노는 장미의 월요일이 지나고 사육제의 마지막은 '참회의 수요일', 또는 '재(灰)의 수요일'이라는 Aschermittwoch가 시작되며 마감된다. 이렇게 해서 축제의 환락은 다음해의 축제까지 미루어지게 된다. 사람들이 광증난 광대처럼 행동하고 인습적인 도덕과 행동 규범을 무너뜨렸던 시기도 끝나게 되는 것이다.

이 날부터 사육제 기간 동안 지은 죄를 참회하고 고기를 먹지 않으며 근신하는 날이다. 재의 수요일의 교회에서 신부가 재로써 성호를 이마에 그릴 때, 세상은 다시 본래의 올바른 궤도로 돌아오게 된다. 언제 그랬더냐 싶게 축제의 분위기는 '완전히' 가시고 온 나라가 쥐죽은 듯 고요해진다.

무릇 민속 축제가 대부분 그러하듯, 라인 카니발엔 결코 관이 개입하는 적이 없다. 국민들 스스로 참여하고 즐기는 것이다. 누가 시킬 것도 없이 거리로 술집으로 몰려들어 마음껏 먹고 마시며 즐긴다. 그리고 재의 수요일이 되면 스스로 정신을 차려 거짓말처럼 정상을 되찾는다. 일 년에 한 번쯤 완벽하게 해이해져 보고 다시 일상에 되돌아오는 일종의 통쾌한 기분 전환의 계기가 되는 것이다. 축제 문화가 빈약하고, 축제가 벌어져도 대개 관 주도의 놀이마당인 우리네와는 근본적으로 다른 민족의 놀이이며 독일인들의 공동체 의식 확보의 기회이기도 한 셈이다. 비록 카니발에 퍼부어 지는 비용도 천문학적인 숫자에 이르지만 인생을 살면서 이렇게 매년 한 번쯤 일상의 굴레를 완전히 벗어 보는 것도 삶의 스트레스를 푸는 또 하나의 방법이 아닐까.

그러나 이러한 축제의 매력에도 불구하고 쾰른 시의 10%에 이르는 시민들은 자신들이 '비 참가자(Karnevalsmuffeln, 카니발에 흥미 없는 사람)'라고 공언한다. 그들이 할 수 있는 일은 제한되어 있는데 도시를 떠나거나 아니면 집 안에만 머물러서 거리에서 들려오는 축제의 소음을 막기 위해 담요를 둘러쓰고 있는 것이다. 쾰른의 몇 안 되는 술집들 중에서 비참가자들의 피난처가 될 수 있는 '비 축제 지역'이라는 안내문을 내 건 술집을 찾을 수 없다면 바깥에 나가서 조용하게 술을 한 잔 하겠다는 생각은 며칠 동안은 접어 두어야만 할 것이다.

(참고: 검색어에 '쾰른 카니발'을 입력하면 사진과 함께 여러 정보들이 올라와 있다. 그 중 '독일축제 http://www.nobelmann.com/old/about/land/festival.htm' 혹은 '네이버 월드타운-나라토크-독일-독일 Q&A'에 들어가도 같은 내용이 올라와 있다. http://hesse-library.mokwon.ac.kr/deutsch/festiv/koln.htm에 들어가면 쾰른 카니발에 대한 동영상이 나와 생생한 축제 모습을 볼 수 있다.)

대구 매일신문 2002년 2월 20일 '신경제 상품 문화' 시리즈 9번째로 '독일 쾰른 카니발'(조향래 기자)이란 기사 내용이 실려 소개한다:

세상에는 사계절이 있을 뿐이지만 쾰른에는 '제5의 계절'이 있다. 회색의 겨울하늘과 을씨년스런 도시의 거리를 후끈하게 달구는 흥에 겨운 축제. 쾰른 사람들은 카니발 기간을 애정 어린 어조로 그렇게 부른다.

게르만 민족의 카니발은 원래의 봄맞이 행사에다 중세의 기독교적 색체가 가미된 독특한 형태를 띤다. '쾰른 카니발'도 라인축제와 마찬가지로 그 전해 11월 11일 11시 11분 구 시장터에서의 시끌벅적한 개막행사와 함께 장미의 월요일까지 계속된다. 장미의 월요일이 지나면 재의 수요일이 오고 이때부터 40일간 고기를 먹지 않는 사순절이 시작되기 때문에 그전에 실컷 먹고 마시면서 삶의 기쁨을 만끽하는 것이다.

사실상 본격적인 축제일정은 사순절 전 6일간이다. 그 시작이 바로 '여인들의 목요일'로 불리는 목요일 아침. 이때는 각양각색의 중세의상 차림의 처녀들이 떼 지어 다니며 남자들의 넥타이를 보는 대로 잘라버린다. 그러나 남근의 상징인 넥타이가 잘리는 보상으로 쾰른 아가씨의 뽀뽀를 받고 잘린 넥타이가 아가씨의 치마장식으로 매달리게 되니 그리 불쾌한 일은 아니다. 끝이 잘린 넥타이를 맨체 히죽대며 축제인파에 휩쓸려 다니는 동양인의 모습이 가끔 눈에 띄는 것도 마인츠에서 열리는 라인 카니발과 유사한 풍경이다.

쾰른 카니발의 절정은 뭐니뭐니해도 장미의 월요일로 불리는 '로젠몬탁Rosenmontag'. 이 날은 도시의 모든 상가가 문을 내리고 온 시민과 여행객들이 뒤엉킨 가운데 화려한 도심 퍼레이드가 벌어진다.

축제기간 최대의 인파가 모여든다. 쾰른의 대표적 관광명소인 쾰른 대성당도 이날만은 문을 걸어 잠근다. 성당관리인 아저씨말이 '온 쾰른 시민이 술에 취해 있기 때문에 성당에서 난동이라도 부릴까봐서...'였다.

성당 주변은 구수한 장터로 변한다. 놀이동산이 설치되고 각종 먹을거리와 맥주스탠드가 즐비하게 들어선다. 벌떼로 변장한 악대들이 성당 앞 광장을 점령한 채 신명나는 음악을 연주하고 구경꾼들도 저마다 분장을 한 채 축제분위기에 젖어든다.

축제에 빠질 수 없는 게 술이다. 쾰른의 유명한 주점 프뤼Früh에는 대낮인데도 전통 술인 '쾰슈'맥주에 거나하게 취한 사람들이 어깨동무를 한 채 '움빠 움빠 움빠빠'란 합창을 하고 있다. 게르만족 특유의 술집풍경이다.

알뜰한 쾰른 사람들은 술값을 아기기 위해 유모차에 맥주통을 싣고 다니며 마시기도 하지만 축제 참가자들이 소비하는 주류비용이 4천만 마르크(240억 원 가량)에 달할 정도라니 얼마나 많은 술을 마셔대는지 알만하다. 축제의 하이라이트인 로젠몬탁의 퍼레이드에서는 100만 명 이상의 구경꾼들이 지켜보는 가운데 5시간 동안의 꽃수레와 기마대, 밴드, 화려한 차량들의 행진으로 축제의 절정을 이룬다.

행렬은 쾰른 중앙역 근처에서 11시 11분에 시작돼 구 시가지를 가로질러 루돌프 광장에 이른다. 시민들도 제각각 광대차림에서 신부 복장이나 인디언, 바이킹, 우주인 의상과 만화 및 영화 주인공들의 의상 등 온갖 기발한 차림으로 치장을 하고 행렬에 참여해 분위기를 고조시킨다. 도시 전체가 영화 촬영장의 세트 같다. 관광객들은 마치 꿈나라에 온 느낌이다.

쾰른 축제에서는 왕자, 농부, 처녀로 구성된 '3인의 스타'가 선출되는 것도 특이하다. 이들은 로코코 양식의 가운을 걸치고 프러시아 군복을 입은 근위병들의 호위를 받으며 주요 행사장에는 어김없이 모습을 나타내는데 축제를 사랑하는 시민들은 사육제의 왕자를 시장보다 더 부러워할 정도다.

쾰른 카니발에서 무엇보다도 중요한 것은 재의 수요일 날 축제기간 동안의 방탕과 죄에 대한 희생양으로 누벨인형을 태우는 것이다. 누벨 태우기는 주술적이고 종교적 색채가 강한 의식이라기보다는 방탕과 일탈에서 일상생활로 돌아간다는 의미로 해석하는 게 옳다는 게 현지 시민들의 설명이다. 질서와 규칙 그리고 절제에서 벗어나 디오니소스의 자유를 만끽하는 쾰른 카니발의 정취, 그 낭만을 잊지 못해서 세계인들은 또다시 쾰른을 찾게 된다.

8-3. 베를린 러브 퍼레이드 Love Parade

7월 두 번째 토요일 개최하며 브란덴부르크 문에서 전승기념탑에 이르는 '6월 17일' 거리를 행진하는 테크노 음악 축제.

러브 퍼레이드는 나중 독일 도시 베를린 소개에서 다시 이야기 하겠다.

Gute Laune für alle

"Zum Lachen gehen die Deutschen in den Keller." Ein böses Vorurteil. Und es stimmt auch nicht. Zum Beispiel Rosenmontag in Köln: Wildfremde Menschen - als Papst, Pinguin oder Pilot verkleidet - umarmen und küssen sich. In den Kneipen wird zu Liedern mit so vielsagenden Texten wie "Die Karawane zieht weiter, der Sultan hat Durst" geschunkelt, die Gastwirte machen 40 Prozent ihres Jahresumsatzes, und die Gäste danken es mit einem und mehr Promille Alkohol im Blut. Sie beginnt am 11.11. um 11 Uhr 11: Die fünfte Jahreszeit, die im Westen der Republik "Karneval" und im Süden "Fastnacht" oder "Fasching" heiβt. "Organisierte Frö hlichkeit nennen Karnevalsmuffel das Ganze und fliehen in karnevalsfreie Zonen nach Norddeutschland oder Berlin. (Feiern-Gute Laune für alle)

모두를 위해 좋은 기분

'웃기위해 독일인들은 지하실로 간다'. 그 말은 나쁜 선입견이다. 또한 맞지도 않다. 예를 들어 쾰른에서의 장미의 월요일. 그 날엔 전혀 서로 모르는 사람들이 -교황으로, 펭귄으로 혹은 비핵기조종사로 가장을 하고는- 서로 껴안고 키스를 나눈다. 술집에서는 '카라반이 계속 나아가고 술탄은 목이 마르다'와 같이 의미심장한 가사의 노래에 맞추어 몸을 흔든다. 술집주인들은 일 년 매상의 40%를 올리고 손님들은 혈중 알코올 농도 0.001 혹은 그 이상으로 답례한다. 그 축제는 11월 11일 11시 11분에 시작한다. 제5의 계절인 것이다. 서부독일에서는 카니발, 남쪽에서는 '사육제 Fastnacht' 혹은 '파싱'이라 부른다. 카니발에 흥미없는 사람들은 그 모든 일들을 '조직적 흥연'이라 부르며 북부독일이나 베를린처럼 카니발이 없는 지역으로 도망을 간다.)

9. 교육제도

9-1. 유치원에서 대학까지

독일의 교육제도는 연방정부의 관장 하에 한가지로 통일된 제도와 운영방식을 따르는 것이 아니라, 각 주(州)정부 관장 하에 이루어지는 지방자치 제도의 운영사항이기 때문에 간단히 한가지로 설명하기는 어렵다. 따라서 여기서는 독일 전역에 공통적으로 유사하게 운영되는 교육제도의 개괄적인 사항을 개괄적으로 간략하게 소개할 수밖에 없다.

독일의 보통 교육기간은 초등학교에서 대학 입시 전까지 13년이다. 의무교육은 만 6세(초등학교)부터 9년간 실시되는데 4년제 초등학교를 마친 후 학생의 적성과 희망에 따라 4개 유형의 중고등학교로 진학한다.

독일 교육제도의 목표는 교양과 인격도야라기 보다는 학생들이 노동시장의 요구를 충족시키는 우수한 노동력의 소유자가 되도록 훈련시

키는 것이다.(69)

그러면 독일의 교육기관을 각 유형별로 알아보겠다. 독일의 교육기관에 대해서는 '주독한국교육원'이라는 사이트(www.keid.de)에 들어가면 아주 자세히 설명하고 있는데 여기서는 간단히 주요한 점만 소개하겠다.

– **유치원(Kindergarten)**: 취학 전 단계로서 유치원은 의무화되어 있는 것이 아니라 부모들의 선택사항이나 3~6세의 취학 전 아동의 80% 정도가 유치원을 다닌다는 점에서 제도권교육이나 다름이 없다. 놀이중심의 사회성 함양을 목표로 하고 있다.

– **초등학교(Grundschule)**: 의무교육의 첫 단계로서 당해 연도 6월30일까지 만 6세가 되는 아동이 입학대상이며 학교교육이 대부분 4년제이긴 하나 주에 따라 6년이 소요되는 주(브레멘, 베를린, 함부르크)도 있다. 능력에 따라 5~7세부터도 가능하며 신학기는 9월에 시작한다. 초등학교는 대부분이 공립이고 사립학교는 몇 개 밖에 없다. 초등학교의 목표와 임무는 학생들이 학교수업에 흥미를 가지도록 지도하고 중고등학교 진학에 대비하도록 기초교육을 실시하는 것이다. 초등교육은 연간 수업일수가 190일 정도이며 초등학교에서 공부하는 정규수업 과목은 종교, 독일어, 수학, 미술, 음악, 체육, 사회생활(Sachunterricht) 등으로 구성되어 있으며 주당 20시간에서 24시간 정도이다. 그밖에 합창, 악기 다루기, 체조나 배구 등과 같은 특별활동 시간(주당 2시간 정도)을 마련하여 희망하는 학생들이 참가하도록 함으로써 특기와 소질의 계발과 취미활동의 기회를 제공한다. 초등학교는 개인의 진로를 결정하는 시기로 아동들은 4학년 말(6년인 경우는 6학년 말)에 적성과 능력, 희망에 따라 여러 가지 형태의 중등학교에 배치된다. 물론 성적이 중요한 기준이 된다. 지역별로 다소 차이가 있긴 하지만 독일어와 수학에서 최소한 2.5점 정도까지를(독일은 1점이 최고점수며 6점은 낙제다) 받은 학생들은 김나지움(Gymnasium)이라 불리는 인문계 학교를 추천 받게 되고, 3.0점

정도까지를 받은 학생들은 레알슐레(Realschule) 진학을 권고 받게 되며 그 다음 학생들은 하우프트슐레(Hauptschule) 진학을 권고 받는다. 진학할 학교에 대한 교사의 추천에 대해 대부분의 학부모들은 교사들이 학생의 능력과 실력을 누구보다도 잘 알고 있다고 믿고 따르지만 추천에 이의를 갖는 학부모의 경우는 학생의 적성검사와 담임 교사와의 상담을 통해 재조정하는 과정을 거치게 된다.

– **하우프트슐레(Hauptschule)**: 초등학교 졸업생의 약 30% 정도가 진학하며 5학년부터 9학년까지 5년제 학교이다. 대학진학을 목표로 하지 않는 학교로서 기초적인 직업교육을 실시한다. 8학년 때부터는 자신이 원하는 직업분야에서 1주일에 1일 동안 실제적 경험을 하게 된다. 이것을 통해 장래 직업의 구체적 현실을 미리 점검해 볼 수 있다. 이 학교에서는 노동(Arbeit), 경제(Wirtschaft), 기술(Technik)의 3부분의 이해를 돕기 위한 수업들을 제공하고 있다. 그러나 독일교육의 특징인 학교유형 사이의 이전 가능성이나 보완교육 등으로 상급학교로의 진학 가능성이 여러 방향으로 열려 있다. 졸업시험은 없으며 하우프트 슐레에서 9학년이나 10학년을 마치면(졸업) 수공업 또는 산업계 등에서 근로자로 일할 수 있으며 18세까지 별도의 직업교육을 직업학교에서 더 받을 수 있다. 그러나 하우프트 슐레는 주로 학업성적이 낮은 학생이나 이민 온 아동들이 대부분 차지하고 있어 현재 개혁이냐 폐쇄냐하는 논쟁을 일으키고 있다.

– **레알슐레(Realschule)**: 5학년부터 10학년까지의 6년제 학교로 하우프트슐레와 김나지움 사이의 중간 수준이다. 초등학교 졸업생 중 20%가 진학하며 5~6학년은 관찰기간으로 하우프트 슐레에서와 같은 진로지도가 이루어진다. 6년의 학과 과정을 마친 후 마지막에 종합시험을 통해 실업학교 졸업증서(Mittlere Reife)를 딸 수 있다. 이 학교의 교육 목표는 대학 교육보다는 직업생활을 일찍 시작하려는 학생들에게 필요한 기본 소양을 함양시켜 주는 것이다. 또한 이 레알슐레는 앞으로의 전문직 활동을 위해 필요한 여러 재교육과 상급교육을 받을 기회를 모두 제공하고

있다. 학생들의 관심과 성적에 따라 김나지움(Gymnasium)으로 옮겨 갈 수도 있고, 실업학교 졸업 후에 좀더 고급 수준의 직업학교인 전문 김나지움(Fachgyumnasium)이나 전문 직업상급학교(Fachoberschule)로 가 대학으로 진학할 수 있다.

– **김나지움(Gymnasium)**: 5학년부터 13학년까지의 9년제 과정이다. 학교성적이 우수하고 대학에 진학할 목표를 가진 학생들이 김나지움에 입학한다. 5~10학년은 한국의 중등과정에 11~13학년은 한국의 고등학교 과정에 해당된다. 김나지움이 대학 공부를 위한 준비 단계이므로 김나지움 졸업시험은 곧 대학 입학자격(Allgemeine Hochschulreife)을 주는 아비투어(Abitur)로 마무리된다. 물론 아비투어 시험에 있어서 시험을 치르는 과목의 선택과 김나지움에서 이수하는 교과목과는 밀접한 관계를 가지고 있다. 일반적으로 언어 · 자연과학계열(우리 나라의 인문계열과 자연계열)의 이수과목을 보면, 종교/윤리, 독일어, 지리, 역사, 사회, 제1외국어, 제2외국어, 수학, 자연현상, 물리, 화학, 생물, 체육, 음악, 미술 등의 과목을 공부하게 된다. 물론 학교의 특성과 여건에 따라 주력 과목이 있다. 인문계열의 경우 외국어과목에 중점을 두어 고전어인 라틴어까지 4~5가지의 언어를 배울 수도 있고, 자연계열의 경우 물리, 화학, 생물과목을 더 추가해서 이수하게 된다. 5학년부터 11학년까지의 총 이수단위가 인문계열의 경우 214단위, 자연계열의 경우 220단위에 이른다. 여기에서의 이수단위는 주당 1시간씩 연간 공부하는 양을 말한다. 특히 김나지움의 11학년~13학년은 상급과정(Oberstufe)이라 하며, 이중에서도 12학년과 13학년 과정에서는 각 학생별로 자기의 소질과 적성, 그리고 학업능력에 따라 공부할 과목을 조합하고 성적을 받아 이수해야 한다. 주당 4시간 이상을 공부해야 하는 선택과목(Leistungskurs)과 2시간짜리 기본과목(Grundkurs)을 섞어서 이수해야 한다. 결과적으로 여러 교과목을 3개 분야 즉, 언어분야, 자연과학분야, 예능/사회분야 중 적어도 2분야를 망라하여 최소한 3개 과목을, 그리고 3분야 전체에서 5개 과목 이상의 기본과목을 포함시켜서 공부할 교과과정을 편성해야 한다. 이렇듯 각 분야의 과목을 고루 이수하여야 아비투어를 치를 수 있도록 구조화되

어 있어서 독일 김나지움의 교육방향은 결국 소위 전인교육을 지향하고 있음을 알 수 있다.

- **종합학교(Gesamtschule)**: 학생들의 진로가 너무 일찍 결정된다는 비판에 따라 위 세 형태의 학교가 혼합된 학교로 1970년 대 사민당의 주도로 생겨났다. 보통 5학년부터 10학년까지의 과정으로 되어 있는데 종합학교의 교육목표는 부모의 사회적 지위에 따른 학교선택을 지양하고, 다양한 사회계층의 아동들이 함께 학습과 체험을 공유함으로써 사회적 경험을 쌓는 전체성(Ganzheitlichkeit)을 추구하는데 있다. 또한 능력에 따른 차별화가 아닌, 학생의 다양한 재능과 기호를 존중하는 가운데 공동수업을 통해 학습과정의 개인화와 단체 안에서의 개별화를 선호한다. 종합학교 교육 과정은 진로 탐색 과정(5학년부터 7학년까지), 진로 선택 과정(8학년), 졸업 과정(9, 10학년)으로 나누어진다. 9학년에 진급하여 자신이 선택한 진로와 성적을 비교하여 최종적으로 진로를 선택하면 이때부터 수업계획은 3가지 학교형태(하우프트슐레, 레알슐레, 김나지움)에 따른다. 그러나 종합학교의 문제점은 제도를 도입할 당시에 걸었던 기대와 희망과는 달리 종합학교의 설립이 정체현상을 보이고 있는데 이에 대한 원인으로는 지나치게 높은 예산, 전문과목의 분산, 협력의 문제, 종합학교가 지나치게 크고 일목요연하지 않다는 점 등을 들 수 있다. 그래서 1990년대 초부터 보수적인 주들은 종합학교를 폐지하고 있다.

9-2. 독일대학과 대학의 문제점

독일에서 가장 오래된 대학은 하이델베르크 대학으로 1386년 설립되었다. 그 외에도 독일엔 500년 이상 된 대학이 상당수 있기 때문에 독일에서의 대학의 역사는 대단하다. 1950년에는 난시 내입 적령학생의 6%만이 대학에 진학했으나, 현재는 약 1/3 이상의 중등학교 졸업생이 대학에 진학하는 실정이다. 학업은 Magister 시험, Diplom 시험, 박사시험 또는 국가시험 등으로 종결된다.

김영찬저 '독일견문록'에서 '변화하는 독일대학'에 관한 내용을 요약해서 소개하면 다음과 같다.

독일연방통계청에 따르면 2003년 말 현재 독일에는 종합대학(Universität) 103개, 예술대학 52개, 전문대학(Fachhochschule) 164개 등 373개의 대학이 있다. 사립대학이 62개로 늘어났지만 대학의 대부분은 국립이며 평준화되어 있다. 공교육은 무료지만 독일의 대학진학률은 32.4%로 한국의 48.6%에도 못 미친다. 최근 몇 년간 독일에서는 독일 대학교육이 안고 있는 문제점들이 끊임없이 제기되었는데 그것들을 열거하면 다음과 같다. '재정지원이 부족하다. 학생들이 너무 늦은 나이에 사회에 진출한다. 대학에서 학생선발권이 제한되어 있다. 40세가 넘어야 교수가 된다. 대학을 졸업한 인재들이 외국으로 빠져 나간다. 대학진학률이 낮다. 평준화에 따른 경쟁약화로 대학들이 세계적인 수준에서 뒤쳐진다' 등이다. 이중 몇 가지를 더 알아보자

(1) 대학을 졸업하고 사회에 진출하는 나이가 너무 늦다.

독일연방통계청이 2003년 펴낸 '독일 대학 백서'에는 대학을 졸업하는 평균나이가 28.9세나 되는 것으로 나타났다. 이처럼 대학졸업 연령이 높은 것은 고등학교를 졸업하기까지 13년이 걸리고(다른 나라는 보통 12년) 군복무도 1년간 마쳐야 하기 때문이기도 하지만 주된 요인은 재학기간이 길기 때문이라는 것이다. 독일의 대학과정은 다른 나라의 석사과정까지 포함된 것과 마찬가지지만 독일대학생들의 평균 수학기간은 12학기 즉 6년에 달하는 것으로 나타나 있다. 장기대학생으로 14학기 이상 적을 두고 있는 학생도 전체의 12.1%(17만 명)에 이르고 이중 10년 이상을 다니고 있는 학생도 7만 명이 넘는다 한다. 그래서 '직업이 학생'이라는 비꼬는 말도 나오고 실제로 72학기나 대학에 등록한

사례도 있었다 한다. 이처럼 학교에 학생들이 오래 머물게 되는 이유는 세미나, 중간시험, 졸업시험의 부담 등 기본적인 학업의 어려움 외에도 학년별 취득학점이라는 것이 없고 등록금이 없는데다 학생신분을 유지할 때 여러 혜택들을 누릴 수 있기 때문이다. 또한 대학 구내식당에서의 가격은 일반식당의 3분의 일 정도에 불과하고 의료보험 등 여러 면에서 혜택이 있기 때문이다.

이처럼 늦은 대학졸업 연령을 끌어내리기 위해 정부나 대학은 고등학교까지의 교육기간 축소를 추진하는 한편 학사와 석사를 분리하거나 장기대학생들에게는 등록금 부과를 하는 제도를 도입했다. 김나지움이 5학년부터 13학년(9년제)까지로 되어 있는데 이를 12학년까지로 줄이는 방안이 추진되고 있으며 일부에서는 이미 실시가 되고 있다. 독일 대학의 취득학위는 '디플롬'이나 '마기스터'인데 이는 석사학위에 준하는 것이다. 1998년 대학교육법의 개정으로 학사학위 과정을 보통 3년, 석사학위는 2년으로 나누는 2단계 제도가 도입되었다. 아직은 초기단계여서 대학에 개설된 전체 과정 중 19% 정도만 이 제도를 도입했으나 에르푸르트 Erfurt 대학은 전체 학생이 학사와 석사제도에 등록하여 이 제도가 점차 폭넓게 활용될 가능성이 있다.

그런데 이 제도가 성공적으로 잘 정착되기 위해서는 노동시장에서 기업들이 이 학위소지자를 얼마나 인정하고 받아주며 외국대학들은 도이 학위를 어떻게 인정할 것인지에 달려 있는 것으로 보인다.

(2) 등록금 문제

독일대학에 등록금이 없다는 말은 이제 옛이야기라 한다. 그 이유는 위에도 언급하듯이 장기간 대학에 다니는 학생들에게 2004년부터 등록금이 부과된데 이어 2005년부터는 일부 주에서 대학생 모두에게 등록금을 부과하기 때문이다. 대학생들의 대대적인 반대에도 불구하고 2004년 4월 학기부터 상당수 대학에서 장기재학생들에게 수업료를 부과하였다. 여기서 장기재학생이란 적정학기(법학 9학기, 물리학 10학기 등)보다 4학기 넘게 재학하는 학생을 말한다. 이들 대학들이 부과한 금액은 약 500~650유로(약 65만~80만원) 정도고 이는 대학 등록금으로는 큰돈이 아니지만 교육이 당연히 무료라고 믿어 왔던 학생들에게 이는 상당한 충격이 되었다. 그래서 노르트라인-베스트팔렌 주에서는 16%, 헤센 주에서는 14%나 학생수가 줄었다 한다. 그런데 학생들이 학비를 내지 않고 대학을 다님으로 대학에서 학생들이 주인노릇을 하지 못하는 부분도 있다. 대학도서관이 밤 9시면 문을 닫고 일요일에는 문을 열지 않는 곳이 많으며 교수면담 시간도 일주일에 1시간 정도라 한다. 그래서 여러 학자들은 학생들이 등록금을 내야 학교에서 지위가 향상될 것이라고 지적했다.

(3) 대학의 학생 선발권 문제

독일에서 학생들이 특정대학에 진학하기 위해서는 고등학교 졸업시험인 아비투어에서 일정점수 이상을 받아야 한다. 그러면 대학에서 공부할 수 있는 자격을 갖게 되고 자신이 가고 싶은 대학과 학과에 지원을 한다. 그러나 지원자가 많이 몰리는 경영학, 생물학, 의학, 약학, 심리학, 치의학 등은 '입학정원 제한 학과'로서 도르트문트에 있는 학생배정처(ZVS)에서 아비투어 성적, 지역, 그리고 학생들의 희망을 고려하여 대학을 배정한다. 그러니 대학들은 학생들의 지원서를 직접 받지 못한 상태에서 학생들을 받아들이게 되는 것이다.

이러한 문제를 시정하기 위해 대학에 학생선발권을 강화하는 법안이 2004년 7월에 개정되었다. 이에 따르면 정원의 20%는 아비투어 성적이 좋은 학생들이 스스로 대학을 선택하게 하고 60%는 대학들이 학생을 선발하고 나머지 20%만 ZVS에서 배정하도록 하였다.

(4) '하빌리'의 문제

독일에서 교수가 되기 위해서는 박사학위를 받은 후 일정기간 연구를 하여 박사학위 논문보다 더 수준 높은 논문을 작정한 후 교수자격 즉 Habilitation(줄여서 하빌리)을 취득하여야 한다. 그러다보니 교수자격을 따는 나이가 평균 40세다. 이런 이유가 젊은 학자들로 하여금 다른 길을 찾게 하는 요인이 되기도 한다. 보다 나은 기회를 찾아 미국이나 외국으로 떠나면서 두뇌유출의 우려가 제기되는데 미국에서만 독일의 인재 2만 명이 교수나 연구 활동을 하고 있다 한다. 이를 해결하기 위해 2002년 '유니어프로페서 Juniorprofessor'제를 도입했는데 이들은 6년 동안 우수한 성과를 올리면 기존의 하빌리 없이 정식 교수가 된다. 2010년까지 독일정부는 하빌리를 이 제도로 완전히 대체할 예정이라 한다.

9-3. 독일 대학의 학업구성

독일대학에 입학허가(Zulassung)를 받은 학생은 입학등록(Immatrikulation)을 하게 되는데 입학등록은 한학기만 유효하기 때문에 다음 학기부터는 재등록(Rückmeldung)을 한다. 어떤 학위를 취득할 것인가에 따라 한 개의 학과를 전공하거나 몇 몇 개의 학과를 동시에 공부하기도 한다. 독일대학도 우리나라와 마찬가지로 학기제이며, 일반적으로 겨울학기가 시작학기이다. 겨울학기는 매년 9월말/10월초에 시작을 하며, 여름학기는 3월말 /4월초에 시작을 한다. 한 학기는 6개월이며 강의기간은 4~5개월 정도이다. 독일대학의 방학이라 함은 휴식의 개념도 있지만 실습이나 학기 중의 복습과 과제 제출준비를 하는 의미도 함께 포함하고 있다.

매학기 초나 말에 다음 학기 강의표(Vorlesungsverzeichnis)가 나오는데 학교의 게시판(Schwarzes Brett)을 수시로 살펴보아야 한다. 독일대학의 학업은 일정한 수업과정이 정해져 있지 않기 때문에 각자가 원하는 대로 학기 학업계획표를 스스로 만들어야 한다.

1997년 10월부터 한국학생들의 독일대학 입학요건이 간소화되었다. 고등학교 졸업자도 입학허가를 받을 수 있게 되었다. 한국대학에서 일년간 수학해야 한다는 조건이 삭제된 것이다. 대학에 입학하려면 반드시 독일대학에서 치르는 "DSH(유학생 독일어시험으로 이전 PNDS)"에 합격하여 수강에 충분한 독일어 실력을 갖춘 것을 증명해야 한다.

독일대학에서의 학업단계는 크게 둘로 구분된다. 먼저 기초과정(Grundstudium)이라하여 대체로 네 학기 동안 정해진 수의 강의와 초급세미나를 이수한 다음 중간시험(Zwischenprüfung)을 보게 되는 단계다. 중간시험은 해당 학생이 대학에서 학업생활을 수행할 능력과 적성이 있는지를 판단하는 과정이라 할 수 있다. 중간시험에 합격한 사람은 두 번째 단계인 전공과정(Hauptstudium)에 들어서게 된다. 기초과정에서는 필수과목들이 많은데 반하여 전공과정에서는 선택필수과목이 많아 선택의 폭이 커진다. 고급세미나와 강의로 구성된 전공학업은 상당한 수준이며 개설되는 강의와 세미나를 학생 자신이 선별하여 이수하면서 등록한 과정의 공부를 한 후에 논문지도를 받고 시험을 볼 교수를 선택하게 된다. 이렇게 학생이 독자적으로 학업을 설계하고 전공영역의 학문을 창의적으로 이수하게 하는 독일식 대학수업은 학업의 기간이 길어진다는 문제가 생기기는 하지만 전공지식에 대한 창의적 능력은 물론이고 지성을 갖춘 지식인을 기를 수 있다는 장점이 있다. 전공분야 이외에도 두 가지 부전공을 이수해야만 졸업에 필요한 시험을 신청할 수 있다. 부전공의 학업은 비록 이수해야 할 분량이 전공보다 적다고는 하지만 학문하는 수준과 질에서는 그리 만만하지 않다. 독일의 대학에서는 전공과 부전공의 차이가 대단한 것이 아니라서 필요할 경우 전공과 부전공을 서로 바꿀 수도 있고, 전혀 새로운 전공과 부전공을 다시 시작 할 수도 있다.

높은 학업수준과 학업성취에 대한요구로 인하여 1993년의 경우 대학교와 전문대학에서 공부하던 학생 중 약 27%가 학업을 중도에서 포기한 것으로 나타났다.

한국에서의 교양교육은 독일대학에서는 권장사항이다. 모든 대학들은 무엇을 전공하는 학생이든 간에 누구나 참여할 수 있는 교양강좌들을 마련하고 있으며, 교양과목을 이수하지 않았다고 해서 학위를 취득하는 데에 문제가 생기지 않는다.

독일대학에서의 수업의 형태와 방법에 대해 알아보자. 수업의 형태는 Studienaufbau 혹은 Die Lehrveranstaltung이라 표현한다.

1) 강의(Vorlesung): 교수가 주어진 테마에 대하여 발표하는 것인데 강의 중에 교수와 학생사이의 대화는 전개되지 않는다. 물론 강의 후에 질문을 할 수는 있으나 한국의 대학 강의처럼 주로 교수는 강의를 위해 강의원고를 직접 작성해 정해진 시간에 강의실에 들어와 원고를 천천히 읽어나간다. 약간의 부연설명이 있기는 해도 원고의 내용을 정확히 전달하는데 치중하는 수업이다. 세미나

에 비해 포괄적인 내용을 정리하여 전달해 주는 형식이라서 논문 지도교수나 시험을 신청할 교수의 강의를 청강하는 것은 반드시 필요하다. 강의를 통해 학문의 새로운 연구동향과 학문의 전체적인 지식을 얻을 수가 있다.

2) 세미나(Seminar): 독일의 일반적인 수업형태가 세미나식이다. 세미나란 보통 학회 같은 곳에서 지명된 몇 회원이 분담된 소주제(小主題)에 대하여 연구 발표하고, 이를 바탕으로 전 회원의 토론을 통하여 소주제의 연쇄로 된 대주제에 이르도록 하는 연구활동으로 대학에서는 교수의 지도 아래 지정된 주제를 가지고 학생들이 공동으로 토론·연구하게 하는 교육 방법이다. 세미나는 두 단계로 나뉘어져 있는데 초급세미나(Proseminar)와 주요세미나(Hauptseminar)로 구분된다. 초급세미나는 대학에 입학하여 중간시험을 통과하기 전까지 참가하는 수업으로 주로 전공과 부전공의 기초적 지식과 연구방법론 등을 다룬다. 주요세미나는 전공과 부전공의 기초가 끝나고 본격적으로 전공 혹은 부전공을 공부하는 학생들이 참여하는데 초급세미나에서 우수한 성적을 받아야 주요세미나에 참석할 수 있다. 교수들은 흔히 자신들이 연구하는 테마를 가지고 세미나를 하는데 학생들이 제출하는 레포트(Seminararbeit)중 내용이 뛰어난 것은 교수의 연구자료로 활용된다. 세미나에서 우수한 성적을 취득하면 성적증명서(Schein)을 발급받는다. 학점취득이기도 하다.

3) 연습(Ubung): 영어로 번역하면 Exercise Course가 될 수 있다. 세미나와 큰 차이는 없지만 세미나가 더 전문적인 주제를 다룬다면 연습은 교수의 강의를 듣고 학생들이 배운 것을 적용해서 프레젠테이션을 하는 것이다. 학기 초에 교수가 일정한 주제를

공고하면 학생들은 자율적으로 팀을 짜서 자신들이 발표하고 싶은 날짜와 주제를 정해서 교수한테 등록을 한다. 그래서 매 시간마다 등록된 팀들이 나와서 프레젠테이션을 하고 프레젠테이션이 끝나면 그 주제에 관한 학생들끼리의 토론이 이어진다. 교수는 거기에 코멘트를 달아주는 정도이다.

4) 실습(Praktikum): 전공과 관련된 실습으로 실습에는 두 가지 의미가 있다. 학교외의 다른 곳(특별히 교생실습이 아닌 한) 즉 산업체나 관공서등에서 현장실습을 하거나 자연과학계통이나 공과계통에서 학교 내의 실험실, 컴퓨터실에서 실시하는 실습을 의미하기도 한다.

5) 개인수업(Einzelunterricht): 음악대학이나 미술대학과 같이 실기를 위주로 하는 경우 교수와 학생이 1:1로 수업을 하게 된다.

독일대학에서는 대학에서 요구하는 학업수준이 높기 때문에 열심히 하지 않는 경우 대학에 머무르는 시간이 상당히 길어지며, 6년 안에 졸업하는 경우를 보기란 쉽지 않다. 학교도 자유롭게 옮겨 다니기 때문에 선후배, 동급생이나 학년개념이 없고 평균 재학연한이 14학기 이상이다. 배우는 즐거움을 만끽하기 위해 10년 이상 대학에서 머무르는 사람이 있는가 하면 대학에 등록만 해놓고 공부를 제대로 하지 않아 학기 수만 늘리는 사람도 적지 않아 국가가 이들의 문제를 해결하고자 노력하고 있다. 그러나 대부분의 학생들이 자신이 스스로 선택한 전공과 부전공에 임하는 자세가 진지하며, 학문을 추구한 대학인으로서 지성을 겸비한 전문인이 되고 있다.

독일대학의 졸업(Studienabschluss)은 우리나라의 학제처럼 학사(Bachelor)가 없이 - 최근 생긴 몇몇 학과의 학사 학위과정을 제외하고 - 첫 학위로 석사(Diplom, Magister Artium)학위 취득이나 국가시험으로 하게 된다. 이후 박사학위 과정(Promotion)을 밟는다.

1) 디플롬(Diplom): 디플롬 시험은 자연과학, 공학, 사회학 및 경제학 분야학위를 수여하는 대학졸업시험이다. 디플롬 취득 전공과목의 학업규정에 의하면 중간시험 보기 전까지 적어도 4학기를 수료하여야 하며, 중간시험 이후 디플롬 시험 볼 때까지 4학기를 더 수료하여야 한다. 디플롬 시험은 각 전공과목에 관한 구두시험과 필기시험 그리고 졸업논문으로 이루어지는데 졸업논문은 시험출제위원회가 인정한 주제에 관해 독자적, 논리적으로 쓴 논문이다.
2) 마기스터(Magister Artium): 마기스터 학위는 인문과학분야의 졸업시험이다. 전공을 복수로 하던가 아니면 주 전공 하나에 부전공 2과목을 이수한 후 응시할 자격이 주어진다. 디플롬과 마기스터의 차이는 디플롬은 국가에서 관할하는 학위이고 마기스터는 대학에서 관할하는 학위이다. 두 학위는 석사학위이고 수준의 차이는 없다.
3) 국가고시(Staatexamen): 국가고시는 국가에서 실시하는 졸업시험으로 독일국민이 국가공무나 국가가 통제하는 직업(약사, 의사, 교사, 법률가등)을 위해 국가고시를 볼 수 있으나 외국인은 법적으로 국가공무나 교직에 종사할 수 없으므로 원칙적으로 시험에 응시를 할 수 없다. 국가고시는 특별시험규정에 의해서 국가고시위원회위원들과 대학교수들에 의해서 평가되며 디플롬 학위나 마기스터 학위와 동등한 수준의 졸업시험이다.
4) 박사학위(Doktor): 박사학위과정의 입학조건은 디플롬이나 마기

스터학위, 국가고시를 좋은 성적으로 졸업한 학생에 한하여 자격이 주어진다. 그 외의 자격인정 여부는 각 전공분야의 소관이며 몇몇 전공의 경우에는 국가고시위원회에서 주관한다. 자격인정절차는 시간이 오래 걸린다. 한국에서는 기본적으로 석사를 마쳐야 여기 박사과정에 입학이 된다. 또한 한국에서 공부한 내용들이 다 인정받는 것이 아니고 개인적인 지도교수 및 학교의 평가에 의하여 인정받거나 아니면 일부분은 다시 박사과정 입학을 위하여 과정을 이수해야 한다. 박사과정은 절대적으로 개인의 능력에 따라 진행되므로 짧으면 3~4년 길면(특히 독문학, 철학, 어문학) 15년도 걸리는 것이 독일의 박사과정이다. 미국 케나다 일본 한국 등은 입학 후 학교의 주관 하에 정해진 학점을 이수(코스워크)하고 졸업논문을 쓰면 학위가 수여된다. 하지만, 유럽을 비롯 독일은 모든 게 교수와 박사심사위원회에서 결정한다. 교수들의 재량권이 가장 크다고 할 수 있다. 박사학위 수여조건은 박사학위 논문과 구두시험인데 기초가 탄탄한 논문을 원하고 까다로운 심사와 구두시험으로 졸업하기란 말처럼 쉽지 않다.

독일의 대학에서는 어떻게 가르치고 배우는가 (1)

제1편 - 독일의 교육제도 전반에 관하여

이소영(서울대학교 언어교육원 연구원, 독문학 박사)

독일의 교육은 유치원(Kindergarten 킨더가르텐)에서 대학에 이르기까지 국가가 지원하는 무상교육이다. 우리나라의 학부과정에 해당하는 교육기간 뿐 아니라 석박사 과정에도 마찬가지로 등록금이 없다. 또한 어려운 입학시험을 거쳐 학생을 선발하는 것이 아닌 만큼, 독일에서 대학에 들어가기는 상대적으로 수월해서 많은 학생들이 해마다 대학에 입학한다. 그러나 그 중에 실제로 대학에서 요구하는 전 과정을 마치고 의도했던 학위를 받는 학생의 비율은 매우 낮다. 여러 가지 이유 때문에, 현재 독일 대학에서는 매년 약 7만 명이 학업을 중단하고 있다고 한다. 독일 대학은 오늘날, 비슷한 정치, 경제적 위치에 있는 다른 나라들과 비교해서 자국의 대학교육이 비효율적이라는 내외의 비판에 직면해 있다. 오랫동안 다양한 학문 예술 분야에서 종주국으로서의 자존심을 지켰고, 그 특이한 대학교육제도와 직업교육제도의 우수성을 자랑하던 독일은 자체 개혁을 하기 위해 다양한 노력을 아끼지 않고 있다. 이 글을 포함한 4편의 연재물에서는 독일 대학 교육의 전통과 혁신의 노력을 가르침과 배움의 과정에 초점을 맞추어 살펴보고자 한다.

독일 대학에 입학하기 위해서는 우리나라에서와 같이 전국적인 규모로 치러지는 선발시험이나 학교별로 시행되는 입학시험을 볼 필요가 없다. 김나지움(Gymnasium)[1)](주1) 12, 13학년에서 배운 교과목 중 최소 8개 교과목의 내신 성적과 13학년 3~5월에 졸업시험(Abitur 아비투어)을 치르고 그 결과에 따라 대학 진학 여부를 결정하게 된다. 아비투어는 기본과목 2개, 선택과목 2개 등 모두 네 과목으로 구성되고 기본 과목 중 하나는 구두시험만으로 치른다. 문제는 주어진 자료나 텍스트를 분석하여 논술하는 주관식으로 출제되므로 학생들의 창의적이고 논리적인 사고 능력이 주 평가 대상이 되는 셈이다. 외국에서 중등교육을 받은 대학지원자의 경우 이 아비투어 제도에 해당하는 과정이나 시험을 치렀는지를 묻고 그 시험결과와 그에 따른 증명을 요구하여 대학 입학 여부를 결정하는데, 그 기준이 까다롭지는 않은 편이다. 일단 대학 진학 자격을 얻고 나면 원칙적으로 전 독일의 모든 대학의 모든 학과에 입학할 수 있는 자격이 생기는 셈이다. 그러나 일부 학과의 경우에는 지원자가 많이 몰려

---

1) 독일의 중등교육기관 중 하나로서, 초등교육기관인 그룬트 슐레(Grundschule)과정을 마치는 동안 학생들의 적성과 능력, 인성 발달과정 등을 지켜본 교사의 추천에 의해 입학 추천이 이루어진다. 대학에 진학해서 고등교육까지 받기를 원한다면 김나지움에 진학해야만 하기 때문에 대다수의 학부모들이 자녀가 김나지움에 진학하기를 희망할 것이라고 예상되지만 독일의 상황은 그렇지는 않다. 대부분의 학부모들이 초등학교 교사와 진지한 상담을 통해 자녀의 적성과 소질을 중심으로 장래 문제를 결정하며 굳이 김나지움을 고집하지 않는다.

서 몇 학기씩 기다렸다가 입학해야 하기도 한다.

독일 대학을 졸업한다는 것은 우리나라에서와 같이 일정 과정을 이수하고 수료하는 형식을 취하지 않는다. 아무리 오래 대학을 다니고 아무리 많은 수업에 참여하고 학점을 받아도 국가자격시험(Staatsexamen)에 합격하거나 논문을 써서 학위를 취득하지 않으면 대학에서 학업을 마쳤다고 말할 수 없다. 교사, 의사, 법관, 약사 등의 직종에 종사하고자 하는 학생은 이 국가 자격시험을 치름으로써 학업을 마치게 되는 것이고 그 외의 경우, 우리나라의 석사 과정 정도의 수업연한과 그에 해당하는 논문 제출을 하고 학위를 받게 된다. 이때 해당되는 학위는 학생들이 전공하는 학과에 따라 크게 디플롬(Diplom)과 마기스터(Magister)로 나뉜다. 자연과학, 기술계열, 경제학, 사회과학 분야의 전공은 디플롬을, 그리고 그 외 문학, 언어학, 철학, 교육학 등의 정신과학 분야와 인류학, 고고학, 민속학, 지리학, 미학전공자들은 마기스터 학위를 받게 된다. 마기스터 과정의 경우 학교에 따라 조금씩 다르지만 대개는 주전공 외에도 한 개나 두 개의 부전공을 공부하는 것을 필수적으로 지정하여 학생들이 전공분야에 치우친 학업을 하지 않도록 경계하고 있다.

디플롬 과정과 마기스터 과정은 모두 기초과정(Grundstudium 그룬트슈투디움)과 본과과정(Hauptstudium 하우프트슈투디움)으로 나뉜다. 기초과정에서는 말 그대로 각 전공에 필수적인 기본 과정을 이수하는 것을 목적으로 하는데, 기초과정에서 본과과정으로 진급하기 위해서는 일종의 진급시험을 치루어야 한다. 디플롬의 경우에는 포어디플롬 시험을, 마기스터 과정의 경우에는 츠비쉔프뤼풍이라는 중간시험을 쳐서 합격해야 한다. 시험은 필기와 구술시험으로 나뉘어져 있으며 4학기나 5학기 이수 후에는 반드시 쳐야 다음 과정으로 올라갈 수 있다.

독일의 대학 강의는 대부분 세미나 식의 강의인데, 이 강의들은 각각 성격에 따라 그 전에 일정한 과정을 이수했음을 전제로 하고 있고 또 요구한다. 가령 하웁트세미나(Hauptseminar)의 경우 츠비쉔프뤼풍에 합격하지 않은 학생은 원칙적으로 들을 수 없게 되어 있다. 츠비쉔프뤼풍이나 포어디플롬프뤼풍에 합격한 학생들은 전공과정에서도 본격적으로 자기의 관심사들을 심화해서 공부할 수 있게 되는데, 보통 12학기 정도를 마친 후 학위 논문을 쓰게 된다. 13, 4학기를 넘어 그 보다 오래 대학을 다니는 경우에는 반드시 그에 필요한 사유를 제시하여 허가를 받게 되어 있는데, 요즈음에는 이러한 요청이 받아들여지지 않는 경우도 적지 않다. 논문을 제 때에 제출한다고 해도 독일의 까다로운 졸업시험제도 때문에 거의 필수적으로 한 학기 정도를 더 공부해서 시험을 치르게 되므로 평균 학업 기간은 최저 5.9년에서 최고 7.1년 정도까지이니 상대적으로 독일 대학생의 학업기간이 긴 편이라고 볼 수 있다. 일본이나 영국의 경우 학생들이 대학을 졸업하고 사회에 진출하는 평균연령이 23세인데 반해 독일 학생들은 평균 27.9세, 즉 거의 28세 가까이 되어야 사회에 진출하게 되는 것이니 상당히 늦은 편이라고 할 수 있다. 독일의 대학은 다른 나라에서의 석사과정까지를 포함하는 것이라는 점을 감안한다고 해도 평균 학업기간은 그보다 훨씬 긴 편이니, 독일 교육제도의 개혁을 외치는 목소리가 높아지고 있는 것을 충분히 이해할 수 있는 상황이다.

디플롬이나 마기스터를 취득한 학생 중, 논문 성적과 시험 성적 모두가 일정 이상 정도 좋은 학생들에 한해서 박사과정 진입이 허가된다. 이 때 만일 성적이 일정 규정에 이르지 못한다고 하더라도 지도교수의 허가와 해명이 있으면 입학이 허락될 수는 있다. 외국인 학생의 경우 독일에서 시험과 논문점수를 받지 않았기 때문에 사실상 지도교수가 어떻게 평가해 주는가에 박사과정 진입 여부가 전부 달려 있다고 해도 과언이 아니다. 박사과정을 이수하는 데에 필요한 조건은 학교마다 다르지만, 그 학교에서 석사를 하지 않은 경우에 평균적으로 6학기 정도가 지난 다음에 논문을 쓸 것을 권장하고 있다. 논문 쓰고 나서도 시험이나 주제 발표를 위해 최소 한 두 학기의 시간이 더 걸리는 것을 감안한다면 박사학위 취득에 걸리는 학업기간은 보통 최소 4년에서 그 이상이라고 할 수 있겠다. 박사과정 졸업시험에는 필기시험은 포함되지 않고, 주전공과 부전공에서 각각 세 가지 정도의 주제를 놓고 각 과목의 지도교수들과 모여 앉아 시험의 성격이 강한 토의를 벌이는 형식을 취한다. 오늘날은 많은 대학에서 이러한 시험 제도, 특히 부전공의 시험이 지나친 부담을 주면서 학업기간을 필요 이상으로 늘리는 결과를 가져오는 것 때문에 부전공 시험을 폐지하기도 하고, 논문을 주제로 한 토의를 주로 하기도 한다.

독일의 대학교육에서 한 가지 특기할 만한 사실은, 대학의 정교수가 되기 위해서는 박사 과정을 마친 학생들이 또 다시 정교수 자격취득 논문인 하빌리타치온(Habilitation)을 써야 한다는 것이다. 박사과정을 매우 우수한 성적으로 마친 학생에 한해서 이 과정을 밟는 것이 허용되며, 이 논문의 주제는 박사학위 논문의 주제와는 전혀 다른 분야여야 한다. 즉 정교수가 되기 위해서는 적어도 자기 전공에 관한 한 어느 분야에 대해서도 풍부한 지식을 쌓을 것을 요구하는 제도라고 볼 수 있다.

독일 대학에서는 이렇게 가르치고 배운다 (2)

제2편 : 토론 중심의 독일 대학 교육

이소영(서울대학교 언어교육원 연구원, 독문학 박사)

독일의 대학 수업은 거의 세미나 방식으로 이루어진다. 매 학기 끝날 무렵이나 방학 초반 쯤에는 각 학과별, 혹은 계열별로 우리나라의 수강편람에 해당하는 작은 책자들을 발간하거나 인터넷상에 간단한 강좌소개를 내게 되는데, 많은 강좌이름이 "...세미나"의 형식을 띠고 있다. 실제 수업 진행방식도 자유로운 토론이 주가 되는 세미나의 특징적인 방식을 따른다. 필자가 독일에서 공부하면서 가장 적응하기 힘들었고, 적응하고 난 다음에는 가장 부러워했던 수업방식이다.

대부분의 학과는 이 세미나 중심의 학과과정 외에도 포어레중(Vorlesung)이라는 이름을 가진 강좌를 여러 개 개설하는데 이 수업들은, 반드시 그런 것은 아니지만, 주로 일반적인 개론에 해당되는 내용들로서 교수가 상의내용을 일방적으로 전달하는 형식을 주로 취한다. 많은 경우에 준비해 온 원고를 읽기도 하고, 그렇지 않더라도 일반적이고 폭 넓은 내용을 가능한 효과적으로 전달하는 일방적인 강의식 수업 방식을 택하는 편이다. 물론 가르치는 사람에 따라서는 포어레중이라고 하더라도 강사와 수강자들과의 의사소통을 중요시하고 상호간의 질의응답이 활발한 경우도 보았지만, 대체로 포어레중은 일방적인 내용전달이 주가 되는 수업방식이다.

그 외에도 학과나 단대 혹은 대학별로, 세미나 외의 다양한 과정들이 개설되는데, 기초코스 혹은 입문코스 등의 이름을 가진 강좌들도 이에 속한다. 이 강좌들은 각 전공에서 필요로 하는 필수적인 지식이나 훈련을 위한 것인데, 역시 효과적이고 분명한 내용전달이 목적이 되는 만큼 담당교수의 강의식 수업이 주를 이루는 경우가 많다. 독어학의 경우를 예로 들면, 입문 코스에서는 독어학 일반의 중요한 개념과 방법론, 연구사 등을 강의하는 것을 보았고, 기초코스에서는 학생들에게 통사론을 비롯하여 독일어와 독어학의 기초적인 지식을 습득하게 하는 것을 볼 수 있었다. 거의 모든 학과에서, 이러한 기초과정을 마쳐야만 세미나 수업을 들을 수 있도록 규정하고 있다. 대부분의 기초과정 과목에서는 수강자들이 시험을 치게 해서 점수에 따라 학점을 주는데, 한국에서처럼 그 학점이 전산 처리되거나 자료로 남는 것이 아니라, 학점을 적어 넣고 교수가 사인을 한 증명서를 개인에게 나눠준다는 것이 인상적이었다.

개인이 자기 학점과 수강과정을 자유로이 선택하는 폭은 상당히 넓어서, 사실상 학교측이나 학과로부터 어떤 종류의 제약도 없다고 생각해도 좋을 정도이다. 물론 학과나 교수에 따라서는 특정 조건을 갖춘 사람에 한해서 강의에 들어갈 수 있게 하는 경우가 더러 있고, 또 자연계 계통은 좀 더 엄격한 편이기는 하지만, 대부분의 경우 학과목의 선택에서부터 학점을 받은 과정에 이르기까지 철저하게 학생과 교수의 의사소통과정에 속하는 것이고, 그 학점이 학과나 학교당국에 의해서 컨트롤되거나 보관, 입력되지 않는다. 이수학점에도 아무런 제약이 없어서, 원하기만 한다면 한 학기에 몇 과목을 들어도 상관없다. 학생들은 그러나 대체로 우리나라 학생들에 비해서 많은 과목을 수강하지는 않는 편이다. 각 학과에서 요구하는, 반드시 이수해야 하는 몇 몇 과목들과, 일정 수의 학점을 채우기만 하면, 졸업을 위해 필요한 각종 시험들을 볼 수 있는 자격이 생기기 때문에 상대적으로 부담이 적은 편이다. 그러나 이것은 공식적인 규정 이수 학점이 상대적으로 적다는 것이지 실제 공부 양이 그러한 것은 아니다. 학생들은 대부분 자발적으로 필요한 과목의 수업을 거의 다 듣는 편이고, 더 이상 규정에 의해 이수할 필요가 없는 학과목도 논문이나 졸업시험 등을 준비하면서 다양하게 공부한다. 철저하게 자율적으로 개개인의 학사 일정이 결정되는 것이다. 이러한 철저한 자발성, 자율성에 익숙하지 못한 다른 문화권의 학생들은 독일에서의 대학수업에서 많은 어려움을 토로한다. 독일인들 중에서도 이러한 과정을 끝까지 마치고 졸업을 하는 학생은 생각보다 많지 않다. 입학한 학생의 절반도 채 안되는 수의 학생들만이 졸업까지 걸리는 과정을 모두 마친다고 한다.

독일에서 공부하는 동안 그들의 학습방식을 때때로 관찰하면서 놀랍게 생각했던 일들 중 하나가, 같이 공부했던 학생들의 공부방식과 그들의 꾸준한 학업성취에 관한 것이었다. 독일의 대학교육은 이미 밝힌 바와 같이 우리나라에서처럼 학부와 석사과정이 분리되어 있는 것이 아니라 석사학위를 받을 때까지 최소 6년 정도의 과정을 공부하게 되어 있다. 우선 놀라운 것은 김나지움(고등학교)을 졸업한 학생의 지식수준이 우리가 상상하는 것보다 훨씬 낮은 수준인 것 같다는 인상을 주는 것이다. 독일 학생들로서는 상상도 할 수 없는 양의 수업을 받고 실로 다양한 과목을 공부하고 대학에 진학하는 우리나라 대학생들의 다양한 지식수준과 비교했을 때, 독일 학생들의 지식은 많은 경우 한정적이고 피상적이기까지 하다. 다양한 분야의 지식은 고사하고라도, 기초과정에 들어 온 학생들이 질문하는 내용을 들어보면, 이 학생들이 정말 고등학교까지 마친 학생들인가 의심하게 될 만큼 지나치게 기본적인 것이라 놀랄 때도 종종 있다. 우리나라의 고등학교 학생이 이미 배우고 습득한 것들을 이들은 대학에 와서야 비로소 시작하기도 한다. 이처럼 기초적인 질문을 던지면서 독일의 대학생들은 놀라운 속도로 급속하게 성장해 간다. 필자는 이들의 빠르고 탄탄한 성장의 원동력이 어디에 있는 것일까 자문해보곤 하였는데, 그것은 아무래도 자유로운 사고전개를 북돋아 주는 세미나 식 수업에 있는 것이 아닐까 생각된다. 질문하기조차 쑥스러울 수 있는 기초지식에 대한 질문을 스스럼없이 하고, 또 그러한 질문에 진지하게 응답해 주는 동료나 교수들의 태도가 이들의 학문적 성장의 밑거름이 되어주는 것이다. 일방적인 지식 전달 방식도 아니고, 처음부터 결론이 정해져 있는 가운데 사고의 틀이 어느 정도 한정된 상황에서의 토론도 아닌, 자발적으로 거의 제한 없이 자신의 생각을 발전시키고 발표할 수 있는, 주제 발표와 토론을 중심으로 한 수업방식은 오랜 수업기간을 거치면서 더욱 그 진가를 발휘하는 방식이다.

기초과정 내지는 입문과정의 기본적인 과목들을 다 이수한 학생들은 정해진 규정과목, 즉 우리 식으로 말하면 전공 필수과목을 듣고 학점을 따고 나면 갖가지 세미나에 참석할 수 있게 된다. 이들 세미나의 다양한 명칭은 주로 학업성과나 연한에 따르는 것으로서, 기초과정을 막 이수한 학생이 제일 높은 과정에 있는 세미나를 들을 수는 없게 되어 있다. 이들 세미나는 기본적으로 학생들의 참여를 전제로 한다. 세미나의 주체는 철저하게 학생들로서, 이들이 매 시간 주제발표를 하고 활발히 토론을 전개하며, 과목에 따라서는 다음 시간에 그 전 시간에 토의된 내용을 정리해서 발표하기도 한다. 세미나를 리드하는 교수는 각 학기가 시작되기 전에 세미나 계획과 참여 자격, 발표 계획 등을 확정한다. 과목에 따라서는 학생 수를 제한하는 경우도 종종 있기 때문에 방학중에 미리 담당교수를 찾아가서 참여 의사를 밝히고 다음 학기에 발표할 주제를 할당받아서 준비하기도 한다.

담당 교수는 전체 주제를 확정하고 학습계획을 작성하고 토론의 일정한 방향성을 잡아 주지만 토론을 주도하지 않는다. 학생들 역시 담당교수에게서 소위 준비된 정답을 기대하지 않고 자유롭게 자기 생각을 발표한다. 이러한 수업방식은 얼른 생각하기에 방향성 없이 무절제하게 흐르기가 쉽겠다는 느낌을 줄 수 있고, 실제로 그런 경우도 몇 번 보았다. 그러나 일정 정도 수준 이상의 학생들을 대상으로 하는, 중급 이상의 세미나에서는 그런 일은 좀처럼 일어나지 않는다. 교수가 세미나의 주체로서 정해진 결론을 끌어내는 역할을 하지 않는다고 해도 학생들이 스스로 자기의 학습과 경험을 바탕으로 서로를 제어하는 역할을 하기 때문이다.

이러한 토론 위주의 학습방식에서 중요한 역할을 하는 또 한 가지 요인으로 꼽고 싶은 것이 한 가지 더 있는데, 그것은 권위주의와는 거리가 먼 독일 교수들의 태도이다. 검증된 사실은 아니지만, 독일 대학의 교수는 다른 유럽의 나라들에 비해 상대적으로 훨씬 덜 권위적이라고들 한다. 독일이라는 나라가

주는 엄격함과 다소는 보수적인 느낌과는 정반대로 학문세계에서는 권위적인 상하관계를 찾아보기 힘들고 의외로 진보적이고 자유롭다는 느낌을 많이 받았다. 이러한 학풍 역시 독일 대학의 자유롭고 창조적인 토론식 교육방식의 발전에 빼놓을 수 없는 요소일 것으로 생각된다.

독일의 대학에서는 이렇게 가르치고 배운다 (3)

독일의 대학교육 세 번째 이야기
제3편 대학의 교과과정: 졸업이 힘든 독일 대학

한국에도 잘 알려져 있는 사실이지만 독일 대학은 입학에 비해 졸업이 훨씬 힘들기로 유명하다. 반드시 교과과정이나 졸업제도가 까다롭기 때문만은 아니고 실업계 교육이 잘 되어 있고 실용 위주의 사회적 분위기 등 여러 가지 원인이 있지만 어쨌든 독일 대학에서는 입학한 학생 중에 마지막 시험과정까지 다 마치고 학위를 취득하는 학생의 비율이 매우 낮다. 그것은 또한 독일 대학이 석사과정까지 연결된 교과과정을 제공하고 있는 것에서도 그 원인을 찾아 볼 수 있겠다. 실제로 한국의 대학에서도 석사과정까지 마치는 학생의 비율은 그리 높지 않다는 것을 감안하면 어느 정도 납득이 가는 면도 있을 것이다. 이러한 이유 때문에서라도 오늘날 독일 대학은 미국을 비롯한 한국 등 여러 나라의 학사학위 제도에 대해 깊은 관심을 보이고 있고 이공계 등에서는 부분적으로 채용하고 있는 경우도 많다. 독일 대학이 미국을 비롯한 세계의 유수한 대학에 비해 경쟁력이 떨어지고 있다는 위기감이 팽배해 있다는 것이 이러한 제도변화에 가장 큰 원동력을 제공하고 있는 것이다.

그러나 인문학 분야에서는 기존의 체제가 거의 변함없이 지금도 유지되고 있다. 상대적으로 공부해야 할 내용도 많고 학점을 따거나 혼자서 학습계획을 짜서 논문을 쓰는 작업이 매우 어렵지만 교과과정에서 요구되는 기준은 여전히 높다. 여기에 어려움을 가중시키는 대표적인 제도가 부전공제도이다. 독일의 부전공제도는 상당히 엄격하고 요구의 기준이 높다. 대학마다 약간의 차이는 있지만 보통 전공 외에도 두 개의 부전공을 선택해야 한다. 부전공들 사이에도 순위가 있어서 첫 번째 부전공의 경우에는 거의 전공과목과 다름없는 공부 량을 필요로 한다고 보면 된다. 이러한 이유로 해서 인문사회계열의 학과 세미나에 들어가 보면 전공학생에 비해 부전공으로 그 과목을 공부하는 학생 수가 더 많은 경우도 있다. 특히 라틴어문학이나 슬라브어문학 등 독일 사회에서의 실용성이 좀 떨어지는 과목의 경우에 그 현상은 뚜렷해진다. 즉 이러한 과목을 주전공으로 택하기보다는 부전공으로 택해서 자신의 학문에 다양성을 주는 학생들이 압도적으로 많다. 대체로 비슷한 관심을 가진 학생들이 비슷한 수업을 함께 듣다 보니까 부전공을 하는 학생들끼리라도 전공하는 학생들 못지않게 활발한 학문적 교류를 하게 되고 같이 함께 그룹을 지어 시험 준비를 하는 경우도 많다. 다양한 전공을 가진 학생들이 수업에 참여하게 되기 때문에 학문간 연계는 자연스럽게 이루어질 수 있다. 가령 언어학 수업에 역사학과 학생이 참여해서, 특정한 역사적 사건과 그 당시의 언어적 현상을 연관시켜 설명해 주는 등 활발한 토론과정에서 서로 다양한 지식과 학문연구방식을 배우게 된다. 그에 비해 두 번째 부전공의 부담은 상대적으로 적은 편이라고 할 수 있다. 학생들은 석사학위를 받기까지 논문 외에도 평균 두 번의 시험을 치르게 되는데, 소위 중간시험과 마지막 졸업시험이 그에 해당한다. 각 시험은 필기시험과 구술시험으로 이루어지는데, 이 때 두 번째 부전공은 똑같이 시험을 보더라도 그 반영비율이 낮게 책정된다. 또 그 시험들을 보기 위해 요구되는 최소한의 학점 규정에서도 두 번째 부전공은 그다지 많은 요구를 하지 않는다. 그렇다고 해도 결국 시험문제가 더 쉽다거나 두 번째 부전공으로 그 과목을 택한 학생이라고 해서 더 많은 편의를 봐 주는 것은 아니기 때문에 공부의 부담은 적지 않다. 더군다나 두 번째 부전공은 보통 자신의 전공과 어느 정도 거리가 있는 것을 택하게 되기 때문에 경우에 따라서는 전공이나 첫 번째 부전공보다도 더 어렵게 공부하는 수도 있다. 실제로 외국어라는 부담 때문에 공부의 부담이 상대적으로 더 큰 외국인 학생들의 경우 시험성적을 결정하게 되는 것은 의외로 이 두 번째 부전공인 경우가 많다. 결론적으로 주 전공 외에도 두 개의 부전공을 심도 깊게 공부해야 하는 이 제도는 학생들에게 상당한 부담을 주고 결과적으로 재학기간을 연장시켜 비효율적이라는 비판을 받기는 하지만 기초학문 연구자가 다양한 시각을 확보할 수 있는 기회를 준다는 점은 높이 사야 할 특징이라고 하겠다.

부전공을 이수했는가를 인정하는 것은 필요한 시험을 치기 위한 자격을 얻기 위해 충분한 증명서(Schein)들을 갖추고 있는가 여부에서 시작된다. 독일의 대학에는 우리나라 대학의 수강신청에 해당하는 것이 없다. 다음 학기에 열리는 강좌에 대해 미리 공고가 나가고, 또 많은 경우 미리 신청자를 받아서 세미나 주제 발표 과제를 나누어주기도 하지만, 원칙적으로 학생들은 원하는 강좌를 얼마든지 들을 수 있고 바꿀 수도 있으며 학기 중간에 그만두어도 좋다. 그 과목을 성공적으로 이수했는가는 전적으로 담당교수의 판단에 따른다. 그 강좌에서 담당교수가 요구하는 모든 사항(구두 발표, 시험, 출석, 보고서 제출 등)에서 충분한 점수를 인정받으면 교수에게 증명서를 써 줄 것을 요구할 수 있는데 이것이 거의 유일한 학점인정장치인 것이다. 따라서 굳이 수강신청을 하지 않아도 원칙적으로 제한 없이 강의를 들을 수 있으나 학점증명서를 받는 것은 그와 전혀 별개이다. 학과에 따라서는 점수가 표시된 성적증명서를 받기도 하지만 그렇지 않은 경우도 많이 있다. 한 학기에 이수해야 할, 혹은 이수할 수 있는 학점에는 제한이 없으나 특정 과정을 거쳤다는 성적증명이 없으면 그 다음 강좌를 들을 수 없게 제한하는 경우가 많기 때문에 결국은 일정정도 학업의 방향성을 제시해 주고 있는 셈이다.

지금까지 살펴본 것처럼 독일 대학의 방침은 매우 자유롭게 보이지만 실제로는 학과과정의 편성과 공부계획이 거의 전적으로 자기 자신에게 달려 있는, 자발성과 추진력을 요구하는 까다로운 방식이다. 많은 독일 학생과 외국인 학생이 중도에 하차하는 중요한 원인 중 하나이다. 그러나 세미나 위주의, 철저히 자발적 학습계획에 따라 짜여지는 이러한 연구방식은 조직적이고 논리적인 학습과 연구능력을 키워주는 것이면서, 본인의 책임과 흥미에 따라 학습과정을 편성할 수 있다는 점에서 높은 책임감과 독자적 사고전개를 북돋아 주는 측면이 강하다.

독일의 대학에서는 이렇게 가르치고 배운다 (4)

독일의 대학교육 - 독일 대학의 교수와 학생간의 관계

이소영(서울대학교 언어교육원 연구원, 독문학 박사)

이제 독일 대학에서 학생들과 교수와의 관계에 대해 간략히 살펴보고자 한다. 지금까지 수 차례에 걸쳐 언급한 바와 같이, 독일대학의 학제는 학부과정과 석사과정이 분리되어 있지 않다. 오늘날 이공계통의 일부학과를 중심으로 미국식의 학사제도를 부분적으로 도입하고 있기는 하나, 아직은 전반적으로 학사와 석사과정이 통합되어 있는 형태를 고수하고 있다. 또한 학생들은 석사학위로 끝을 맺게 되는 대학 전 과정을 다 마칠 때까지 한국에서와 같이 제도적으로 보장된 형태로 지도교수의 지도를 받지는 않는다. 즉, 한 학생의 학사일정과 대학생활에 걸친 전반적인 도움과 아울러 석사논문의 지도를 받을 수 있는 지도교수의 존재는 원칙적으로는 없다고 보아야 한다. 그렇다면 학과에 대한 상세한 사전지식이 없는 대학입학생들은 어떻게 자신의 학습계획을 세우고 학사일정을 따라가며 논문까지 써 낼 수 있는 것일까.

독일 대학에는 학생 개개인을 개인적으로 지도해 주는 역할을 맡아 주는 사람이 없는 대신 개인별 학습계획이나 학위취득과정에 따른 자세한 지도를 해 줄 수 있는 다양한 제도적 장치가 마련되어 있다. 각 학과별로 학업에 대한 상담을 해 주는 교수와 그 보조역할을 해 주는 학생들이 있어서 다양한 상담에 응해줄 뿐 아니라, 각 과정에 따른 입문 강좌가 마련되어 있어 그 강좌에 참여하는 학생들에게 자세한 학업지도를 해 주고 있다. 입문이나 개설에 해당하는 강좌를 담당하는 교수들은 그 강의에 참여한 학생 전체를 대상으로, 해당학과에서의 학업과 대학생활 전반에 걸친 지침과 상담을 해 준다는 점이 눈길을 끈다. 즉 학생들은 개별적으로, 지속적이고 책임감 있는 관계를 바탕으로 한 교수의 지도를 받을 수는 없되 언제라도 누구에게라도 다양한 지도와 상담을 받을 기회를 갖는 것이다.

입문이나 개설에 대한 강좌 중에서도 각 학과의 제반 연구분야 및 방법론에 대한 강좌는 이러한 이유로 해서 반드시 수강해야 하는 의무가 따른다. 의무나 규정이 거의 없는 독일의 학제에서 필수수강 과목을 담당한 교수들은 각 강좌의 내용 뿐 아니라 수강하는 학생들의 학습지도를 돕는 사람들이기도 하다. 또한 이런 수강필수과목에는 조교(Tutor)가 있어서 정규 수업시간 외에 별도로 마련된 시간(Tutorium)에 도서관 안내에서 학술서적검색을 비롯, 중간시험(Zwischenpr fung)이나 졸업시험에 필요한 자료와 학습계획에 대한 정보를 제공한다. 또 학업과는 직접 상관이 없는 개인적인 문제, 주거나 생활 문제 등을 상담해 주는 전문직 종사자들이 학교에 상주해 있어 언제라도 필요한 정보를 얻고 개인적인 상담을 받을 수 있다. 문제는 상담시설이 실질적인 도움을 줄 수 있는가, 즉 실제로 학생들이 쉽게 다가갈 수 있는 제도적 장치인가 하는 점이다. 한국의 각 교육기관에도 상담시설은 많이 있지만 이들 시설에서 실질적인 도움을 받을 수 있다는 인식이 지배적이지는 않은 것 같기 때문이다. 독일에서는 한국의 대학에서처럼 흔히 생각하듯이 혼자 해결하기 어려운 문제가 있어야만 상담소를 찾는 것이 아니라, 생활의 모든 분야에서 아주 사소한 문제나 개인적인 문제에 대해서도 쉽게 상담자를 찾아가는 문화가 정착되어 있다. 대학에 처음 입학하는 학생, 외국인이거나 교환학생으로 잠깐 그 대학을 방문 중인 학생들에게는, 한국에서처럼 특별히 전공학과에 대한 소속감도 없고 지도교수도 책정되지 않는 이러한 방식에 적응하기가 어려울 수 있다. 구체적이고 개인적인 도움을 받을 수 없는 독일의 이러한 제도는 그러나 뒤집어 생각해 보면 수시로 다양한 도움과 상담을 받을 수 있는 측면을 가지고 있기도 하다. 즉 제도적으로 보장된 지도교수 제도가 없는 대신 어떤 교수에게나 지도를 받을 수 있는 측면이 있다는 것이다. 또한 학사일정과 관련된 지도와 상담을 교수진이 분담해가며 맡고 있기 때문에 까다로운 학칙이나 학위수여제도와 관련된 세부사항에 대해서 전문적이고 실제적인 상담을 받을 수 있다는 이점도 빼놓을 수 없다. 또한 상담진들이 단순한 조언자가 아니라 대학의 해당 학과에서 실무를 맡아보고 있는 교수들이기 때문에, 원칙적인 선에서 사실 여부를 학생에게 알려주는 선에서 상담을 끝맺는 것이 아니라 학칙을 융통성 있게 해석해서 실질적인 도움을 주고자 하는 것을 많이 보았다. 실제로 독일에서 경험한 한 예를 들자면, 인문계통의 많은 학과는 라틴어에서 일정 수준 이상의 학점을 취득할 것을 학위수여 조건으로 엄격히 정하고 있는데, 동양에서 온 학생들의 경우 고전어로서 한문을 공부한 것으로써 이를 대체하도록 허용하는 것을 보았다. 물론 이러한 사항은 애초에 학칙에는 전혀 명시되어 있지 않은 것이나 많은 동양계 학생들이 고전어로서 라틴어를 또 다시 처음부터 배우기 위해 수학기를 공부해야 하는 고충을 토로한 것이 상담교수들에 의해 받아들여진 것이다. 흔히 독일민족은 융통성 없이 규칙과 법제를 곧이곧대로 지키고자 하는 성향이 있다고 생각하기 쉬운데 실제로는 이와 같이 융통성 있게 규칙을 적용시키는 예를 많이 볼 수 있었다.

독일 학생들은 통상 10학기째에 이르면 자신의 논문주제를 대략적으로 선택해서 그에 맞는 심사교수를 선정하게 된다. 학생들은 스스로 논문 주제를 어느 정도 정해서 원하는 교수를 찾아가 상담을 하고 교수의 승낙이 떨어지면, 그 후부터는 논문을 써 나가는 데에 있어서 어느 정도 도움을 받을 수 있게 된다. 그러나 이 경우에도 역시 논문 지도교수라기 보다는 논문 심사교수라고 하는 것이 정확한데, 논문을 써 나가는 데에 있어 어느 정도 방향성을 잡아 주고 도움을 주기는 하지만 석사학위 논문으로서 제출되기 전에 먼저 읽고 교정해 주는 일은 원칙적으로 금지되어 있기 때문이다. 심사교수들은 심지어 자신을 심사자로 선정한 학생을 떨어뜨리기도 하는데, 이는 결코 드물지 않은 일이라는 것도 특기할 만한 사실이다. 즉 논문을 작성하고 교정하고 제출하는 전 과정은 철저히 학생 개인의 책임 하에서 이루어지며 교수는 상담에 응하고 방향성을 제시해 줄 뿐 우리가 상상하는 방식의 논문지도를 해 주지 않는다. 물론 학과나 교수 개개인에 따라서는 약간씩의 차이가 있기 때문에 예외적인 경우도 있지만, 원칙적으로는 공식제 출되지 않은 석사학위 논문을 미리 읽어볼 수 없도록 되어 있다는 것이다. 그러나 박사과정부터는 지도교수(Doktorvater) 제도가 있어서 학생 개개인의 논문지도와 다양한 개인적 상담을 일대일의 관계로 맡아 주는 교수가 있다.

지금까지 독일 대학에서의 교수-학생 간의 관계를 간략하게 살펴보았다. 학생들은 철저하게 자기 책임 하에서 학습계획을 세우고 논문을 작성해가며, 필요에 의해 자유롭게 상담을 받고 자기 논문의 주제와 관련해서 심사교수를 선정한다. 엄격한 학사일정도 학칙도 없고 학점 이수의 의무사항도 그다지 크지 않은 독일 대학에서 학생들 개개인이 자신의 학업에 대해 전적으로 책임을 진다는 것은 실제로는 상당히 어려운 일이어서 독일인 학생들조차도 중간에 학업을 포기하고 마는 일이 흔하다. 그러나 이 과정을 잘 극복해 낸 학생들은 훌륭한 토론능력과 뚜렷한 자기 주관을 가진 지식인으로 성장해 간다.

— 출처: 서울대학교 교수학습개발센터 웹진, 해외대학교육소식

독일 대학 제도 개혁에 관한 논의

이은정(박사, 독일 할레 대학 정치학과)

독일은 현재 대학 제도 개혁 논의를 통해 대학이 빠르게 발전하는 지식 사회의 요구에 따라 학문 연구의 중추적인 역할과 우수한 실무 인력을 양성하는 직업 교육을 병행할 수 있는 효율적인 방법을 모색하고 있다. 이를 위해서는 먼저 대학의 자율성을 강화하고, 경직된 연구 체계에 유동성을 부여해야 한다는 점에 대해서는 일반적으로 의견이 일치한다. 그러나 구체적으로 무엇이 어떻게 개혁되어야 하는가에 대해서는 견해가 크게 엇갈린다.

독일 대학 개혁 논의의 주요 사안으로는 "학사 규정의 개정과 학사 제도의 도입", "등록금 제도", "교수의 공무원 신분 보장 제도와 교수 자격 청구 논문의 폐지", "강의와 연구 성과 평가" 등과 같은 문제를 들 수 있다. 그 중 영·미식의 학사 제도의 도입을 통해 독일 대학의 국제화를 도모하고, 학사 규정을 도입하여 수학 기간을 단축해야 한다는 점에 대해서는 이견이 별로 없지만, 삼십 년 전 교육 기회의 균등을 실현하기 위해 폐지된 등록금의 부활에 대해서는 반대가 강하다. 그리고 교수의 공무원 신분 보장 제도와 교수 자격 청구 논문 제도의 경우 그것이 독일 대학의 "성역"으로 간주될 뿐만 아니라 교수들의 직접적인 이해관계에 해당하는 문제여서 단시일 내에 폐지되기는 어렵다. 그럼에도 불구하고 조교수와 유사한 제도를 통해 기존의 경직된 교수 체계를 개선하고 삼십대의 젊은 연구자들이 독립적으로 학문 활동을 할 수 있도록 하는 방안이 현재 진지하게 검토되고 있다. 나아가 졸업 시험과 박사 논문의 지도 횟수를 기준으로 교수의 강의성과를 평가하고 그에 따라 보수에 차별을 두어, 기존의 연령에 따른 교수 공무원 급여 체계를 개선하는 방안도 신중히 고려되고 있다.

역사적으로 볼 때, 독일 대학 제도의 개혁은 항상 오랜 논의를 거쳐 몇 년간의 시험 기간을 두고 전통적인 것과 새로운 것이 공존하는 속에서 점차적으로 진행되어 왔다. 현재도 많은 대학들이 새로운 규정과 제도를 도입하여 실험해 보고 있는 중이다. 이러한 실험을 통해서 대학이 발전하는 지식 사회의 요구에 부응할 수 있는 최선의 방법이 강구될 것이다.

1997년 11월 5일 로만 헤어초크 독일 대통령은 베를린 문예회관 연설에서 교육의 중요성을 강조하면서, 다가오는 시대는 지식 사회가 될 것이며, 거기서 독일이 경쟁력을 확보하려면 교육을 가장 중요한 정치적 · 사회적 사안으로 삼아야 한다고 역설하였다. 독일의 장래가 교육에 의해 결정된다는 점에 대해서는 일반적인 공감대가 형성되어 있다. 독일과 같이 자원이 부족한 국가에서는 국가 구성원 개개인의 지식, 창의성, 창조력 그리고 근면성이 국가의 경쟁력을 결정한다는데 누구나 동의하는 것이다.

현재 독일에서 교육과 관련된 일반적인 논의에서 가장 중점적으로 다루어지고 있는 것은 단연 대학 교육 제도이다. 지금까지 대학이 독일 학문 발전의 중심적인 역할을 해 왔고, 학술적, 기술적, 사회적, 경제적 혁신의 기초를 마련해 주었으며, 고급 전문 인력의 양성을 통하여 독일 경제의 안정적 발전에 지대한 기여를 해 왔다는 점에 대해서는 아무도 이의를 제기하지 않는다. 동시에 세계화의 시대에 국제 경쟁에서 뒤떨어지지 않기 위해서 뿐만 아니라, 급격히 변화하는 사회의 요구에 부응하기 위해 기존 대학 교육 제도의 근본적인 개혁이 절대적으로 필요하다는 점에 대해서도 정당이나 사회 계층의 차이를 떠나 모두의 의견이 일치한다.

독일 대학은 70년대 대학 교육 제도의 개혁 이래, 삼십여 년 동안 그 규모가 몇 배로 성장하였다. 이것은 무엇보다도 동일 연령 인구의 대학 진학률이 5%에서 25% 이상으로 증가하였기 때문이다. 그런 점에서 대학의 대규모화는 이제 돌이킬 수 없는 일반적 추세가 되었다. 대학의 연간 예산 규모도 예전에는 상상할 수 없을 정도로 성장하였다. 본(Bonn) 대학과 같은 중간 규모의 대학만 하더라도 일 년에 12억 마르크라는 엄청난 액수를 관리한다. 나아가 대학에 대한 사회의 요구와 대학에 대한 지역 사회의 기대도 훨씬 커졌다. 현재 독일 사회는 대학으로부터 서비스, 자문, 기술과 지식의 이전을 요구할 뿐만 아니라, 사회 구조의 전체적인 전환을 위한 촉매제가 되기를 원하고 있다.

이러한 사회적 요구에 부응하기 위해서는 수없이 많은 과제를 해결해야 한다. 거기에는 학문 연구와 후속 세대를 양성하는 교육과 우수한 실무 인력 양성을 위한 직업 교육을 동시에 실행할 수 있는 새로운 학업 양식의 개발, 산학 협동 체제의 도입, 유럽 통합 과정에 대한 대응 등과 아울러 대학 운영을 위한 재원 조달까지도 포함된다. 현재 독일 대학들이 이러한 과제를 성공적으로 수행해 낼 능력이 없다는 것에 아무도 의심하지 않는다. 그렇기 때문에 대학 체제 전체를 효율적으로 개선해야 하며, 이를 위해서는 대학의 자율성을 강화하고 업적과 성과에 상응하는 재정 지원 정책을 도입해야 한다는 점에 대해서 전반적인 공감대가 형성되었다.

그러나 이러한 개혁이 구체적으로 어떻게 실현되어야 하는가, 현대적인 대학 구조는 어떠해야 하는가에 대해서는 견해가 크게 엇갈린다. 영・미의 모델을 따라야 한다는 주장이 있는가 하면, 독일 대학의 전통과 특수성을 살리는 개혁이 필요하다는 의견도 있다. 이러한 대학 개혁에 관한 논의는 1998년 8월 기민당-자민당 연립 정부 하에서 연방 고등교육 기본법 4차 개정안이 통과된 이후에도 지금까지 지속되고 있다.

독일의 대학 개혁 논의를 이해하기 위해서는 먼저 기존의 고등 교육 구조를 파악할 필요가 있다. 왜냐 하면, 이 논의 자체가 대학이 새로운 사회적 요구에 부응할 수 없다는 인식을 전제로 하는 것이어서, 현재의 구조와 독일 대학의 전통적 이념을 개괄적으로나마 이해하지 않고서는 이러한 논의의 의미를 제대로 파악할 수 없기 때문이다.

1. 독일 대학의 전통 이념

19세기 초 빌헬름 폰 훔볼트가 구상한 새로운 대학 이념은 당시 새로 건립된 베를린 대학의 기본 이념이 되었다. 베를린 대학의 건립이 현대적인 대학으로의 발전을 향한 결정적인 첫 걸음의 의미한다는 점에 대해서는 누구도 이의를 제기하지 않는다. 문제는 훔볼트적인 대학 이념이 오늘날에도 여전히 유효한가 하는 점이다. 일각에서는 훔볼트적인 대학의 종말을 주장한다. 그러나

이 문제에 대한 최종적인 결론을 내리기 위해서는 먼저 홈볼트의 이념이 당시의 대학 교육 개념과 어떠한 차이가 있는가 하는 점을 살펴 볼 필요가 있다.

첫 번째 차이는 홈볼트의 학문 개념 자체에서 찾을 수 있다. 당시에는 학문을 하나의 완성된 체계로 간주하여 왔다. 그와 달리 홈볼트는 학문이란 결과를 예측할 수 없는 하나의 과정이며, 그러한 과정에서 제기되는 질문을 통해서 모든 연구의 최종적인 해답을 얻을 수 있는 것도 아니라고 주장하였다. 이러한 견해는 오늘날까지도 유효한 학문의 진리로 간주되고 있다.

두 번째 결정적인 차이는 당시 대학들이 직업 교육을 중심으로 하는 전문대학의 성격을 지녔던 것에 반해, 홈볼트가 학문이란 역동적인 통일체를 구성하여야 한다고 주장하였던 점이다. 그의 관점에서 대학이란 가르치는 사람과 배우는 사람의 공동체일 뿐만 아니라 학문 간에 상호 교환과 협력을 통해서 서로 자극을 주고 도움을 얻을 수 있는 자유로운 학문의 장이었다. 그렇기 때문에 그는 학문이 지속적으로 발전하려면 대학이 연구와 교육을 통합하여 수행하는 기관이 되어야 한다고 주장하였다. 이렇게 지속적으로 변화하는 학문의 세계에 들어오는 사람은 지속적인 발전의 일부가 되어야만 하며, 이렇게 되려면 정신과 생활이 모두 자유로워야 한다는 것이 그의 견해였다.

홈볼트가 그 기본 이념을 구상했던 19세기의 대학과 오늘날의 대학은 분명히 크게 다르다. 그가 모든 학문 영역의 통합을 보장하며 학문의 중심에 있어야 한다고 생각했던 철학과가 주도적인 학과로서의 지위를 상실한지 이미 오래인 것도 사실이다. 그럼에도 불구하고 홈볼트적 대학 이념 그 자체가 그 유효성을 상실했다고 보는 견해에 대해서는 이견이 적지 않다. 더욱이 대학이 통합된 학문의 장으로서의 역할을 한다는 점에 대해서는 현재 독일 대학 개혁의 모델로서 미국식 대학 체제를 도입할 것을 주장하는 사람들조차도 반론을 제시하지 않고 있다. 그러나 중요한 문제는 홈볼트가 말한 연구와 교육의 통합을 기반으로 하는 그런 학업 즉, 목적이 뚜렷하지 않고, 가르치는 사람과 배우는 사람의 자유로운 공동체를 기반으로 하는 대학이 오늘날에도 가능하며 그러한 이념을 앞으로도 고수해야 하는가 하는 의문이다. 홈볼트적 관점에서 볼 때, 대학의 중간시험이나 학사 규정을 상상하기는 어렵다. 그러나 한 학과의 학생 수가 수백 명에서 수천 명에 달하는 오늘날에는 최소한의 효율성을 유지하기 위해서라도 이러한 규정이 필요 불가결하게 되었다. 그렇다면 현재와 같은 대형 대학이 훔볼트적 의미에서 연구와 교육을 통합 수행하는 장으로서 기능할 수 있는가? 수백 명의 학생으로 가득 메워진 강의실과 세미나실은 분명히 학문 공동체로서의 이상에 어긋나는 것이다. 그렇기 때문에 대학 개혁과 관련된 논의는 훔볼트가 말한 사제 간의 자유로운 공동체를 기반으로 하는 학문을 통한 교육이 오늘날 구체적으로 무엇을 의미하는가 하는 문제로 그 초점이 모아지고 있다. 독일에서 진행되고 있는 대학 개혁 논의의 핵심이 바로 여기에 있다고 해도 과언이 아니다.

2. 독일 대학의 현 주소

현재 독일에는 300개가 넘는 대학에 일백 팔십만 명이 넘는 학생이 등록되어 있다. 하지만 전체 대학이 공식적으로 수용할 수 있는 정원은 백만 명이 채 안 된다. 결국 대학이 소화할 수 있는 인원의 두 배에 가까운 학생들이 대학에 다니고 있다는 것을 의미한다. 졸업하는 학생의 평균 수학 기간은 정규종합대학(Universitaet)의 경우 15학기, 그리고 전문단과대학(Fachhochschule)의 경우 9학기로 증가하였다. 도중에 학업을 포기하는 학생의 비율도 지속적으로 증가하고 있다. 현재 평균적으로 30%의 학생이 도중에 학업을 포기한다. 정원 제한 규정이 있어 학생을 선발하는 학과는 중도 하차율이 현저하게 낮아서 의대의 경우 8%를 채 넘지 않지만, 학과에 따라서는 학업을 시작한 학생의 60%가 넘는 학생이 졸업장 없이 대학을 떠나기도 한다. 그럼에도 불구하고 대학에 진학하고자 하는 학생의 수는 지속적으로 증가하고 있다. 그 결과 동일 연령 중에 대학에 다니는 학생의 비율이 구 서독 지역에서는 25.9%로 증가하였다 동일 진학 연령 중에 대학에 입학하는 사람의 비율도 32.8%로 증가하였다. 특히, 구 서독 지역에서는 진학 연령의 35.7%가 대학에 입학하고자 한다.

독일 대학이 지난 이십여 년 동안 지속적인 양적 팽창을 이루고, 점점 더 많은 인원이 대학 진학을 희망하게 된 중요한 요인은 1977년 이후 정부가 공식적으로 추진해 온 "대학 개방 정책"이라고 볼 수 있다. 이것은 당시 정부가 독일의 사회적 · 경제적 변화에 발맞추어 마련한 방안이었다. 전통적으로 독일의 대학은 소수 엘리트를 위한 교육 기관이었다. 일반 노동자의 자녀가 대학에 진학한다는 것은 50년대만 해도 보기 드문 일이었다. 그러나 60년대에 들어오면서 독일 사회는 많은 변화를 겪게 되었다. 사회적 신분 상승 기회로서의 대학 교육에 대한 일반 국민의 인식도 변화하게 되었고, 동시에 세계 시장에서 경쟁해야 하는 독일 경제는 점점 더 많은 고급 인력을 필요로 하게 되었다. 그 결과 정치권에서도 교육 개혁의 필요성에 대한 공감대가 형성되었고, 최종적으로 대학 입학의 규정을 완화하여 입학 자격, 즉 아비투어를 가진 사람은 누구나 원하는 대학과 학과에 진학할 수 있도록 대학을 개방하였다. 또 대학 등록금을 폐지하였고, 연방교육장려금(BAFOEG)을 도입하여 부모가 경제적 능력이 없어도 대학에 다닐 수 있도록 재정적 지원을 해 주었다. 이는 어떤 의미에서 사회적 신분 상승 기회의 평준화를 의미한다고 할 수 있었다. 사실 대학 졸업장은 우리나라에서와 마찬가지로 독일에서도 공직 사회에서나 민간 기업에서 관리직으로 승진하고 높은 소득을 올릴 수 있는 특권과 직접적으로 결부되어 있다. 그렇게 때문에 점점 더 많은 사람들이 대학에 진학하고자 하는 것이다.

이렇게 대학이 양적 팽창을 거듭한 것과 달리 연방과 주 정부가 대학에 책정해 주는 예산은 절대적인 규모에 있어서 20년 전과 비교할 수 없을 정도로 커졌다고 하지만 실질적으로는 대학 규모의 팽창 속도를 따라가지 못했다. 잘 알려져 있다시피 현재 독일의 대학은 거의 대부분이 국가 예산으로 운영하는 국립대학이다. 최근 몇몇 사립대학이 생기기는 하였지만 이들도 등록금을 주 수입원으로 하는 것이 아니라 예산의 대부분을 국고 지원으로 충당하고 있다. 그런데 독일 정부는 80년대 이래 지속적인 재정 적자에 시달리고 있기 때문에 모든 분야의 지출을 감축하고 있는 형편이다. 교육 예산도 이러한 긴축 예산의 영향을 받고 있다. 그로 인해 대학들도 만성적인 재정 적자에 빠져있다. 많은 대학들이 인건비를 줄이기 위해서 직원을 감축하고 있을 뿐만 아니라, 연구를 위한 시설 투자조차도 하지 못하고 있는 형편이다. 교수 대 학생의 비율도

1975년의 1:10에서 97년에는 학과에 따라서 1:50에서 1:70으로 증가하였다.

한마디로 독일 대학들이 안고 있는 문제의 근원은 지속적으로 증가하는 학생 수에 비해 절대적으로 부족한 재정에 놓여 있다고 볼 수 있다. 근래에 대학에 더 많은 투자를 해야 한다는 점에 대해서 여론이 모아지고 있고, 교육예산의 규모를 늘려야 한다는 에델가드 불만 교육부 장관의 요구를 정부가 진지하게 검토하고 있다. 이미 양적으로 엄청나게 팽창해 버린 대학의 문제를 근본적으로 해결하기 위해서는 투자의 확대와 동시에 대학 교육의 구조를 근본적으로 개혁할 필요가 있다는 점에 대해서 대학과 사회, 그리고 정치권에 이르기까지 광범위한 공감대가 형성되고 있다.

3. 대학 개혁 논의의 전개 과정

독일의 대학 개혁 논의는 원래 60년대까지 거슬러 올라간다. 그러나 60년대의 논의는 1976년 대학 개방정책의 결정을 통해 마무리 지어졌기 때문에 지금의 논의와는 직접적인 관련이 없다. 현재의 논의는 대학 개방 정책의 실시로 인해 발생한 여러 가지 문제들을 해결하면서 동시에 대학이 새로운 지식사회의 요구에 부응할 수 있는 능력을 갖추도록 하는데 그 초점이 맞추어져 있다.

이러한 논의는 80년대에 이미 시작되었다. 특히, 80년대 중반 니더작센 주의 학생들이 당시 주 정부가 고려하던 등록금 제도의 도입에 반대하여 총파업을 하면서 대학 개혁의 필요성에 대한 인식이 사회적으로 확산되었고, 1988/89년의 학생 총파업은 개혁의 절대적 필요성을 확인시켜 주는 계기가 되었다고 볼 수 있다. 90년대 들어오면서 그 동안 산발적으로 진행되던 개혁 논의가 구체성을 띠게 된다. 특히, 연방 정부와 각 주 정부가 구체적인 개혁안에 대해 논의하기 시작하였고, 1993년 2월 3일에 연방 정부는 "교육과 연구 정책에 대한 기본 입장"을 결정하였다. 그 중에서 대학 개혁과 관련된 내용을 요약해 보면 다음과 같다.

- 차후의 대학 설립에 있어서 전문단과대학의 설립에 우선순위를 두도록 하여 전체 대학 정원에서 적어도 40%를 전문 대학에 배당할 수 있도록 한다.
- 새로운 대학 학사 규정을 제정하여 학문적 기반 위에서 직업 능력을 키워줄 수 있는 학업과 그 이후에 후진 학자 양성을 중심으로 하는 박사 과정으로 분명히 구분하도록 한다.
- 대학 수업의 질을 높인다.
- 지도 조교 프로그램과 같은 제도를 통하여 학업 조건을 개선한다.
- 졸업 시험을 보아야 하는 학기 수와 재시험을 볼 수 있는 시간을 규정함과 동시에 조기 졸업을 장려하도록 한다.
- 대학의 행정적, 재정적 자율성을 강화한다.
- 학생 선발에 있어서 대학이 직접 참여할 수 있는 기회를 확대한다.
- 대학 교수의 직무법을 현실화시킨다.

이러한 연방 정부의 기본 입장은 각 주 정부들과 학술자문위원회, 대학총장협의회, 경제계와 문화계 대표 단체들이 각자 발표한 기본 입장들과 일치하는 것이었다. 그러나 문제는 이러한 기본 입장을 현실에서 구체적으로 어떻게 적용해야 하는가, 그리고 대학의 재정을 어떠한 방식으로 충당하는가 하는 것이다. 이러한 문제에 대한 구체적인 해결책을 찾기 위해 연방 정부와 주 정부들은 집중적인 논의를 했고, 그 결과 1997년 8월에 연방 정부와 주 정부들은 고등교육기본법을 개정하기로 합의하고, 연방 교육부는 개정 실무 작업을 시작하였다.

그 사이 "디 짜이트(Die Zeit)"와 "슈피겔(Spiegel)" 같은 비중 있는 언론들도 나름대로 대학 개혁의 방안을 제시하는 교수나 사회 인사들의 의견과 대학의 현 상황에 대한 논의를 지속적으로 보도하였다. 여기서 특기할 것은 1997년 가을부터 1998년 초까지 이어진 대학생들의 파업에 대해 언론이 비교적 동조적인 자세를 보였다는 점이다. 당시 학생들이 열악한 학업 조건의 개선을 주요 이슈로 들고 나왔고, 이들의 요구는 언론뿐만 아니라 일반 시민들도 충분히 수긍할 수 있는 것이었다.

1998년 8월 20일 오랜 산고를 거쳐서 연방 고등교육기본법의 4차 개정안이 통과되었고, 1998년 8월 25일부터 효력을 발휘하기 시작했다. 그 주요 내용을 요약해 보면 다음과 같다.

- **성과에 상응하는 재정 지원 제도의 도입(5조)**: 각 대학에 지급되는 국고 지원금의 액수는 앞으로 교육과 연구 그리고 후진 학자 양성에서 각 대학이 달성한 성과에 따라서 결정된다. 그 외에도 각 대학이 고용에 있어서 얼마나 남녀평등의 원칙을 지키는가도 지원금의 액수에 영향을 미친다.

- **교육과 연구에 대한 평가(6조)**: 대학의 교과 과정을 규칙적이고 체계적으로 평가한다. 그 평가 결과에 의거하여 교과 내용과 형태를 신속하게 개선해야 한다. 대학에 진학하려는 사람은 이러한 평가를 보고 대학을 선택할 수 있다.

- **학업 기간의 개정(11조)**: 전문단과대학의 경우 8학기, 종합대학의 경우 9학기로 학업 기간이 새로이 확정되었다.

- **학생 상담 의무의 강화(14조)**: 학생들이 선택한 전공이 자신의 적성에 맞는지 안 맞는지, 그리고 학업을 끝까지 해 낼 능력 여부를 가능한 한 신속히 평가해 볼 수 있도록 대학 당국에서는 늦어도 학업을 시작한 날로부터 일 년 후에는 그간의 성과를 바탕으로 상담을 해 줄 수 있어야 한다. 이런 초기 상담은 고 학기에 가서 학업을 중단하거나 학과를 바꾸는 비율을 줄이기 위한 방법의 일환이다.

- **모든 학과에 중간시험 제도의 도입(15조 1항)**: 앞으로는 모든 학과에서 중간시험을 도입하도록 하며, 이 중간시험을 합격한 학생만 상급 과정(Hauptstudium)에 들어갈 수 있다.

- **조기 졸업의 장려(15조 2항)**: 현재 학업 기간을 단축할 수 있는 성공적인

모델로 인정을 받고 있는 조기 졸업을 모든 학과에서 시행한다.

- **학점과 시험 성과를 인정하는 성과 적립제의 도입(15조 3항)**: 앞으로는 대학이 "학점 은행 제도"를 도입하여 대학을 바꾸는 학생들이 이전의 대학에서 취득한 학점과 시험 성과를 쉽게 인정받을 수 있도록 한다. 이는 학과 과정에 유동성을 도입하는데 있어서 중요할 뿐만 아니라 학생들이 국내외의 이동을 통해 견문을 넓히도록 장려하기 위한 방법의 일환이다.

- **국제적으로 알려진 "학사"와 "석사" 학위 수여 허가(19조)**: 영·미 대학의 학제가 독일에서도 정착되도록 하고자 하는 것이다. 독일 대학들은 앞으로 기초 과정에서 학사 그리고 상급 과정에서 석사 학위를 수여할 수 있다.

- **정원 제한 규정이 있는 학과에 한해서는 대학들이 정원의 20%를 스스로 선발할 수 있는 권리를 부여(32조 3항)**: 이로써 대학들은 제한적이나마 자체적으로 학생을 선발할 수 있는 권리를 갖게 되었다.

- **교육자적 자질을 교수 채용 시 절대적인 조건으로 명시(44조 1항)**: 앞으로는 교수직에 지원하는 사람은 교육자적 자질을 구체적으로 제시하여야 한다. 어떠한 방법으로 이를 증명할 수 있는지에 관해서는 각 주의 법을 통해서 규정하도록 되었다.

- **교수 채용 시 교수 자격 청구 논문(Habilitation)과 그에 상응하는 다른 학문적 성과의 동일한 평가(44조 2항)**: 이로써 교수직에 지원한 사람의 학문적인 성과를 평가 기준이 유동적으로 되었다. 앞으로는 교수 자격 청구 논문만을 절대적인 기준으로 적용하는 것이 아니라, 외국에서 교수를 초빙해 올 때와 마찬가지로 그에 상응하는 학문적 성과를 심사의 대상으로 할 수 있다.

이러한 내용 외에도 4차 개정안은 여러 가지 규정을 완화하여 대학이 예전에 비해 더 많은 자율성을 갖게 된 것은 사실이다. 그러나 새로운 규정들을 어떻게 적용할 것인지, 특히 누가 대학의 성과를 평가할 것인지 하는 문제에 대해서는 당연히 상이한 견해가 나올 수밖에 없다. 그리고 1998년 가을 집권한 사민당-녹색당 정부에서 이 개정안의 미흡한 점을 지적하고 추가 개정을 추진하는 동시에, 연방제 원칙에 따라 각 주 정부에서 구체적인 개혁의 내용을 준비하는 중이기 때문에, 독일의 대학 개혁 논의는 더욱 활발하게 진행되고 있다.

4. 대학 개혁 논의 내용

독일 대학 개혁 논의를 전체적으로 정리해 보면, "학사 규정 개정과 학사 제도의 도입", "등록금 제도", "교수의 공무원 신분 보장 제도와 교수 자격 청구 논문제의 폐지" "강의와 연구 성과 평가" 그리고 나아가 "대학 행정 구조의 개선", "대학 의결 기구의 민주화와 합리화", "대학 재정의 자율성 문제", "대학 연구소의 구조 개선" 등 여러 가지 사안으로 구분해 볼 수 있다. 아래에서는 그 중에서 주요 사안이라고 할 수 있는 앞의 네 가지 안에 대해서만 정리해 보고자 한다.

1) 학사 규정의 개정과 학사 제도의 도입

독일 대학생들의 평균 학업 기간이 다른 유럽연합의 회원국들과 비교해서 훨씬 길기 때문에 직장을 구하는데 있어서 유럽 다른 나라의 대학 졸업생들보다 나이가 많아 불리한 입장에 빠질 수 있다는 우려의 목소리가 특히 경제계에서 자주 나오고 있다. 사실 7년을 대학을 다니고 첫 직장을 찾게 되는 대학 졸업생의 평균 연령이 만 이십 6~7세로 비교적 나이가 많은 편이다. 그렇기 때문에 학업 기간의 단축이 절대적으로 필요하다는 점에 대해서는 대학 개혁 논의에 참여하는 모든 사람들이 동의한다. 그리고 이것은 연방 고등교육기본법 4차 개정안에도 반영되었다.

이 개정안은 학업 기간을 단축하기 위한 방안으로서 시험 제도와 시험 방법의 효율적인 개선, 조기 상담 의무 제도와 중간시험 제도의 도입을 포함한다. 이러한 제도의 도입에 대해서는 이의를 제기하는 사람이 거의 없다. 단지 새로운 제도를 효율적으로 실행하기 위한 전제 조건이 제대로 충족되지 않은 상황에서 이 규정이 서류상의 의미밖에 지니지 못한다는 견해가 적지 않다. 그러한 주요 견해들을 들어보면 다음과 같다.

첫째, 경제적 이유로 인해서 자신의 생활비를 스스로 벌어가면서 공부하는 학생들에게 8학기 동안 공부에만 전념하여 학업을 마치라고 요구하는 것은 경제적 능력이 있는 가정의 자녀만 대학에 다니라는 것과 마찬가지라는 비난이 있다. 독일 학생복지처연합(Deutsche Studentenwerke)의 호스트 바흐만 사무총장은 현재의 연방교육장려금의 액수가 적어 부모로부터 지원을 받지 못하는 학생들이 아르바이트를 해야만 하기 때문에, 이들이 학업에 전념할 수 있도록 하기 위해서는 연방교육장려금의 액수부터 높여야 한다고 주장하고 있다. 그러나 지금까지 연방교육장려금 제도의 개혁에 대한 합의가 쉽게 이루어지지 않았다. 에델가드 불만 현 교육부 장관은 연방교육장려금 제도의 개혁을 사민당-녹색당 정부 교육 정책의 핵심 과제로 두고 올해 말에 구체적인 개혁안을 내놓겠다고 하고 있기 때문에 곧 현실적인 개혁이 가능할 수도 있을 것 같다. 불만 장관의 기본 구상은 연방교육장려금의 액수를 상향 조정하여 학생들이 학업에만 전념할 수 있도록 한다는 것이다. 특히, 지금까지 부모의 수입 수준에 의거하여 대부금과 지원금의 형태로 지급되어 오던 연방교육장려금 형태를 수정하여 지원금의 비율을 높이는 동시에 연방교육장려금을 받을 수 있는 부모 수입의 상한선을 상향 조정하겠다고 발표하였다. 하지만 이러한 의욕적인 시도에 대해 적자 재정으로 인해 긴축 예산을 집행하고 있는 재무부 장관이 제동을 걸 수도 있다.

두 번째, 상담의 의무를 도입하고자 하는 취지는 좋지만 현재의 대학 상황에서 효율적인 상담 지도가 불가능하다는 견해이다. 실질적으로 1:50에 달하는 교수와 학생의 비율부터 먼저 개선해야 한다는 것이다. 새로 입학하는 학생 수는 지속적으로 증가하는 반면, 적자 예산으로 인해 교수의 수를 늘이지 못하도록 하고 있는 상황에서 이러한 상담의 의무를 법으로 규정한다는 것은 빛 좋은 개살구라는 것이다. 이들은 시험을 보기 위해서 학생들이 한 두 학기를 기다리는 것이 지금의 형편인데, 학생 수가 더 늘어나는 상황에서 더 많은 시험을 치르고 상담까지 하는 것은 사실상 불가능하다는 것이다.

그럼에도 불구하고 새로운 학사 규정 자체는 논란의 대상이 되지 않는다. 논란의 대상은 오히려 국제적으로 잘 알려진 학사 제도의 도입 문제이다. 이러한 학사 제도의 도입을 찬성하는 입장에서는 독일 대학의 국제화를 꾀하고 동시에 학업을 중단하는 학생들이 최소한 학사 학위라도 취득하게 될 수 있기 때문에 일거양득이라는 의견이다. 실제 학사 제도가 없는 현재의 체제하에서 학업을 중단하게 되는 학생들은 사오년을 대학에 다녔다고 하더라도 아무런 증명서를 받지 못하고 학교를 떠나야 한다. 그러면 그들은 결국 대학 입학 자격시험(Abitur) 합격증밖에 없는 것이나 마찬가지이다. 학사 학위라도 취득할 수 있다면 최소한 대학에서 보낸 시간이 아무런 의미가 없는 잃어버린 시간이 되지는 않는다는 장점이 있다는 점에는 반론이 없다. 하지만 학사 학위를 가지고 직업을 구하려고 할 때 도움이 될지 여부를 의심하는 사람이 적지 않다. 기업들이 학사 학위를 정식 자격증으로 인정하지 않음에도 불구하고 이러한 제도를 도입할 의미가 있는가 하는 것이 이들의 의견이다.

이러한 비관론자들도 독일 대학의 국제화를 도모하는데 있어서 학사 제도의 도입이 도움을 줄 수 있다는 점에 대해서는 원칙적으로 동의한다. 특히, 학사 제도가 도입되면, 외국으로 유학 가는 학생들이 대학원으로 진학하기가 수월해 질뿐만 아니라, 외국에서 독일로 유학 오는 학생들도 복잡한 학력 인증 절차를 거치지 않아도 되기 때문에, 독일이 외국 학생들에게 유학 대상국으로써 더 매력적이 된다는 점에도 모두 동의한다. 그러나 각 대학이 자기 재량에 따라 이 제도를 도입하게 됨으로써 필요 없이 혼선만 초래할 수 있다는 점과 영국식의 학사 제도인지 미국식의 학사 제도인지 분명하지도 않다는 점에 대한 비판의 소리가 있는 것도 사실이다. 그리고 대부분의 대학이 이러한 제도를 도입하기를 망설이고 있다. 이에 대해 아우스부르크 대학의 라인하르트 불름 총장은 기존의 학자들이 이러한 새로운 제도를 접하는 것 자체를 두려워하기 때문이라고 설명하면서, 시간이 흐르면 이러한 두려움도 사라지게 될 것이라고 이야기한다.

그러나 실제로 얼마나 많은 대학들이 학사 제도를 도입하게 될지는 두고 보아야 할 문제이다. 그것은 독일 기업들이 앞으로 기존의 대학 졸업장 "마기스터"나 "디플롬"이 아닌 "학사"를 어떻게 평가하는가에 따라서도 많이 달라질 것이기 때문이다.

2) 등록금 제도

대학 개혁 논의 중에 등록금 제도처럼 의견이 찬반으로 첨예하게 대립되고 있는 것도 없다. 이는 30년 전 모든 사회 계층에 대학 학업의 기회를 보장하기 위해서 폐지하였던 것을 다시 부활한다는 것을 의미하며, 그것은 곧 사회 정책의 시계를 거꾸로 돌리자는 것이기 때문이다. 그러나 대학의 재정이 갈수록 열악해 지면서 등록금 징수를 통해 부족한 재정을 채워야 한다는 의견들이 대학 교수들 사이에서도 나오고 있다. 1995년 가을 대학총장협의회에서 학생당 1000마르크의 등록금을 징수하는 문제가 공식적으로 논의된 이래 등록금 문제에 대한 논의는 더욱 더 활발하게 진행되고 있다. 유명한 정치학자인 클라우스 바이메 교수는 대학에서 몇 백 마르크라도 등록금을 징수할 수 있다면 대형 학과의 경우 교수와 지도 조교의 수를 현재보다 훨씬 더 늘릴 수 있다고 강조한다.

그러나 등록금 징수에 대해 학생들은 절대적으로 반대하고 있다. 80년대 이미 총파업을 통해서 분명히 견해를 피력하였던 학생들은 등록금 논의는 중산층 이하의 학생들로 하여금 아예 처음부터 대학에 진학할 엄두도 내지 못하게 하려는 비사회적 처사라고 비난을 하고 있다. 이들은 기회가 있을 때마다 기발한 아이디어를 동원하여 시민들에게 자신들의 의사를 전하고 있다. 한 예로 1995/96년 겨울 학기 등록이 시작될 시기에 3600명의 뤼네부르크 전문단과 대학생들에게 11월말까지 1000마르크의 등록금을 납부하라는 고지서가 전달되었고, 그 이후 대학 당국은 항의하는 학생과 부모의 전화로 업무가 마비될 지경이 되었다. 실제로는 이 고지서는 등록금 징수 논의에 항의하기 위해 이 대학 학생들이 만든 가짜 고지서였다. 이 사건은 등록금이 실제로 도입되었을 경우에 시민들의 반응을 미리 보여준 사례였다.

이런 여러 가지 이유 때문에 등록금 제도를 관철하기는 정치적으로 쉽지 않다고 볼 수 있다. 사민당-녹색당 연방 정부의 경우 1998년 가을 연정협약서에 고등교육기본법에 등록금 징수 금지 조항을 명시하겠다고 할 정도로 반대 입장을 분명히 표시하고 있다. 독일 헌법에 연방 정부가 각 주의 고유 권한에 대해 간섭할 수 없도록 되어 있고 등록금 징수는 각 주의 예산과 관련되는 문제가 된다는 헌법상의 문제와, 등록금 징수의 금지와 같은 구체적인 사안을 대략의 틀을 결정해 주는 기본법에 도입하기 어렵다는 법 해석적인 문제로 인해 현재 원래의 의도대로 추진하지 못하고 있는 상황이다. 야당 내에서도 기사당 소속의 바이어른 주 교육부 장관 한스 체테마이어는 등록금의 징수는 경제적 능력에 따라 학생을 선발하는 비사회적인 제도라고 경고하고 있고, 작센 주 과학부 장관인 기민당 소속의 한스 요아힘 마이어도 등록금 징수가 대학 재정난을 해결해 줄 수 있는 방법이 아니라고 강조한다.

그러나 워낙 열악한 대학 재정 상황으로 정치권에서 등록금 제도에 대한 원칙적인 거부의 입장을 재고해야 하지 않느냐는 의견이 등장하고 있는 것도 사실이다. 실제 학업 기간의 단축을 위한 방안으로 벌칙금 형식을 통해 제한된 범위에서라도 등록금을 징수하려고 하는 주가 늘고 있다. 기민당이 집권하고 있는 바덴 뷔르템베르크 주의 경우에는 이미 1998년부터 14 학기에 달한 학생이 등록하고자 할 때는 한 학기에 1000마르크를 내야 한다고 결정하였으며, 역시 기민당이 집권하고 있는 베를린과 작센 주의 경우에도 액수에서만 차이가 있을 뿐 마찬가지로 변형된 형태의 등록금을 징수하고 있다.

이러한 등록금 논의에 대해 에델가드 불만 교육부 장관은 등록금 징수는 모든 사회 계층의 자녀가 대학에 진학할 수 있도록 한 대학 개방 정책의 기본 방침에 상치하는 것이기 때문에, 적어도 첫 번째 학업 기간에는 도입되어서는 안 된다고 강조한다. 그리고 동시에 각 주들이 협의를 통해서 첫 번째 학업에 대한 등록금의 징수를 원칙적으로 금지하는 조약을 체결하기를 촉구하고 있다.

주 교육부장관협의회에서는 이 문제에 대한 협의를 거쳐 최근 일정한 기간 동안 등록금 징수를 유보한다는 조약을 각 주들이 체결하는 것이 바람직하다는 점까지는 원칙적인 합의를 보았다. 그리고 이러한 조약 체결의 준비를 위해 최근 8개 주의 실무자를 구성원으로 하는 실무팀을 만들었고, 이 팀의 첫 회의 일정이 1999년 10월 12일로 잡혀 있는 상태이다.

3) 교수의 공무원 신분 보장 제도와 교수 자격 청구 논문의 폐지

이 문제는 대학 개혁 논의의 가장 중요한 부분을 차지함에도 불구하고 고등교육기본법 개정안에서 전혀 논의되지 않았다는 사실 자체가 얼마나 민감한 사안인지를 잘 보여 준다.

독일 대학 교수는 C2, C3, C4의 3단계 구분이 있고, 그 아래 C1은 교수 자격 청구 논문을 쓰고 강의를 하면서 지도 교수의 전공 분야에서 연구 조교 역할을 하는 박사들이다. 계약제를 원칙으로 하는 C1을 제외하면, 대학으로 초빙되는 교수들은 그와 동시에 국가 공무원 신분을 보장받도록 직무법에 규정되어 있다. 한 번 교수가 되면 평생직장을 보장받을 뿐만 아니라, 소득도 업적에 상관없이 국가 공무원 급여 체계에 따라 확정된다는 것을 의미한다. 그리고 전공 담당 분야에 있어서 C4 교수의 지위와 권한은 중세 시대 봉건 영주와 흡사할 정도로 강력하다. 그것은 한편으로는 자유로운 연구와 교육을 보장해 주지만, 다른 한편으로는 극히 드문 경우이기는 하지만 게으른 교수들이 아무런 제재나 평가를 받지 않고, 편히 시간을 보낼 수 있다는 부정적인 측면도 있다.

이러한 제도가 지금과 같은 국제 경쟁 사회에 어울리지 않을 뿐만 아니라 학문의 발전을 방해하는 것이라고 보는 견해가 언론을 통해 자주 보도되고 있다. 독일 정부가 독일의 연구 지원 체계 평가를 위해 구성한 국제위원회의 의장인 리챠드 부룩 교수도 교수의 공무원 신분 보장 제도와 경직된 급여 체계를 독일의 고등 교육이 역동성을 상실하게 만드는 최대 장애물 중의 하나로 간주한다. 게다가 학문의 자유를 그렇게 중요하게 여기면서 국가 공무원이기를 절대적으로 고집하는 것은 아이러니라고 지적한다.

독일에서 현재의 대학 교수 체계를 비판하는 사람들은 대부분 미국식 체제를 모델로 하여 교수 체계 자체를 개혁하여야 한다고 주장한다. 적어도 처음으로 초빙되는 교수는 공무원으로 채용하는 것을 규정이 아니라 예외 사항으로 두는 것이 바람직하고, 조교수 제도를 도입하여 젊은 학자들에게 기회를 주고, 연구 업적에 따라서 급여를 결정할 수 있는 방안을 마련해야 한다는 것이 이들의 의견이다. 지금의 체제하에서는 박사 학위를 받고 교수 자격 청구 논문을 마친 사람의 평균 연령이 40세, 그러고 나서 교수로 임용되기까지 대부분 사오 년의 시간이 걸리기 때문에 젊은 학자들의 창조적인 능력을 제대로 활용되는 것이 불가능하다고 그들은 개탄한다.

미하엘 닥스너는 "대학은 아직 구제 가능한가?"라는 저서를 통해서 이 문제에 대한 구체적인 대안을 제시하고 있다. 4~5년간의 박사 과정을 거친 사람이 교수 자격 과정을 거치지 않고 곧바로 교수로 근무할 수 있도록 하되 3년간의 시험 기간을 규정하여, 이 기간 동안 그가 대학에서 연구 강의할 능력이 있는지 여부를 검토하도록 하자는 것이다. 그러한 과정을 성공적으로 거친 사람은 계약직이 아닌 정규 교수로서 임용되도록 하되, 정규 교수도 지금까지와는 달리 해고할 수 있도록 한다. 그리고 교수의 급여 문제에 있어서는 일단 모든 교수들에게 동일한 기본급을 보장하되 그 액수를 처음부터 너무 높지 않게 책정하고 연구와 교육 성과에 따라 추가 수당을 받아야만 높은 소득을 올릴 수 있도록 한다.

이러한 제안에 대해 긍정적으로 반응하는 사람들은 이를 통해서 교수들이 연구와 강의의 성과에 대해 보상을 받게 되고, 3년의 시험 기간을 성공적으로 마치시 못한 사람이 다른 지장을 구하더라도 너무 나이가 많지 않다는 점을 장점으로 든다. 그러나 문제는 독일 대학 체제의 "성역"으로 통하는 교수 자격 청구 논문 제도와 교수들의 기득권이 걸려 있는 공무원 신분 보장 제도를 실제로 폐지할 수 있는가 하는 점이다.

실제 개정된 고등교육기본법에 이미 교수 임용 시 교수 자격 청구 논문과 그에 상응하는 자격을 가진 사람을 채용하도록 한다는 내용이 도입되었음에도 불구하고 이런 논의가 지속되는 그 자체가 현재 독일 대학의 교수 임용 과정에서 교수 자격 청구 논문이 얼마나 결정적인 역할을 하는가를 잘 보여주고 있다. 이러한 점을 잘 아는 사람들은 그렇기 때문에 아예 이 제도 자체를 없애야 한다고 주장하고 있다. 그러나 이러한 논의가 얼마나 실질적인 개혁으로 이어질 지에 대해서는 아직 두고 보아야 할 일이다.

각 주 정부와 독일연구협의회(Deutsche Forschungsgemeinschaft)의 경우, 올해부터 합작으로 실시하는 Emmy-Noether-Programm을 통해 젊은 후진 학자들에게 교수 자격 청구 논문을 쓰지 않고도 동일한 자격을 획득할 수 있는 기회를 주겠다고 의욕적인 시도를 보이고 있지만, 실제로 이 프로그램이 얼마만큼 성과를 거둘 수 있을지는 차후에 이 프로그램을 통해서 배출되는 학자들이 4~5년 후 얼마나 많이 교수에 임용되는가 하는 것에 의해 판가름이 나게 될 것이다.

4) 강의와 연구 성과 평가

현재의 체제에서는 대학 교수의 강의성과에 대해 평가를 할 수 있는 방법은 사실상 없다. 단지 얼마나 많은 학생들이 강의와 세미나에 참석을 하는가를 기준으로 교수의 강의가 얼마나 호응도가 높은가를 짐작할 수 있을 뿐이다. 학생들의 호응도가 낮다고 해서 그 교수에게 어떤 불이익이 주어지거나 호응도가 높은 교수에 대해서 특별한 혜택이 주어지지도 않는다. 호응도가 높은 교수들은 오히려 졸업 시험을 보거나 박사 과정을 공부하고자 하는 학생들이 몰려서 더 많은 졸업 논문과 박사 논문을 지도해야 하는 부담을 안게 될 뿐이다. 이러한 문제를 개선해야 한다는 논의는 새로운 것이 아니다.

이것은 이미 고등교육기본법 4차 개정안에 반영되어 강의와 연구 성과에 따라서 국고 지원금을 결정한다고 명문화되었다. 그러나 논란이 되는 점은 어떠한 방법으로 강의성과를 평가하는가 하는 문제이다. 미국 대학에서는 학생들이 교수의 강의 성적을 평가한다는 점을 예로 드는 사람들도 있지만, 교수 개인의 강의 내용을 평가한다는 것이 쉽지 않다는 점에 대해서는 적극적으로 강의성과 평가를 요구하는 사람들도 동의하고 있다. 구체적인 강의 평가 방법, 즉 누가 어떠한 방법으로 평가를 할 것이지, 그리고 그 구체적인 대상이 무엇인지와 같은 사항에 대해서는 아직 전체적 여론의 합의점은 나오지 않고 있는 상태이다.

연구 성과 평가에 대해서도 우려의 소리가 적지 않다. 먼저 학자로써 자리를 굳힌 교수들에게 연구 성과를 제출하도록 요구하는 것이 전통적인 학문의 자유 원칙에 어긋나는 것이라고 지적하는 사람이 있는가 하면, 인문사회과학에서 양적인 평가가 가능할 지에 대해 의문을 제시하는 학자들도 있다. 그들은 나아가 이러한 양적인 평가는 기초 학문의 연구 자체를 위협할 수도 있다고 염려한다.

리챠드 부룩 교수는 연구 성과에 대한 평가가 학문의 자유를 침범하는 것이 아니냐는 우려에 대해 영국 대학에 평가 제도가 존재한다고 해서 그 곳에 학문이 제한을 받는다고 할 수 없다고 지적한다. 그리고 어떤 평가 제도를 도입하든지 그 제도 자체의 효율성을 정기적으로 검토하고, 적어도 십 년마다 새로운 제도를 도입하는 것이 부작용을 막을 수 있는 최상의 방법이라고 충고한다. 앞으로는 개정된 법에 따라 이런 평가 결과를 기준으로 대학이 국가에서 지원 받는 금액이 결정되기 때문에 이제는 합리적인 방법을 강구하지 않으면 안될 시점에 도달했다. 그리고 이 문제에 대한 최종 결정권은 각 대학의 재정을 담당하는 각 주 정부에 있다.

5. 독일 대학 개혁의 전망

독일 대학은 학문을 하려는 소수 엘리트를 위한 자유로운 학문의 장이라는 전통 이념으로부터 벗어나, 학문을 근거로 한 직업 교육을 원하는 90% 이상의 학생들을 위한 직업 준비 교육 기관의 역할도 병행하면서, 학문 연구에서 국제적인 수준을 유지해야 한다는 이중의 과제를 안고 있다. 이러한 과제를 해결하기 위한 방법을 모색하는 것이 현재 독일에서 진행되는 논의의 목적이다. 이러한 개혁은 하루아침에 이루어질 수 있는 성격의 것이 아니다. 개혁 옹호론자인 사민당의 교육 전문가 페터 글로쯔는 대학 개혁이 어렵게 진척되는 상황에 대해 "많은 사람들이 무엇을 해야 하는지 알고 있다. 그러나 아무도 그것을 실행에 옮길 능력이 없다"고 한탄한다. 그럼에도 불구하고 실제로는 많은 대학에서 나름대로 개혁을 추진하고 있다는 점을 무시해서는 안 된다. 이미 많은 대학들이 새로운 시험 규정과 학사 제도 그리고 지도 조교 제도를 도입하고 실험하는 중이다. 교수의 지위나 자격과 관련한 개혁조차도 아주 불가능하다고 볼 수는 없다. 단지 그것은 기존의 것을 완전히 폐기하고 새로운 것으로 대치하는 성격이 아니라 전통적인 것과 새로운 것이 공존하는 가운데 최선의 방법을 모색하는 방향으로 전개될 것으로 보인다.

— 출처: FES-Information-Series,
www.fes.or.kr/index_kor/kpub/FES-IS/Hochschule.htm)

독일 : 베를린 주의 극단적인 교육재정 삭감과 대학생들의 저항

김종기 | 베를린 통신원, ki1325@hanmail.net

지난 11월 초, 베를린 주 정부가 교육재정의 극단적인 삭감으로 요약할 수 있는 대학구조조정 계획을 발표하자 베를린의 대학생들이 거센 시위를 하기 시작했다. 특히 11월 22일 (토)에는 1만 명이 넘는 학생들이 베를린 시청 앞에 운집해 시위를 벌이기도 했다. 그리고 대학생들은 11월 26일 훔볼트 대학교 본관 뒤 교정에서 학생총회를 갖은 뒤 시위와 동맹휴업 및 건물 점거 및 홍보 활동을 계속하기로 결의했고, 이어서 베를린 주 과학부장관 토마스 플리럴(Thomas Flierl, 민사당)과 재정부장관 사라친(Thilo Sarazin, 사민당)의 집무실을 점거했다. 또한 11월 27일 (목)에는 포츠담 광장에서 집결해 브란덴부르크 문을 거쳐 베를린 시청 앞까지 행진했다. 이날 시위에 참가한 수는 경찰 추산으로 2만 명이 넘었는데, 대학교의 교직원들까지 가세했으며, 시위가 조직되는 동안 대학교의 총장들은 학생들의 행동에 강한 연대감을 표시하기도 했다.

대학교육재정삭감의 내용

현재 베를린 주 정부가 계획하고 있는 대학구조조정 계획에서 핵심적인 것은 오는 2004년과 2005년 두 해에 걸쳐 5,400만 유로, 나아가 2006년에서 2009년까지 다시 7,500만 유로의 재정지출을 삭감하겠다는 내용이다. 이것은 무엇보다 교수 인원의 감축계획으로 이어지고 있다. 그 계획에 따르면, 2009년까지 베를린 자유대학교는 전체 교수 364명 중 82명, 베를린 훔볼트 대학교는 383명 중 90명, 베를린 공과대학교는 335명 중 80명을 줄이도록 되어 있다.

그런데 교수와 학생들의 지적에 따르면, 이미 베를린의 대학교들에서는 통일이 되고 난 이후부터 극단적 교수 인원의 감축이 있었다. 예를 들어 베를린 공과대학교의 교수는 1992년에 629명이었는데, 현재 335명으로 줄어들었고, 이러한 상황은 베를린 자유대학교나 훔볼트 대학교도 마찬가지이다.

이렇게 지난 10년 간 베를린의 대학교들에서 교수 인원이 감축된 비율은 40%를 넘어선다. 이러한 교수 인원의 축소는 대학의 연구 경쟁력을 낮추고, 전반적으로 연구와 학업 조건을 악화시켰다. 2003년 11월 23일자 일간 타게스슈피겔(Tagesspiegel)지에 따르면, 상하이 대학의 세계 대학 순위 발표에서 베를린 자유대학교는 95위이며, 베를린 훔볼트 대학교는 무려 152위에서 200위에 이른다. 베를린 자유대학교 총장 디터 렌첸(Dieter Lenzen)에 따르면, 베를린 자유대학교가 그나마 나은 것은 가능한 한 많은 학과 및 학부를 존속시켰기 때문이다.

한편 주 정부는 또 다른 절감조치로 1년에 조교 인원의 1/5, 세미나 보조원(Tutor)의 1/2을 줄이고자 한다. 학생들은 이러한 조치가 직접적으로 대학생들의 학업 조건을 더욱 열악하게 만들 것이라 본다. 전통적으로 독일 대학에서 조교와 세미나 보조원은 강의나 세미나에서 신입생이나 희망 학생들이 해당 강좌를 원활하게 이해할 수 있도록 그 강좌의 수강에 필요한 기본 지식을 가르쳐주고 기초 텍스트를 같이 읽는 등 실질적인 도움을 주는 역할을 수행했다. 또한 이를 통해 대개 상급학년이나 박사과정 학생인 세미나 보조원 자신도 일정한 정도의 보수를 받으며 학업을 하는 데 경제적 도움을 받아 왔다. 따라서 이러한 조치는 학생들에게 학문적으로나 경제적으로나 학업 조건을 더 열악하게 만들 것이라는 것이 학생들의 우려이다.

이와 함께 주 정부는 전체 학부의 신입생 등록 동결을 계획하고 있다. 전반적인 대학 재정의 절감 조치는 결국 이와 같이 베를린의 대학교에서 당분간 신입생의 신규 등록을 허용하지 않는 것으로 귀결되고 있다. 그러나 이러한 조치는 베를린의 미래를 걱정하는 지식인들과 교육관계자들로부터도 비판을 받고 있다. 그들에 따르면, 신입생의 입학허가 동결은 궁극적으로 베를린에 고급 인력의 유입을 차단시켜 베를린의 미래 경쟁력을 저하시키게 될 것이라고 지적한다.

그러나 대학생들을 더욱 분노하게 만들고 있는 것은 그동안 학생들의 반발에도 불구하고 은밀하면서도 또한 공공연하게 거론되어 온 수업료 도입이 교육구조조정 계획에 포함되어 있다는 것이다. 현재 수업료 도입 계획의 골자는 소위 장기 학생(Langzeitstudierende)에 대해 학기당 500유로의 수업료를 징수하겠다는 것이다.

그런데 주 정부는 학생들로부터 징수하는 수업료를 대학교의 재원으로 충당하지 않고 직접 베를린 주의 재정으로 끌어들이고자 계획하고 있다. 베를린의 경제적 어려움과 그로 인해 가속되는 대학 재정의 악화로 인해 아직 무상교육의 골간을 유지하는 독일 대학교육체제에서 베를린은 바덴-뷔르템베르크 주 및 니더작센 주와 함께 한 학기당 50유로 가량의 행정 수수료를 이미 받고 있다.[1] 그리고 더 나아가 베를린 대학교의 총장들은 수업료의 도입을 통해 대학재정을 조금이나마 개선하고자 하는 견해를 가지고 있기 때문에, 대학 운영의 차원에서 수업료 도입 자체를 긍정적으로 검토하고 있다. 그러나 그들도 학생들에게서 징수하는 수업료를 베를린 주 정부가 주 재정의 일환으로 사용하고자 하는 계획에 대해서는 전혀 동의하지 않는다.

한편 교육구조조정 계획에는 향후의 신입생들에 대한 내용도 포함되어 있다. 그 계획에 따르면, 수업료의 징수는 일종의 수업계좌제로 표현할 수 있는 크레디트 포인트 체계와 연계되어 도입된다. 그 체계에 따르면, 신입생들은 전체 학점을 이수하는 데 필요한 것보다 20% 많은 보너스 크레디트 포인트를 받는다. 학생들은 매 학기 기본 강좌보다 더 적은 강좌를 들었다 하더라도 매 학기 일정량의 포인트가 자신들의 계좌에서 공제되기 때문에 이 20%라는 여

1) 대학수업료 도입을 둘러싼 논쟁에 대해서는 권미연의 [독일대학의 무상교육제도는 사라질 것인가]({교육개발} 2002년 11월/12월호)를 보라.

분의 포인트를 다른 강좌, 후속 강좌 또는 연기된 강좌를 듣는 데 이용해야 한다. 그리고 학생들은 첫 수업이 시작될 때부터 자신들의 학기 수업시간을 각 경우에 따라 칩 카드를 통해 상세히 계산해야 한다. 자신들의 계좌에 들어 있는 포인트를 모두 사용하면 자비로 포인트를 구입할 수 있는데, 그 때에 한 학기의 기본 강좌를 이수하는 데 필요한 포인트는 약 500유로에 해당한다. 이러한 체계가 도입되면 그것은 장차 현재의 재학생들에게도 적용될 것이며, 나아가 어떤 형태의 수업료라도 한번 도입되기 시작하면 점점 더 확산될 것이라는 것이 학생들의 우려이다.

베를린의 경제적 어려움과 악화되는 공공 복지

베를린은 분단 시기와 그 이전부터 국왕의 거주지 또는 수도로서 풍요로운 문화 자산을 지녀 왔다. 또한 통일 이후에도 과거로부터 물려받은 문화자산과 분단 시기에 체험한 동・서 유럽의 동시적 경험으로 인해 베를린은 유럽의 중심에서 동서 유럽의 문화적・경제적 통합의 중심이 될 수 있는 잠재력을 가지고 있다. 이렇게 베를린은 문화적 자산의 풍요로움과 역동적인 발전 가능성으로 인해 많은 부러움을 살 만한 지위에 있지만 다른 한편으로는 재정난으로 인해 현재 심각한 어려움에 처해 있다.

연방 통계청 자료에 나타난 현재 베를린 주의 재정적자는 2001년에 52억 3,700만 유로, 2002년에 49억 4,300만 유로를 기록하고 있으며, 부채는 2002년 후반기 기준으로 130억 유로를 넘어 브레멘 주 다음으로 두 번째를 기록하고 있다. 이렇게 악화된 베를린 주의 재정 상태 때문에 베를린 주 정부는 재정 긴축 정책을 통해 재정 적자를 줄이려 하지만, 독일 경제 연구소(DIW)의 보고에 따르면 베를린 주의 재정이 견실해지기 위해서는 2005년까지 최소한 170억 유로의 연방 차원의 지원이 필요하다.

베를린 주의 재정 상내는 베를린 장벽이 붕괴된 이후 급속히 나빠졌는데, 그 첫째 원인은 베를린의 경제 전망에 대한 잘못된 평가 때문에 통일 이전에 이루어지고 있었던 연방 정부의 지원금이 사라지게 된 데 있었다. 여기에다 통일 이후 베를린이 동베를린까지 포괄하게 됨으로써 늘어난 행정 관리 비용이 어려움을 가중시켰다. 이로 인해 1995년에 베를린 주의 재정 결손은 약 55억 유로에 이르게 되었다. 그 사이에 주 정부는 재정 지출을 줄이고 수입을 늘이는 정책을 통해 재정 결손을 줄이려 노력했고, 그 결과 1999년까지 재정 적자 규모가 조금 줄어들긴 했지만, 2000년부터 다시 적자가 늘어나기 시작해 2001년 다시 52억 유로를 넘어서게 되었다.[2)]

이렇게 하여 베를린은 2001년 현재 580억 유로의 누적된 빚이 있는데, 이것은 독일이 그 해 12월 국가 전체에서 수출로 벌어들인 480억 유로를 훨씬 넘는 액수이다.[3)]

이러한 상황으로 인해 베를린 주 정부는 예를 들어 2003년 여름 학기부터 무상으로 지급되던 초・중등학교 교과서의 대금조차 학부모의 부담으로 돌렸고, 문화 방면에서도 많은 음악가, 배우들은 실직, 수입 감소의 위협에 몰리고 있고, 이러한 상황은 오페라의 위기, 박물관의 위기, 극장의 위기로 이어지고 있다. 또한 베를린 주 정부는 유치원 납입금을 인상했고, 유치원 교사 정원을 축소했으며, 시립 수영장, 청소년 회관 등 공공복지시설 운영을 축소했다. 이로 인해 공공 영역에서 경찰관, 교사, 사회복지사 등 잘 양성된 노동인력의 일자리가 축소되고, 사회복지 수준이 후퇴하고 있다.

그리고 현재 독일의 대학교육대강법(Hochschulrahmengesetz)에는 첫째 학위를 취득하는 학생에게는 대학수업료를 받을 수 없도록 명시되어 있는데, 그 법의 해당조항 입법을 주도한 연방 교육부장관 불만(Edelgard Bulmahn, 사민당)의 경고에도 불구하고 집권당인 사민당과 녹색당 내에서조차 공공연히 대학수업료 징수를 주장하는 목소리가 흘러나오고 있다. 대학수업료를 둘러싼 대립은 단지 베를린 대학교들만의 문제가 독일 대학 전체의 문제이기도 하다. 그러나 현재 베를린은 대학생들에게 이미 한 학기에 50유로의 행정수수료를 받고 있음에도 베를린의 어려운 경제 상황을 바탕으로, 대학의 구조조정이라는 명분을 앞세워 대학의 재정을 획기적으로 삭감하고 대학 재정과 주 재정의 일부분을 학생들과 학부모에게 부담시키고자 하는 움직임을 선도하고 있다.

---

2) http://www.diw.de/deutsch/publikationen/wochenberichte/docs/03-23-1#TAB1
3) Jochaim Sartorius, "Glanz und Elend. Kultur in Berlin", Hilmar Hoffmann, Wolfgang Schneider (Hg.), Kultur Politik in der Berliner Republik, Dumont, Koln, 2002, S. 72.

계속되는 학생들의 저항과 완강한 주 정부

현재 베를린의 대학생들은 주 정부에 대해 지속적으로 시위와 다양한 방식의 저항을 벌여나가고 있다. 현재 학생들이 수업거부의 일환으로 중요건물을 계속 봉쇄하고 있어 많은 강의가 이루어지지 않고 있으며, 그 대신 학생들은 곳곳에 모여서 토론을 하고 있다. 또한 현재 베를린 Zoo역 구내에서 공개강좌를 열거나, 대형할인매장인 이케아(IKEA) 매장에서 "0유로 대신 500유로"라는 가격표와 "2004년부터 새로 7,500만 유로 할인"이라는 플래카드를 붙이거나 나아가 플래카드를 들고 슈프레(Spree) 강으로 뛰어들고, 나아가 Zoo역 주변의 중심지 황제 빌헬름기념교회 주위를 알몸에 구호를 적은 채 달리거나, 쿠담 거리에서 퍼포먼스를 벌이면서 일반인들의 관심을 환기시키고 자신들의 주장을 알리는 다양한 활동을 벌이고 있다.

한편 학생들의 저항이 본격화하기 시작하는 것과 때를 맞추어 베를린의 대학교 총장들은 2003년 11월 21일 다음과 같은 공동성명서를 발표했다.

학문의 산지 베를린의 해체에 대한 학생들의 저항과 관련된 대학총장 공동성명서

— 2003년 11월 21일

이번 주 수만 명의 학생들은 학문의 산지 베를린이 지속적으로 파괴되는 것에 대항하여 저항을 벌이고 있습니다. 베를린 자유 대학교, 베를린 훔볼트 대학교, 베를린 공과 대학교의 총장들은 베를린의 대학 교육에 대한 학생들의 우려에 공감하는 바입니다…….

총장들은 그러한 결정이 학생 정원의 축소로 이어지고 더 나아가 학업 조건, 즉 베를린에 우수한 학자가 모이고 연구가 국제적으로 높은 수준이 되도록 보장해 주는 가능성을 더 악화시키는 데로 나아갈 것이라고 지적하는 바입니다.

……대학교 총장들은 베를린 주 정부가 학생들의 저항을 진지하게 받아들이고 대학교육정책을 사회와 연방수도 베를린의 미래에 대한 배려의 일부분으로 파악할 것을 기대합니다. ……나아가 우리들은 베를린 주와 함께 후속 세

대와 사회 전체의 미래 능력 보장이라는 의미에서 목표를 설정하고 협상할 준비가 되어 있습니다. 동시에 우리 총장들은 학생들에게 가능한 한 많은 대학구성원들이 학문의 산지의 강화를 위해 건설적으로 참여할 수 있는 저항 형식을 선택해 주기를 요구합니다.

베를린 자유 대학교 총장 디터 렌첸(Dieter Lenzen)
베를린 훔볼트 대학교 총장 위르겐 믈리넥(J rgen Mlynek)
베를린 공과대학교 총장 쿠르트 쿠츨러(Kurt Kutzler)

한편 베를리너 모르겐포스트 지 2003년 7월 14일자에는 베를린 주 재정부 장관 사라친이 다른 연방 주들이 베를린 대학들에 대해 재정지원을 해줄 것을 요구한다는 보도가 실린 바 있다. 그 보도에 따르면, 사라친은 자신의 요구의 정당성이 베를린에서는 주민 구성 당 대학생의 비율이 독일 전체 평균보다 80% 높고, 따라서 독일 사회가 필요로 하는 전문대학 이상의 고급인력 양성을 위해 베를린이 다른 주보다 더 많은 비율의 비용을 지출하고 있다는 사실에 있다고 주장했다. 그는 베를린이 다른 주보다 더 많은 학생비율로 인해 안고 있는 결손액을 메우기 위해 지원액은 연간 5억 7,000만 유로에 달해야 한다고 주장했다. 또한 그는 베를린에서 대학재정과 관련하여 발생하는 결손액은 다른 주의 도움으로 해결될 수밖에 없으며, 다른 주의 재정지원이 없으면 대학생들에게 수업료를 징수하는 것이 다른 해결 방안이라고 주장했다.

사회전체에 필요한 노동력의 양성이라는 측면에서 교육이 갖는 공공재(公共財)적 성격을 인정한다면, 다른 주들이 베를린의 대학들을 위해 지원을 해야 한다는 사라친의 주장은 일면 타당한 측면이 있다. 그러나 현재 독일은 경기침체로 인해 독일 전체에서 복지 정책에 지출되는 금액이 줄어들고 개인의 부담들이 늘어나면서 복지국가로서의 독일의 위상이 현저히 후퇴하고 있다. 이러한 현상은 의료보험, 연금, 실업수당 및 생계보조금 등 여러 측면에서 개인의 납입금 부담은 늘이고 수혜액과 수혜기간은 줄이며, 나아가 기업의 부담을 줄여주고 노동시장을 유연화 시키는 신자유주의 정책으로 나타나고 있다. 이것이 또한 현재 슈뢰더(Gerhard Schroder) 정부가 추진하고 있는 아젠다(Agenda) 2010의 핵심적 내용이기도 하다. 따라서 다른 주들이 베를린 대학들에 재정적 지원을 해야 한다는 사라친의 주장은 그 주장의 기본적인 정당성에 불구하고 그렇게 현실성이 있다고 보이지는 않는다.

따라서 베를린 주가 취할 수 있는 정책은 대학구조조정이라는 명분을 통해 대학생들에게 수업료를 징수하고 또 대학과 관련된 재정지출을 감소시키기 위해 교수 인원의 감축, 학과 및 학부들의 통폐합, 일정기간 동안 신입생을 받지 않는 등, 교육 여건을 악화시키는 방향으로 나타나고 있다.

교육과학노조(GEW) 의장단의 한 명인 게르트 쾰러(Gerd Koler)는 독일금속노조연맹(IGM)의 기관지 월간 [메탈(Metall)] 12월호에 게재한 짧은 기사에서 대학생들에게 수업료를 징수하는 것은 과거에 무료로 대학교육을 받은 기성세대가 향후 자신들의 연금 및 사회보장제도의 토대를 떠맡게 될 후속 세대인 대학생들에게 자신들은 이미 누린 바 있는 사회적 혜택의 포기를 강요하는 것으로서 이는 세대 간의 갈등을 유발할 수 있으며 암묵적인 세대 간의 계약과 사회정의의 명분에도 맞지 않는다고 주장했다. 그에 따르면 대학생들이 수업료를 지불해야 한다면, 기성세대들은 자신들의 노후를 스스로 책임져야 할 것이다. 그렇지 않다면 교육은 공공의 복지사업으로서 마땅히 국가가 책임을 져야 한다. 그러나 현재 베를린 시장 보베라이트(Klaus Wowereit, 사민당)는 대학생들의 계속되는 저항에도 불구하고 계획된 대학구조조정을 실행할 것이라고 밝힌 바 있다. 또한 학생들도 저항을 계속할 것을 다짐하고 있다.

맺으면서

베를린은 분단시절인 1968년에 베를린 자유대학교를 중심으로 남부의 뮌헨대학교와 함께 68학생운동의 선봉에서 독일 사회의 변화를 주도해 왔다. 현연립정권 내의 수상 게르하르트 슈뢰더(사민당)와 외무부장관 요쉬카 피셔(Joschka Fischer, 녹색당), 환경부장관 위르겐 트리틴(Jurgen Tritin, 녹색당) 및 독일 각계의 지도자들 중 적지 않은 사람이 68운동(과 70년대 독일학생운동) 세대이다. 1960년에서 1967년까지 베를린 자유대학을 다녔으며, 기민련 대학생 동우회 소속으로 68학생운동에 참여했고, 1984부터 1989년까지 그리고 1991년부터 2001년까지 두 번이나 베를린 시장을 역임한 디프겐(Eberhard Diepgen, 기민련)은 68운동 당시 대학생들이 모든 것을 옭아매는 성장이데올로기에 반발했던 것을 지적하면서, 현재의 학생들의 저항을 단순한 경제적 이유만으로 억압하면 68혁명과 같은 상황이 다시 초래될 수 있다고 우려를 표명했다.

한편 베를린 인포라디오의 방송에 따르면, 12월 5일 베를린 그루네발트에서는 1,000명 가량의 시위대가 제등(提燈)과 횃불을 들고 호루라기를 불면서, 부유한 개인들이 늘어남에도 사회가 더 가난해지는 모순에 저항하여 소위 구걸 데모(Bettel-Demo)를 벌였다. 시위대는 베를린의 부유층 지역 주민들과 대화를 시도했고, 재정삭감으로 위협받는 사회 프로젝트를 살리기 위한 상징적인 모금운동을 벌였다. 이 행사는 신자유주의 세계화 반대 단체인 아탁(attac) 베를린 지부,[4] 장애인 연맹, 베를린 사회 포럼, 베를린 주 생활보호대상자 노동공동체(Landesarbeitsgemeinschaft der Hilfsbeduerftigen) 등이 주도했고, 무엇보다 현재 다양한 방식으로 베를린 주 정부에 저항하고 있는 대학생들이 이 행사에 참가하면서 사회적 약자 운동에 대한 연대를 표명했다.

이렇게 하여 베를린 주 정부의 대학구조조정에 반발하는 베를린 대학생들의 저항은 사회전반에서 불어 닥치는 신자유주의 정책에 대한 저항으로 번져가고 있다. 이제 베를린 대학생들의 저항은 현재 독일 전체에서 좌파인 사민당과 녹색당에서도 공공연히 제기되며 우파인 기민련과 기사련, 자민당이 지속적으로 주장해 온 대학수업료 도입, 그리고 경쟁력 강화라는 명분으로 교육에 대한 국가의 책임을 개인에게 부담시키려는 움직임에 대한 학생들의 저항이 어떤 방식으로 전개되고 사회 전체적으로 어떻게 결말이 날 것인가에 대한 시

---

4) 아탁(attac)은 불어 ASSOCIATION POUR UNE TAXATION DES TRANSAKTION FINACIERES POUR L'AIDE AUX CITOYENS 의 약어로서 글자 그대로 번역하면 '시민복지를 위한 금융거래 과세추진 협회'라고 번역할 수 있겠다. 아탁은 1998년 6월 프랑스를 중심으로 일간지 르몽드의 자매지 월간 '르몽드 디쁠로마티끄'의 주간 베르나르 카상의 주도 아래 창립된 반세계화단체이다. 아탁은 노벨경제학 수상자인 미국의 제임스 토빈이 주창한 토빈세를 통해 국제투기자본의 투기적인 외환거래에 과세를 하여 그것을 국제 투기성 자본의 이동으로 피해를 보는 빈곤국의 발전을 지원하기 위한 재정확보 수단으로 활용하자는 주장을 펼치고 있다. 2001년에는 당시 프랑스의 리오넬 죠스팽 총리와 독일의 슈뢰더 수상이 아탁의 토빈세 제정 운동에 동조하여 유럽이 토빈세 제정운동에 동참해야 한다고 주장한 바 있다. 토빈세의 도입이 단지 상징적인 시민운동이나 비정부기구 운동을 넘어서서 투기 자본의 이동을 실질적으로 규제할 수 있으려면 각국 정부의 참여를 통한 국제적인 협조가 필요하나 미국과 IMF는 토빈세 제정에 반대하고 있다.

금석이 될 것이라 보인다.

— 출처: 간행물 '교육개발 통권'143호 - 세계의 교육

다음은 2003년 11월 3일 고대신문에 실린 기사이다.

[해외대학가] 경기불황이 가져온 독일 대학 구조조정

지난 주 겨울학기 개강과 함께 베를린에 있는 각 대학 학생회는 '총 학생 전체회의(Vollversammlung)' 등을 준비하면서, 다시 바쁘게 활동을 시작하였다. 지난 학기에 명쾌한 결론 없이 끝나버린 '수업료 도입'에 대한 문제가, 학기 초부터 재학생은 물론이고 신입생까지 중요한 관심사로 다가오고 있기 때문이다.

지금까지 독일에서는 '개인이 개성을 자유롭게 발현할 권리를 지니고 있고, 자신의 기호와 능력에 따라 학교나 교육기관, 직업을 자유롭게 선택한 권리가 있음'을 명시하고 있는 '기본법'에 따라, 초등교육기관인 그룬트슐레 입학부터 대학졸업까지 수업료를 받지 않고 있다. 물론, 대학 등록을 위해서는 행정수수료, 학생회비, 교통비 등의 명목으로 베를린에 있는 대학의 경우, 매학기 200유로 정도를 납부하지만, 엄밀히 말하면 수업료의 개념은 아니다.

하지만, 올해 초, 계속되는 경제 침체와 재정 악화로 베를린 주정부에서 '2005년부터 베를린에 있는 각 대학에 대한 재정지원 삭감'을 통보를 해 왔고, 그에 따라 베를린 자유대(FU)의 경우는 대학소속의 식물원 매각을 추진하고 있고, 홈볼트 대학(HU)은 이번학기부터 신입생을 받지 않기로 했으며, 베를린 공대(TU)는 학과 통폐합과 함께 교수, 교직원 등을 줄이는 방안 등을 내 놓았다.

이 외에도 각 대학에서는 모든 학과에 대한 인원을 제한하고, 학생수를 줄일 수 있는 방안을 고려하는 등 각 대학에서는 저 마다의 자구책을 강구하고는 있지만, 이들에게는 다소 생소한 '수업료' 도입 또한 피할 수 없게 되었다.

물론, 독일 내에서 대학 수업료에 대한 문제가 이번에 새로운 화두로 던져진 것은 아니다. 몇몇 다른 주에 있는 대학에서는 위에 언급한 등록금 외에 수업료를 받기도 하지만, 일정한 학업기간을 넘긴 학생들을 대상으로 하고 있거나, 최근에 새로이 생겨나고 있는 사립대학의 경우이다.

일부에서는 독일대학의 학제개편을 주장하고 있기도 하다. 대학을 졸업할 경우 우리나라의 석사과정에 해당하는 디플롬(Diplom)과 마기스터(Magister)의 학위를 받게 되는데, 이 과정을 마치려면 6~8년 이상을 학교에 머물러 있어야 하고, 학업을 중도에 포기하는 경우도 매년 약 7만 명 정도나 된다.

이 때문에 학업기간을 줄일 수 있는 학사제도 도입을 추진하고 있지만, 일부 대학에서 부분적으로 도입하고 있을 뿐 전체적으로 호응이 부족한 편이다. 통일 이후 구동독 지역 개발에 막대한 통일 비용을 쏟아 붙고 있고, EU제정의 3분의 1을 지원하고 있는 독일정부의 입장에서도 이를 환영하지만, 교육에 관한한 대학의 자율권이 강하기 때문에 몇 십 년째 거론만 되고 있을 뿐 변화가 없는 실정이다.

앞으로 어떤 결론이 나올지는 더 지켜봐야 하겠지만, 학생, 학교, 주정부의 충분한 협의 하에 결정되었으면 한다. 그리고, 현재 수도인 베를린에 있는 대학의 결정이 다른 대학의 좋은 본보기가 되었으면 좋겠다.(2003년 11월 03일)

9-4. 독일대학 소개

(1) 베를린 자유대학 die Freie Universität Berlin

– 참고: 독일어 Wikipedia, der freien Enzyklopädie

모토: 진리, 정의, 자유
창립연도: 1948
재학생수: 37,825(여학생 59%, 남학생 41%, 외국인 14%)
학업과정: 148
전공학부: 12
연구소: 74
교직원: 4,871

베를린 자유대학(FU Berlin)은 베를린에 4개 대학 가운데 가장 크며 독일에서 가장 큰 대학 가운데 하나이다.

〈시작할 때의 상황과 창립〉

베를린 자유대학의 창립은 1948년 12월 4일에 이루어졌다. 세계 제2차 대전 이후 즉 전후독일의 시기이다. 연합군들의 정치적 이데올로기로 인한 동-서의 갈등과 밀접한 관계가 있다.

베를린 대학(Die Berliner Universität, 1949년부터 훔볼트대학 Humboldt-Universität zu Berlin)은 4개로 분할된 도시의 소련군 점령 지구에 있었다. 1946년부터 다시 문을 열긴 했으나 전후시기의 정치적 대결은 대학 안으로도 퍼지게 되었고 사상의 통제나 학생운동의 억압 등 공산주의 세력이 대학에 점점 큰 영향을 미치게 되었다. 이에 대해 격렬한 저항운동이 일어났는데 1947년 봄부터 1948년 봄에 걸쳐 이 운동은 최고조에 이르렀다.

많은 학생들이 소련의 비밀경찰에 의해 체포되었고 군사재판소는 25년간 강제노동의 판결을 내렸다. 그 판결이유는 베를린대학에 지하저항운동을 조직했거나 스파이행위를 했다는 명목이었다.

몇 명은 몇 주간 사라지기도 하고 그 중 몇 명은 소련으로 끌려가 처형되기도 했다.

이미 1947년 말 자유로운 대학을 새로이 만들자는 요구가 생겨났고 급기야는 세 명의 학생이 정치적인 이유로 입학허가를 받지 못하는 상황이 발생하자 1948년 4월엔 저항운동이 정점에 달했다. 미국의 군사사령관이던 루치우스 클래이는 베를린 서부에 새로운 대학을 만드는 것에 대해 그 타당성을 검토하도록 지시한다.

1948년 6월에 자유대학 창립을 위한 학생준비위원회가 발족이 되고 정치가, 교수, 강사들, 학생들, 행정직원들이 참여한 준비위원회도 창설되어 공중에 지지를 호소하기도 했다.

1948년 6월부터 시작된 소련의 베를린 육로봉쇄로 이러한 상황에서 대학을 설립한다는 것은 무모한 발상이기도 했으나 베를린시의회는 이에 승인을 내리고 1948/1949 겨울학기에 베를린 남쪽의 달렘 Dahlem에 위치한 카이저 빌헬름 사회연구소에서 개교 첫 학기가 조촐하게 시작되었다.

동독정부는 1989년 베를린장벽이 무너질 때까지 공식문서에서 "자유대학이라 불리는 대학"이라 불렀다.

'베를린의 모델'이라는 의미로 베를린 자유대학은 그 정관에 있어 공공의 권리단체로 설립되었다는 것과 자치기구로서 나라에 종속되는 것이 아니라 대학감독기구인 쿠라토리움에 종속됨을 명시했다. 베를린주의 6명의 대표, 대학의 대표 6명이 당시 감독기구에 속했다.

학생들도 쿠라토리움의 한 자리를 차지할 수 있었으며 다른 모든 대학자치기구의 위원회에서도 마찬가지였다. 옛 베를린대학에 미친 정부의 영향에 대한 경험이 새 정관에 반영이 되어 연구와 가르침에 있어 독립과 자유가 보장되어야 했다.

그 당시 자유대학 창설에 있어서는 예외적으로 학생들이 결정위원회에 강한 영향력을 미쳤고 그러한 개혁은 그때까지만 해도 유래가 없는 일이었으며 어느 다른 대학에서는 실행된 적이 없는 일이었다. 이러한 베를린의 모델은 1970년대에야 다른 곳에서도 채택되었다.

1948년 11월 15일 달렘의 카이저 빌헬름 사회연구소 건물에서 시작한 대학은 1948년 12월 4일 티타니아 궁전에서 창립행사를 가졌는데 그곳은 영화관으로서 심하게 파괴된 전후 베를린의 미국진영에서 가장 큰 홀을 제공했다. 창립학장은 역사학자 프리드리히 바이네케 인데 그는 이미 11월 10일 옛 베를린 대학에서 자유대로 적을 옮겼었다. 학자들 이외에도 학생들, 정치가, 베를린 시장 선출자이자 창립위원회 의장인 에른스트 로이터, 당시 시장이던 루이제 슈뢰더, 미국진영 사령관인 프랭크 하울리, 프린스턴이나 예일 대학 등의 미국대학의 대표자들이 참석했었다.

미국정부의 재정적 지원은 초기 자유대 발전에 큰 도움이 되었으며 1963년 케네디 대통령이 베를린을 방문했을 때 자유대는 독일과 미국의 우호관계의 상징이 되기도 했다.

자유대학의 건학이념은 라틴어로 된 모토에서도 잘 나타나는데 "Veritas-Iustitia-Libertas", 즉 진리, 정의, 자유이다.

창립 첫 학기 2140명의 학생이 있었고 1949년에는 4946명으로 증가했다.

1956년에 독일대학으로는 처음 석사학위시험규정을 도입했다.

1960년대 말에 자유대학은 소위 68운동의 중심지였다. 자유대와 미국의 우호적인 관계는 학생들의 베트남전 참전에 대한 비판과 함께 막을 내렸는데 독문과 학생이던 베노 오네조르크는 경찰의 과잉 진압으로 사망하고 1968년 학생운동 지도자 루디 두취케에 대한 살해시도가 있자 학생운동은 더욱 급진화 했다.

이 시기에 원외 야당(APO)이 창설되고 모든 위원회는 4자동등권(교수, 학자, 학생, 직원)이 유효하게 되었다. 자유대학교는 1970년과 1974년에 체제개편을 단행했다.

학교운영위원회는 베를린 시장, 교수 및 학생 대표들로 구성되어 있다.

1967년부터 건립되고 있던 로스트라우베(Rostlaube)건물이 1973년 인문사회과학의 건물로 문을 열게 되었다. 1978년에는 질버라우베(Silberlaube) 건물의 일부가 개관하고 1982년에는 더 많은 공간이 완성된다.

80년대 중반 자유대학은 비로소 5만 명의 학생수를 가진 큰 대학으로 자라났고 장벽의 붕괴이후에는 6만 명이 넘게 되어 뮌헨대학과 함께 독일서 가장 큰 대학이 되었다.

그러나 그 후 베를린 시장은 2003년까지 학생 수를 만 명을 줄일 것을 결정하여 1997년과 98년에는 대규모 학생시위가 있기도 했다.

학부

베를린자유대학은 12개 단과대학(학부)로 나누어지는데 물리대, 생물-화학-약학대, 교육대학(교육학, 심리학), 지질학부, 역사-문화학부(아시아, 유대학, 신구종교학, 종교역사학), 의대, 수학과 정보학, 철학-인문학부, 정치-사회학부, 경제학부, 법학부, 수의학부이다.

8개의 주요 부설기관(대학 정보처리센터, 여성과 성 연구 후원센터, 식물원, 레크레이션 센터, 어학센터, 교과과정 상담센터, 심리상담센터, 평생교육원등)

3개의 부설연구소(존에프케네디 북미연구소, 라틴아메리카연구소, 동유럽연구소)

대학도서관은 중앙도서관 외에도 49개의 전공도서관이 있다. 독일전체 대학 중 최대 규모를 자랑한다. 총 8백 50만의 장서와 2만여 종의 정기간행물을 소장하고 있는데 중앙도서관만 2백 3십만 권의 장서와 3천 2백여 종의 정기간행물을 소장하고 있다.

대학도서관의 책들은 대부분 사전예약 없이 언제든지 대출이 가능한 개가식 도서지만 작은 연구소 도서실의 책들은 대부분 대출하지 않고 열람실에서만 이용될 수 있다. 특별 소장도서들, 희귀본이나 1500년 이전 고서적들처럼 가치가 큰 도서들은 또한 대출될 수 없다.

1965년부터 1994년까지 자유대학 도서관은 베를린 주정부의 헌본도서실로 위임을 받아 지역의 출판되는 모든 문서들을 비치할 수 있었다. 이미 1952년부터 베를린 출판업자연맹은 서부 베를린시에서 출판되는 모든 책들을 자발적으로 자유대에 기부하기도 했다.

연구와 학술행사

자유대는 독일에서 가장 주요한 연구기관 중 하나이며 여러 학문영역에서 중요한 역할을 했다. 연구비 수혜에 있어서도 뛰어난 업적을 보여 독일 연구공동체(DFG)를 비롯해 연방정부의 여러 기관이나 기업들로부터 많은 연구비를 지원 받고 있다. 그 수혜규모는 독일대학 중 1위를 차지한다. 베를린 자유대에 13개의 특별연구영역(SFB)이 있는데 주로 오랜 기간을 두고 연구되고 있어 긴 것은 12년까지 걸리기도 한다. 주로 의학이나 자연과학 분야인데 정신과학이나 문화, 경제 분야에 있어서도 활발히 연구된다. 독일에는 DFG의 5개 연구센터가 있는데 그중 하나가 달렘에 있어 자유대, 훔볼트대, 베를린공대, 베를린 Zuse연구소의 여러 학자들이 공동으로 수학분야를 연구한다.

자유대는 일 년에 두 번 달렘 컨퍼런스를 개최하는데 일주일 동안 열리는 학술회의는 국제적으로 유명한 학문교류로 인정받는다.

참가자들은 세계적으로 인정받는 여러 나라의 과학자들인데 그중엔 노벨상을 받은 학자들도 있다. 주로 의학이나 생태학 분야가 주요한 테마가 되는데 이 컨퍼런스의 결과물로 매년 영어로 된 '달렘 워크샵 리포트'가 나오게 되는데 이 출판시리즈는 현행되는 학문현황을 요약해줄 뿐만 아니라 연구에 있어 부족한 부분, 또 미래에 수행되어야 할 연구방향등을 제시해준다. 1974년부터 달렘 컨퍼런스는 독일연구공동체로부터 재정지원을 받고 있다.

베를린 자유대는 외국대학과도 활발한 교류를 하고 있는데 150개 이상의 대학이나 연구소와 관계를 맺고 1990년대에는 한국 및 일본의 대학과도 교류가 이루어져 한국의 대학으로는 한국외국어대, 서울대, 연세대, 고려대, 포항공대 등과 자매결연을 체결했다.

베를린자유대는 매년 여름에 '어린이 대학'을 운영하는데 초등학교 2학년에서 김나지움 2학년 학생까지 참여할 수 있으며 대학교수들은 어린이들에게 자연과학의 주제들을 자세히 쉽게 강의를 해주고 질문도 받는다.

(2) 훔볼트 대학 Die Humboldt-Universität zu Berlin(HU)

훔볼트대학은 1809년 8월 16일 당시 프로이센의 수도이던 베를린에 창설된 국립대학이다. 1806년부터 교육개혁에 착수한 프로이센은 1809년 국왕 프리드리히 빌헬름 3세에 의해 대학설립의 칙령이 발표되었고 대학설립의 임무는 당시 내무부의 문화-교육부 장관이던 빌헬름 훔볼트에게 위임하였다. 대학설립의 근본적인 추진동인은 이 시대 유명한 학자인 철학가 피히테와 신학자인 슐라이어마허에게서 비롯되었는데 이들의 대학론과 학문론에 대한 개혁이념을 계승, 발전시키기 위해 언어학자이자 교육개혁가인 홈볼트는 정치권력에 제약되지 않는 '가르침과 연구의 자유'를 대학설립의 이념으로 삼았다. 이러한 '학문의 자유'이념을 핵심으로 한 독일대학의 모델은 19~20세기에 걸쳐 다른 유럽의 나라들과 미국 대학에 큰 영향을 미쳤다. 256명의 학생과 52명의 교수로 1810년에 베를린 대학이란 이름으로 강의를 시작 했으나 1828년부터 1946년까지는 프리드리히 빌헬름 대학이란 이름을 지니다 1949년 독일 사회주의 통일당에 의해 베를린 알렉산더-빌헬름 형제대학으로 변경되었으며, 1954년부터 현재의 명칭 베를린 홈볼트 대학 (Humboldt-Universitaet zu Berlin) 으로 되었다.

설립초기에는 법학, 의학, 철학 그리고 신학의 4개 학부로 시작을 했다. 자연과학은 당시 철학부에 속했다. 초기 교수들 중엔 홈볼트의 초빙으로 온 저명한 학자들이 많았는데 그 중 아우구스트 뵈크(언어학), 알브레흐트 타에르(농학), 칼 프리드리히 폰 자비니(법학), 크리스토프 후페란트(의학), 칼 리터(지질학)등이 있었다. 그들 모두 홈볼트의 이념에 동참했다.

하인리히 왕자를 위해 1748년에서 1766년 동안 건립되었던 궁전이 학생들의 교육을 위해 대학에 양도되었다. 그 후 여러 번 개축되고 증축된 그 건물은 '운터 덴 린덴거리'에 오늘날도 본관이 서있다.

학부는 모두 11개의 학부가 있다.

- 법학부
- 농원예학부
- 수학 자연과학 제1학부: 생물학과, 화학과, 약학과, 물리학과
- 수학 자연과학 제2학부: 지리학과, 수학과, 철학과, 전산정보학
- 의학부

- 제1철학부: 철학과, 사학과, 사서학과, 유럽인종학과
- 제2철학부: 독문학과, 영문학과, 로만문학과, 고대언어학과, 슬라브학과
- 제3철학부: 사회학과, 미학과, 문화학과, 아시아학과, 아프리카학과
- 제4철학부: 교육학과, 스포츠교육학과, 재활특수교육학과
- 신학부
- 경제학부

어문학이나 신학, 법률학, 의학 등의 전통적인 학부 이외에 홈볼트 대학은 여러 새로운 자연과학의 분야에 많은 발전을 하였다. 그것은 자연과학자인 알렉산더 폰 홈볼트의 장려로 기인하게 되었는데 그는 창립자 빌헬름 홈볼트의 동생이다. 19세기 중반에 자연과학 연구와 강의를 위한 건물이 건립되면서 연구는 점점 더 활기를 띄게 되고 당시의 화학자 아우구스트 빌헬름 폰 호프만, 물리학자 헤르만 폰 헬름홀츠, 수학자 에른스트 쿠머, 레오폴드 크로네커, 칼 바이어슈트라스, 의학자 요하네스 뮐러 로베르트 코흐등은 홈볼트 대학의 명성을 국제적으로 알리는데 기여를 했다.

화학과 물리에 있어 노벨상을 받은 사람만 28명인데(노벨화학상 11, 노벨물리상 10, 노벨의학상 7) 그들은 학생으로 적을 두었거나 홈볼트대학의 연구원이었다

각 분야별 연도별 수상자는 다음과 같다(홈볼트대학 한인학생회 홈페이지 참조).

✎ 노벨 화학상

1901년 Jacobus HENRICUS van',t HOFF (1896~1911 화학과 명예교수)

1902년 Emil Fischer (1892~1919 화학과 교수)

1905년 Adolf von ABEYER (1866~1872 외래교수)

1907년 Eduard BUCHNER (1898~1909 화학과 교수)

1915년 Richard WILLSTAETTER (1912~1916 화학과 명예교수)

1918년 Fritz HABER (1912~1920 물리화학 명예교수, 1920~1933 정교수)

1920년 Walter NERNST (1905~1932 물리학과 교수)

1936년 Peter DEBYE (1935~1939 물리학과 교수)

1939년 Adolf BUTENANDT (1938~1944 생화학과 명예교수)

1944년 Otto HAHN (1910~1934 물리화학과 외래교수)

1950년 Otto DIELS (1904~1914 강사, 1914~1916 유기화학과 외래교수)

✎ 노벨 물리상

1911년 Wilhelm WIEN (1892~1896 물리학과 강사)

1914년 Max von LAUE (1902~1903 베를린 프리드리히 빌헬름 대학 재학, 1906~1909 강사, 1919~1943 이론물리학과 교수)

1918년 Max Planck (1892~1926 이론물리학과 교수)

1921년 Albert EINSTEIN (1913~1933 과학아카데미회원; 1915년 여름학기부터 1928/29 겨울학기까지 강의와 세미나)

1925년 Gustav HERTZ (1917~1925 물리학과 강사, James Franck와 공동)

1925년 James FRANCK (1903~1906 베를린 프리드리히 빌헬름 대학 재학, 1911~1916 물리학과 강사, 1916~1910 물리학과 교수, Gustav Hertz와 공동)

1932년 Werner HEISENBERG (1941~1945 이론물리학과 교수)

1933년 Erwin SCHROEDINGER (1910~1913 강사, 1916~1920 수학과 교수, 1927~1933 이론 물리학 교수)

1954년 Walter BOTHE (1925~1929 강사, 1929/30 물리학 외래교수)

1954년 Max BORN (1915~1919 물리학 외래교수)

✎ **노벨 의학상**

1901년 Emil von BEHRING (1889~1894 Robert Koch의 연구원)
1905년 Robert KOCH (1885~1910 내과 교수)
1908년 Paul EGRLICH (1887~1890 강사, 1890~1899 혈청학의사)
1910년 Albrecht KOSSEL (1883~1887 강사, 1887~1895 생리학 외래교수)
1931년 Otto WARBURG (1914~1921 강사, 1921~1923 물리학 외래교수)
1935년 Hans SPEMANN (1914~1929 동물학 명예교수)
1956년 Werner SORSSMANN (1929/1930 샤리테의 실습생, 1977 홈볼트대학 명예의학박사)

✎ **노벨 문학상**

1902년 Theodor MOMMSEN (1861~1903 고고역사학교수)

대학의 확장 과정에 있어 도시에 이미 있던 기관들이 단계적으로 대학에 편입되었는데 그 중 하나가 샤리테 병원이다. 샤리테는 원래 1710년 페스트 환자를 위한 검역소로 프리드리히 빌헬름 1세에 의해 도시 성문 앞에 세워졌다. 1727년에 빌헬름 황제는 지시를 내려 그 검역소 이름을 샤리테(Charité 불어로 자비심, 자선의 의미)로 명명하였다. 1829년 홈볼트대학의 의학부로 통합되면서 의과대학이 샤리테로 옮겨갔다. 베를린시의 재정적 부담으로 인해 지금은 자유대학과 함께 통합된 대학병원으로 관리된다.

1810년 이래 대학에 속하던 자연사 박물관을 위해 1889년 새 건물이 지워지면서 오늘날 자연사 박물관이 되었다. 1790년 이래 존재하던 동물약제학교가 1934년에는 수의학과의 근간이 되었고 1881년 설립한 농업고등학교는 홈볼트대 농업학과로 편입이 되었다.

학문과 여자

사회개혁가이자 독일여성운동의 핵심적 인물인 알리체 잘로몬은 20세기 초 공부가 허락된 몇 안되는 여자 중 하나였다. 수십 년 동안 정치참여적인 여자들은 여자들도 학문적 영역에 참여할 수 있도록 투쟁을 해왔다. 1908년에야 비로서 프로이센의 여자들도 대학에 입학할 수 있는 자격을 갖게 되었다. 초기 4개 학부 중 철학부에 유독 여자들이 쇄도하였다 한다. 그러나 여자들의 입학허가가 나기 전에도 이미 소수의 여자들이 예외인가를 받고 대학에서 박사과정을 밟고 있었는데 첫 번째 여성박사는 물리학자인 엘자 노이만으로 1899년 박사학위를 받았다. 세계 제1차 대전이 끝나고 여자들도 대학교수로서의 직을 갖게 되었는데 1926년 리제 마이트너가 여자물리학자로서 처음으로 프로이센 대학의 교수로 임명되었다. 다른 저명한 여자 과학자들도 있었으나 1933년 이후엔 자격박탈을 당해 이주를 하면서 학문적 길을 포기해야만 했다. 리제로터 리히터는 여자로서는 1947년 처음으로 대학연감에 실리게 되었다.

나치 국가사회주의 시대

국가사회주의가 권력을 잡게 되면서 대학역사의 어두운 장이 시작된다. 국가사회주의자들은 유대인 과학자나 학생들을 비방하는데 목적을 두고 베를린의 대학들을 박해하면서 유대인 강사들의 강의는 거부되거나 강의를 듣는 학생들은 폭력을 당하기도 했다. 1933년 5월 10일 책의 화형식인 분서갱유사건에 학생들과 교수들이 참여한 것은 홈볼트 대학처럼 저명한 대학에게는 치욕적인 사건이었다. 분서갱유사건은 유대인 말살정책의 일환으로 나치에 의해 '비독일적 정신'으로 규정된 책들이 홈볼트 대학 도시 광장에 마련된 화형장에서 공개처형된 일이다. 작가 알프레드 되블린, 토마스 만, 쿠르트 투홀스키, 막스 브로트, 시인 베르톨트 브레히느 등 반 나치 지식인 131명의 저서가 불 속에 던져졌다.

다음 달과 다음해에는 교직원 3분의 일이 국가사회주의자들에 의해 해고되었는데 250명 이상의 유대인 교수나 직원들이 박사학위 타이틀이나 강의자격 혹은 직원자격을 박탈당했다. 그래서 많은 학자들과 학생들이 한때 휴머니즘의 정착지로 간주되던 자신의 모교에 등을 돌려야만 했다.

나치당에 적대되는 사람이나 유대인 학자들 그리고 학생들을 살해하고 추방한 일은 대학과 독일의 정신에 심한 상처를 남겼다.

1945년 이후 재건과정

1946년 새롭게 대학이 문을 열면서 우선 전쟁으로 파괴된 건물들 안에서 강의가 진행이 되었다. 그동안 많은 교수들이 사망했거나 실종되었지만 1946년 겨울학기에 경제학부와 교육학과가 신설되었다. 나치지배 동안 정치적 혹은 인종적 박해문제로 대학입학자격을 얻을 수 없었던 젊은이들에게 기회를 주기 위하여 '예비연구기관'이 설립되었는데 여기에서 구동독의 노동자-농민 대학입학자격 과정 노동학부가 생기게 되어 1962년까지 존재했다.

동독시대 대학명 변경과 대학의 분리

옛 베를린 대학이 두 저명한 학자인 빌헬름과 알렉산더 빌헬름 홈볼트의 이름을 따 훔볼트 대학으로 이름을 바꾸면서 대학은 휴머니즘의 높은 이상과 자유로운 학문의 전개를 내세웠지만 그 요구는 당시 사회적 여건으로는 성취되기 어려운 것이었다. 전후독일에서 여러 정치적 이념들과 동맹국들의 대결상황은 동-서 갈등으로 확산되었는데 그것과 동시에 공산주의 이념이 대학에 미치는 영향도 점점 커져 갔다. 교과내용, 교과과정, 연구조건들이 동독정부의 정치적 토대 위에서 방향을 나아가야 했기 때문이다. 동독에서 가장 큰 대학이던 홈볼트대학에서 국제적으로 저명한 학자들이 공부하고 가르쳤는데 홈볼트대 졸업생 가운데는 칼 마르크스와 엥겔스를 비롯해 상대성 이론의 알베르트 아인슈타인, 유기화학의 대가 에밀 피셔, 그리고 시인 하인리히 하이네, 아달베르트 폰 카미소 등이 있으며 유명한 철학자 빌헬름 프리드리히 헤겔은 교수와 총장을 역임했고, 그 외 피히테, 쉘링 등 맑스주의 이념의 철학적 뿌리가 된 독일관념론의 대가들이 이 대학에서 강의를 했다.

동독정부는 이러한 사회주의 전통을 홈볼트 대학에서 좀 더 강하게 부각시키고자 했으나 이것이 반발과 저항을 불러온 것이다. 많은 학자들과 학생들의 거센 저항과 자유대학의 설립 과정은 이미 위에서 언급된 부분이다.

1970년대 중반 유럽에 정치적-군사적 긴장관계가 해소되면서 홈볼트 대학은 학문영역을 국제적 교류 강화를 통해 발전시킬 수 있었다. 중부 유럽, 동부 유럽, 특히 소련과의 오랜 기간 동안의 연구교류 뿐만 아니라 이 시기에 미국과 일본의 대학들과도 교류협정을 맺어 나갔다. 더 나아가 다른 아시아, 아프리카, 라틴 아메리카 등 개발도상 국가들과도 교류를 추진했다.

홈볼트 대학의 오늘

1989년 정치적 변혁과 더불어 대학의성격도 개혁이 되면서 현저한 인사이동이 동반되었다. 1989년에서 1994년 사이 3000명의 학자들이 나이, 혹은 정치적 이유, 구조적 이유, 전공분야적 문제 등으로 대학에서 탈퇴를 했다. 1990년 통독 이후 훔볼트 대학도 이러한 변혁을 겪으면서 연구와 강의에 있어 국제적 명성과 인기를 다시 얻게 되었다. 특히 DFG의 상당한 재정적 후원은 특별연구영역에 있어 많은 발전을 가져다주었고 그러한 재정적 지원이 바로 학문적 성과의 지표가 된 것이다.

1994년 이후 대학은 11개의 학부 이외에도 여러 학제간의 연구센터등을 갖게 되었고 2004/05 겨울학기에는 40828명의 학생들이 등록하고 있었다. 이 수는 상당히 많이 증가를 한 것인데 1992/93년 겨울학기에는 20425명의 학생들만 공부를 했기 때문이다. 거의 두 배나 증가한 셈이다. 아무래도 매력적인 수도서울에 있다 보니 2003/2004 겨울 학기엔 6000명 입학정원에 25300명의 고등학생이 지원하기도 했다. 100개가 넘는 외국에서 온 유학생들도 약 5700명을 넘어서는데 재학생수의 14% 정도이다.

현재 세계적으로 170개가 넘는 대학 혹은 연구소와 자매결연을 맺고 있다. 이미 국제적 명성을 인정받는 훔볼트 대학은 미래지향적인 교육개혁과 전문적인 시스템을 통해 학문적 후진양성에 애쓰고 있다.

도서관

원래 왕립도서관이었던 도서관은 학생들의 요구를 다 수용하기 충분치 않아서 1831년 새로운 대학도서관을 건립한다. 일 년 후 1668권의 책들을 수용하고 있었다. 1898년까지 왕립도서관에 의해 관리되고 있었기 때문에 책을 구입할 예산이 충분치 못했으나 헌본규정, 학자들의 서재 인수 등을 통해 점차 그 규모를 늘려나갔다.

1910년엔 운터 덴 린덴 에 있던 국립도서관의 큰 공간으로 이전한 도서관은 1930년 바이마르 공화국 시절엔 831934권이 넘는 장서를 보유했으며 프로이센의 대학 도서관으로는 선두에 있었다.

1933년 분서사건에서도 대학도서관의 책들은 태워지지 않았으며 2차 대전 중 다른 안전한 곳으로 옮겨져 보관된 것이 아닌데도 책들의 손실은 아주 근소했다.

동독시절에 여러 작은 지부도서관들의 책들이 모여지고 여러 추가구입을 통해 현재 600만권의 책들과 대략 만개가 넘는 정기간행 잡지들이 구비되어 있다. 그래서 독일서 가장 큰 대학도서관 중 하나가 되었다.

박물관

1889년 건립된 자연사 박물관에는 2500만개가 넘는 수집품들이 있다. 그중 유명한 것은 초식공룡인 브라히오자우루스의 뼈대, 잘 보존된 시조새의 화석과 여러 광물, 암석들, 거대한 운석 등이 있다. 곤충소장품 중에는 1800만개가 넘는 표본들이 있다.

아래에는 위에서 소개한 내용들과 중복되는 부분도 있으나 서울 일간지에 실린 기사와 서울대 교환학생으로 갔다 온 학생의 보고서들을 소개한다.

[해외 유명대학을 가다] 200년 전통 '근대 대학의 어머니' 훔볼트대학

'교육과 연구 일체되는 지식인 전당, 나치어용 반성하며 미래 독일 준비'

독일 유학생이라고 소개하면 종종 "공부하기 참 힘들겠군요"라고 걱정하는 소리를 듣곤 한다. 어떤 유학 공부인들 쉬울까마는 이곳에서 보낸 7년여 시간을 떠올려 보면 그 말이 맞다는 생각이 든다. 200년이라는 긴 역사를 자랑하는 베를린 훔볼트대학은 학생들에게 요구 사항이 많고 모든 점에서 까다로운 편이다. 이는 프로이센 제국 시대의 대학으로서, 또한 근대 대학의 효시로서 훔볼트대가 갖는 자부심과 학문적 전통 때문으로 이해된다.

독일의 여느 대학처럼 훔볼트대에서도 인문학과 학생에게 세 가지 전공(주전공과 부전공 2개) 또는 복수전공을 의무화하고 있다. 그 이유는 교양인으로서, 학자로서 폭넓은 학문지식을 얻게 하려는 데 있다. 같은 맥락에서 서유럽권 학문의 다양한 흐름을 수용할 수 있도록 상당한 수준의 외국어 능력도 요구하고 있다. 인문계열 상급과정(석사과정) 학생이라면 영어로 토론할 수 있어야 하고, 제3외국어의 기초적인 의사소통 능력과 고문헌 독해력도 갖춰야 한다.

훔볼트대는 1810년 교육 개혁자이자 정치가이며 언어학자였던 빌헬름 훔볼트가 설립했다. 처음엔 베를린대학이란 이름으로 출발했으나 1928년 프리드리히 빌헬름대학으로, 49년 베를린 알렉산더, 빌헬름 형제대학으로 변경됐다가 54년 현재의 명칭으로 정해졌다. 설립이념은 '교육과 연구가 하나 되는 지식인의 전당'이다. '근대 대학의 어머니'라는 별칭에 걸맞게 우수한 기술 인력을 끊임없이 배출한 훔볼트대는 연구 중심 대학의 성공 모델로 손꼽히고 있다.

훔볼트대에는 11개 계열과 110여개 학과에 약 3만 6000명이 재학 중인데, 한국 유학생은 100여명이다. 의학 화학 물리학 문학 분야 등의 노벨상 수상자만 29명에 이른다. 유명한 철학자 빌헬름 프리드리히 헤겔이 교수와 총장을 역임하기도 한 훔볼트대 졸업생 가운데는 칼 마르크스를 비롯해 상대성 이론의 알베르트 아인슈타인, 유기화학의 대가 에밀 피셔, 그리고 시인 하인리히 하이네 등이 눈에 띈다.

훔볼트대는 이러한 명성에도 나치 시대 때 반유대주의 범죄에 동참함으로써 씻을 수 없는 오점을 남기기도 했다. 1933년에는 자유로운 사상의 전개를 가로막는다는 명분으로 도서관 서적을 모두 불태우는 독일판 분서갱유 사건도 겪는다.

한편 전후 훔볼트대에는 좌파 사상이 횡행해 이에 반대하는 의미에서 1948년 베를린자유대학이 설립되기도 했다. 그 후 훔볼트대는 분단된 베를린의 동쪽에서 좌파이념을 기초로 한 학문의 전당으로서 존속했다.

독일 통일 후 훔볼트대는 동독 시절을 거치면서 뒤처졌던 것들을 만회하려고 안간힘을 쏟고 있다. 그 대표적인 예가 베를린 외곽에 조성 중인 대규모의 자연계・이공계 단지. 이곳에는 자연계・이공계 도서관을 필두로 수많은 연구소와 실험실 건물들이 자리하고 있으며, 기업체 연구소들도 속속 입주하고 있다.

한편 '나치 시대 학술 활동'이라는 제목의 공개강좌를 개설해 스스로 지난 시절 어용학술 활동을 비판적으로 재검토하고 있다.

훔볼트의 현 모습은 전통 계승을 위한 역동성으로 묘사할 수 있다. 그 전통은 다름 아니라 프로이센의 그것이다. 이는 대학 주변경관에서 먼저 확인할 수 있다. 운터 덴 린덴 거리에 늘어선 신고전주의 양식의 국립오페라극장과 옛 국립박물관, 프리드리히대왕박물관 등이 대학 본관을 에워싸고 있다.

본관에 들어서면 마르크스의 한 어구가 벽면 한가운데에 장식돼 있다. "철학자들은 세상에 대해 여러 가지 말을 해 왔다. 그러나 중요한 것은 세상을 변화시키는 일이다"라는 문구는 보는 이로 하여금 훔볼트대의 학문적 지향점이 어디에 있는가를 시사해준다.

— 송병욱, 음악・연극학 석사과정, 세계일보 2005. 10. 30.

교환학생 경험보고서

베를린 훔볼트 대학은 빌헬름 폰 훔볼트(Wilhelm von Humboldts)에 의해 1810년 "베를린 대학(Berliner Universitaet)"이라는 명칭으로 창설되었고, 1928년에는 프리드리히 빌헬름 대학(Friedrich-Wihelms-Universitaet) 으로, 그리고, 1949년에는 베를린 알렉산더, 빌헬름 형제대학으로 변경되었으며, 1954년부터 현재의 명칭 베를린 훔볼트 대학(Humboldt-Universitaetzu Berlin)으로 불리고 있다. 교환 프로그램 담당부서, 담당자 이름과 연락처는ulrike.brodien@uv.hu-berlin.de이다. 해당대학에서 개설된 강좌에 대한 정보는 www.hu-berlin.de(vorlesungsverzeichnisse)에서 얻을 수 있다.

거주형태는 3명이 한 집(Flat/Suite)에 사는 형태, 방은 각각이고 주방과 화장실 공동 사용한다. 지원 및 입소는 학교에서 연결해 준 기숙사, 메일로 주소 받고 도착한 날 찾아가 계약서에 서명을 하면 된다. 독일, 스페인, 폴란드 친구들과 살아볼 수 있어서 여러 문화를 접하는 기회가 되었다. 그러나 그들 서로 아무리 달라도 내가 가장 이방인이라는 생각도 했고, 아무래도 다들 우리 문화를 궁금해해서 한국을 많이 설명하는 역할을 하지 않았나 하는 생각이다. 정말 이해하지 못했던 것은 기숙사 사무실 직원의 불친절과 오만함이다. 유일하게 영어를 할 수 있는 사람이자 외국인학생들 담당 직원이 매우 불쾌한 대우를 하였고, 나뿐만 아니라 스페인 친구도 처음 도착한 날 울 뻔 했다고 할 정도로 좋지 않은 기억을 갖고 있었다.

학생식당(Menza)이 여러 곳 있는데 주로 본관건물에 있는 식당을 이용했다. 스파게티에서부터 돈까스에 이르기까지 매번 신기한 음식을 맛보는 기회였다. 꽤 저렴하고 맛도 있다고 생각했는데, 알고 보니 베를린에서 그나마 가장 좋은 학생식당이라는 후문이 있다. 주로 장을 봐서 집에서 해먹게 되는데, 한인 식품점이 내가 사는 동쪽에는 거의 없어 김치 등 한국음식은 자주 살 수가 없었고, 그래도 부지런만 하다면 그 지역의 음식으로도 충분히 괜찮게 해 먹을 수 있었다.

학교 도서관은 등록은 했으나 그다지 이용하지 않았다. 본관 바로 옆에 있는 국립도서관을 주로 이용하였다. 베를린에 두 군데가 있는데, 포츠다머 광장에 있는 곳은 현대식이고, 학교 옆 건물은 매우 클래식한 멋이 있다. 동사무소에서 받은 등록증과 신분증을 가지고 가야 등록이 가능하며 1년에 15유로이다. 훔볼트대학의 어학당(Sprachzentrum)은 어학코스가 이루어지는 곳인데, 그 아래에는 Mediothek이라는 도서관이 있다. 자유대학에서조차 이 곳 열람을 권장할 정도로 다양한 자료를 가지고 있는데, 학생증을 보여주면 들어갈 수 있고, 그 안에서만 자료들을 열람할 수 있다. 각종 어학 교재와 영화, 다큐멘터리 등 웬만하면 구할 수 있다고 생각된다. 한국영화도 꽤 많아서 인상적이었고, 전혀 외국에 소개된 것 같지 않다고 생각되는 영화들까지 있어서 훔볼트 대학 Mediothek의 명성을 실감할 수 있었다.

은행은 Deutsch Bank를 이용했다. Sparkasse보다 ATM도 적어서 좀 불편했지만, 그만큼 많은 다른 은행과 연계되어있고 24시간 그 연결된 은행 어디에서나 인출할 수 있어 많은 불편은 없었다. 독일의 교통은 거의 세계 최고이지 않나 싶다. 베를린은 더구나 서울보다 넓지만 인구는 매우 적어서 더더욱 쾌적하다. 단지 내가 살던 곳처럼 조금 외곽으로 나가면 버스가 20분에 한 대씩 오기 때문에 시간표를 항상 염두에 두고 움직여야 한다. 독일은 저녁 8시가 되면 슈퍼 등은 전부 닫힌다. 작은 마을에서는 6시면 다들 문을 닫는다는 이야기도 있다. 스타벅스 등의 카페도 9시 반부터는 자리를 비워줘야 한다. 단, 적어도 베를린에서는, 그 때부터 시작되는 곳이 있는데, Kreuzberg나 Prenzlauerberg 등지의 클럽들이다. 식당은 11시 정도까지는 식사가 제공되지만 11시가 넘으면 맥주 등 음료만 마실 수 있다.

나의 기숙사가 있던 Lichtenberg는 신나치(Neonazi)의 중심지라고 들었다. 그러나 개인적으로 마주친 적은 없다. 밤늦게 다녀도 마찬가지다. 하지만 해가 질 때부터, 특히 주말에는, 동쪽 외진 곳으로 가지 않는 것이 좋을 것 같다. 그 곳에서 만난 여학생들이 있었는데, 굉장한 멋쟁이들이었다. 물론 색다른 환경에서 멋지게 사는 것은 좋지만, 그들과 같이 다니면 괜히 말 걸고 장난치는 이상한 사람들을 자주 만나게 되었다. 개인적으로 너무 화려하게 꾸미고 다니는 것은 좋지 않다는 생각을 했다. 한인사회는 한인교회를 중심으로 이루어져 있다. 외국인들과 다른 문화를 접해가며 배우는 것도 많지만, 한인사회에 어느 정도 몸담고 있어야 어려울 때 도움도 받고 다른 사람들은 어떻게 적응해가는가를 배울 수 있는 것 같다. 외국에 사는 한국인들에게서 배울 점이 참 많다는 생각을 했다.

— 서울대 대외협력팀 교환학생 프로그램,
http://oia.snu.ac.kr/Programs/sc_o_p_b/Exchange/Exchang_f/Hum.doc

베를린 훔볼트 대학교 교환학생 보고서(2001년 10월~2002년 9월)

I. 베를린에 도착하면 해야 할 일

유학지가 작은 도시는 어려움이 없지만, 베를린 같은 큰 도시라면 독일에 도착하여 제일 먼저 지도를 구입하는 것이 좋다. 지도를 보고 찾아다니며 아래와 같은 일을 처리해야 한다.

1. 기숙사 Studentenwohnheim

교환학생 프로그램과 함께 기숙사를 신청하면 얼마 후 해당 기숙사 관리국(Verwaltung)의 주소가 담긴 서신을 받게 될 것이다. 그 주소대로 찾아가 기숙사 계약을 하고 열쇠를 받아 입주하게 된다. Verwaltung은 주말에는 열지 않고 주중에도 오후에는 열지 않는 경우가 있으므로 유의할 것. 한 번 계약하면 석 달이 지날 때까지는 이사 나갈 수 없으며 계약을 연장하거나 계약보다 빨리 이사할 경우 계약 만료일, 혹은 이사 예정일 6주전까지 Verwaltung에 통고해야 한다.

보통 방은 독방이고 부엌과 화장실, 욕실(혹은 샤워실)을 다른 학생들과 공동으로 사용한다. 식기와 침구류는 따로 비치되어 있지 않다.

2. 전입신고 Polizeiliche Anmeldung

일단 기숙사에 입주하면 제일 먼저 Meldestelle에 가서 전입신고(Anmeldung)를 해야 한다. 그 곳에 비치되어 있는 신청서를 작성하고 여권과 함께 기숙사 Verwaltung에서 받은 입주 계약서를 내면 일은 10분 내로 끝난다. 하지만 대기실에서 몇 시간씩 기다리는 수가 있으니, 되도록 아침 일찍 가는 것이 좋다. 그 구역 Meldestelle 주소는 기숙사 게시판에 붙어있거나 입주 시 Verwaltung에서 알려준다. 거주 신고를 끝내면 거주 확인서(Anmeldungsbescheinigung)을 주는데 이 증명서는 여러 곳에서 사용되므로 잘 보관해 두어야 한다. 혹시 이사하거나 나중에 한국으로 돌아갈 때 꼭 이곳에 들려서 전출신고 Ummeldung(독일내 전출신고)이나 Abmeldung(귀국 전출신고)을 해야 한다.

3. 은행구좌 개설 Kontoeröffnung

독일의 은행들은 전국적으로 조직망을 가지고 있음으로 은행선정은 특별히 고려할 필요까지는 없으나, 거주지에서 가까운 거리에 있는 은행이라면 안성맞춤이다. 학생들이 많이 이용하는 은행은 Deutsche Bank 24와 Sparkasse이다. 개인적으로는 Deutsche Bank 24를 권하고 싶다.

은행 구좌는 대체적으로 거래구좌(Girokonto)와 예금구좌(Sparkonto)로 분류되는데, 일년동안 교환학생으로 독일에 체류할 학생이면 Girokonto로 하라. 은행구좌 개설에 필요한 증서로는 학생증과 여권이다.

4. 의료보험 Krankenversicherung

독일 대학에 등록하기 위해서는 의료 보험에 의무적으로 가입해야 한다. 보험회사에 관계없이 독일 전국적으로 학생 보험료는 법적으로 통일되어 있다. 그러나 보통 학생들이 많이 이용하는 보험회사는 공공의료보험회사인 AOK (Allgemeine Ortskrankenkasse=일반 지역의료보험)이다. 그러나 아무 AOK 지점에 가는 것이 아니라 입학 할 때 나누어주는 팜플렛에 써있는 곳에 가서 신청을 해야 한다. 이곳에 갈 때는 여권과 전입신고증(Polizeiliche Anmeldung)을 들고 가야 한다. 이곳에 가면 담당자가 신청서 작성을 같이 해준다. 지불 방법에는 고지서를 매달 받고 송금하는 것과 자동이체 방법이 있는데, 자동이체가 더 편리하다. AOK의 경우는 애초에 계약했던 기간이 끝나면 자동적으로 계약이 해지되지만 보험회사에 따라 본인이 직접 가서 해약해야 하는 경우도 있으므로 처음 계약할 때 잘 물어봐야 한다.

5. 비자 연장 Visumverlängerung

통상 비자 연장이란 이미 승인된 비자에 체류허가(Aufenthaltsgenehmigung)를 받는 것을 가리킨다. 출국 전에 주한 독일 대사관에서 받은 입국비자는 보통 3개월간 유효하다. 그렇기 때문에 이 기간 안에 잊지 말고 현지에 가서 비자를 연장받아야 한다. 보통은 외국인 관청(Ausländerbehörde)에서 하는데 훔볼트 대학교 본관 Orbis에서 특별히 외국인 학생들을 위해 비자 연장 신청을 해주는 곳이 있다. 그렇지만 이곳에서 연장신청을 하면 한 달 정도 걸리므로, 여권이 필요한 사람은 직접 외국인 관청에서 연장을 받는 것이 좋다. 비자를 연장 받을 때는 외국인 관청에 가서 거기서 배부하는 신청서를 작성한 후 체류근거가 되는 입학허가서(Zulassungsbescheid)나 학생증(Studentenbescheinigung), 재정증명서, 그리고 유효한 여권을 제출해야 한다. 이 때 약간의 비자 연장료를 내야 하니 돈을 준비해가야 한다.

II. 학교생활에 필요한 정보들

1. 샤인(Schein)이란?

샤인은 한국의 대학에서 어떤 과목을 이수하고 받는 학점을 가리킨다. 독일에서는 한국에서처럼 모든 수업에서 학점을 딸 필요는 없다. 예를 들어 훔볼트 대학 독문과(FB Germanistik)의 중세 독일어와 문학(Ältere Deutsche Literatur und Sprache) 과정의 경우 졸업을 위해서는 총 80학점의 수업을 들어야 하지만(복수, 부전공 제외) 이 중 시험을 보거나 레포트를 쓰면서 점수를 받아야 하는 학점은 16학점(대략 8과목에 해당) 정도 뿐이다. 점수를 따지 않는 수업의 경우 출석하여 수업에 참여하기만 하면 된다.

만약 시험을 보거나 발표(Referat), 레포트(Hausarbeit) 등을 통해 점수를 딸 경우 확인 증서를 얻게 되는데 이 증서를 샤인(Schein)이라고 부른다. 교환 학생의 경우, 나중에 한국으로 돌아간 뒤 독일에서 들은 수업에서 받은 Schein을 제출해야 되기 때문에, 수업 첫 시간에 꼭 담당교수를 찾아가 학점을 받기 위해서 무엇을 어떻게 해야 될 지를 상의한다. 대부분의 독일 교수들은 외국 학생들이 독일어를 잘 못하더라도 열심히 수업을 들으려는 태도를 보이면 친절하게 무엇을 하라고 알려주신다.

레포트보다 구두시험(mündliche Prüfung)이 시간이 덜 걸리긴 하지만, 외국인으로서 짧은 시간에 구두로 그 과목에 대해 교수님과 토론하며 학점 받기란 쉽지 않으니 레포트나 필기시험(Klausur)을 보는 것을 권장한다. 시험은 대부분 학기가 끝난 후 방학 초반에 보는데 날짜는 교수님과 따로 상의해서 정한다. 아무리 독일어를 잘 해도 수업을 다 알아듣기란 힘드니, 자주 교수님을 찾아가 이것저것 도움을 청하면 자료도 주시고 친절하게 도와주신다. 잊지 말아야 할 점은 Schein에 꼭 성적과 교수님 도장을 받아오는 것이다. 그렇기 때문에 교수님께 꼭 benoteter Teilnahmeschein(성적을 매긴 출석 확인 증서)를 달라고 해야 된다.

2. 수업의 종류

1) Vorlesung

Vorlesung은 한국의 대형 강의를 연상하면 된다. 커다란 강의실에서 교수가 혼자 강의를 이끌어간다. 간혹 강의 후에 질문 시간이 주어지는 경우도 있으나 대부분의 경우 학생들의 능동적인 참여는 보기 힘들다. Vorlesung에는 시험이나 레포트 제출 등의 성적 평가 과정이 없으며 따라서 샤인을 딸 수 없다. 그러나 독일 대학 과정을 수료할 경우에는 일정 수 이상의 Vorlesung을 듣는 것이 필수다. 교환학생의 경우 자국 대학에서 학점을 인정받기 위해서는 점수가 기록된 샤인이(benoteter Teilnahmeschein) 꼭 필요하기에 교수에게 따로 부탁해 예외적으로 Vorlesung의 내용을 토대로 시험을 치르거나 그에 대해 레포트를 제출하기도 한다.

교수 한 명이 아니라 여러 명의 교수가 매주 돌아가며 Vorlesung을 진행하는 것을 Ring-Vorlesung이라 한다. (팀 티칭과 유사하다.)

2) Übung

한국말로 옮기면 연습쯤으로 해석될 Übung에서는 말 그대로 반복 연습을 통해 익힐 수 있는 것들을 배운다. 어문계 전공의 경우 주로 회화나 작문, 문법, 독해 등 반복 연습이 많이 필요한 과목들이 Übung에 배정된다. 학생들이 가만히 앉아 듣기만 하는 Vorlesung과 달리 Übung에서는 학생들이 돌아가면서 외국어 텍스트를 독해하거나 문제를 푸는 식으로 수업이 진행된다. 원칙적으로 Übung에서는 샤인을 딸 수 없으나 간혹 수업 마지막 시간에 시험을 치르는 경우도 있다. 교환 학생의 경우에도 따로 시험을 보기도 한다. 하지만 모든 경우에 Schein을 받는 것은 아니니, 꼭 첫 시간에 교수님을 찾아가 그 과목에서 샤인을 받을 수 있는지의 여부를 상담하는 것이 바람직하다.

3) Seminar

홈볼트 대학 독문과 과정(Neuere Deutsche Literatur, Germanistische Linguistik, Ältere Deutsche Literatur und Sprache)의 경우 Seminar는 네 과정으로 나뉘어져 있다(독일의 모든 대학에서 이런 분류체계를 사용하는 것은 아니다).

i) Grundkurs A(기초과정 A)

보통 입학 후 첫 학기에 듣게 되는 수업이다. 여기서는 각 전공을 공부하는 데 있어 꼭 필요한 기초 개념들을 배우게 된다. Grundkurs A에서는 아직 학생들에게 배당되는 과제는 없으며 따라서 원칙적으로는 샤인도 딸 수 없다(어디까지나 '원칙적으로'임에 유의하라. 간혹 교환학생에게는 Schein을 주는 교수도 있다). 수업 형식에 있어 Vorlesung과 다른 점이 있다면 Grundkurs A는 대형 강의실이 아닌 일반 강의실에서 진행되기 때문에 수업 규모가 작으며 따라서 교수와 학생 간의 문답식 수업이 가능하다는 점이다. 이 점은 한국식 수업과의 차이이기도 한데 독일에서는 수업이 교수 혼자 강의 내용을 읽어나감으로써 진행되는 것이 아니라 소크라테스의 문답식 교육처럼 교수의 문제 제기에 학생들이 나름대로 대답을 하면 그것을 다시 교수가 보충하는 식으로 진행된다. 간혹 질문이 한국 학생이 보기에는 '뭐 저런 시시한 걸 다 묻고 있나', 혹은 그 반대로 '저렇게 막연하기 짝이 없는 질문을 하다니!' 하는 생각이 들 수도 있지만 그래도 독일 학생들은 부지런히 손들고 대답한다. 마찬가지로 학생들의 질문 역시 활발하다.

ii) Grundkurs B

B라는 명칭에서 짐작할 수 있듯이 Grundkurs A보다는 좀 더 심화된 내용을 다룬다. 대개 입학 후 두 번째 학기에 참석하게 된다. 마지막 수업 시간에는 보통 필기시험을 치르며 드디어(!) 정식 샤인을 딸 수 있다. 수업 형태 자체는 Grundkurs A 와 크게 다르지 않다. Grundkurs A와 B가 합쳐진 과목도 있는데 이 경우 일주일에 4시간씩 수업을 하는 4학점짜리 과목이 된다.

iii) Grundkurs C

이제부터는 본격적인 발표, 토론 수업이다. 매 시간 학생들이 돌아가며 주어진 주제에 관해 발표를 하며 그 후 발표 내용에 대해 토론을 한다. 마지막 수업까지 다 끝났다고 바로 샤인을 얻는 건 아니고 방학 때 레포트를 써서 제출하면 발표와 레포트를 고려해 점수를 받게 된다. 레포트 제출 기한은 보통 그 다음 학기 개강 직전까지다. 굳이 샤인을 딸 의향이 없을 경우 발표를 하거나 레포트를 제출할 필요가 없다.

iv) Proseminar

Grundkurs C와 수업 형태는 별반 다르지 않다. 샤인을 따는 방식도 같다. Seminar는 Vorlesung(대형강의)와는 달라서 가만히 앉아서 듣기만 하는 곳이 아니다. 그렇기 때문에 항상 주어지는 과제를 수행해야 수업 내용을 잘 이해할 수 있고 토론에 참여할 수도 있다. 독일어가 유창하지 않아 토론에 참여하지 못하더라도 부지런히 매번 예습을 해가지 않으면 힘들 수도 있다. 보통 수강생들의 수가 많지 않으므로 아무 것도 모르는 채 멀뚱멀뚱 앉아있기엔 좀 민망할 수도 있다.

v) Hauptseminar

Proseminar와 Grundkurs들이 Grundstudium 과정에 속해있는 반면 Hauptseminar는 Hauptstudium(중간시험 Zwischenprüfung을 마치고 난 심화단계)과정에 속해 있다. 수업 방식은 Proseminar와 비슷하나 발표 시간이 길어지고 레포트 분량 또한 많아진다.

4) Sprachkurs

영어로 번역하면 language course이다. 여기에는 외국 학생들을 위한 독일어 반이 다양한 주제들로 많이 개설되어 있다. 그 외에도 영어, 프랑스어, 이탈리아어, 스페인어, 러시아어 등 제2외국어 반도 있다. 독일어 반은 두 유형으로 나뉘는데 하나는 DSH(Deutsche Sprachprüfung für den Hochschulzugang = 외국인 독일대학 입학자격 어학시험) 준비반이고 다른 하나는 DSH 자격증이 있는 사람만을 위한 심화반이다. DSH는 외국 학생들이 독일 대학에 입학 할 수 있는 독일어 자격증인데, 공짜인데다가 훔볼트 대학 언어 수업을 들으면 자동으로 등록해주기 때문에 시험을 봐보는 것도 좋을 것이다. 이 어학 수업을 듣기 위해서는 반편성 시험(Einstufungstest)을 봐야 되는데, 작년까지는 모든 외국 학생들이 대형 강의실에 모여서 시험을 봤으나, 올해부터는 인터넷으로 시험을 보고 컴퓨터가 저절로 채점을 한다. 아쉽게도 어학 수업은 한 학기에 두 개 밖에 들을 수 없다. 한 수업 당 3번 이상

빠지면, 시험을 아무리 잘 봐도 나중에 Schein을 딸 수 없으니, 이 점을 유의하기 바란다. 작년까지는 어학 수업이 공짜로 학생들에게 제공되었지만, 올해부터는 일주일에 한 시간당 5유로씩 받는다. 돈은 정해진 날짜에 학교로 송금한다.

5) Sprechstunde

한국어로는 면담시간으로 옮기면 될 것이다. 교수들은 각각 1주일에 한 번 정도 면담시간을 지정해두고 있다. 독일에서는 한국보다 학생들이 교수 면담시간을 더 적극적으로 이용한다. 수업을 따라가기 힘들 때, 발표를 하거나 레포트를 써야 하는데 참고 문헌을 찾기가 힘들 때, 레포트를 써야겠는데 뭐가 뭔지 도무지 감이 안 잡히고 주제를 정할 수 없을 때, 등등의 문제가 생기면 주저 없이 면담시간을 이용하라. 지정된 면담시간에 맞출 수 없을 경우 물론 교수님과 상의하여 따로 약속 시간을 정하는 것도 가능하다. 그러나 방학 때는 방학 기간 내내 면담시간이 네 번 정도 밖에 없고 교수가 한두 달씩 휴가를 떠나버릴 수 있으므로 미리미리 약속 날짜를 정하는 것이 중요하다.

3. 도서관 이용

홈볼트 대학 중앙도서관에서 책을 빌리려면 먼저 이용신청(anmelden)을 해야 한다. 학생증, 거주지 등록증(Polizeiliche Anmeldung), 여권을 들고 가면 된다. anmelden하고 나서는 책을 빌릴 수 있는데 개가식이 아니기 때문에 인터넷의 도서관 홈페이지를 통해 대여 신청을 해야 한다. 대출 기간은 4주로 연장 가능하다. 각 전공 도서관은 곳에 따라 대출이 가능한 곳이 있고 불가능한 곳이 있는데 유감스럽게도 독문과 도서관은 대출 불가능이다. 다만 주말에 걸친 단기대출은 가능하다. 그럼에도 불구하고 독문과 전공 도서관은 공짜 인터넷을 즐길 수 있는 좋은 곳이다(속도가 꽤 빠름).

국립도서관(Staatsbibliotek-줄여서 Staabi라고도 함) 역시 이용 방식은 비슷하다. 유료지만 대신 엄청나게 많은 자료가 소장되어 있다. 이 도서관이 있는 한 최소한 베를린에서 책이 없어서 공부를 못할 일은 없다. 들리는 소문에 의하면 한국 신소설 등도 비치되어 있다고 함. 국립도서관은 본래 한 도시에 한 개 밖에 없지만, 베를린은 동독과 서독으로 나뉘어 있었기 때문에 두 곳에 위치해 있다. 하나는 훔볼트 대학 본관과 이웃한 건물(Unter den Linden)이고 다른 하나는 Potsdamer Platz(Sony Center있는 동네)에 떨어져있다. Potsdamer Platz에 위치한 국립도서관이 서독 쪽 도서관이어서 그런지 훨씬 신식이고 규모도 크고 책상 의자도 편하게 되어있다. 이곳은 '베를린 천사의 시' 영화가 찍힌 배경이기도 하다. 이곳에 신청하려면 비자와 Polizeiliche Anmeldung을 들고 가야 한다. 일 년에 15유로의 사용료를 내나, 인터넷을 공짜로 쓸 수 있으며, 신문을 읽을 수도 있고, 매점도 있어서 시험기간에 공부하기에는 딱 좋다. 그렇지만 시험 기간에는 그 큰 도서관이 꽉 차서 한 시간 내내 돌아다녀도 한 자리를 찾기 힘든 경우가 있으니, 아침 일찍 가는 것이 좋다. 일 년 회비를 내면 두 군데를 다 드나들 수 있는데 동독 쪽 도서관은 훔볼트 본관 바로 옆에 있기 때문에 학기 중에 책을 빌리거나 공부하기에 편리하다. 다만 들어갈 때 가방과 그 외의 소지품들은 코인 라커 (나중에 다시 환전이 됨)에 다 두고 가야한다.

4. 컴퓨터실 이용

보통은 각 과마다 조그마한 컴퓨터실이 있는데 여기서는 한국어 지원이 안 되기 때문에 한국 학생들에게는 거의 무용지물이다. 훔볼트 대학에 중앙 컴퓨터실(Rechenzentrum)이 본관 후문으로 나가면 Dorothenstrasse에 있다. 여기서는 한글을 읽을 수 있으나 여전히 쓸 수는 없다. 컴퓨터 자체에 아무 것도 다운로드 할 수 없게 장치되어 있다. 처음에 가면 학생증을 제출하고(처음에는 코드 바가 있는 학생증이 없으므로 그냥 학번을 입력하면 된다) 그 곳에서 지시하는 대로 컴퓨터에 자신의 이름과 학번을 입력한다. 보통은 사람들이 많아 한 시간 이상씩 기다리는 수가 많다. 가면 학생증을 제출하고 문 밖 화면에 자신의 이름이 몇 번에 입력되었는지 확인한 후 의자에 앉아 기다린다. 자신의 차례가 되면 화면에 이름이 뜬다. 이 때 잘 보지 않으면 이름이 지나가버리는 수가 있으니 주의하도록 한다. 단순히 인터넷을 하는 것이 아니라 디스켓에 무엇을 저장할 일이 있으면 일이 좀 복잡해진다. 한 30개쯤 되는 컴퓨터들이 본체 하나에 연결되어 있으므로 디스켓에 저장하고 프린트로 찍을 때 좀 불편하다. 어떻게 사용하는 지는 그곳에서 일하는 사람들에게 물어보는 것이 좋다. 보통 복사, 프린트 카드를 본관 서점에서 사가야 복사와 출력이 가능하다.

베를린 공대(Technische Universität) 고층 건물 18층에 있는 컴퓨터실에서는 한국어로 읽을 수 있을 뿐 아니라 한국어로 글을 쓸 수도 있다. 열려 있는 시간만 잘 알아두면 이곳도 사용하기 좋은 곳이다. 컴퓨터 성능이 굉장히 좋으나, 아시아 사람들로 꽉 차서 꽤 기다려야 된다. 이 건물은 지하철 2호선(U2) Ernst-Reuter-Platz에서 내리면 바로 찾을 수 있다.

5. Orbis Humboldtianus

홈볼트 본관 동쪽 날개 2층에 Orbis Humboldtianus라는 곳이 있다. 그 곳에서는 외국 학생들을 위한 다양한 서비스를 제공한다. 그 곳에서 비자 연장을 받을 수 있고, 처음 학교에 가서 입학 신청을 이곳에서 한다. 여기서는 외국 학생들과 독일 학생들과 언어 교류(language exchange)를 알선해 주기도 한다. 한 달에 한 번씩 외국 학생들끼리 모여서 정해진 주제에 대해 토론을 하게 장소를 제공해주며, 매주 금요일 오후에 외국 교환 학생들이 만나서 대화하며 알아가는 자리를 만들어 준다.

이곳에서 Kulturforum이라는 책자를 받을 수 있는데, 이것은 홈볼트 대학에서 외국인 학생들을 위해 특별히 제공하는 특별활동 종류와 날짜가 적혀있다. 같이 유람선을 타고 Spree강을 돌거나, Leipzig나 Dresden과 같이 그리 멀지 않은 다른 도시들을 방문하기도 하고 연극이나 오페라 등을 저렴한 값에 구경하기도 한다. 참 재미있는 프로그램들로 구성되어있고, 이곳에서 새로운 많은 친구들을 사귈 수 있으므로 관심이 있는 사람은 이 책자를 받아보도록 한다.

6. 기타 자질구레하게 알아두면 좋은 것들

1) 첫 수업 시간

대부분의 경우 첫 수업 시간에도 수업을 진행한다. '첫날이니까 빨리 끝내

주겠지'하고 함부로 약속잡지 말 것. 우리나라에서 그렇듯 강의 계획안을 나눠주고(독일에서는 아직 '강의계획안 홈페이지에 띄워놨으니 알아서 다운 받으라'는 교수는 거의 없다) 성적 평가 방식을 소개한다. 세미나 수업일 경우 학생들이 각자 자신이 발표하고 싶은 주제를 정하는데 물론 확신이 안 설 경우 그 다음 시간에 정할 수도 있으니 너무 서두를 필요는 없다. 출석은 보통 확인을 하지 않지만, 세미나의 경우는 종이를 돌려 이름을 쓰게 함으로 출석 체크를 한다.

2) 수업 교재

교재는 첫 번째, 혹은 두 번째 수업 시간에 교수가 직접 나눠주거나 아니면 학생들로 하여금 지정된 복사집에서 복사하거나 서점에서 구입하게 한다. 하지만 과목에 따라서는 학생들이 매주 다음 수업 시간에 배울 내용을 알아서 복사 해 와야 하는 경우도 있다(복사비 은근히 많이 듬). 이 경우 복사해야할 원본은 과 도서관의 Seminarapparat 코너에 비치되어 있다. Seminarapparat에는 교재뿐만 아니라 교수가 추천하는 참고문헌, 논문들도 비치되어 있다. 이 서류파일을 빌리려면 학생증이 필요하다.

3) 레포트

보통 Hausarbeit라고 부르며, Grundkurs C와 Proseminar는 10쪽, Hauptsemainar는 15쪽 정도의 분량이다. 한국과 달리 레포트를 제출하면 그걸로 끝이 아니라 교수가 다시 이것저것 첨삭을 해서 돌려준다. 레포트의 내용이 부실할 경우 '사인을 줄 수 없다'는 통고를 받을 수도 있는데 그러면 다시 써야 한다. 일단 레포트 내용이 합격이더라도 더 좋은 점수를 받기 위해서는 지적 받은 부분을 고쳐서 다시 한 번 제출하는 게 좋다. 레포트 뿐 아니라 필기 시험 역시 틀린 부분이 일일이 첨삭된 시험지를 돌려 받는다. 독일어로 레포트 10쪽씩 쓰는 것이 너무 부담스러우면 교수님을 찾아 가보라. 교수님에 따라 레포트 쪽수를 줄여주는 경우가 많다. 레포트 쓰는 양식을 과사무실이나 친구들한테 물어보는 것이 좋다. 한국과는 달리 글자 크기는 12p, 또 줄 간격은 1.5cm나 되기 때문에 한국으로 따지면 그렇게 많은 양은 아니다.

4) Sekretäriat

한국으로 치면 과사무실, 혹은 전공연구실에 해당하는 곳이다. 그러나 한 과에 한 곳만 있는 게 아니라 규모가 큰 과의 경우 여러 곳이 있다. 따라서 같은 과 교수라도 담당 Sekretäriat이 다를 수 있으니 유의할 것. 이 Sekretäriat이 왜 중요하냐하면 사인을 여기서 받아가게 되기 때문이다.(물론 교수에게 직접 받는 경우도 있다-구두 시험의 경우) 레포트 역시 이 곳에다 제출할 수 있다. 교수의 면담시간에 직접 레포트를 제출하거나 사인을 받을 수도 있지만 방학 기간 중에는 면담시간이 별로 없기 때문에 대부분 Sekretäriat을 이용하게 된다.

5) Vorlesungsverzeichnis

한국으로 치면 종합시간표에 해당한다. 한국과 달리 공짜가 아니라 학교 근처 서점에서 돈을 주고 사야한다(3유로 50센트). 특정 전공 과목만 따로 모아서 수업 내용에 대한 설명을 붙여놓은 소책자를 Kommentiertes Vorlesungsverzeichnis라 하는데 이것은 서점이 아니라 해당 전공 Sekretäriat에서 판다(이것은 1유로 50센트).

6) Hochschulsport

학교에서 재학생들에게 제공하는 스포츠 프로그램이다. 수영, 댄스, 테니스, 탁구, 헬스 등등의 많은 재미있는 운동을 배울 수 있다. 단지 단점은 인기가 너무 많아 신청 받는 날 아침에 인터넷으로 등록하지 않으면 들어갈 수 없다는 점이다. 가격도 굉장히 저렴해서 한 학기에 10유로 정도 밖에 안 한다. 이 곳도 새로운 친구들을 만날 수 있는 좋은 자리인 것 같다.

작성: 2002년 9월 – 훔볼트대학교 교환장학생 조세정, 강윤영, 독문과 99학번

– 출처: 이화여대 http://home.ewha.ac.kr/~german/event/2002_humboldt.htm

(3) 뮌헨 대학 Ludwig-Maximilians-Universität München

설립년도: 1472
전공학과: 130개
학부: 18
교수: 약 810
등록학생수: 44144
여학생비율: 61.8%
직원수: 11700

개괄

2005년 여름학기에 44144명의 학생이 등록을 했다. 교직원 수가 12810명이 넘어 독일에서 가장 큰 대학이다. 130개의 학과가 있어 뮌헨대학은 특히나 광범위한 전공영역의 다양성을 제공해준다. 그중 몇 전공은 이전 독일어권에서는 제공되지 않던 전공도 있다. 그 반면 공과계열 전공은 뮌헨공과대학(TUM)으로 넘겨졌다.

뮌헨대학은 한 캠퍼스로 이루어진 대학이 아니고 여러 지역에 분포되어 있다. 게슈비스터-숄-플라츠(Geschwister-Scholl-Platz)에 있는 본관건물 외에도 하이테크 캠퍼스라 불리는 캠퍼스가 그로스하더른에 있으며 대학부설병원이나 그 밖의 여러 건물이 시내 곳곳에 나뉘어 있다. 몇백미터 북쪽으로는 소위 작은돼지건물(교육학-심리학부, 장미색 건물채색 때문에 그렇게 불린다), 남서쪽으로 수백 미터 떨어진 곳에는 화랑 옆에 수학부 건물이(일부는 물리-정보학-지질학의 강의도 되어진다), 이전 라디오-프리-유럽(자유 유럽 방송, 옛 동유럽 지역에 내보내던 선전 방송, 미국의 대외 방송을 총괄 운영하는 국제방송위원회인 BBG 산하에 라디오-프리-아시아를 포함해 중동, 남미, 유럽 등을 대상으로 한다. 자유와 민주주의의 메시지를 전하는 것을 목적으로 설립된 이들 방송은 65개 언어로 전 세계 125개국 이상의 청취자들과 만나고 있다)건물에 자리 잡고 있는 연구소(정치학, 전산정보학, 커뮤니케이션학, 동아시아학을 연구하는 게슈비스터-숄 연구소)가 있다.

학부

01 구교 신학부
02 신교신학부
03 법률학부
04 경영학부
05 경제학부
07 의학부(치대 포함)
08 수의학부
09 역사-예술학부
10 철학, 종교학, 학술이론학부
11 심리학과 교육학부
12 문화학부
13/14 언어-문학부
15 사회과학부
16 수학, 전산정보, 통계학부
17 물리학부
18 화학과 약학부
19 생물학부
20 지리학부

(학부의 공식적 번호 매김. 학부 06이던 임학부는 현재 뮌헨공대 에 속한다. 학부 13/14는 두 학부의 통합으로 생겨났다)

역사

1472년 바이에른주 루드비히 공작이 교황의 인가를 얻어 잉골슈타트에 설립했다. 바이어른 주의 첫 대학이며(1402년과 1412년 사이 뷔르츠부르크에도 이미 대학이 있었지만 당시는 바이에른 주에 속하지 않았다) 잉골슈타트 대학이란 이름으로 시작했다.

첫 100년 동안 잉골슈타트 대학은 예수회(1534년 설립된 교단)의 영향아래 있었고 반종교개혁의 중심지로서 종교개혁 기간 동안 요하네스 에크(Johannes Eck, 독일의 카톨릭 신학자로 루터의 대적. 루터와 많은 논쟁을 벌임)는 이 학교를 마르틴 루터에 맞서는 가톨릭의 중심지로 삼았다. 그래서 개신교 신학과가 개설되기는 했지만 가톨릭 신학과의 영향이 아직도 강하게 남아 있다. 1800년 막시밀리안 요제프 왕은 이 학교를 란츠후트로 이전해 루트비히 막시밀리안이라 부르게 되었다. 왕실에서 계속 이 학교를 지원했으며 1826년에는 루트비히 1세가 뮌헨으로 학교를 옮겼다. 1840년 본관이 완성되기 전까지 오늘날 주관청 건물에 통계학부가 있었다. 루트비히 1세와 막시밀리안 2세 치하에서 이 대학은 정신과학과 자연과학의 중심지로 발전했으며 베를린 다음으로 두 번째(학생수로 평가하여) 큰 대학으로 올라섰다.

1894~1896년에 에디트 하밀톤과 동생 알리스 하밀톤이 라이프치히 대학에서 공부하다 뮌헨대학으로 옮겨 공부를 했는데 그들이 당시 독일의 첫 여대생이었다. 첫 여성 독일박사는 뮌헨대학에서 나왔다. 1918년 아델레 하르트만이 박사학위를 하고 일 년 후 뮌헨대

의대 강사로 임용되었다.

2차 세계대전 중 뮌헨대학에 '백장미'라는 저항단체가 생겨났다. 백장미단(독일어: Weiβe Rose)은 뮌헨의 대학생들이 구성한 나치 저항 그룹이다. 1942년에 결성되어 1943년 2월까지 전단을 만들어 뿌리는 일로 나치에 대항하다가 여섯 번째 전단을 대학교에서 뿌리던 숄(Scholl) 남매가 학교 경비에게 발각되면서 일원 전체가 사형 당했다.

그 중 대표적인 인물들은 백장미단을 만든 한스 숄(Hans Scholl)과 여자이기에 더욱 유명한 소피 숄(Sophie Scholl), 그리고 이들과 첫 공판때 같이 사형 당한 크리스토프 프롭스트(Christoph Probst) 등이다. 나머지는 두 번째 공판에 모두 사형 당했다. 쿠르트 후버(Kurt Huber)는 대학 교수이기도 했다. 소피 숄은 사형 당시 22세였다.

백장미란 이름은 전단의 표제로 쓰였는데 한스 숄은 특별한 의미 없이 이런 이름을 지었다고 했고, 당시 자신은 스페인의 로만스 Blanca Rosa의 영향을 받고 있었다 했다.

한스 숄의 누이인 잉게 숄은 백장미단의 활동을 담은 ≪아무도 미워하지 않는 자의 죽음≫(독일에서의 원제목은 백장미 클럽 Die Weiße Rose)이라는 책을 저술하였다. (참조: 위키백과)

'백장미' 그룹에 관한 이야기는 책으로 또 영화를 통해 많은 정보를 얻을 수 있는데 다음의 내용을 소개한다.

제목	영화 『백장미』 ; 독재권력에 저항했던 독일의 저항운동 – 출처: 네이버 블로그 이카루스의 날개 sag9111
제목	백장미(White Rose)
감독	미카엘 베르호벤 슈미트
주연	레나 스톨제(소피 숄), 울프 케슬러(한스 숄), 올리버 시베르트(알렉스 슈모렐)
제작	독일 / 1982년 / 123분
원작	잉게 숄의 '백장미(아무도 미워하지 않는 자의 죽음)'

1. 영화 백장미

– 줄거리

1942년 독일의 뮌헨 역에 기차가 도착한다. 그리고 기차에서 내리는 여자를 반갑게 맞이하는 남자가 있다. 이들은 후에 독일의 나치정권에 저항하다 처형당하게 되는 숄 집안의 남매사이인 한스 숄과 소피 숄이다. 역의 출입구에는 게쉬타포 요원으로 보이는 사람들이 기차에서 내린 사람들의 가방을 수색하고 있다. 이를 본 한스는 자신의 옷 속에 있던 메모지를 조용히 쓰레기통에 버리고 동생과 함께 그 사람들 앞으로 나온다. 게쉬타포 요원들은 소피에게 뮌헨에 온 목적에 대해 묻고 가방을 수색하고는 그들을 보낸다. 남매는 오빠인 한스가 묵고 있는 하숙집으로 향하게 되고 그곳에 있는 한스의 친구들을 만나게 된다. 이들은 한스와 같이 음악서클의 회원으로 같이 노래도 부르고 여행도하는 모임이라고 소피에게 말해준다. 그리고 소피는 뮌헨대학에서 대학강의를 듣게 된다. 소피가 듣는 강의 중에 철학과 교수인 허버트 후버교수의 철학 강의도 듣게 된다. 뮌헨대학에서 후버교수의 철학 강의는 재미도 있지만 나치정권이 독일의 대학교수에서 요구하던 교육정책에 위반되는 내용도 유머섞인 말솜씨로 강의를 한다. 유대인 철학자나 프로이트와 같은 심리학사들에 대해서도 언급을 하면서 자신이 말을 잘못했다고 하면서 학생들에게 말하는 등으로 학생들에게 진정한 철학 강의를 한다. 소피가 이런 대학생활에 만족하고 있을 때 대학교에서 이상한 사건들이 일어난다. 강의시간도중 자신의 자리에 나치정권을 비판하는 글이 적힌 유인물을 발견하게 된다. 그리고 대학계단이나 광장, 강의실에서 발견이 되고, 심지어는 뮌헨시내의 공중전화박스나 우체국, 극장게시판 등에서 이러한 유인물이 발견된다. 소피 숄은 이 유인물을 가지고 집에 오게 된다. 집에 들어온 소피는 자신의 오빠인 한스의 방에 들어가게 되고 한스가 보다만 책을 정리하게 되는데…

그 책의 펼쳐진 부분을 우연찮게 보다가 자신이 학교에서 본 유인물에서 본 내용과 같다는 것을 알게 되고, 외출하고 돌아온 자신의 오빠와 유인물에 대해 이야기를 나누지만 한스는 자신은 거기에 전혀 관련되지 않았다고 말한다. 그러나 소피는 오빠의 말을 믿지 않고 하숙집의 지하실로 내려가게 되고 거기에는 한스의 친구들이 타자기와 인쇄기 앞에서 유인물을 찍고 있었다. 결국 소피는 한스의 만류에도 불구하고 자신들의 그룹인 '백장미'에 가입하게 되고 적극적인 활동을 한다. 나중에 후버교수도 백장미에 가입하게 되고 유인물 제작에 적극 참여한다. 이들은 러시아전선과 유럽전선에서 나치가 행한 유대인에 대한 학살이나 나치독일의 거짓선전에 대한 비판을 하게 된다. 결국 이들의 이러한 저항운동은 뮌헨대학에서 대학생들에게 나치정권의 교육 감독관이 행하는 강의시간에 폭동으로 나타난다. 교육 감독관의 교육내용 중에 독일여성으로서의 조국에 대한 역할에 대해 강의를 하는데 한마디로 여자들은 위대한 게르만족을 위해서 가사에 충실하고 남자에게 최대한 봉사를 해야 하며 자식을 많이 생산해야 된다는 식의 말을 하지만 대부분의 남자와 여자대학생들의 야유를 받게 된다. 나중에는 강의실 문밖으로 나가기위해 경찰과 충돌을 하게 된다. 물론 이 사건은 젊은 대학생들의 철없는 행동으로 보일 수 있었지만 독일의 게쉬타포와 경찰은 뮌헨대학에서 일어난 사건에 대해 조심스럽게 조사를 하기 시작한다.

결국 이들의 저항운동은 1943년 2월 18일 끝이 나게 된다. 이날 한스와 소피는 다른 때와 마찬가지로 뮌헨대학에서 사람들이 없는 강의시간에 학교 계단과 광장 그리고 층에 유인물을 놓고 있지만 이들의 행동을 유심히 보고 있던 건물의 관리인은 게쉬타포에게 연락을 하게 되고 몇 분이 안돼서 경찰과 게쉬타포에게 체포되어 심문을 받게 된다. 뒤이어 한스의 절치한 친구인 크리스토프도 체포된다. 이들은 국민재판소에서 국가반역죄로 기소되고 세 명 모두 처형이라는 판결을 받게 된다. 판결을 받은 다음날 처형이 이루어졌다. 이들의 용기 있는 행동과 재판과정에서의 당당함에 감동한 간수들은 이들이 처형이 있기 전에 세 사람에게 마지막 작별을 할 수 있도록 해준다. 그리고 소피가 먼저 처형장으로 향하고 두 손과 두 발이 묶이고 단두대의 칼날이 떨어지면서 영화는 끝이 난다.

2. 원작 아무도 미워하지 않는 자의 죽음

한스와 소피의 가족들은 그 후 나치에 의해 구금되었고, 나치의 제3제국은 소피의 예언대로 1945년 5월 8일 패망했다. 제2차 세계대전이 끝난 후 한스와 소피의 누이인 잉게 숄은 동생들이 조직한 나치 저항 단체인 '백장미'에 관련된 여러 권의 저서를 냈는데 그중에서 1952년 출간된 『백장미(국내엔 '아무도 미워하지 않는 자의 죽음'으로 번역)』가 가장 유명하다. 잉게 숄은 1950년 숄 재단을 설립해 동생들과 '백장미'의 저항운동을 기리는 활동과 독일 내 미국 퍼싱(Pershing) II 핵미사일 설치 반대 운동 등 다양한 평화운동을 벌이다가 지난 1998년 11월 4일 암으로 세상을 떠났다. 이 책은 2차 세계대전이 끝난 후 독일에서는 학생들의 교과서로 사용되기도 했으며, 지금도 당시 독재 권력에 저항했던 사람들에 대한 기념식을 매년 열고 있다. 책을 통해 수많은 사람들이 독재 권력에 저항했던 사람들을 기억할 수 있었고 그들의 용기 있는 행동으로 오늘날 독일은 히틀러의 독일이 아닌 민주국가로 다시 태어날 수 있게 된 것이다.

이들의 삶을 다룬 『아무도 미워하지 않는 자의 죽음』은 우리나라에선 지난 1978년 초판이 발행되었다. 유신정권 치하의 '긴급조치'라는 이름으로 발령된 법안들은 어쩐지 독일제국의회 의사당 방화사건 이후 히틀러와 나치당이 발효한 법령 '긴급명령'과 흡사해 보인다. 우리나라의 제3공화국은 '유신 헌법'을 제정한 뒤 1975년 긴급조치 제9호(① 유언비어사실왜곡금지, 집회시위 또는 신문방송통신 등 공중전파 수단이나 문서 등에 의한 헌법의 부정반대왜곡이나 개정폐지 주장 등을 금지한다. ② 학생의 집단적 정치활동을 금지한다.

③ 위반자의 대표자 등에 대해서는 행정명령을 취한다. ④본 조치를 비방하는 자에 대해서는 1년 이상 유기징역에 처한다.)를 통해 그 어떤 비판도 봉쇄했다. 이에 저항하는 수많은 대학생과 양심적인 시민들이 투옥되었고, 고문당했으며 그 와중에 수없이 많은 사람들이 가족을 잃었다. 나치 치하의 독일에서는 나치에 반대한 수없이 많은 사람들이 강제수용소에서, 감옥에서 형장의 이슬로 사라졌거나 볼프강 보르헤르트 같은 이들은 전투가 치열하게 벌어지는 동부전선의 전장으로 끌려 나갔다. 우리는 오늘날 군대의 녹화사업과 의문사 진상 규명 작업 등을 통해 우리 사회의 과거에 대해 새로운 사실들을 접하게 된다. 학생운동을 하다가 강제 징집 당한 자식에게 군에 가서 정신 차리고 돌아오라는 말을 했던 부모는 알 수 없는 이유로 자살했다는 자식의 유골을 받아들고 통곡했다. 술자리에서 불만 몇 마디 늘어 논 이유로 간첩이 되거나 아내를 살해하고는 살인죄를 모면하기 위해 간첩으로 몰아 아내의 가족들마저 크나큰 고통 속에 살게 한 일도 있었다.

3. 백장미 그룹 탄생의 배경

1938년 11월 9일 '수정(水晶)의 밤(chrystal nacht)'이라는 다소 로맨틱하게 들릴지도 모를 사건이 일어났다. 이 날 밤 독일 전역에서 유태인이 운영하는 7,000여 개의 업소와 유태인 거주지가 습격당했고, 1,000여 개의 유태인 회당 시나고그(synagogue)가 불탔다. 거리마다 깨진 유리창이 달빛을 받아 수정처럼 빛났다고 해서 수정의 밤으로 불리 우게 된다. 독일 시민들은 유태인들의 괴로운 처지를 묵살했다. 그러나 불길한 조짐은 단지 유태인들에게만 나타나지 않았다. 히틀러와 나치는 1942년 "유태인 문제에 대한 최종해결책(Final Solution of the Jewish Question)"을 내리기 이전에 먼저 독일인 중에서 아리아 인종의 우수성을 저해할 여지가 있다고 판단된 사람들을 우선적으로 제거하려 했다. 그들은 장애인과 다운증후군과 같은 병을 앓고 있는 아동들을 격리해 조직적이고, 집단적으로 살해했다. 1940년 가을 무렵 독일의 지방 신문 독자들은 독일의 외딴 지역의 성(城)과 의료 보호소에 연이어 천편일률적인 사망 기사가 실리는 것을 의아하게 여겼다. 병을 앓고 있는 가족을 요양이나 치료차 보호소에 보낸 가족들은 게슈타포로부터 고인의 유골이 들어있는 작은 종이 상자와 한 통의 편지를 받았다. 편지에는 고인의 죽음에 대해 궁금한 것이 있어도 정부에 문의하지 말라는 게슈타포의 엄중한 경고가 들어 있었다.

이에 대해 처음 저항의 목소리를 낸 사람은 베스트팔렌 지방의 신교 목사였던 보델슈빙 박사였다. 그는 이곳에서 정신지체아 보호소인 베텔 재단을 운영하고 있었는데 1940년 여름, 그는 수용소 아이들 몇 명을 당국으로 보내라는 명령을 받았다. 명령을 받은 보델슈빙 박사는 직감적으로 이것이 안락사 계획의 일환이란 사실을 깨닫고, 자신이 힘쓸 수 있는 모든 사람에게 이를 막아줄 것을 호소했다. 그는 베를린의 고위층에 있는 친구에게 직접 찾아가 항의했지만, 베스트팔렌으로 돌아오자 그 지역 나치당 베스트팔렌 관구 지도자는 아이들을 인도해줄 것을 재차 명령했다. 보델슈빙 박사는 이를 거부했고, 나치당 관구 지도자는 게슈타포에게 이 목사를 체포해줄 것을 요청했다. 1940년 9월 18일, 그 보호소는 폭파되었고, 12명 이상의 어린이들이 죽었다. 하지만 안락사 계획은 계속 되었고, 1941년 5월 독일 뮌스터의 가톨릭 주교인 클레멘스 폰 갈렌 신부는 나치에 저항하기로 결심했다. 이 해 여름 갈렌 주교는 교회에서 "여러분이나 나는 하느님께 복종하여 양심에 충실하려면, 생명과 자유 그리고 가정을 잃을 수도 있다고 생각합니다. 그러나 죄를 짓는 것보다 그 길을 택하는 것이 옳다고 생각 한다"고 강론했다. 그의 이런 강론은 뮌스터 전역의 주민들로부터 커다란 관심을 불러일으켰고, 그가 다시 강론을 할 때는 엄청난 청중이 몰려들어 성당 문을 닫을 수 없을 지경이 되었다.

갈렌 주교는 이 자리에서 나치당이 독일 전역에서 장애인들과 정신질환자들을 집단적으로 살해하고 있으며 그 희생자 수가 8~10만 명으로 추산된다고 증언하고, 나치당과 히틀러의 안락사계획을 고발했다. 언제나 온화하고 존경받고 있던 성직자로부터 나오는 열화와 같은 강론은 전독일 국민을 감동시켰고, 갈렌 신부의 강론들은 곧 인쇄되어 독일 전역의 교회와 성당, 그리고 진실을 원하는 사람들의 우편함에 투입되었다. 1941년 내내 로베르트 숄의 십 우편함에도 갈렌 신부의 강론이 인쇄된 유인물이 꽂혀 있었다. 이런 갈렌 신부의 저항에 베를린 히틀러는 물론 괴벨스, 마르틴 보어만을 비롯한 나치당 고위관료들이 당황하고, 분개한 것은 당연한 일이었다. 괴벨스는 갈렌 주교를 교수형에 처할 것을 요청하는 문건을 작성하기 까지 했다. 그러나 히틀러와 나치당은 그 계획을 철회하지 않을 수 없었다. 바티칸과 국내 가톨릭 세력의 지지를 상실하고, 반발을 불러일으킬 수 있으며 갈렌 주교를 굳이 순교자로 만들어 줄 필요가 없다는 판단에서였다. 대신에 나치당과 히틀러에 반대하면 어떻게 된다는 것을 보여줄 피의 본보기가 필요했다.

한편 갈렌 신부의 저항 소식을 접한 한스는 크게 기뻐하며 "하느님께 감사한다. 누군가 드디어 큰 소리로 외칠 용기를 갖게 되었다"라고 말했다고 한다. 한스는 자신도 히틀러와 나치당에 저항하는 운동에 동참하기로 결심했고, 자신의 누이인 소피 모르게 뮌헨에서 등사기를 구입했다. 그는 자신의 생각에 동의하는 크리스토프 프롭스트와 알렉산더 슈모렐과 함께 1942년 5월경 '백장미'라는 반정부 유인물을 인쇄하여 배포하기 시작했다. 그들은 첫 호에서 독일 국민들을 "히틀러의 추종자들"이라고 비난했다. 는 대학가를 중심으로 비밀리에 널리 퍼졌고, 우연히 한스의 동생 소피의 손에도 들어갔다. 유인물을 읽은 소피는 누군가 자신과 비슷한 생각을 하고 있는 사람들이 있으며 유인물의 글귀들이 매우 낯익다는 인상을 받았다. 잉게 숄은 아직 그의 부모와 함께 울름에서 살고 있었다. 소피는 흥분하여 이 유인물을 들고 오빠의 방으로 달려갔고, 마침 자리를 비운 오빠의 방 책장에서 자신이 조금 전 읽은 것과 같은 글귀에 밑줄이 그려진 책을 발견했다. 소피는 결국 오빠의 만류에도 불구하고 '백장미 그룹'의 일원이 되었다. 이들은 1942년 여름 동안 3편을 인쇄했고, 거기엔 "너무 늦기 전에, 그리고 우리 젊은이들이 한 인간 이하의 거들먹거리는 자를 위해 피 흘리기 전에, 이 같은 하느님을 모르는 전쟁 무기의 운용을 중단하라! 어떠한 국가라도 충성을 바칠 가치가 있는 정부를 가져야 한다는 것을 잊지 마라!"고 적혀 있었다.

그들은 점점 더 활발하고 노골적인 활동에 들어가 어느 날 밤에는 유인물을 돌리면서 뮌헨시 거리에 히틀러를 비난하는 낙서를 70여 군데나 새겨 놓기도 했다. 이들의 활동은 많은 이들의 공감을 자아냈고, 1943년 1월 독일 뮌헨 지구 나치당 관구지도자 파울 기슬러가 연설할 때는 많은 대학생과 젊은이들이 그에게 야유를 보내는 등 격렬한 반응을 보이게 되었다. 그들은 곧이어

"조국이 스탈린그라드의 패배로 흔들리고 있다. 30만 독일 청년들이 희생의 제물이 되었다. 총통! 우리는 당신에게 감사 한다"며 학생 시위에 돌입했다. 그러나 이런 성공은 동시에 게슈타포로 하여금 '백장미 그룹'에 주목하게 만드는 계기가 되었고, 1943년 2월 18일 결국 체포로 막을 내리게 된다. 게슈타포는 이 사건과 관련하여 체포한 학생 14명 중 한스와 소피, 크리스토프를 단두대에서 처형하고 나머지 11명은 감옥에 수감시켰다. 나치당은 갈렌 신부와 같이 막대한 배경을 지닌 종교지도자를 손보는 대신에 몇 명의 학생을 손보는 것으로 다시는 나치와 히틀러에 저항하지 못하도록 하는 본보기로 삼고자 했다. 그러나 저항은 끊이지 않았고, 이후로도 수많은 젊은이들과 자신의 양심을 지키고자 했던 시민들이 감옥에서, 거리에서 죽어갔다. 백장미 그룹의 저항은 비록 나치 제3제국과 히틀러를 무너뜨리는 데 성공하지 못했지만 나치가 지배하는 한 국가와 사회에 돋아난 가장 순수한 가시였음에는 틀림없었다.

2차 대전 후 거의 파괴되지 않은 뮌헨대 대강당에서 바이에른주 헌법이 만들어지고 완성되었다.

1972년 파징(Pasing)교육대학이 뮌헨대 교육학부로 편입되었다. 교육학부는 1985년 레오폴드거리의 '작은돼지 건물'로 이사한다.

1974년 그로스하더른 대학병원이 운영을 시작하고 1994년부터는 점점 커져 그로스하더른/마르틴스리트의 '하이테크 캠퍼스'로 확장되었다. 여기에 유전자센터가 있으며 1999년부터는 화학-약학부가 이곳으로 이전을 했다. 대학병원에는 이넨슈타트 병원, 이넨슈타트 병원과 합병한 서-이자르병원(이자르는 도나우 강의 지류인데 동-이자르와 서-이자르 병원이 있다), 그로스하더른 병원이 속한다.

2004년 말 지역 마르틴스리트에 생태학센터가 낙성식을 가졌다. 그곳엔 뮌헨대학의 여러 생물학 연구소가 통합되어 있다. 이미 그 지역에 있던 막스-플랑크 연구소와 더불어 마르틴스리트는 독일에서 생명과학의 주요한 거주지가 되었다.

2005년 6월과 2006년에 걸쳐 바이에른 주정부는 뮌헨대학에 총 13개 학과를 신설했다. 사회-경제사, 논리학과 학문사, 기독교적 동양의 어문학, 기호학, 언어학, 히타이트(인도게르만족계)학, 공리언어학, 발칸어문학, 중세 라틴어문학, 운석학, 지질학, 경제지리학, 지구학이다.

주정부의 계획에 따라 의대를 포함한 모든 자연과학 계통이 그로스하더른/마르틴스리트에 있는 하이-테크 캠퍼스에 합쳐질 계획이다.

'뮌헨대 2020'의 구상에 따라 물리학과 지질학이 이전을 하고 의학과 자연과학에 있어서의 학제간 연구를 위해 '고등학술연구센터 centers for advanced studies'를 설립할 계획이다. 교통편의를 위해 현재 그로스하더른 대학병원까지만 이어지는 지하철 U6호선을 마르틴스리트 까지 연장되어야 할 것이다.

뮌헨대의 학생회는 주로 좌파적 노선을 따르고 있는데 학교 명칭을 '숄남매 대학 Geschwister-Scholl-Universität'으로 바꿀 것을 요구하고 있으나 결정위원회에서 다수를 차지하지 못했고 학생들에게도 별 주목을 끌지 못하고 있다.

국내적으로 또 국제적으로 뮌헨대는 상위 자리를 차지하고 있다. 2005년 중국 상하이의 한 대학에서 만든 세계 유명대학 순위에서 독일내 대학 중에는 일등을 차지했고 유럽 내에서는 10위권 안에 들었다. 2004년 신문 '더 타임즈'에서의 순위에서는 독일 내 4위를 차지했다.

뮌헨대는 200개 이상의 학교, 연구소, 진료소들과 교류를 맺고 있으며 교수 1인당 학생수는 73명이다. 대학도서관에 3,131권의 필사본과 4,400종의 정기간행물을 포함해 220만 권 이상의 도서가 소장되어 있으며 매년 5만 권 이상의 신규 도서가 보충되고 있다.

전통과 첨단 공존하는 '독일의 자존심'… 뮌헨대학교
[해외 유명대학을 가다]〈14〉

1472년에 개교한 뮌헨대학은 오랜 역사만큼이나 학문적 업적을 세웠다. 4만 8000여명의 재학생 중 7800여명이 한국 등 전 세계 125개국에서 온 유학생이다.

내가 독일 유학을 결심한 때는 대학 재학 시절 청춘과 낭만을 만끽하면서부터다. 동시에 학문이 무엇인지 서서히 눈이 뜰 무렵이기도 했다.

하지만 독일 뮌헨대학에서 내가 받은 첫인상은 실망 그 자체였다. 젊은이들이 모여 있는 곳, 학문의 터 혹은 캠퍼스의 모습이라고는 찾아보기 힘들었고, 누가 학생이고 어느 것이 대학 건물인지조차 분간하기 힘들었다. 더구나 졸업하는 게 그리 쉽지도 않고, 그렇다고 졸업 후 좋은 직장이 보장되어 있는 것도 아닌데 학생 수는 한때 6만 명을 넘었다. 최근엔 구조조정을 통해 그나마 4만 8000여명으로 줄었다고 한다.

그 많은 학생이 몰려드는 데는 뭔가 분명한 이유가 있을 법했고, 나는 그 이유를 찾기 위해 낭만을 즐기며 무조건 열심히 공부했다.

독일에는 보통 한 도시에 하나의 대학이 있다. 그래서 대학과 도시의 관계는 긴밀하다. 독일에서 손꼽히는 문화・교육 도시인 뮌헨은 옛것과 새것, 그리고 자연적인 것과 인공적인 것이 잘 어우러진 도시다. 동시에 독일을 대표하며 신기술의 요람으로 불리는 세계적인 대기업 지멘스, 알리안츠, BMW, 린데 등의 본사가 몰려 있기도 하다. 뮌헨대학은 바로 이런 도시의 장점과 밀접한 연관을 맺고 있다. 도시가 주는 이미지에 걸맞게 전통적인 것과 현대적인 것, 정신적인 것과 물질적인 것이 잘 조화를 이루고 있는 대학이다.

현재 독일 대학들이 당면한 과제는 세계화의 대세에 편승하는 일이다. 그래서 각 대학은 첨단산업이나 각국의 언어・문화 습득을 매우 중시하고 있다. 뮌헨대학은 이런 면에서 선두에 서 있다. 뮌헨공과대학과 막스프랑크연구소, 프라운호퍼연구소 등과의 공동연구 작업이 활발하다. 최근에는 바이오기술과 관련 의학 분야에서 미국 하버드대학과 밀접한 협력 작업을 하고 첨단 바이오

기술 단지를 운영하고 있기도 하다. 전 세계 우수 대학과 자매결연을 맺고 학문의 보편성과 우수성을 상호 교환하고 있다. 한국과는 서울대 연세대 서강대 성균관대 동아대와 긴밀한 협력관계를 맺고 있다. 현재 전체 학생의 16%인 7800명 정도가 전 세계 125개국에서 온 유학생들이다.

뮌헨은 1919년 독일노동자당(DAP)이란 극우단체가 생기면서 나치의 온상이 되기도 했다. 이로 인해 1944년 제2차 세계대전 말기엔 대학 본관을 비롯한 여러 건물이 연합군의 폭격을 받았다. 그러나 정신적 기초를 형성해주고 사상의 자유가 보장되어야 하는 곳이 대학이기에, 1943년 숄 남매를 비롯한 뮌헨대 학생들이 나치의 폭거에 항거하며 목숨을 건 학생운동(백장미사건)을 일으키기도 했다. 대학은 이를 기리기 위해 1997년 본관에 '백장미사건' 기념관을 설립했으며, 교정 한 켠에는 이들의 이름을 딴 숄 광장과 당시 학생들을 지도한 교수의 이름을 딴 '후버 교수 광장'이 자리 잡고 있다.

1472년에 개교한 뮌헨대학은 오랜 역사와 전통을 자랑한다. 지금도 독일에서 연구성과가 가장 우수한 대학으로 손꼽힌다. 여기에서 후학을 양성하였던 프라운호퍼나 뢴트겐, 페텐코퍼, 리비히, 포이에르바흐, 셸링, 바더, M 베버, 킨더만 같은 교수는 대학의 위상을 드높였다. 뿐만 아니라 뢴트겐과 빌란트, 하이젠베르크, 로렌츠 등 많은 노벨상 수상자를 배출하기도 했다. 한국인 중에는 '압록강은 흐른다'로 잘 알려진 소설가 이미륵(본명 이의경)을 비롯해 전혜린, 김철수, 허영씨가 이곳에서 공부했다.

학문은 출세나 똑똑해지기 위함이 아니라 보람 있게 살아가는 방편을 가르쳐 주는 것이라는 걸 뮌헨대학에서 공부하면서 느꼈다. 더불어 뮌헨대학에서 학문을 하는 것은 곧 미래에 대한 투자요, 직업적 성과를 얻는 디딤돌이 되리라 확신한다.

— 최필준, 정치학전공, 세계일보 2005. 10. 16

〈교환학생 보고서〉

1. 학교소개

독일 바이에른 주의 수도인 뮌헨의 유일한 종합대학인 LMU는 뮌헨의 "몽마르트"라 불리우는 예술인 지역인 슈바빙 지역의 중심에 위치해 있다. 18개의 학부 아래에 700명의 국제적으로 경쟁력 있는 교수진들을 가지고 있으며 지난 2003/2004년 겨울 학기 현재 약 48,000명의 학생들을 교육시키고 있는 LMU는 독일에서도 그 규모, 연구 성과와 교육 수준에 있어서 최고 명문중의 하나라 인정받고 있다. 2004년 경제 잡지 '이코노미스트'에 보도한 연구 성과에 따른 대학 순위 매김에 있어서 LMU는 독일 내 대학 중에서는 최고로 인정받았으며 전 세계 대학 중에서도 50위권 안에 들고 있다. LMU에서는 200개 이상의 다양한 전공 코스가 마련되어 있으며, 이 중에서 입학 정원이 정해져 있는 과의 경우에는 학생들이 몇 년씩 기다린 다음에야 입학이 가능할 정도이다. 특히 LMU는 독일에서 가장 큰 대학 부설 병원을 가지고 있어서 (본인이 속해 있었던 심리학을 포함한) 관련 영역의 성과가 뛰어나다.

2. 교환 프로그램 담당부서 및 연락처

- 담당자 이름: Monique Esnouf
- 담당 부서: Internationale Angelegenheiten (International Affairs), Referat II A 3
  Geschwister-Scholl-Platz 1, 80539 Muenchen
- 전화 연락처: Tel. + 49 89 2180 2019
  Fax. + 49 89 2180 3136

3. 개설강좌에 대한 정보를 얻을 수 있는 소스

http://webinfo.campus.lmu.de/

이곳은 서울대학교의 정보화포털과 유사한 사이트로, Vorlesungsverzeichnis (수강편람)를 선택하면 해당 학기와 직전 학기의 수강편람을 편리하게 열람할 수 있고, 특히 강의 소개도 함께 나와 있기 때문에 유용하다.

4. 기숙사

입학지원 서류를 작성하여 보낼 시에, 동봉되어 오는 기숙사 지원서 역시 작성하여 보내면, 8월 중순에서 말경에 이메일로 기숙사가 배정되었다는 서류가 첨부되어 온다. 이 역시 싸인하여서 우편이나 팩스로 부치면 된다. 입소 당일 정해진 행정실에 가서 계약서를 포함한 행정처리를 하고 나면 열쇠를 받을 수 있다.

본인의 경우에는 뮌헨 북쪽에 위치한 "Panzerwiese" 기숙사에 배정을 받았는데, 마침 새로 지어진 기숙사라 깨끗하고 시설이 좋았다. 5명이 각자 1인용 방을 가지고 있고, 2개의 샤워실, 2개의 화장실, 그리고 1개의 부엌을 공용으로 쓰는 Wohngemeinschaft(WG)형식이었다. 이러한 WG 형식이 화장실 부엌까지 개인용으로 가지고 있는 Apartment 형식보다는 새로운 사람들을 만나고 친해질 수 있는 기회가 많기 때문에, 1년 동안 생활하기에는 더 적절한 것 같다. 특히 본인의 경우에는 같은 기숙사에 다른 교환학생들도 많이 배정받아 들어왔었기 때문에 말하자면 "국제적인" 분위기에서 일상을 보낼 수 있었고 그 점이 참 마음에 들었다.

5. 식사

독일의 기숙사에서는 식사서비스가 제공되지 않는다. 물론 대학 건물 근처에는 학생식당이 있어서, 학생증이 있어야 발급받을 수 있는 충전용 전자카드를 이용해 저렴하게 식사를 할 수 있다. 하지만 한국의 학생식당에 비해 개방시간이 상당히 짧기 때문에 (오전11:00~오후 2:00, 카페테리아는 ~오후4:00) 그 외의 시간에는 본인이 취사를 해야 하거나 외식을 해야 한다.

6. 도서관 및 기타 시설

LMU에서는 각 학부마다 학부도서관이 마련되어 있어서, 각 분야에 관한 책들이 모아져 있으며, 또한 중앙도서관도 본부 건물에 마련되어 있다. 또한 대학 건물에 매우 가까운 곳에 역사가 깊고 소장도서가 8백만 권이나 되는 바이에른 국립도서관이 위치하고 있다. 도서를 직접 찾아볼 필요가 있는 경우에는 학부도서관을 이용하는 것이 유리하다. 왜냐하면 대학 중앙 도서관이나 국립도서관은 자료실은 열람하지 못하며, 컴퓨터로 보고 싶은 도서를 3일 전에 신청하여야, 열람할 수 있도록 되어있기 때문이다. 따라서 본인은 자료가 필요할 경우에는 심리학과 도서관을 애용하였다.

본인이 꼭 추천하고 싶은 대학시설은 바로 올림픽공원에 있는 체육시설 Zentraler Hochschulsport(ZHS) 이다. 대학생이라면 한 학기당 약 7유로, 즉 10,000원 가까이의 시설 이용료만 내고도 원하는 시간에 하고 싶은 운동을 마음껏 할 수 있다. 수영장을 이용하는 운동의 경우라면 이용료가 높아지기는 하지만, 여전히 저렴한 가격이다. 방학 중에도 이용할 수 있고, 또한 다양한 계절 스포츠(스키, 래프팅 등)들이 특별 프로그램으로 제공되고 있다. 학교 내 여러 곳에 배치되어 있는 ZHS 팜플렛에서 제공되는 스포츠의 스케줄을 포함한 다양한 정보를 얻을 수 있다.

7. 수강과목 및 추천강좌 소개

본인의 경우에는 가족아동학과에 심리학 전공이라는 상대적으로 특수한 상황이었기 때문에, 심리학부 내 한 연구 분야인 가족심리학 과목을 여럿 수강했다. 따라서 본인이 수강한 과목을 다른 교환학생에게 추천할 만큼의 일반성이 없을 듯하다. 비전공자라도 수강할만한 일반 심리학 분야에서 한 과목을 추천하자면 "사회성(Soziale Kompetenz)"이다. 이 세미나는 정원 20명 이내에서 대인관계의 이론과 3번의 주말 세션이 곁들어진다. 이론 세미나의 내용도 현실과 매우 밀접하고 일반인들도 평소에 관심을 많이 가지고 있는 의사소통기술에 대한 내용이 대부분이라 흥미로우며, 주말 단체활동을 통해 "자기(Self)"를 알아가고, 또한 함께 활동하는 독일 현지 학생들과 친해질 수 있는 좋은 기회도 될 수 있다.

그 외에 일반적인 강좌를 추천하자면 학기 초에 IUC라는 대학 내 단체에서 개최하는 오리엔테이션 어학강좌를 추천하고 싶다. 이 코스는 10월 초부터 개강 전까지 2주 동안 이루어지는데, 교환학생들을 대상으로 독일의 대학 시스템과 대학 강의, 그리고 뮌헨에서의 일상생활 등이 어학 수업의 주제가 되어 상당히 유용하다고 생각한다. 또한 첫째 날은 뮌헨에서 처리해야 할 보험, 주거 신고 등의 행정 관련 일을 일괄적으로 처리할 수 있게 도와주기도 한다.

8. 수강신청 및 등록 절차 소개

우선 뮌헨에 도착하면 담당자인 Esnouf씨를 찾아가는 것이 좋다. Esnouf씨께서 등록을 위해 사전에 준비되어야 할 것들을 설명해주시기 때문이다. 본인의 기억으로는 현지 대학에서 우편으로 보내온 입학허가서와 여권, 독일 보험에 가입했다는 증명서, 학생회비 납부 영수증, 그리고 주거지 서류가 필요했던 것 같다.

LMU에서는 특별히 수강신청이라고 해서 한국에서처럼 일괄적으로 컴퓨터로 수강신청이 이루어지는 등의 형식이 전혀 없다. 학기가 시작하면, 그 강의의 첫 시간에 참석하여 수강자 명단에 이름을 쓰고 나오면 되는 것이다. 물론 학과에 따라 차이가 있지만, 심리학과의 경우에 꽤 많은 세미나가 방학 중에 미리 이메일이나 과사무실에 배치되어있는 수강자 명단을 통해 수강자를 모집하기도 하기 때문에 주의하여야 한다. 이런 경우는 특수한 경우이기 때문에 수강편람에 항상 명시되어 있다. 특별히 수강신청 절차가 명시되지 않은 경우에는 첫 시간에 참여하면 된다. 하지만 그것도 세미나 형식에서만 그러하고, 강의 형식(Vorlesung)인 경우에는 학기 중간쯤에 기말시험을 볼 사람들이 이름을 적는 명단이 돌아간다. 이 명단에 이름을 적고 기말시험을 보면, 수강 증명서(Schein)가 나온다.

9. 각종 서비스

독일에서는 학생을 위한 복지가 매우 잘 되어 있기 때문에, 학생인 경우에 많은 혜택이 있다. 은행에서는 학생증을 가지고 가면, 보통 통장을 만들면 월마다 내야 하는 요금을 면제받을 수 있으며, 교통편도 월정액 학생 요금으로 마음껏 이용할 수 있다. 하지만 이러한 교통편 혜택을 받기 위해서는 Poccistr.에 있는 뮌헨시 교통관리국쯤 되는 기구(MVV)를 찾아가야 한다. 영화관이나 박물관, 미술관등은 요일에 따라 요금이 달라지고, 학생 할인 요금이 있기 때문에 이러한 기회를 충분히 이용하기 바란다.

10. 기타 중요한 주의사항

뮌헨대학과 뮌헨 시에서는 항상 특별한 일들이 벌어지고 있기 때문에 정보만 있다면 언제든 시간을 유용하게 즐길 수 있다. 예를 들어 학구적인 심포지움이나 특별 강연 등에 관심이 있다면 학교 내에 배치되어 있는 행사 팜플렛이나 게시판들을 눈 여겨 보기 바란다. 또한 대학 본부 건물 앞 복사 가게들이나, 본부 건물 입구, 위에서 말한 체육관 ZHS 입구 등에 배치되는 IN MUENCHEN이라는 잡지가 있는데, 이 잡지에는 정해진 기간 안의 모든 문화행사에 대한 정보가 나와 있다. 무료로 배포되는 이 잡지를 눈 여겨 본다면 뮌헨에서의 시간을 알차고 즐겁게 보낼 수 있을 것이다.

(서울대 대외협력팀 홈페이지 교환학생 프로그램)

독일 의료대란 "회오리"…유럽최대 대학병원 파업

— 세계일보 2005-11-30 20:30

독일에 의료대란 태풍이 몰려오고 있다. 의료종업원 1만 3000명이 일하고 있는 베를린 샤리테 종합병원의 의사 2200명이 봉급 인상과 근무시간 단축을 주장하면서 지난 28일부터 의료파업에 돌입했다. 뒤이어 전국 각 시 군의 국·공립병원 의료종사자들도 오는 13일부터 일제히 전국 규모의 파업을 벌일 예정이다.

독일에서 30년 만에 처음으로 벌이는 의료파업을 선도하고 있는 샤리테 병원은 1710년에 프리드리히 1세 왕이 전염병 치료 병원으로 세운 의료기관으로 현재는 홈볼트대학과 자유대학의 통합대학병원으로 130개의 진료소와 4000명의 의사와 연구원을 비롯해 1만 5000명의 의료 종업원이 일하고 있는 유럽 최대 규모의 대학병원이다.

길거리에 뛰쳐나온 이들 의사는 주 38~40시간에 걸친 과중한 근무시간의 단축과 30%의 급료 인상을 요구하고 있다.

현재 국공립병원에서 일하고 있는 독일 의사들은 인접국인 네덜란드나 프랑스, 덴마크 의사들에 비해 훨씬 낮은 대우를 받고 있다. 2만 8800유로(약 3500만원)에서 최고 5만 4000유로의 연봉을 받고 있는 독일 의사들에 비해 덴마크 의사는 3만 9900유로에서 5만 9300유로, 영국은 최고 10만 3100유로, 프랑스는 8만 4200유로에서 9만 4000유로, 네덜란드는 5만 1900유로에서 14만 1900유로를 받고 있다.

이 같은 열악한 대우에도 불구하고 독일 의사들의 주당 근무시간은 80시간을 초과하고 있다. 따라서 의사 지망생들은 매년 줄어들고 있으며, 1993년에서 2002년도까지 의사 수는 전국적으로 7.5%가 감소했다.

— 프랑크푸르트 = 남정호 특파원

10. 독일의 도시 소개

10-1. 베를린

베를린은 수도이자 하나의 주(연방주)이다. 영역이나 인구로 볼 때 독일에서 가장 큰 도시이다. 유럽연합에서는 두 번째로 인기 있는 도시이다.

유럽 정치, 문화, 학문에 있어 가장 영향력 있는 도시 중 하나인 베를린은 대륙 간 교통에 있어 주요한 연결점이며 세계적으로 유명한 대학, 연구소, 박물관들의 본거지이기도 하다. 관광목적지의 주요 도시로서 다양한 회의 장소로 수많은 대중매체들의 출구이기도 하다. 급격히 변화하고 있는 대도시로서 축제, 활력으로 가득 찬 밤의 유흥, 현대건축물, 아방가르드 예술로 국제적 명성을 얻고 있다. 180개국 이상의 사람들이 모여 사는 베를린의 자유로운 라이프스타일과 예술의 자유,

도시의 다양성은 여러 사람들을 끌어당기는 자석과 같다.

13세기에 처음 문서기록에 등장한 베를린은 1701년 프러시아 왕국의 수도가 되었고 1871년 독일 제국의 수도였다. 바이마르 공화국을 거쳐 제3제국의 1945년까지 계속 수도로 남아 있었다. 세계 제2차대전 이후 동독이 동베를린을 수도로 주장하나 서베를린은 동독에 둘러싸인 서독의 고립영토가 되었다 1990년 통일 이후에야 다시 독일의 수도가 되었다.

지리적 위치

베를린은 독일 동 쪽에 위치하며 폴란드 국경에서 서쪽으로 70km 떨어져 있다. 베를린의 풍경은 빙하시대의 마지막 빙하층에 의해 모양이 결정되었다. 시의 중심이 베를린-바르샤바 의 빙하계곡(고대 강 유역)인 슈프레 강을 따라 이루어져 있는데 마지막 빙하시대의 빙하층이 녹으면서 형성된 고대 강 유역은 북으로는 바님고원, 남으로는 텔토워고원 사이에 놓여 있다. 베를린의 가장 서쪽에 있는 자치구 슈판다우에서 슈프레강은 하벨강과 만나는데 하벨강은 서부 베를린의 북쪽에서 남쪽으로 흐르고 있다. 하벨강의 흐르는 코스는 마치 여러 호수들이 이어진 것과 같은데 그중 가장 큰 호수는 테겔 호수와 반제 Wannsee이다. 이어진 호수들은 슈프레강 상부로 흘러드는데 그것은 뮈겔호수를 지나 동부 베르린으로 흘러간다.

오늘날 베를린의 대부분 지역은 슈프레 계곡의 양쪽에 있는 낮은 고원까지 미치고 있다. 두 행정구인 라이니켄도르프와 판코브의 대부분이 바님 고원 위에 있고 샤롯텐부르크-빌머스도르프, 슈테그리츠-첼렌도르프, 템펠호프-쉐네베르크, 노이쾰른은 텔토브고원에 놓여져 있다. 슈판다우의 일부는 베를린 빙하계곡에, 일부는 나우엔 평야에 위치하는데 그 평야는 베를린 서부로 뻗혀있다. 베를린에서 가장 높은 고도는 115미터인데 샤롯텐부르크-빌머스도르프 행정구에 있는 토이펠스베르크(악마의 산)과 트레프토브-쾨펜니크 행정구에 있는 뮈겔스베르크산이다. 토이펠스베르크는 사실 2차대전의 폐허더미들로 이루어진 인공적 산더미이다.

기후

쾨펜 기후구분에 따르면 온화한 온대성 기후이다. 베를린-달렘(슈테그리츠-첼렌도르프 안의 지역)의 평균기온은 섭씨 9.4도, 일년 평균 강우량은 578밀리미터이다. 가장 따뜻한 달은 6, 7, 8월이며 온도는 섭씨 16.7에서 17.9이다. 가장 추운 달은 12, 1, 2월이며 평균온도 -0.4에서 1.2도이다. 베를린에서 건물이 빽빽이 들어선 지역은 빌딩들로 축적된 열에 의해 국지적 기후를 형성한다. 4도 가량 더 높을 수 있다.

역사

베를린이란 이름(영어로는 버얼린, 독일어로는 베어린으로 발음)의 기원은 확실하지 않지만 옛 폴라브어(독일 발틱해 연안에 살던 슬라브족 언어) 어간인 berl-/birl-과 연관이 있다 생각되는데 그 뜻은 '습지'이다. 오늘날 '새끼곰 Bärchen'과 연관된 어원으로 흔히 설명되지만 사실 곰과는 아무 연관이 없다.

오늘날 베를린 지역의 마을이름이 문서에서 처음 언급된 것은 12세기 후반과 13세기로 거슬러 올라가는데 맨처음 언급된 지역은 1197년에 언급된 슈판다우이다. 1209년엔 쾨펜니크가 언급되었지만 이 지역들은 1920년이 되어서야 사실 당시 베를린은 슈프레강 북안에 있던 어촌의 이름이었는데 1244년 도니가 되었고, 쾰른(Cölln, 슈프레강 남안 어촌으로 1237년에 도시가 됨)과 1307년에 정치적으로 합쳐진 지역인데 일찍부터 경제적, 사회적 단일체를 이루었다. 이 두 도시가 합쳐지면서 이름은 더 큰 지역을 차지하던 베를린으로 알려지게 된 것이다.

1415년, 신성로마제국 시대에 프리드리히 1세가 브란덴부르크 변경의 선제후(Kurfürst, 중세 독일 곧 신성 로마 제국의 제후 가운데 황제의 선출에 관여할 수 있었던 제후들. 1273년경에 시작되어 1806년 신성 로마 제국이 멸망할 대까지 10명의 선제후가 있었다)가 되었으며 그는 1440년까지 통치를 했다. 호엔쫄러른 왕가가 계속 1918년까지 베를린에서 - 처음엔 선제후였지만, 다음은 프러시아의 왕, 다음은 독일제국의 황제로 - 통치를 했다. 1448년 프리드리히 2세(1440~1470년 재위, 때로 철이빨로 불림)가 새로운 왕궁 건립을 추진하자 이에 시민들이 저항을 했으나 성공하지 못하고 오히려 정치적, 경제적 특권을 많이 잃어버리게 되었다.

17~19세기

1618~48년의 30년 전쟁은 베를린에게는 치명적인 결과를 낳았다. 가옥 3분의 일이 손실을 입었고 도시는 인구의 절반을 잃게 되었다. 프리드리히 대 선제후라 불리던 프리드리히 빌헬름은 1640년 아버지 게오르크 빌헬름의 뒤를 이어 지배를 하게 되었는데 이민을 장려하는 정책과 종교적 관용정책을 시도하였다. 1685년 포츠담 칙령과 더불어 프랑스로부터 축출당한 위그노들의 망명을 허용했다. 15000명 이상의 위그노들이 왔으며 그중 6000명이 베를린에 정착했다. 1700년에 베를린 인구의 20% 정도가 프랑스인들이었으며 그

들의 문화적 영향은 지대했다. 보헤미아, 폴란드, 잘츠부르크 등에서도 많은 이주자들이 왔다.

1701년 프리드리히 빌헬름 1세가 대관식을 갖자 베를린은 프러시아 왕국의 수도가 되었다. 1740년에는 프리드리히 대왕으로 알려진 프리드리히 빌헬름 2세(1740~86년 통치)가 왕위에 오르게 되었다. '왕관의 철학자'로 불리던 대왕 시절에 베를린은 계몽의 중심지가 되었다. 산업혁명이 19세기 동안 베를린을 변형시켜 도시의 경제와 인구는 아주 팽창하게 되었으며 독일 경제의 중심지이자 철도의 중추적 역할을 했다. 부근 주변지역도 발전하면서 베를린 인구를 증가시켰다. 1861년에 멀리 떨어진 교외지역인 베딩, 모아빗, 그리고 여러 지역들이 베를린에 통합되었다. 1871년 베를린은 새로 시작한 독일제국의 수도가 되었다.

20세기

제1차 대전 말기인 1918년 바이마르 공화국이 베를린에서 선포되었으며 1920년 베를린 대법령은 수십 개의 교외지역과 마을들을 베를린으로 통합시켰다. 그로인해 베를린의 인구는 4백만 정도가 되었다. 1920년 베를린은 동성애, 매춘, 시내에서의 격렬한 정치적 봉기 등으로 유명한 도시였다.

나치당이 1933년 권력을 잡으면서 1939년 제2차 대전이 발발하고 나치의 법령은 유대인들을 파멸시키기 시작했는데 나치가 권력을 잡기 전에도 170000명의 유대인들이 희생되었다. 1938년 수정의 밤 또는 크리스탈나흐트(독일어: die Kristallnacht 또는 die Reichskristallnacht, 1938년 11월 9일~11월 10일)에 베를린에 있던 수천명의 유대인이 작센하우젠 수용소에 감금되고 1943년에는 아우수비츠 수용소에 보내져 죽음을 당하기도 했다. 우리나라 '위키백과'는 '수정의 밤'에 대해 다음과 같이 설명한다. "수정의 밤 또는 크리스탈나흐트"(독일어: die Kristallnacht 또는 die Reichskristallnacht, 1938년 11월 9일~11월 10일)는 파리 주재 독일 대사관의 3등 서기관이었던 에른스트 폼 라트가 헤르셸 그린슈판이라는 17세의 독일계 유태인 청년의 암살로 사망한 사건에 대한 보복으로 일어난 사건이다. 대한민국에서는 "깨진 수정의 밤" 또는 "깨진 유리의 밤" 등으로 불리기도 하는데, 이 이름은 사건 당시 수많은 유리창이 깨졌다고 해서 붙여진 이름이다.

일설에 의하면 그린슈판은 독일의 유대인 박해를 복수하겠다는 생각으로 파리 주재 독일 대사였던 요한네스 폰 베르체크를 죽일 계획을 세웠다. 그러나 마침 3등 서기관 라트가 용무 차 대사관저를 방문했다가 대신 저격당했던 것이다. 라트로서는 참으로 불행한 일이었다. 라트는 반나치적 행동으로 인해 게슈타포의 감시를 받고 있었던 것이다. 또 특정 인물을 죽이려고 한 것이 아니라 대사관에서 독일인 아무나 죽일 생각이었다고도 한다. 더 논란이 되는 설은 그린슈판이 라트를 개인적 원한으로 인해 죽였다는 것이다.

그러나 그런 건 상관없었다. 11월 9일 저녁부터 다음날까지 요제프 괴벨스가 라트의 죽음에 항의하는 독일 국민들의 "자연발생적 항위 시위" 였다고 선전매체를 동원해 보도한 이 사건의 결과로 대략 점포 815개소, 주택 171동, 유대인 예배당 시나고그 193개소가 불에 타거나 파괴되었다. 유대인 2만 명이 체포되었고 하나 정확한 수치는 기록에 없다.

11월 10일 새벽 1시 20분에 국가보안본부의 수령 하이드리히는 전국의 경찰 및 SS보안방첩부(SD)에 지령을 내려 "시위운동의 조직을 협의"하라고 훈령하였다. 이 훈령에는 유대인 상점 및 집은 파괴할 것, 유대인 예배당은 주변에 불이 번질 염려가 없으면 소각할 것, 경찰은 시위를 저지하지 말 것, 가능한 부유한 유대인을 우선순위로 체포할 수 있는 만큼 체포하라는 등의 명령이 들어 있었다.

유대인의 수난은 여기서 끝나지 않았다. 라트가 유대인에게 살해당한 죄값을 치르라는 의미에서 일단 피해 입은 유대인이 보험사로부터 보험금을 수령하자 당시 경제부 장관이었던 괴링이 이들 유대인의 보험금 및 재산을 라트의 암살에 대한 보상을 국가에 한다는 명분으로 모두 몰수해간 것이다. 이 조치를 확립한 것은 11월 12일이었다.

이 사건은 나중에 뉘른베르크 전범재판에서도 추궁되었고 괴링도 사실을 인정한 바 있다.

전쟁기간인 1943~45년 동안 베를린시의 많은 부분이 공습으로 파괴되었다. 전쟁 후 1945년 베를린은 동부지역에서 많은 피난민을 받아 들였는데 도시는 승전 연합국들에 의해 4분할되었다. 미국, 영국, 프랑스가 서부 베를린을 점령했고 소련은 동부베를린을 차지했다. 4개국이 모두 베를린에 대해 공동책임을 맡고 있었으나 서방 동맹국들이 자신의 관할지역에서 단일한 경제단위를 도입하자 소련과의 정치적 견해가 점점 커지면서 소련은 서방동맹국에 서베를린의 관할을 포기할 것을 강요하며 베를린과 서독을 잇는 모든 철도・도로・수로를 차단하기 시작했다. 이러한 베를린 봉쇄로 인해 미국과 영국은 비행기로 베를린시에 생필품들을 공수하며 서베를린을 11개월 동안 살려주었고 소련은 마침내 1949년 5월 12일 봉쇄를 풀게 된다. 1949년 서독이 독일연방공화국을 건립하고 막스-레닌 독일민주공화국은 동독에 건립된다. 이 두 나라의 건립은 냉전위기를 증가시킨다. 서부베를린은 동독진영으로 둘러싸이게 되지만 동독은 동베를린을 수도로 공표한다. 동부와 서부 베를린의 갈등은 1961년 10월 27일 동독이 베를린 장벽을 쌓고 서부베를린을 차단하는 다른 방벽들을 침으로서 고조에 달하게 된다. 1961년 10월 27일에는 찰리검문소에 탱크들의 대치로 더욱 악화된다. 그래서 사실상 서부베를린은 서독의 일부, 동베를린은 동독의 일부가 된 것이다. 베를린은 완전히 분리가 되었다. 서부인들이 엄격히 규제된 검문소를 통해 동쪽으로 들어갈 수는 있었지만 동쪽의 사람들은 서부베를린이나 서독으로 여행하는 것이 불가능하게 되었다. 1969년 서독의 빌리 브란트 정부가 동방정책을 실시하면서 동독정부와의 정상회담이 성사되고 소련을 비롯한 4개국이 중재를 하면서 양독정부는 1971년 조약을 맺어 동독의 사람들이 서베를린으로 들어오는 것을 허용하게 되었다.

소련의 고르바초프에 의해 추진된 소련의 개방과 개혁정책은 동구권 국가들에 민주화운동이 일어나게 되었고 동독도 같은 행보를 걷게 되어 1989년 드디어 베를린장벽이 무너지게 된다. 1990년엔 동서독 양국과 미국, 영국, 프랑스, 소련의 이른바 2+4회담이 열려 8월말 통일조약이 체결되고 10월 3일 마침내 독일은 통일을 이룰 수가 있었다. 통일조약에 따라 베를린은 다시 독일의 수도가 되었고 1999년에 국회와 정부가 베를린에서 공무를 시작했다.

정치

이제 베를린은 독일의 수도이면서 대통령과 수상이 거주하는 도시이다. 대통령의 공관은 벨레브 궁전이다. 일부 장관과 일부 부처가 이전 수도인 본에 있기도 하지만 대부분의 장관들과 대부분의 정치적 기구들은 베를린에 거주한다. 베를린은 다른 두 도시 함부르크와 브레멘과 더불어 도시이자 연방주이다. 독일은 16개의 연방주로 이루어져 있는데 이 중 세 곳이 도시이자 연방주인 것이다. 연방주는 자치적 주권을 가진 하나의 국가와 마찬가지다. 독일이 연방공화국으로서 연방대통령, 연방수상, 연방정부, 연방상원과 하원, 연방의회등을 갖고 있듯이 각각의 연방 주도 연방헌법에 의해 저마다의 의회와 정부를 구성하고 있다. 베를린의 입법부는 주의회(das Abgeordnetenhaus von Berlin)인데 현재 141명의 주의회 의원으로 이루어져 있다. 의원들은 사민당 SPD, 기민당 CDU, 좌파정당 Linkspartei(새로운 좌파 정치 세력 WASG와 구 동독 공산당 PDS가 통합되면서 새로운 결성된 정당), 동맹 90/녹색당 Bündnis 90-Die Grünen, 자민당 FDP의 의원들이다. SPD와 Linkspartei는 연정을 실시하고 있다. 행정부는 베를린 주정부(Senat von Berlin)인데 주의회가 선출한 주지사 Der Regierende Bürgermeister를 의장으로 하여 장관직을 맡고 있는 8명의 의원들로 이루어져 있다. 주지사는 주를 대표하면서 동시에 시를 대표하는 시장이기도 하다.

현재 베를린 주지사(시장)는 SPD의 클라우스 보베라이트(Klaus Wowereit)이다.

베를린은 원래 23개의 행정구(Bezirk)로 이루어져 있었는데 2001년 1월 1일부터 12개의 행정구로 축소되었다. 그러나 이 행정구들은 각기 자치적인 지역이 아니라 12개 구가 하나의 단일한 지방자치단체(Gemeinde)이기 때문에 각 구들을 감독하는 시정부(주정부 Senat)와 그 하위조직인 시정부행정실(Senatsverwaltung)에 종속되어 있다. 그렇지만 베를린의 각 행정구들은 자신들의 구의회도 갖고있는데 '베를린구의회 Bezirksverordnetenversammulng(BVV)'라 불리는 것이다. BVV는 구청이 정당비례배분에 따라 선출하며 구청은 구청장과 5명의 시참사로 이루어져 있다. 각 구역의 구청장은 주지사를 의장으로 하여 구청장위원회를 구성하며 구청장위원회는 주정부의 고문역할을 한다.

베를린의 문장(紋章)

베를린 문장은 똑바로 서있으며 붉은 혀와 붉은 발톱을 갖고 있는 검은 곰을 나타낸다. 일명 '베를린 곰'이라 불리는 것이다. 이 동물의 유래는 불확실하나 추정되는 것은 최초의 브란데부르크 변경백인 알브레히트 1세(Albrecht von Ballenstedt 1100~70, 독일어로는 또한 Albrecht der Bär 로 불리었다)에서 곰이 유래했다고도 보고 베를린이란 이름의 유사 의성어에서 유래했다고 보기도 한다. 곰은 1280년 인장에 처음 등장하는데 19세기에 와서 브란덴부르크를 상징하던 독수리 대신 문장으로 쓰이게 된다. 베를린 주의 깃발은 흰색 배경에 위와 아래에 붉은 줄이 그어진 문양 속에 베를린 곰을 보여주고 주의 상징으로는 은색 방패 속에 곰이, 주의 문장엔 그 위에 금관을 쓰고 있는 모양을 하고 있다.

주문장
Landeswappen

주상징
Landessymbol

주기
Landesflagge

주관청기
Landesdienstflagge

인구통계

베를린은 EU에서 6번째로 큰 도시이다. 세계에서는 80번째로 큰 도시이다. 2005년 11월 인구조사에 따르면 3396990명이었고 평균연령은 41.9살이었다.

각 행정구별 인구는 다음과 같다.

Charlottenburg-Wilmersdorf	315.473
Friedrichshain-Kreuzberg	261.734
Lichtenberg	258.926
Marzahn-Hellersdorf	250.547
Mitte	323.187
Neukölln	305.940
Pankow	354.053
Reinickendorf	244.430
Spandau	225.097
Steglitz-Zehlendorf	288.862
Tempelhof-Schöneberg	333.330
Treptow-Köpenick	235.411

460555명은 185개 국가에서 온 외국인들이다. 가장 큰 수의 외국인은 터키에서 온 사람들이다.

경제

독일 통일 전에는 서부베를린은 서독정부로부터 보조금을 받았었다. 서독정부로부터 지리적으로 고립되어 있었기 때문이다. 1990년 이후로는 단계적으로 삭감되었다. 시에 대한 재정적 지원이 삭감되고 점차적으로 경제도 쇠퇴하면서 시정부는 국고에 어려움을 겪게 되어 전에 지원하던 여러 프로그램에 대한 지원을 어쩔 수 없이 중단해야 했다.

시 총생산이 1999년에는 770억 유로, 2001년에는 750억 유로, 2005년에 790억 유로(함부르크는 베를린 인구의 절반정도지만 총생산이 2001년도 730억이 된다).

베를린에는 총 약 14만개 정도의 기업들이 있다. 독일 상공회의소의 보고서에 의하면 그중 48289개는 상업에 등기, 90399개는 중소기업이다.

가장 큰 기업 중 20위 안에 드는 기업들로는 독일철도주식회사인 Deutsche Bahn AG, 병원기업 샤리테, 지멘스, 베를린대중교통운영기관 BVG, 독일의 가장 큰 부동산관리회사로 많은 독일외상투자기업에 전면적인 상업서비스를 제공하는 Dussmann-Gruppe, 독일포장산업의 Piepenbrock 그룹, 다임러 크라이슬러 회사, BMW 자동차 회사, 독일 화학-제약회사인 바이엘-쉐링등이 있다.

조선일보는 독일 통일 15주기를 맞아 2004년 11월 8일 특집으로 1. 통일은 아직 '半제품', 2. 썰렁한 수도 베를린, 3. 시민 모금으로 복원된 장벽이란 제목의 기사를 실었는데 그중 '썰렁한 수도 베를린'에 대한 기사를 소개한다.

〈특집〉 베를린 장벽 붕괴 15주년 ② 썰렁한 수도 베를린

— (베를린=연합뉴스) 최병국 특파원

지난 1999년 9월 1일 독일 정부는 수도를 본에서 베를린으로 이전하는 작업이 완료됐다고 공식 선언했다.

그러나 수도 이전 완료 6년, 장벽 붕괴 시점부터 따지면 15년이 지났어도 베를린은 여전히 수도로서의 경제력을 갖추지 못하고 있다.

실업률은 유럽 어느 수도 보다 월등히 높은 17.4%다. 특별 시 성격의 3개 주를 포함한 16개주 가운데 재정적자 비율이 가장 높다. 전체 지자체 가운데 압도적으로 많은 500억 유로의 빚더미에 허덕인다.

수도다운 외관과 기능 회복을 위해 막대한 투자를 했으나 재건 작업이 경제적으로 실패, 세금 수입은 보잘 것 없는데 복지부담은 크기 때문이다.

당초 장벽 붕괴 이후 독일 정부와 의회뿐 아니라 적지 않은 국내외 기업이 본사를 옮기는 등 통일 수도 베를린의 경제적 장래도 밝아보였다.

이러한 과거의 기대와 오늘의 실패를 가장 잘 보여주는 곳이 포츠담 광장이다.

포츠담 광장은 과거 유럽에서 가장 번화한 거리 가운데 하나였으나 베를린 장벽이 들어서면서 그 주변은 사람이 살지 않는 황량한 불모지로 변했다.

통일 이후 연방 정부와 베를린 시정부는 포츠담 광장을 베를린의 상징적 중심지로 만들기 위한 대대적인 도시 재개발 계획을 세우고 야심차게 추진해 왔다.

포츠담 광장 초입엔 투명한 유리로 지은 최첨단의 거대 건물 소니 센터가 들어서있다. 일본의 세계적 대기업 소니는 이 센터를 짓고 유럽 본부를 이전시켰다. 그 옆으로 초고층 빌딩엔 국영철도 도이체반 본사가 자리 잡았다.

건너편에는 독일 최대 산별 노조인 공공노조의 대형 간판이 걸려 있고, 다임러 크라이슬러와 지멘스 등 독일 간판 기업들의 상호가 내걸려 있다. 그 밑으로는 베를린 영화제가 열리는 영화관들과 고급 호텔이 화려함을 자랑하고 있다.

포츠다머 거리를 지나 라이프치히 거리로 이어지는 대로 양쪽과 여기서 가지를 친 간선도로들에는 대형 건물들이 들어섰거나 공사가 진행되고 있다.

그러나 이는 겉치장은 베를린의 반쪽 모습일 뿐이다. 대형 임대 광고판이 내걸린 각 건물엔 빈 사무실이 즐비하다. 비싼 임대료도 그렇거니와 베를린의 기업 입지 조건이 열악하고 상권 형성이나 경기가 부진하기 때문이다.

변변한 산업체도 없다. 전자 대기업 지멘스는 베를린엔 지사를 설치했을 뿐 본사를 뮌헨에서 옮길 계획이 없다. 다른 제조업 대기업들도 마찬가지다.

지난해엔 소니가 유럽본부 이전을 추진한다는 보도도 나왔다. 도쿄는 물론 뉴욕으로 가는 직항 비행기가 없어 글로벌 시대에 매우 불편하다는 것이 첫째 이유였다.

인구가 크게 늘어날 것이라는 예상도 이뤄지지 않았다. 1994년~2000년 사이에만 9만 3천 명이 줄었다. 지난해 말 현재 인구는 333만 8천 명이다.

산업이 없고 일자리가 없으니 통일 독일의 수도이지만 유출 인구가 늘어나는 것이다. 지난해에만 베를린에서 2천 160개 업체가 도산했다.

물론 수도라는 입지와 자유로운 분위기 때문에 예술가들이 많아 유니버설뮤직, M-TV 방송국 등이 들어서는 등 '미디어 도시'로 변모하고 있다. 해마다 2월이면 베를린 영화제가 열려 포츠담 플라츠는 세계 영화인들과 영화광들로 북적거린다.

그러나 그 화려함을 벗어나 옛 동 베를린 뒷골목으로 가면 낡고 지저분한 가옥들 사이로 술에 취한 실업자들이 어슬렁거린다. 서베를린 지역에서도 공공 수영장과 도서관 상당수가 재정 부족으로 폐쇄돼 썰렁한 모습만 드러내고 있다.

대중매체

베를린엔 여러 TV와 라디오 방송국들이 있다.

어린이 엔터테인먼트채널 Nick, 음악전문채널 Viva, Viva Plus, MTV, 24시간 뉴스전문방송 N24, TVBerlin, FAB(Fernsehen aus Berlin), 해외홍보방송Deusche Welle, 독일의 대표적 공영 텔레비전 방송인 ARD와 ZDF, 독일 대표적 민영상업방송 RTL, Sat.1, 베를린-브란덴부르크 방송 RBB, DeutschlandRadio(서베를린의 리아스 베를린과 동베를린의 DS Kultur를 통합한 공영 라디오 방송, 광고는 전혀 없이 정보와 문화보도에 중점을 둔다).

베를린에서는 또한 대부분의 독일 일간지가 발간되고 있다. 베를린에서 가장 많은 구독자를 갖고 있는 신문은 Der Tagesspiegel, Berliner Zeitung, Berliner Morgenpost등이다.

그 외 녹색당 성향인 '타게스차이퉁(TAZ), 보수적이나 좌파적 성향이기도 한 die Welt, Junge Freiheit, Neue Deutschland(동독의 당기관지였으나 통독후에도 계속 발행된다), 가판신문으로 die Junge Welt, B.Z., Bild Berlin, 시티라이프지 Berliner Kurier, 광고신문으로는 Berliner Abendblatt, die Zweite Hand, Tip, 030, die Zitty, 출판사로는 독일 신학전문출판사 Verlag Walter de Gruyter와 독일 최대 언론재벌인 슈프링어 출판그룹 der Springer -Verlag 이 있다.

베를린은 또한 영화산업의 주요한 본거지이다. 천개가 넘는 영화제작사가 있으며 270개의 영화관이 있고 매년 300개가 넘는 영화가 제작되고 있다. 베를린영화제도 개최하며 바벨스베르크 스튜디오나 독일 영화 최대재벌 UFA가 베를린 외곽 포츠담에 자리 잡고 있다.

교육

베를린은 독일에서 주요한 고등교육이나 연구소의 중심지이다. 4개의 대학이 있으며 3개의 예술대, 7개 전문대, 10개의 사립대학들에서 약 14만 명의 학생들이 공부하고 있다.

4만 명이 넘는 학생들이 베를린자유대학에, 3만 명이 넘는 학생이 홈볼트대학에, 또한 3만 명이상이 베를린 공대에 다니고 있다. 또한 전문대(Fachhochschule)에서 많은 학생들이 전문분야에서 공부하고 있다. 자유대 의대와 홈볼트 의대는 샤리테 대학병원으로 2003년 통합되었다.

대학 밖에도 연구지원을 받는 수많은 연구소와 두뇌집단이 있어 6만 명이 넘는 학자들이 70개가 넘는 연구기관에서 일하고 있다.

그 중 Fraunhofer-Gesellschaft, Helmholtz-Gemeinschaft, Leibniz-

Gemeinschaft, Max-Planck-Gesellschaft 등이 있다. 주요 연구소들의 소재지는 주로 샤롯텐부르크, 달렘, 부흐, 미테, 아들러스호프이다.

해마다 18억 유로 이상의 연구비가 학문과 연구에 지원되고 있으며 독일의 과학적 특허등록의 13%가 베를린에서 나오고 있다.

그 외 여러 대학 내의 도서실과 베를린 국립도서관은 주요한 연구도서실의 기능을 하고 있다.

학교시스템

베를린은 초등학교가 6년제이고 그 다음 교육은 하우프트 슐레, 레알슐레, 김나지움, 또 게잠트슐레 등으로 세분화되는데 베를린시에서는 2004년에 새로운 학교법이 통과되었다. 그 개혁내용은 다음과 같다.

1. 아비투어까지 걸리는 학교기간이 13년 이었는데 12년으로 단축.
2. 취학나이를 5살 반으로 앞당긴다.
3. 10학년에서 행해지는 중등교육졸업시험(레알슐레 졸업증을 얻기 위한 시험)을 김나지움 학생들도 치를 수 있다.
4. 독일어, 수학, 제1외국어를 아비투어시험 과목으로.
5. 학교신문이나 학생들 출판물에 있어 출판의 자유
6. 특히 초등학교에 있어서 전일수업제에 대해 강화된 요구
7. 하우프트 슐레와 레알슐레의 제휴가능성

문화

베를린은 "모두를 위해 무엇인가를"이라는 모토와 함께 "자유로운 도시"로서의 문화적 다양성과 관용성을 가진 도시로서의 자부심을 가질만하며 국제적인 명성을 갖고 있는 문화센터가 많이 있다.

수백 개의 아트 갤러리가 있으며 해마다 국제적인 아트포럼(베를린의 가장 대중적인 국제 아트 페어, 20여 개 국의 약 150여 개의 갤러리가 참여)을 개최한다. 독일의 젊은 예술가들이나 국제적으로 유명한 예술가들이 베를린에 정착하여 유럽 대중문화의 중심지가 되고 있다. 이러한 징후의 증거로 15년 동안 쾰른에서 열리는 음반박람회(Popkomm)가 베를린으로 옮겨진다는 것이다. MTV도 독일의 MTV 본부를 뮌헨에서 베를린으로 옮겼다. 미국 레코딩 산업협회인 유니버설 뮤직그룹은 유럽본부를 슈프레 강변에 열었다.

밤의 여흥과 축제

베를린은 유럽에서 가장 활기차고 다양한 밤의 모습을 갖고 있다. 1989년 베를린 장벽 붕괴 이후 이전 동독지역 중심부에 있던 미테(Mitte)가 새롭게 개조되었다. 2차 대전 이후 대부분 개축되지 않고 그대로 쓰이던 그곳은 불법적으로 젊은이들이 모여 지하문화나 반문화의 집결지가 되기도 하였다. 이제 새로운 모습을 갖춘 이곳은 대형박물관, 유적지 및 전통 깊은 극장들(연극하는)뿐만 아니라, 젊은이들이 많이 모이는 나이트클럽, 예를 들어 Kunst Haus Tacheles와 테크노클럽인 Tresor, WMF, UFO, E-Werk, Kitkatclub, Berghain, 소극장, 갤러리 등이 집중되어 있어 베를린의 살아있는 문화를 가장 잘 보여주는 지역 중 하나다. 이전 서베를린 지역에도 유명한 나이트클럽이 많다. 크로이츠베르크 지역에 있는 SO36은 주로 펑크음악을 중심으로 하던 클럽이었으나 여러 종류의 파티나 댄스의 인기 있는 장소이다. 1971년부터 1988년까지 티어가르텐에 있던 SOUND는 이제 샤롯텐부르크에 있는데 1970년대는 헤로인 복용이나 다른 마약복용으로 악명이 높았다. Linientreu는 카이저 빌헬름 기념교회 근처에 있는데 1990년 이후 테크노 음악으로 유명하다. 프리데나우에 있는 LaBelle 디스코텍은 1986년 베를린 디스코텍 폭발테러로(미국정부에 저항한 리비아의 테러) 유명하다.

해마다 열리는 베를린의 축제들은 다음과 같다.

1) 베를린 문화축제카니발

독일 베를린에서는 매년 특별한 '의식'이 열린다. 5월 중순에 열리는 '문화축제(Karneval der Kulturen)'가 그것으로 이 행사에는 연인원 1백만여 명 이상이 참가한다. 4일간 진행되는 문화 축제의 진수는 바로 퍼레이드. 총 100여 개 그룹 4500명이 참여한 퍼레이드에서는 세계 각국의 전통과 문화를 제대로 느낄 수 있다. 퍼레이드는 전통 복장을 한 각국의 사람들이 모국의 춤과 음악, 전통놀이를 보여주며 장장 4시간에 걸쳐 진행된다. 마치 지구촌 이곳저곳의 볼거리를 보여 주는 방송에서나 접할 수 있었던 축제의 현장을 한데 옮겨 놓은 듯하다. 참여자들이 각국의 전통적인 색채와 문양 등으로 한껏 멋을 부린 90여 대의 차량도 쏠쏠한 재미를 선사한다. 세계의 저명한 문화인사로 구성된 퍼레이드의 심사위원회는 그 나라의 멋을 잘 나타낸 차량을 골라 시상하기도 한다.

2005년도에 70여만 명의 구경꾼이 참여해 명실상부한 베를린 최대의 문화 행사임을 실감케 했다. 퍼레이드 행렬이 지나가는 거리에서 만난 독일인 라우(46)는 "다문화가 존재하는 베를린이라고 하지만 처음으로 접하게 되는 다른 나라의 전통문화, 춤이 아주 재미있고 흥미롭다"라며 "다양한 문화적 배경을 지닌 다수의 외국인들이 함께 살아가는 베를린이 다문화 사회가 되는 데 크게 기여하는 것 같다"고 말했다. 작년에 이어 두 번째로 왔다는 마이어(30)는 "언론을 통해 접할 수 있는 정치적인 사안을 넘어서 각 나라의 문화와 음악을 직접 접하고 즐길 수 있는 아주 좋은 기회"라고 평가했다.

1996년에 시작돼 올해로 10회를 맞이하는 베를린 문화 축제가 다른 문화행사와 가장 구별되는 점은 베를린에 거주하는 외국인들 스스로가 주인공이 되어 그들의 문화와 전통을 직접 보여주고 독일인이나 다른 외국인과의 문화적·정서적 벽을 허문다는 것이다. 축제 때가 되면 세계 각국에서 찾아오는 각종 단체들도 중요한 역할을 하지만 베를린 문화 축제의 일등공신은 뭐니뭐니해도 베를린에 거주하고 있는 외국인들. 그들은 장농에 잘 보관해 뒀던 민속의상을 꺼내 입고 나와 자신이 고국에서 자라면서 배우고 즐겼던 전통축제를 선보인다. 베를린에서 살아가는 평범한 외국인들이 행사의 주인공이면서 가장 큰 몫을 담당하는 것이다. 문화 축제(Karneval der Kulturen)는 베를린에서도 가장 많은 외국인이 거주하는 베를린 노이쾰른에 자리 잡고 있는 문화단체의 주도로 1996년 시작됐다. 다양한 민족, 종교, 문화적 배경을 갖고 있는 사람들 간의 만남 및 대화의 장을 만드는 역할을 하고자 했던 이 단체는 문화라는 매체를 통해 서로간의 벽을 허물고 다문화 사회를 만들어 가는 데 일조하기 위해 축제를 기획했다. 베를린 문화 축제는 베를린에서 살고 있는 다양한 민족적 배경을 갖고 있는 외국계 거주자의 문화적 역량을 이용해 살아 숨 쉬는 문화행사를 성공적으로 정착시켰다는 평가를 받고 있다. 베를린 문화축제는 행사에 참여하는 민족, 인종의 다양성과 풍부한 문화적 스펙트럼으로 런던의 노팅힐 카니발, 네덜란드 로테르담 카니발과 함께 유럽 최대의 문화 축제로 평가되고 있다.

— 2005년 05월 22일, 오마이뉴스, 강구섭 기자의 글에서 요약

2) 크리스토퍼 거리의 날 축제

게이-레스비안들의 축제. 1969년 뉴욕에서 경찰이 게이 술집을 급습하여 발생했던 소요사태를 기억하고자 매년 열리는 '크리스토퍼 스트릿 데이' 게이 프라이드 퍼레이드. 세계 여러 도시에서 열리고 독일에서도 함부르크, 쾰른 등에서 열리지만 그중 미국 샌프란시스코와 베를린 축제가 유명하다. 2004년 베를린 축제에서는 자신이 동성애자임을 공개한 클라우스 보베라이트 베를린 시장이 참석해 개막을 알리기도 했다.

다음 글은 김형인(한국외대 외국학종합연구센터 대우교수)가 쓴 글이다

게이 축제의 역사

지금으로부터 33년 전, 1969년 6월 28일 밤 12시, 뉴욕시에서 1개 분대의 경찰들이 크리스토퍼가 57번지에 있는 스톤월 여관에 있는 게이바(Gay Bar)를 갑자기 기습했다. 그곳은 그리니치 빌리지의 심장부에 있었는데 그곳의 세 개 블록은 동성애자들의 구역이었다. 기습의 원인은 그곳이 영업허가를 받지 않은 무허가 유흥음식점이고, 또 주류 판매 허가증도 없이 술 판매를 한 위법 행위를 했기 때문이었다. 경찰관들은 영장을 갖고 조사를 하러 들이 닥쳤다.

스톤월 여관은 브로크와 불투명한 유리가 끼워진 2층 건물이었으며 동성애자들 사이에 인기 있는 집합장소로 그들은 거기에 모여서 술 마시고 춤추거나 담소하였다. 그곳은 밖에 있는 길거리와는 두꺼운 유리로 차단되어 있었지만, 일단 안으로 들어가면, 현란하고 밝은 싸이키델릭 조명아래 칸막이와 테이블로 둘러 싸인 스퀘어 댄싱 플로어에서는 단골손님들이 쥬크박스의 음악에 맞추어 광란적으로 춤을 출 수도 있는 곳이었다. 거의 2년 동안 그곳은 조용하고 평화로웠다.

처음에는 경찰 몇 명만 들어왔을 뿐이지만, 그 곳에 있던 동성애자들은 놀라서 서로 부둥켜안거나 공포로 꼼짝 못하면서 떨었다, 그리고 곧 군중들은 이성을 잃었으며, 용감한 퀸 파워(Queen Power)는 분노를 폭발했다. 여성으로 분장한 사람들은 머리핀, 립스틱, 분첩들을 경찰들에게 던졌다. 전쟁은 시작된 것이다. 이에 순경들은 강력교통순경 반에 도움을 요청하였고 그들이 헬멧을 쓰고 술집 안으로 들어오자 동성애자들은 욕설과 야유를 퍼부으며 술병과 기물을 던지며 저항했다. 동성애자들은 글로리아와 같은 자들의 영도 하에 힘을 합쳐 투쟁했고, 더러는 이 투사들을 간호했다. 그러나 경찰들은 결국 단골손님들을 경찰서로 연행하고 회계장부를 압수했다.

경찰이 단골손님들을 셰리던 광장 부근의 크리스토퍼 길거리로 끌고나오자, 군중들은 스톤월의 정문에 모여들었고 그리고 고객들은 회랑에서 격려하며 환호했다. 이 광경은 마치 동성애자 아카데미 수상식 전야제 같은 분위기를 연출했다. 퀸들은 길거리에 붙잡혀 가면서도 손바닥으로 키스를 환호하는 군중들에게 불어 보내고 손을 흔들며 당당하게 걸었다.

뉴욕시는 처음으로 동성애자들의 폭동을 경험했다. 사망자는 없었지만, 13명이 체포되고 4명의 경찰이 부상당하면서 이 폭동은 2시간 뒤에 끝이 났다. "우리는 전투에는 졌으나 전쟁은 이제부터에요"라고 한 동성애자는 말했고, 또한 제대군인 동성애자 커플은 만일 "그들이 게이 장소를 이 지역에서 모두 문닫게 하려한다면, 우리는 전쟁에 돌입할 것"이라고 언명하였다. 어떤 동성애자는 이 사건은 모두 경찰이 뇌물을 못 받아 그런 것이라고 비난하기도 했다. 그러나 다음 날 밤에도 경찰들은 스톤월 여관에 다시 조사를 나왔으며. 이에 따라 낮에는 동성애자들의 항의 집회가 연일 계속되었다.

스톤월 폭동이 있은 다음 해부터 샌프란시스코에서는 매년 그 일을 기념하는 퍼레이드가 열렸다. 이러한 동성애자들의 자각에 힘입어, 1970~80년대는 동성애자운동 단체들의 활동이 확산되면서 서서히 동성애 차별법을 폐지하자는 법률을 세우자는 운동이 미국과 영국에서 나타났다. 고대 그리스인들에게는 동성애는 역겨운 것이 아니었다. 그 당시 귀족들은 미소년들을 데리고 다녔으며 아리스토텔레스의 "향연"이라는 저서에도 몇 명이 모여 토론하던 중 휴식 시간이 되자 소크라테스가 소년을 어루만지러 옆방으로 갔다는 이야기가 나온다. 그러나 중세 기독교 문화로 접어들면서 동성애는 죄악시되어지기 시작했고 사회적으로 비난을 받는 대상이 되어졌다고 동성애자들은 주장 한다. 이후 이들은 지하에 숨어서 그들 나름의 방식으로 살아가다가, 나치정권으로부터 박해를 받고, 60년대 미국의 반문화 조류에 힘입어 그들의 목소리가 점점 커져오다가 스톤월 사건을 계기로 게이 단체는 커밍아웃 하며 1970~80년대에 세를 확장해 가다가, 에이즈 때문에 확장세가 주춤했었다. 그러나 다시 그들은 대오를 재정비하고, 세계에서 인간의 감정에 바탕을 둔 증오 범죄(hate crime)를 줄이자는데 앞장서고 있다. 또 동성애의 원인에 대해 그것이 심리적인가 유전적인가를 놓고 논의는 계속되고 있으나, 차츰 동성애자로 자처하는 사람들이 많아지자 그들을 특수한 사생활을 하는 사람 정도로 받아들이는 분위기가 형성되면서 대중들이 그들에게 보다 관용적으로 되어가고 있다.

— 출처: Korea Review, 2003-07-13

3) 러브 퍼레이드

세계 최대 규모의 테크노 음악 축제로 매년 7월 두 번째 토요일 개최된다. 퍼레이드는 오후 2시경에 시작되어 자정까지 계속되는데 야간에는 브란덴부르크문 근처 승리의 기념탑에 메인 스테이지가 마련된다. 세계에서 가장 크고 가장 소란스러운 테크노 파티로 강렬한 비트의 음악과 춤, 향락과 자유를 원하는 세계 젊은이들의 축제로 성장했으나 엄청난 쓰레기 더미와 환각 상태에 빠져든 마약 복용 등으로 비난을 받아 오기도 했다.

다음은 에오스여행사 홈페이지에 소개된 글이다.

베를린 '러브 퍼레이드' 컴백!

세계에서 가장 거대한 테크노 거리 음악축제인 베를린 '러브 퍼레이드(Love Parade)'가 예산문제로 행사가 중단된 지 2년 만에 재개됩니다.

2006년 러브 퍼레이드는 베를린에서 열리는 독일 월드컵 경기 결승전이 끝나는 1주일 뒤인 2006년 7월 15일에 개최됩니다.

2004년과 2005년에는 스폰서를 확보하지 못해 예산부족으로 행사가 취소된 바 있지만 올해는 피트니스 클럽인 'McFit'를 비롯한 7곳의 새로운 스폰서들로부터 행사에 들어갈 100만 유로의 예산을 확보했습니다.

베를린 러브 퍼레이드는 세계에서 가장 크고 가장 소란스러운 테크노 파티로, 이 퍼레이드는 이념을 배제하고 음악과 춤, 향락, 자유를 즐기려는 전 세계 젊은이들의 열광적인 호응으로 세계적인 축제로 성장해왔습니다.

하지만 최근에는 환경을 파괴하고 마약소비를 부추긴다는 비난을 받아 왔으며, 특히 2003년에는 엄청난 쓰레기 더미와 환각 상태에 빠져든 마약 복용, 지나치게 흥분시키는 음악들로 광란의 축제로 이미지에 손상을 입기도 했습니다.

이를 의식한 탓인지 주최 측은 올해는 '마약 반대'라는 구호를 내세우고 있으며, 행사가 끝난 후에는 깔끔하게 거리 청소도 할 예정입니다. 또한 최초로 이동식 무대차 40대를 일반 참가자들에게 개방할 예정입니다.

러브 퍼레이드는 당시 베를린이 분단되어 있던 1989년 베를린 DJ 닥터 모테와 함께 200여명의 테크노와 하우스 음악 팬들이 유명한 퀴어퓌어스텐담 대로(일명 쿠담거리)에 모인 가운데 처음으로 열렸습니다.

작은 파티로 시작된 이 거리 축제는 베를린 장벽이 붕괴된 후 1990년대부터는 베를리너들의 새로운 '삶의 기쁨'의 상징이 되었으며, 해마다 100만 명이 참여하는 거대한 거리 축제로 규모가 커졌습니다.

1990년대 후반에는 150만 명의 군중들이 운집했으며, 2003년에는 이보다 줄어든 약 70만 명의 테크노 팬들이 베를린에 모여들었습니다.

러브 퍼레이드는 테크노 거리 음악 축제로 해마다 7월 둘째 주에 약 100만 명의 젊은이들이 베를린 중심가로 몰려듭니다.

귀청을 울리는 강렬한 테크노 음악과 과감한 자기 연출, 수십 대의 트럭에 올라 타 마음껏 몸을 흔들어대는 젊은이들, 이것은 해마다 베를린의 여름을 뜨겁게 달구는 러브 퍼레이드의 풍경입니다.

퍼레이드는 토요일 오후 에른스트 로이 터 광장(Ernst-Reuter-Platz)과 브란덴부르크 문(Brandenburg Tor)에서 출발해 오후 7시경 승전 기념탑(Victory Monument)에 모이게 됩니다.

행렬은 몇 킬로미터에 걸쳐 이어지고 젊은이들은 도로를 행진하며 광란의 춤을 추어댑니다. 메인 스테이지는 승전 기념탑에 설치되며, 이곳에서 모테가 연설을 합니다.

1996년부터는 행사가 더 커져 베를린 중심가의 거대한 공원인 티어가르텐으로 옮겨져 진행되고 있습니다. 이 날 베를린의 중심가는 열광적인 춤과 극도의 소란스러움 속에서 환락의 시간을 보내게 됩니다.

행사 티켓은 쿠담 거리에 있는 카이저 빌헬름(Kaiser Wilhelm) 교회의 티켓 매표소에서 판매합니다.

— 출처: 에오스여행사 홈페이지, 필자: 김성호

박물관

베를린에는 180개가 넘는 박물관이 있다. 5개의 박물관들이 모여 있는 박물관 섬은 유네스코의 세계문화유산으로 지정되었으며 슈프레강과 쿠퍼그라벤 사이에 있는 슈프레섬(서울 여의도 같은 섬)의 북쪽에 있다. 그중 페르가몬 박물관(Pergamonmuseum)은 19세기말 독일 고고학 연구팀에 의해 페르가몬 지역(현재 터키의 Bergama)에서 발굴된 제우스 신전의 제단(기원전 180~160년)을 전시하고 있는 박물관이다.

베를린에서의 하루는 "박물관 섬"에서 보내자

독일의 수도 베를린은 박물관의 도시다. 18, 19세기 프로이센 제국의 역사와 문화가 살아 숨 쉬는 도시답게 시내 곳곳에 고풍스런 박물관과 미술관이 버티고 있다. 그 수만 해도 자그마치 187개를 헤아린다. 종류도 다양하다. 문화, 예술, 역사, 과학기술, 산업, 공예, 악기, 섹스 박물관에 이르기까지 별의별 박물관이 다 모여 있다.

그래서 지도를 들고 박물관 순례에 나선 관광객들을 당혹스럽게 만든다. 이들의 고민거리는 비슷하다. "어디를 가볼까? 무엇부터 구경해야 하나?" 당신이 베를린을 처음 방문한다면, 그리고 하루 정도 시간을 낼 수 있다면 우선 '박물관의 섬(Museumsinsel)'에 가보라고 권하고 싶다.

베를린의 젖줄인 슈프레 강을 감싸고 있는 삼각주에 위치한 이곳에는 다섯 개의 박물관이 옹기종기 모여 있어 그런 이름이 붙었다. 1999년 유네스코가 세계문화유산으로 지정했을 만큼 이곳은 최고의 문화공간이다.

내로라하는 그리스·로마 시대의 고고학적 건축물과 예술품, 이집트 문화재, 19·20세기 초 회화와 조각 작품들이 자태를 뽐내고 있다. 시간에 쫓기는 관광객들로서는 짧은 시간에 많은 것을 볼 수 있어 금상첨화다.

이곳엔 1830년에 처음 옛 국립박물관이 문을 연 이후 100년간에 걸쳐 박물관 단지가 조성됐다. 지난해 11월 엘리자베스 2세 여왕의 베를린 방문 시 공식 일정에 포함될 정도로 국내외에 잘 알려져 있다.

박물관의 섬은 현재 대대적인 개·보수 작업과 신축공사로 인해 보데 무제움(Bode Museum : 보데 박물관-2006년 재개관 예정)과 노이에스 무제움(Neues Museum : 新 박물관- 2009년 개관 예정)은 공개하지 않고 있다.

그러나 연중 내내 관람객들로 북적이는 페르가몬 무제움(Pergamon Museum : 페르가몬 박물관)과 알테스 무제움(Altes Museum : 舊 박물관), 알테 나치오날 갈러리(Alte National Galerie : 舊 국립미술관)만 해도 각각 제대로 보려면 사나흘씩이 필요하다.

박물관의 섬으로 연결되는 교통편은 좋다. 거의 대부분의 열차가 통과하는 초(Zoo : 동물원)역 앞에서 100번 버스를 타고 루스트가르텐(Lustgarten) 정거장에서 내리면 된다. 지하철(U-Bahn)이나 도시전철(S-Bahn)을 타고 프리드리히 슈트라세(Friedrichstrasse)나 하케셔 마르크트(Hackescher Markt)에서 하차해도 멀지 않다.

가로수길 산보를 즐긴다면 브란덴부르크 문(Brandenburger Tor)을 관광한 후 동베를린의 대로인 운터 덴 린덴(Unter den Linden)에서 20~30분 가량 텔레비전 방송탑을 향해 걷다 보면 웅장한 박물관 촌(村)이 눈에 띈다.

일단 날씨가 화창한 날이면 베를린 돔 옆에 널찍하게 펼쳐진 잔디밭에서 잠시 숨을 돌이킨 후 순례를 시작해도 좋다. 우선 알테스 무제움에 들러보자. 세계에서 가장 아름다운 신고전주의 건물 중 하나인 이곳에 들어서면 그에 걸맞게 고대 석상과 각종 부조물들이 마치 과거시대를 옮겨다 놓은 듯 우아하게 포즈를 취하고 있다. 아래층에 자리 잡은 안티쿠아리움(Antiquarium)이라는 전시공간도 아기자기한 게 눈길을 끈다. 붉은 질 그릇, 항아리, 청동 장신구, 금은 예술품 등 고대 소품 컬렉션이 볼 만하다.

다음에 들를 곳은 한 블록 건너 위치한 알테 나치오날 갈러리다. 마치 그리스 신전을 연상시키는 아리따운 건물의 계단을 오르다 보면 프로이센 제국의 영화를 그려낸 벽화가 눈길을 사로잡는다.

1층에는 19세기 사실주의, 2층에는 독일 낭만주의와 프랑스 인상주의, 3층에는 18세기 후반부터 19세기 중반까지의 주옥같은 작품들이 전시돼 있다. 특히 낭만주의 대표화가인 카스파 다비드 프리드리히의 '창가의 여인(Woman at a Window)', '바다 위의 월출(Moonrise over the Sea)'과 독일 역사회화의 선구자인 아돌프 폰 멘첼의 '발코니가 있는 방(The Balcony Room)' 등은 꼭 보도록 하자.

자, 이제 워밍업이 끝났다면 오늘의 최종 목적지인 페르가몬 무제움으로 향해 보자. 연간 약 60만 명이 찾는 이곳은 베를린 최대의 박물관이다.

박물관은 세 부분으로 나누어져 있고 복도로 연결돼 있는데 1, 2층에는 주로 그리스·로마 시대 및 바빌로니아, 앗시리아, 수메르 등 서아시아 유물이 전시돼 있다. 2층에는 이슬람 예술품이 전시돼 있다.

목요일엔 무료입장 행운도

박물관 이름은 기원전 150년경 현재 터키 지방의 한 작은 왕국의 수도였던 페르가몬의 제단을 발굴해 이곳에 옮겨놓은 데서 비롯됐다. 높이 약 10미터, 길이 약 30미터인 이 대 제단은 승전을 기념하고 수호신인 아테나 여신에게 경의를 표하기 위해 세워진 것으로 그리스 헬레니즘 예술의 결정판이다. 입구를 지나 제1 전시실에 있어서 놓칠 걱정은 없다.

그 다음으로 로마 건축물 중 가장 유명한 '밀레투스 아고라 문'을 감상하자. 로마 건축의 화려한 장식미를 보여주는 이 문을 지나면 신바빌로니아 시대의 두 걸작품인 '이시타르 문(Ishtar Gate)'과 '행렬 길(Processional Way)'이 나타난다. 이때부터 길이 헷갈리니 정신을 차려야 한다. 박물관 남쪽 건물의 웅장한 건축 구조물과 서아시아 유물 감상을 끝낸 후 다시 1층의 북쪽 전시실과 2층으로 연결되는 그리스·로마 시대 유물을 보고 나서 2층의 이슬람 예술품까지 관람하고 나면 대략 폐관시간인 저녁 6시경이 된다.

만일 목요일에 이곳을 찾는다면 당신은 행운아다. 폐관 시간이 밤 10시까지 연장될 뿐더러 모든 박물관 입장이 공짜(특별전시회는 제외)이기 때문이다. 매해 1월과 8월 마지막 주 토요일은 저녁부터 다음날 새벽 2시까지 박물관이 문을 연다.

— 스카이뉴스, 2005.04.24 -제128호-, 유권하(중앙일보 베를린 특파원)

극장, 오페라하우스, 음악

베를린에는 50개가 넘는 극장이 있다. 미테 Mitte에 있는 도이체스 테아터 Deutsches Theater는 1849~50년에 지어졌으며 1944~45년만 제외하고 계속 공연을 해왔다. 베를리너 앙상블 Berliner Ensemble은 1949년에 세워졌는데 베어톨트 브레히트의 작품들을 공연하는 극장으로 유명하며 도이체스 테아터에서 가깝다. 샤우뷔네 Schaubühne는 1962년 크로이츠베르크에서 문을 열었으나 1981년 쿠어퓌르스텐담으로 이전했다.

베를린에는 주요한 오페라하우스가 3개 있다: Deusche Oper, 베를린 국립오페라극장(Staatsoper Unter den Linden), Komische

Oper이다.

베를린 국립오페라 극장은 1742년에 문을 열었으며 역사적으로 당대에 유명한 지휘자 Klemper, Suitner, Karajan 등이 지휘자로 있었던 곳이다. 또한 400년된 Staatskapelle Orchestra가 있어서 수준높은 음악의 반주로 오페라를 한다. Deutsche Oper는 1912년 샤롯텐부르크에서 문을 연 후 아직 같은 장소에 있다. 베를린이 동서로 갈라진 후 1961~89년 동안엔 서베를린에서 유일하게 큰 오페라극장이었다. Goetz Friedrich라는 연출가가 극장장으로 있으며 현대적인 작품을 많이 공연한다. Komische Oper는 원래 1892년 문을 열긴 했으나 극장이었고 1947년부터 오페라극장이 되었다. 주로 코믹 레파토리와 가벼운 레파토리를 많이 공연한다.

오케스트라의 천국이라 불리는 도시 베를린에는 세계 정상의 메이저 오케스트라가 5개나 존재한다. 베를린 필하모닉(Berliner Philharmoniker, 사이먼 래틀), 도이체 심포니 베를린(Deutsches Sinfonie Orchester Berlin, 켄트 나가노), 베를린 심포니 오케스트라(Berliner Sinfonie-Orchester, 엘리아후 인발), 베를린 방송교향악단(Rundfunk-Sinfonieorchester Berlin, 마렉 야노프스키), 베를린 심포니커(Berliner Symphoniker, 리오 삼바달)이다. 2006년도에는 동베를린 출신의 베를린 심포니와 베를린 방송교향악단이 합병하여 '베를린 콘체르트하우스 오케스트라'로 통합된다고 한다.

베를린 필하모닉은 포츠나머 플랏츠 근처에 있으며 오랫동안 지휘자로 있던 카라얀의 이름을 딴 거리에 있다.

세계 최고의 오케스트라 중 하나로 꼽히고 현재 총 114명의 멤버로 구성된 베를린 필하모닉 오케스트라는 1년에 약 100회의 콘서트를 하며 외국 연주도 많이 한다. 운영은 콘서트 티켓 판매, 음반 녹음, 방송 등을 통해 얻는 수입으로 충당한다.

베를린 필하모닉은 1862년 벤야민 빌제(Benjamin Bilse)가 만든 빌제의 악단(Bilsesche Kapelle)이 그 시작이나 1882년 45명의 단원이 빌제에게서 떨어져 나와 5월 1일 '베를린 필하모닉 오케스트라'(Berliner Philharmonisches Orchester)라는 새로운 이름의 자치단체를 결성하였고 1882년 9월 17일 바그너의 '마이스터징어' 서곡으로 첫 연주를 시작했다.

헤르베르트 폰 카라얀(Herbert von Karajan)은 1955년 상임지휘자로 선정되었다.

35년 가까이 베를린 필하모닉을 이끈 카라얀이 1989년 지휘대에서 내려와 세상을 떠나자 지휘봉은 그 해에 이탈리아 출신의 클라우디오 아바도(Claudio Abbado)로 넘어갔다.

12년을 이끈 아바도에 이어 2002년 베를린 필하모닉의 지휘봉을 잡도록 선정된 것은 영국 출신의 사이먼 래틀 경(Sir Simon Rattle)이다.

베를린 심포니 오케스트라는 동서베를린이 통합되기 전에 베를린 필하모닉의 경쟁상대로 1952년 동베를린을 위해 만들어졌다. 베를린 심포니커는 1966년 창단되었는데 학생들을 위한 교육용이나 가족 콘서트(Ein Konzert für die Ganze Familie) 및 워크샵 프로그램을 진행하여 젊은 층들에게 대단히 인기가 높다.

동물원

베를린에 두개의 커다란 동물원이 있다. Zoologischer Garten과 Tiergarten Friedrichsfelde 이다. 좀 더 오래된 동물원은 Zoologischer

Garten이며 1841년 프로이센의 프리드리히 빌헬름 4세가 자신의 꿩과 진기한 동물들의 사육장을 국민들에게 기증함으로써 설립되면서 1844년에 시의 지원을 받아 공식적으로 문을 열게 되었다. 세계에서 가장 크고 가장 많은 동물이 수집되어 있는 동물원이며 수족관도 있다. 베를린 서쪽에 있다.

Tiergarten Friedrichsfelde는 독일 베를린 동부 리히텐베르크에 있는 동물원. 독일(동독)은 1949년 동물원 건설계획을 세우고 옛 왕궁인 프리드리히스펠데성의 정원을 동물원 예정지로 정한 뒤 약 130ha의 토지를 확보하고 라이프치히동물원장 H. 다테를 원장으로 하여 동물원 건설에 착수, 1955년에 문을 열었다. 역사는 짧지만 현재 면적크기로는 유럽을 대표하는 동물원이 되었다. 사육하는 동물도 많으며, 특히 사슴류 등의 사육은 유명하다.

Tiergarten: 동물원은 독일어로 Tiergarten, Tierpark, 그리고 Zoo이다. 그래서 때로 이름들이 혼란을 가져오는데 티어가르텐은 베를린 Zoologischer Garten동물원에서 브란덴부르크 문에 이르는 길이 3km의 공원이다. 대도시 중앙에 이런 대규모의 공원이 있다는 것이 놀랍기만 하다. 16세기 프로이센 시대의 사냥터였으나 18세기부터 공원으로 사용되고 있다. 드넓은 공원 중앙에 높이 67m의 전승기념탑(Siegessaule: Victory Column)이 금빛으로 우뚝 서 있는데 이것은 1873년 프로이센이 전쟁 승리를 기념하며 세운 것으로 기념탑에 오르면 아름다운 베를린의 전경이 펼쳐진다.

건축물

독일은 1871년 독일제국, 바이마르 공화국, 나치제국, 동독, 그리고 통독의 과정을 겪어오면서 각 그 특징적 건축물들을 이루어왔다. 그러나 제2차대전의 공습으로 많이 파괴되고 또 공습을 피했던 건물들조차 1050년대와 1960년대 동-서로 나뉘어져 있는 동안 새로운 거주지나 상업지를 짓기 위해 많이 사라졌다. 그래서 베를린은 어느 도시보다도 20세기 건축물의 특징을 잘 보여주는 도시이다.

그럼에도 역사적으로 의의가 있는 건물들 또한 베를린에 상당히 존재하고 있다.

1) 브란덴부르크 문

1788~91년 사이 세워진 브란덴부르크문은 세계적으로 베를린의 상징(분열과 통일)이자 독일의 상징이다. 독일의 유로 동전에도 등장한다. 카를 G. 랑간스가 아테네 아크로폴리스에 있는 신전입구를 모방해 만들었다. 이 문 위에는 승리의 여신 빅토리아가 끄는 콰드리가(4마리 말이 이끄는 2륜 마차)가 있는 것으로 유명한데 이 콰드리아의 조각가인 샤도브(Johamm Gottfried Schadow)는 사실 빅토리아가 아닌 평화의 여신 아이레네(Eirene)를 생각하며 만든 것이었다. 제2차 세계대전 때에 전체가 심하게 파괴되어 1957~58년 다시 지었고 동상도 원형대로 다시 주조했다. 운터 덴 린덴 거리 서쪽 끝에 있는데 이 거리는 슈프레 강변의 박물관 섬과 베를린 대성당까지 이어진다.

2) Berliner Dom

개신교 교회이다. 1904년에 네오클래식 건축의 교회로 프로이센의 호엔촐레른가의 궁정 교회 겸 묘지로 지어졌다. 2차대전 후 묘지를 떼어내고 현재의 모습으로 있다.

3) 독일 제국국회의사당 Reichstag

전통적으로 독일 국회의 자리이며 1884~94년에 지어졌으나 2차대전 후 1950년 재건되었고 1990년대 노만 포스터에 의해 다시 리모델링 되었다. 브란덴부르크문 근처에 있다.

4) 잔다르멘마르크트 Gendarmenmarkt

베를린에서도 가장 아름다운 거리로 알려진 광장. 양편에 비슷한 모양의 두 성당(Dom)이 있는데 프랑스 대성당과 독일 대성당이다. 베를린 심포니 오케스트라의 본부인 콘서트홀(Konzerthaus)이 그 중앙에 서있다.

5) Nikolaiviertel

니콜라이 지역. 베를린에서 가장 유서 깊은 지역. 베를린이 도시로서 자리를 잡기 시작하던 13세기 무렵의 지역이다.

옛날의 모습이 그대로 다 남아있지는 못하고 두 차례의 세계대전으로 파괴된 것을 동독 정부에 의해 많이 재건되었다.

베를린의 첫 석조교회인 니콜라이 교회도 13세기까지(1230년경)거슬러 올라간다.

이 지역 바로 옆에 Rotcs Rathaus가 있다.

6) 붉은 시청사 Rotes Rathaus

붉은 벽돌로 된 구동독의 시청사. 알렉산더 광장에 있다.

7) Fernsehturm

1965~69년 스웨덴 기술진과 함께 건립된 라디오, TV타워로 높이는 368미터(에펠탑은 320미터)로 203미터의 높이에 전망대가 있고 승강기를 타면 40초 만에 지상에서 207미터 높이의 텔레카페에 도착한다. 회전하는 레스토랑이다.

8) Alexanderplatz

예전 동베를린의 심장부였다. 많은 U-bahn(지하철)과 S-bahn(지상전철)을 이곳에서 갈아 탈 수 있으며 많은 전자제품을 싸게 구입할 수 있는 쇼핑가, 영화관, 책방, 한국식품도 살 수 있는 아시아 상점, 그리고 Fernsehturm이 있다. 그 외 붉은 시청, 마리엔교회도 이 곳에 있다.

9) Kaiser-Wilhelm-Gedächtniskirche

서베를린의 중심가였던 쿠담거리에 흉물이라고 말할 수밖에 없는 빌헬름황제 기념교회가 우중충하게 서 있다. 상태가 심각하게 붕괴되어 중앙부만 무참한 모습으로 남아있으며 교회의 뒤쪽으로 가보면 붕괴된 모습이 더 심하다. 전쟁의 참상을 알리기 위한 목적으로 일부러 그 모습대로 보존되고 있다. 화려한 쿠담거리와 빌헬름황제교회의 모습은 하나의 아이로니다. 현재 빌헬름 교회 옆에는 8각의 형태를 지닌 새로운 교회가 세워져 매주 예배가 이뤄지고 있다. 이 교회는 원래 빌헬름 2세가 독일 첫 번째 황제인 할아버지 빌헬름 1세를 기념하기 위해 1891~95년에 건축됐다.
이 교회에 대해 [종교신문]에 실린 내용을 소개한다.

1943년 11월 23일 연합군의 베를린대 공습 때 처참하게 파괴된 빌헬름황제 기념교회에서 남은 부분이라면 교회의 탑과 흔적만 알 수 있는 잔해 일부분이다. 교회의 탑도 윗부분은 날아가고 63m만 남았다. 그래서 독일인들은 오늘도 이 무너진 탑을 '텅 빈 이빨'이라고 부른다. 세계2차대전의 상흔을 한눈에 볼 수 있는 곳이라고 할 수 있다.

원래 빌헬름황제 기념교회는 1891년 프란츠 슈베흐텐(Franz Schwechten)의 설계안에 따라 신로마네스크 양식으로 지어졌다. 이는 당시 베를린의 인구가 급격히 늘어나 학교, 병원, 교회 같은 공공의 건물이 필요했다.

황태자 비이자 이후 황녀가 된 아우구스테 빅토리아(Auguste Viktoria)의 후원으로 베를린교회를 건축하고자 협의회가 구성되었다. 황제 빌헬름 2세는 교회를 세울 장소를 결정했고 그 교회를 '빌헬름황제 기념교회'라고 명명했다.

빌헬름황제 기념교회는 113m의 주 탑을 포함하여 5개의 탑으로 이루어진 2천명의 신자를 받을 수 있게 지어져 1895년 9월 1일 봉헌되었다. 이미 언급하였듯이 전쟁 후 '텅 빈 이빨'이 된 교회를 어떻게 할 것인가를 놓고 베를린은 격렬한 논쟁을 벌였다. 의견이 분분했으나 1956년 아홉 명의 건축가들이 새로운 건축안을 놓고 경합이 붙었다. 1957년 3월 20일 시 당국은 최종적으로 에곤 아이어만(Egon Eiermann) 교수의 안을 채택했다.

하지만 그의 설계도에는 '텅 빈 이빨'은 들어있지 않았다. 이러한 사실이 알려지자 베를린 시민들은 자신들의 뜨거운 의견을 개진했다. 전해진 바에 의하면 베를린의 한 일간신문은 그와 관련하여 4만7천여통의 편지를 실었으니 당시 시민들의 관심이 어느 정도였는지 가히 짐작이 가고도 남음이 있다. 다시 말하면 '탑을 살리자'는 쪽으로 정해진 것이다.

아이어만 교수는 시민들의 뜻을 받아들여 폐허의 탑을 가운데 두고 그 주위에 새로운 복합건축물을 지었다. 그것은 파괴와 건설의 미학이 절묘하게 조화를 이룬 예이고, 현대와 역사가 대비를 이룬 평화의 복합건축물이다. 아이어만 교수는 다음 세대들이 끔찍한 일을 체험했던 선조들을 이해하고 폐해가 그들이 견뎌야 했던 고통이었음을 이해할 수 있기를 희망했다. 전쟁 후 희망 없는 고독한 도시 베를린에 평화의 쪽색 불빛이 밝혀졌다.

아이어만 교수는 1959년부터 2년간 폐허의 교회를 중심으로 팔각형의 교회 건물과 육각형의 탑을 세웠다.

건축물을 둘러싸고 있는 벌집 모양의 유리는 안으로 쪽빛을 휘감아 들이고 밖으로는 쪽빛을 비추어 안팎으로 따뜻하고 희망의 기운을 퍼뜨린다. 쪽빛 채색유리 건축물은 '텅 빈 이빨'을 '가장 아름다운 폐허'로 만들었다. 육각형의 탑 위에는 빌헬름 1세의 증손 루이스 페르디난트(Louis Ferdinand)가 만든 종이 설치돼 있어 매시간 아름다운 멜로디를 들을 수 있다.

쪽빛 교회로 들어서면 거리의 소음은 완전히 사라지고 침묵만이 깔린다. 그것은 이중 유리벽 사이에 있는 진공효과라고 한다. 유리벽 사이의 2.7m 공간이 침묵을 낳고 있는 것이다.

거리에서 들어온 소음은 이 벽에 갇혀 안으로 들어가지 못하기 때문이다. 침묵 대신 햇빛은 자연스럽게 유리벽을 통과해 교회 안으로 들어온다. 이렇게 들어온 쪽빛은 태양의 빛에 따라 향연을 베푼다. 교회 안에 은은히 퍼지는 쪽빛은 상처받고 교회에 온 영혼을 부드럽게 감싼다.

도시에 어둠이 내리면 벽 사이에 있는 램프가 불을 밝히고 쪽빛을 발한다. 빌헬름황제 기념교회는 베를린을 밝히는 쪽빛등대 같다. 거리의 방황하는 영혼을 오늘도 인도하고 있다. 이 유리벽은 샤르트르 출신의 프랑스 유리공예가 가브리엘 루아르(Gabriel Loire)가 샤르트르 대성당을 전형으로 하여 만들었다고 한다.

'텅 빈 이빨'에는 과거의 흔적이 남아 있다. 일부가 남아있는 옛 교회의 천장에는 '나는 길이요 진리요 생명이다. 나를 통하지 않고서는 아무도 아버지에게 나가지 못 한다'는 글귀를 두른 예수 모자이크가 있으며, 홀 바닥에는 용과 싸우는 천사 마카엘의 모자이크가 있다. 홀 입구에는 피라미드 모양의 추모 촛대와 전시물이 있어 전쟁의 상처를 기억하게 한다.

옛 교회의 중앙 제단 쪽으로 그리스도상이 서 있다. 이 조각은 1943년 공습 때도 약간의 손상만을 입었을 뿐이었다. 전쟁을 빗겨났던 것이다. 원래 토르발젠(Thorvaldsen)에 의해 해석되고 샤퍼(Schaper) 교수에 의해 제작된 이 상은 용서하는 그리스도의 모습이었다. 창으로 찌른 자에게 예수는 '아버지, 저 사람들을 용서하여 주십시오. 저 사람들은 자기네가 무슨 일을 하는지 알지 못합니다.'(루가 23, 34)라고 말하면서 기도하고 있기 때문이며, 그 앞에 선 독일인들은 오늘도 주의 기도를 기억하고 있다. '주여, 우리가 우리의 죄를 용서하듯이 우리의 죄를 용서하시옵소서.'

용서의 그리스도상 좌우에는 십자가상이 놓여져 있다. 오른 쪽에는 대못으로 장식된 십자가가 있다. 역시 1940년 독일 공습에 의해 파괴된 영국 코번트리(Coventry) 성당에서 가져온 대못으로 십자가를 설치했다. 왼쪽에는 러시아 정교회에서 보내온 이콘이 있다. 나치에 의해 수난 받은 러시아인들을 기억하고자 제작된 이콘이었다. 이 모두는 용서를 주제로 하고 있다. 그러니까 오늘의 빌헬름황제 기념교회는 용서의 교회가 되었다. 단순한 면죄부로서의 용서가 아니라 진정한 화해와 평화의 용서를 비나리로 하는 용서의 교회라는 말이다.

— 종교신문, 제1467호, 2004/01/21

10) Kurfürstendamm

베를린에서 가장 현대적이고 화려한 거리. 수많은 호텔, 상점, 식당들과 함께 인기 있는 쇼핑거리이다. 빌헬름황제 기념교회도 이곳에 있으며 세계에서 두 번째로 크고 유럽에서 가장 큰 백화점 Ka De We, 1963~65년에 새워진 유럽센터가 있다. 유럽센터는 22층 건물로 안에는 많은 상점들, 식당, 사무실, 극장, 영화관들이 있다. 여기서 조금 북쪽으로 티어가르텐이 있다.

11) Potzdamer Platz

1741년 프로이센의 프리드리히 빌헬름 1세의 지시로 건설된 거리였다. 베를린 중심에서 여러 교통의 방향 전환지이자 큰 거리들로 나누어 지는 곳이다. 옛날에도 포츠담 광장은 1940년까지 유럽에서 가장 교통량이 많은 교차로였다고 한다. 그래서 1924년에는 미국의 예를 좇아 독일최초로 포츠담광장에 교통신호등이 설치되기도 했지만 2차 세계대전 중 수변의 건물들이 모두 폭격으로 부서지고 베를린 장벽이 이곳을 가로질러 지나가면서 이곳은 오랫동안 황폐한 지역으로 남아있었다.

베를린 장벽으로 인해 포츠담광장은 20세기 이념 대립의 중요한 상징이 되었으며 베를린의 파란만장한 역사를 드러내주기도 한 장소이다.

통일 후 1990년부터 공사가 진행되고 1995년부터 본격적으로 재건되기 시작했다.

포츠담광장의 변모를 주도한 것은 소니센터다. 일본 소니사가 막대한 돈을 투자해 건축한 소니 유럽본부는 유리 기술이 과감히 사용된 초현대식 건물로 베를린의 필수 견학코스가 되었다. 소니센터 안에는 영화박물관, 아이맥스 극장, 사무실, 카페, 상점 등 문화-오락시설 등이 두루 들어서 많은 사람들로 북적이는 장소이자 베를린을 대표하는 명소가 되었다. 황량하던 포츠담 광장은 하늘 높이 치솟은 현대식 건물들, 고급쇼핑몰, 영화관, 카지노, 아파트와 사무실 등으로 새로운 장소가 되었다.

12) 쇠네베르크 구청 Rathaus Schöneberg

독일 베를린의 옛 행정구인 쇠네베르크의 구청은 1948년에는 서베를린의 행정 청사였다. 미국의 자유의 종을 모방해 만들어져 1951년 베를린에 기증된 자유의 종이 종탑에 걸려 있다.

1963년 6월 23일 미국 케네디대통령이 그 유명한 말 “Ich bin ein Berliner!”의 연설을 한 곳이기도 하다. 지금은 템펠호프구와 합쳐져 -템펠호프-쇠네베르크구에 있다.

13) Schloss Chalottenburg

1695년부터 짓기 시작해 100여년에 걸쳐 증축되었다. 호엔촐레른가의 대표적 로코코 건물. 프리드리히 1세의 부인인 조피 샤르로테(Sophie Charlotte) 왕비의 여름 별장용으로 건축되었는데 앞 정원에는 프리드리히 빌헬름 대제의 기마상의 모습이 바로크식의 대표적인 양식으로 조각되어 있어 세계적인 걸작으로 손꼽힌다.

전쟁으로 불 타 현재는 약 80% 정도가 복원되어졌으며 주요한 그림들이 많이 수집되어 있다.

문화통합의 모델 도시 베를린
東西 베를린의 문화 통합에 대해

— 필자: 이상면, 연세대학교 미디어아트연구소

1. 통일과 문화 통합의 과제

統一 前後의 시기에 베를린에서 살았던 필자가 베를린을 방문했던 지난 해 8월, 동서독이 통일되고 12년이 되어가는 시점에서 볼 때, 이제 동베를린과 서베를린은 없고 하나의 베를린만 존재하는 것 같은 인상을 받는다. 수도 이전과 정부 기관들과 외국의 외교 부서들도 모두 이주를 완료하여 독일의 정치 활동은 베를린 중심으로 전개되고 있다. 한동안 요란한 공사장이 되었던 동베를린 지역의 중심지(Mitte)는 수리와 복구 작업이 완료되어 새롭게 단장한 모습으로 서있다. 이 중심지에는 대형 빌딩과 고급 호텔, 레스토랑, 카페들이 즐비하게 늘어서 있고, 더욱 다양해진 문화예술 공연들이 많은 시민 관객을 모으고 있어서 이젠 이곳이 새로운 문화 중심지로 다시 자리 매김 되고 있음을 알 수 있다.

분단 40여년의 간격을 넘고 10여년의 복구 기간을 거친 오늘의 베를린은 다시 예전처럼 독일 정치와 문화 중심지로서의 모습을 보여주고 있다. 이처럼 분단되었던 도시의 양쪽 지역이 더 이상 구별 없이 정돈되고, 서로 교통 연결이 원활히 되고, 활기차게 시민들이 움직이는 모습은 베를린이 그동안 정치경제적 통합을 넘어서 문화적 통합(cultural integration)도 이루어서 '새롭게 태어났음'을 말해주는 듯하다. 전격적인 정치적 통일에 이어 서독인들에게는 많은 부담과 동독인들에게는 고통을 안겨준 경제적 통합을 이루어가면서 수도로 선택된 베를린에서는 문화 통합도 성취된 듯이 보인다. 그것은 통일 이후 그동안 노력의 결과라고 볼 수 있는데, 사실상 공식적 통일이 이루어지던 1990년에 공언된 「통일 협정」의 제35조는 다음과 같이 시작되며 문화의 중요성을 부각시키고 있다.

분단의 시대에 예술과 문화는 - 양쪽 독일 국가의 서로 다른 발전과정에도 불구하고 - 독일 민족의 통일성을 지속시킨 기반이었다. 유럽 통합의 일환으로 일어난 독일 민족의 국가 통일과정에서도 예술과 문화는 제각기 중요한 기여를 해야 한다.

이처럼 「통일 협정」은 예술과 문화에 대한 중요성과 역할을 분명히 인식하면서도 동독에서의 문화 활동은 서독(독일연방공화국)의 문화적 가치에 부합시키도록 전제하며 "흡수되는 영토[동독 지역] 내의 예술 활동 전부가 지금까지와 같은 형식으로 지속될 수는 없다"고 통일 협정의 주석에 명시되었다. 이미 여기서 동서독 문화의 동등한 인정으로부터 통일된 독일의 민족문화를 창출해가는 것은 아니라는 점이 드러난다.

독일 학자 가브리엘레 무슈터 · 유르겐 로슈톡은 1992년 통합 과정과 문화에 대한 논문에서 "문화가 통합의 진전에 본질적으로 영향을 끼치고 촉진시킬 수 있다"고 말하며 문화의 유익한 역할을 강조했다. 사실, 베를린 장벽붕괴와 초기의 통합 과정을 현장에서 지켜보았던 필자도 그동안 문화 통합의 중요성과 의의를 말한 적이 있는데, 1996년 통일된 국가에서 "공통적인 민족문화의 지속적인 발전을 기대할 수 있을 때"에 문화적 통합이 이루어지며 통일과정이 진정으로 완료된다고 보았으며, 1997년 구 동독인들의 정신적 혼란과 사회 문제들의 치유하기 위해서는 "통일과정에서 사회문화적 통합(socio-cultural integration)이 대단히 중요함"을 강조했다.

하지만, 문화 관련자들이나 문화학 전공자들의 소망과는 달리, 동서독의 통합과정에서는 동독 지역에서의 실업문제, 이주자, 네오 나치의 폭행 등 경제와 사회 부문의 심각한 문제들로 인해 사실상 문화적 요인이 중시되지는 못했다. 통합 과정에서 문화의 요인이 중요함은 독일에서도 통일 10년 후인 2000년에서야 비로소 인식되었다고 한다. 이런 상황 속에서도 분단 도시이자 통일의 현장이 되었던 베를린에서는 문화 통합이 최소한 외형적으로는 성취된 듯이 보인다. 분단되었던 양쪽의 도시가 정치경제와 문화적 기능의 측면에서 하나의 도시로서 작동되고, 그동안 많은 수리와 복구 공사를 통해 국제적인 대도시로서의 면모를 획득하며 통일 수도로서 성공적으로 출범했을 뿐만 아니라, 통일 이후 東西간의 여러 가지 갈등들을 거의 극복한 듯이 보이는 점에서 베를린은 '통합의 모델 도시'(Modellstadt der Integration)로 인정되고 있다. 이하의 글에서는 베를린의 역사적·문화적 위상을 검토해보고 베를린에서 행해진 문화적 통합의 방법들과 더불어 문제점들을 검토해 보려한다.

2. 베를린의 위상과 역할

통일 후 베를린은 인구 약350만 명(동베를린 약 150만/서베를린 약 200만)으로 규모는 런던이나 파리의 절반에도 못 미치지만, 독일에서 유일한 메트로폴로서 근현대 독일 역사의 중심지였으며 나치즘으로 굴곡을 겪었지만 문화적 정체성을 한 몸에 안고 있는 도시이다. 더구나 베를린은 동유럽으로 진출하는 교두보로서 東-西유럽의 교차점 역할을 할 수 있는 도시이다. 이 도시에서는 국제전자박람회, 관광 및 식품박람회, 베를린 영화제 등 대규모 국제 행사들이 열려서 매년 도시 인구의 두 배 이상 되는 800만 명 가량이 방문한다.(1999년 통계)

통일 이후 베를린은 두 가지 과제를 떠안고 있었다. 첫 번째는 분단된 두 도시를 하나의 도시로 발전시키는 것이며, 두 번째로는 이제 열려진 동유럽을 향해 東西 유럽 사이의 교차점 도시이자 21세기형 도시로 발전되어야 하는 것이다. 우선, 동베를린과 서베를린이 합해지면서 균형 있는 발전이 추진되었는데, 동베를린에 속했던 과거 20년대 베를린의 중심지가 교통과 통신시설을 갖추어서 다시 현대적인 모습으로 복구되는 것과 이 지역에서 전통적이고 상징적인 건축물들의 수리 및 개조·복구 작업, 정치외교 기능을 지닌 지역의 확보 등이 요구되었다. 또한, 서베를린의 특정 지역에 집중되었던 문화예술 및 소비생활 공간들을 동베를린 지역으로 이동하는 것이었다.

이와 더불어 21세기 도시에 상응하는 도시 발전을 위한 계획이 수립되었다. 한 도시에서 정치경제와 문화가 통합된 상황과 더불어 미래 지향적인 도시로 발전되고 있는 상황에 대해서는 문화 관련 학자가 아니라, 건축 전문가에 의해 먼저 지적되었다. 국토연구원의 이상준은 "1990년 통일 이후 지금까지 베를린은 서로 다른 체제 속에서 살아온 동서독 주민들을 하나로 묶어내는 '시험관'이었으며, 앞으로는 중동부 유럽과 서부 유럽의 경제와 문화를 융화시켜 나가는 가교가 될 것으로 기대되고 있다"라고 말하며 "베를린의 통합적 도시개발 사례는 우리에게 시사 하는바가 클 것이다"라고 조언한다.

東西 베를린 사이에서는 상호간에 문화적 갈등이 있음을 충분히 예측할 수 있지만, 양쪽은 이데올로기와 체제 대립의 역사를 뒤로 넘기고 새로운 역사의 장을 열기 위해서 과거의 모습을 토대로 하며 미래 지향적인 모습으로 다시 태어나기를 노력했다. 즉, 東西 베를린에서는 분단시대 동안 서로 경쟁적으로 발전된 중심가와 주요 문화예술기관들을 과거의 중심지이었고, 미래에도 중심이 되어야 할 곳으로 이동시켰고, 여기서 과다한 것으로 평가된 단체들은 과감하게 해체되었다. 또한, 이런 이동과 조정 작업은 정치적 중심지를 고려하여 이루어졌으며, 그럼으로써 이제 베를린에서는 정치적 중심과 문화적 중심이 서로 거의 일치하게 되었다. 즉, 베를린의 통합 정책은 도시 계획(Stadtplanung)과 문화정책(Kulturpolitik)이 밀접하게 연결된 경우이다.

3. 문화 통합의 과정

1) 건축물의 수리·복원

문화 통합을 위한 첫 단계는 문화예술 분야가 아니라 건축에서 비롯되었다. 이것은 이상한 것이 아니고 도시의 외관과도 관련되며 도시의 역사적이고 상징적인 건축물들의 수리·복구 내지 해체가 도시의 문화적 정체성 회복과 직결되기 때문이다. 도시 건축물의 재정비 작업은 먼저 사회주의 이데올로기의 산물이었던 거대 偶像들을 제거하는 것이었다. 동베를린 시내 여기저기 널찍한 광장에 서있는 거대한 석조물들인 마르크스・엥겔스와 레닌 등의 동상과 흉상들은 통일 직후 붕괴되었다. 그다음으로는 역사적인 장소와 박물관 및 문화재 보수, 포츠담 광장, 브란덴부르크 대문, 제국의회, 베를린 시의회(제국은행 - 동독사회주의당 본부) 역사적인 상징성이 있는 건축물들을 새롭게 수리 단장하여 역사성과 문화적 정체성을 회복하는 작업이었다.

그런데, 독일에서 '문화적 정체성'(cultural identity)란 역사상에서 그 의미가 왜곡되고 오용된 시기(나치 시대)가 있어서 그야말로 혼란을 동반하기도 하고, 또 의도적으로 회피되기도 하는 용어이다. 영국의 독일 문화학자 가드프레이 카・조지나 폴은 독일이 제2차대전 후의 독일 문화는 지역주의와 세계주의를 결합하면서 생긴 게르만 문화의 실체에 대한 쟁점을 잘 피해갔지만, 통일이후 이 쟁점이 다시 불거져서 문화적 대혼란을 부추겼으며, 그 다음에는 깊은 상처를 남겼다고 보며 "이 깊은 문화적 상처는 건축 분야에서, 그리고 특히 베를린에서 가장 뚜렷이 보였다"고 말한다. 이런 문제는 냉전의 유물로서 도시의 심장부에 있는 여러 건축물들에서 남아있는데, 이들의 처리 방법이 간단하지 않은 것은 바로 이 건축물들이 품고 있는 독일 역사의 '문화적 정체성'이란 골치 아픈 개념 때문이다. 이들을 어떻게 수리・복구할 것인가 혹은 변형・복원할 것인가, 혹은 아예 해체할 것인가 등에 대해 각기 다른 방법이 취해졌다.

가드프레이 카・조지나 폴은 바로 이런 점이 베를린의 상징적 건축물로 여겨지고 있는 브란덴부르크 대문(Das Brandenburger Tor)의 복원에서 먼저 드러났다고 본다. 브란덴부르크 대문은 베를린 장벽 붕괴 때에 이곳으로 동독인들이 터져 나와서 장벽붕괴 사건의 상징이 되었고, 그 후 베를린을 상징하는 그림에도 자주 등장했는데, 꼭대기에 설치된 4필 마차 석상의 복원이 문제시되었다. 중앙에는 평화의 女神像 이레네가 높이 쳐는 승리의 화관 안에 철십자와 프로이센의 독수리가 있다. 이것은 1958년 동독 시절에는 군국주의를 연상시킨다고 제거되었다가 80년대 중엽에 문화적 상징물을 복원한다고 다시 설치되었는데, 1990년 신년 축하 와중에 시민들에 의해 손상되어서 복구하기 위해 끌어내려졌다가 정작 1990년 10월 3일 공식적 통일 행사 때에는 제자리에 설치되지 못했다. 통일 후 잠시 등장했던 그 철십자와 독수리는 독일 민족주의와 침략 행위의 부활을 염려하는 주변 국가들의 불안감을 일으킨 상징물이 되었기 때문이다.

오늘날 우리는 이런 우려가 '과장된 것이다'라고 분명히 말할 수 있으나 통일 직후에 독일 역사와 연결시켜 볼 때에는 그런 점도 있었던 것이다. 그래서 독일로서는 어떤 건축물을 복원하고 철거할 것인가, 또 복원하는 경우에는 어떤 형태로 할 것인가 등의 단순하지 않은 문제들로 인해 골치 아픈 상황에 빠졌다. 결국, 브란덴부르크 대문은 한동안 독일인들과 주변국 국민들에게 보편적으로 이해되고 "문화적으로 용인될 수 있는 해답을 찾는 것이 얼마나 어려운 것인지를 불안하게 예고하는 유물"이었다. 사실, 이런 경우에 해당되는 건축물들이 동베를린 지역에는 제국의회, 동독 사회주의당 본부 건물(前 제국은행 건물), 인민궁전 등 여럿 있어서 그 수리와 복구 및 용도에 대해 자주 논란이 일어나곤 했다.

제국의회(Reichstag) 건물은 바이마르 공화국 시대부터 사용되었고, 나치 시대에 히틀러 국가사회주의 당의 의회로 사용되었고, 제2차대전 때에는 폭격으로 크게 파손된 이후 동독에서는 사용되지 않아 흉하게 남아있는 오욕의 역사를 갖고 있는 건물이다. 이렇게 역사의 굴곡을 경험한 이 건물은 베를린 천도 후 연방의회(Bundestag) 건물로 사용하기로 - 역시 논란과 더불어 - 결정된 후에 몇 가지 특이한 수정 작업을 했다. 먼저, 일종의 굿풀이(解寃 굿 같이)가 시도되었는데, 포장 행위로 유명한 미술가인 호주의 크리스토(Christo)와 그의 부인이 1995년 건물 전체를 흰 천으로 뒤집어씌우는 퍼포먼스를 했다. 그 후 영국의 건축가 노만 포스터(Norman Foster)는 건물의 정수리에 해당되는 곳에 투명한 유리와 철제로 된 원형 돔(glass metal dom)을 설치했고, 시민들은 여기 올라와서 베를린 시내를 내려다 볼 수 있게 되었다.

이와는 다른 성격의 논란을 겪으며 재건된 곳은 포츠담 광장(Potsdamer Platz) 지역이다. 이곳은 베를린을 남북으로 갈라놓던 장벽이 서있던 곳에서 중간 지점이며 과거 20년대에 중심지였던 곳이다. 포츠담 광장 지역은 제2차 대전 때 폭격으로 완전히 파괴되었고, 분단이 되고 1961년 장벽이 세워진 다음 장벽 양쪽의 안전지대에는 30여 년 동안 황폐한 들판이 되어 잡초들만 무성히 자라나고 있었다. 이런 지역이 90년대 후반에는 유럽 최대의 공사장이 되어 10년 내내 굉음을 울려 퍼뜨리며 고층 빌딩숲으로 변모되어 가고 있었고, 또한 공모를 통해 모집된 설계안에 따라 지어지는 빌딩들은 포스트 모더니즘 건축의 실험장이 되고 있었다. 그래서 포츠담 광장 지역은 미국에 거주하는 독일인 헬무트 얀(Helmut Jahn)의 기본 설계를 위시하여 크리스토프 콜베커(Christoph Kohlbecker)와 이태리 건축가 렌조 피아노(Renzo Piano, 파리의 퐁피두 센터 설계자) 등 세계적으로 유명한 건축가들의 설계안으로 구성되어 그 중심부에는 벤츠 회사와 전체 외벽이 유리로 된 소니 회사의 유럽 본부 건물 등이 건설되었다.

물론, 이런 대공사에 비용이 너무 많이 투입되고 공사가 끝없이 계속 되어서 회의론자들도 있었다. 포스트 모더니즘 건축에 대한 비판과 도시 중심에 자리 잡게 된 생소한 건축물들이 과연 경제성 내지 실용성이 있는가에 대해 부정적인 시각도 있었다. 결국, 2002년에는 미래 지향적인 디자인으로 설계된 초현대식 사무용 및 주거용 건물들과 고급 호텔, 레스토랑과 카페, 상가 아케이드 등 소비생활과 더불어 뮤지컬 극장과 초대형 스크린이 있는 아이맥스(IMax) 극장, 카지노 등 문화 및 오락 시설이 한 군데에 밀집해 있는 것을 보게 되었다. 그래서 포츠담 광장 지역은 경제와 문화 및 오락, 소비생활 등 다양한 기능이 유기적으로 연계되면서도 지식기반산업과 생태친화적인 개발 같은 21세기적 형태의 도시개발 사례로 보아진다고 평가된다.

본래 베를린의 중심지였던 동베를린 지역을 수리·정비하는 것도 문화 통합의 과제였다. 브란덴부르크 대문에서 중심지를 관통하며 지나가는 中央大路인 운터 덴 린덴(Unter den Linden)과 주변 거리를 수리·단장 하는 작업은 역사성을 회복하려는 시도로서 역사와 문화를 간직한 도시의 옛 모습을 부활시키는 것이다. 다만, 여기서는 기존 건물의 골조와 전통적인 형태를 따르되 현대적인 모습도 첨가되었다. 이런 작업이 진행된 곳은 운터 덴 린덴 거리 좌우로 뻗어있는 거리들로서 프리드리히 슈트라세 라이프치히 슈트라세, 장다름멘-마르크트와 그 주변이 포함된다.

그런데, 동베를린 소재의 건축물 수리와 복구 과정에 대해서 동독인들의 비판이 있었다. 이들은 서독인들이 동독 사회주의 체제 하에서 생겨난 유물들을 완전히 제거하려는 의도가 지나쳐서 동독인들이 어려운 시절에 공유했던 공동체 문화를 집약하고 있는 공간들마저 파괴해버리는 '문화 독재'를 저지르고 있다는 점을 지적했다. 이런 배경에서 20년대에 중심가였던 동베를린의 알렉산더 광장(Alexander-Platz)에 고층 빌딩의 상가를 지으려는 서독측의 계획은 동독 시민들의 반대로 무산되었다.

2) 문화예술기관의 재구성

분단국이 통합되는 현장이 되고 있는 도시 베를린에서 문화의 중요성과 역할에 대해서는 국가의 최고 책임자인 대통령도 관심을 기울이며 언급을 한 적이 있다. 통일 직후인 1991년 독일 대통령 리하르트 폰 바이체커(Richard von Weizäcker)는 "양쪽 독일이 함께 성장하는 것을 위해 절단선이자 봉합선인 베를린에서 예술과 문화는 근본적인 의미를 갖는다"고 말한 바 있다. 또한, 베를린의 문화학자이자 문화정책 전문가인 클라우스 지벤하르도 "문화는 끊임없이 베를린의 특징적인 정체성과 이미지 요소에 속한다"라고 말하며, 베를린에서 문화의 특별한 역할과 사명에 대해 언급한다.

베를린은 문화적 풍부함과 다양함을 보유한 문화 도시로서 베를린 필하모니를 비롯하여 5개 세계 정상급 오케스트라와 3개 오페라 극장, 많은 연극 극장과 뮤지컬 및 버라이어티 · 카바레 극장, 많은 박물관과 미술관을 보유하고 있으며, 베를린 영화제(2월) · 연극제(5월) · 재즈 페스티벌(8월) · 종합예술제(9월) 등 예술축제가 자주 열려서 350만 명 규모의 도시로는 세계에서 유례가 없을 정도의 풍부한 문화예술 행사가 진행되어 가히 문화의 메트로폴이라고 할만하다. 그런데, 지방자치단체(주 · 시정부)에 의한 문화의 공공 지원(public funding)이 원칙으로 되어있는 독일의 문화정책에서 볼 때, 東西 베를린에서 각각 경쟁적으로 발전된 문화예술기관들이 통일 후에도 계속 유지되기는 어려웠다. 그 때문에 시정부는 반대와 데모를 무릅쓰고 '과다 설립된' 단체들에 대한 재조정 작업을 감행했다.

지난 10여 년간 베를린의 문화 통합을 위한 정책은 문화의 인프라구조(cultural infrastructure) 변화에 집중되었고, 여기서 우선적인 포인트는 '중심이동'이었다. 이것은 많은 문화 수용자를 보유하고 있는 서베를린에서의 문화 활동무대를 베를린 원래의 중심지였던 동베를린 중심가 쪽으로 옮기려는 계획으로서 도시 발전과 더불어 과거 문화의 중심지를 현대적인 모습 속에서 부활시키려는 의도이다. 베를린 시정부는 동일 분야의 예술단체를 중복・지원하는 경우를 피하기 위해 복수 및 다수의 단체들을 단일화하거나 재정 지원을 축소했다. 즉, 운영비의 삭감과 단절, 극장의 용도 변경 등을 통해 東西 베를린 예술단체들의 재구성 작업이 진행되었다.

먼저, 5개의 교향악단들 가운데서는 서베를린쪽에서는 유명한 베를린 필하모니와 라디오 심포니 오케스트라(RSO)와 도이치 오페라의 오케스트라는 남기고, 활동이 미약했던 베를린 교향악단(SOB)은 지원을 중단했다. 동베를린쪽의 베를린 교향악단(BSO)과 코미쉐 오페라의 오케스트라는 모두 지원을 계속 받게 되었다.

많은 제작비가 요구되는 오페라 극장에 대해서는 특히 논란이 거듭되었다. 통일된 베를린에는 모두 세 개의 오페라단이 존재하게 되었는데, 서쪽의 도이치 오페라(Deutsche Oper)와 동쪽의 국립오페라(Staatsoper)와 코미쉐 오퍼(Komische Oper)가 그들이다. 사실상, 인구 350만 도시에 세 개의 오페라단은 전 세계적으로 보아도 유례가 없으므로, 이들 중에서 한 곳을 해체하거나 두 곳, 즉 도이치 오페라(西)와 국립오페라단(東)을 통합하는 안을 놓고 12년 동안이나 논란이 계속 되었으나 결정을 내리지 못하다가 결국 최근에(올해 7월) 베를린오페라재단을 설립하여 여기서 세 오페라단을 공동 운영하는 방안에 이르렀다.

또한, 연극도시로서 알려질 만큼 베를린에는 많은 연극 극장들이 있었는데,

지원을 받는 국립·시립 및 사설 극장들의 운영 상황이 수면 위로 떠올랐다. 정통 문학극을 표방하는 국립극장이던 서베를린의 쉴러-극장(Schiller-Theater)과 동베를린의 도이치 극장(Deutsches Theater)과 베를린 앙상블(Das Berliner Ensemble) 가운데서는 쉴러-극장의 극단만 해체되었다. 사설 시민극장이던 서베를린의 자유민중극장(Freie Volksbühne)과 동베를린의 민중극장(Volksbühne am Rosa-Luxemburg-Platz) 가운데서도 서쪽의 자유민중극장 극단이 해체되었다. 쉴러-극장은 정통 연극과 더불어 실험적인 연극을 하는 소극장도 곁들여져서 모두 3개의 극장공간을 보유하고 500여명 가량의 소속 단원들이 있었는데, 해체 결정에 대해 데모로써 항의를 하기도 했다.

그 후 쉴러-극장과 자유민중극장은 모두 대관 위주의 극장으로 전환되었는데, 각각 주로 뮤지컬과 무용극 공연에 대관하고 있다. 반면에, 동베를린 지역에서 폐쇄된 극장은 없었다. 전통 있는 극장이자 중심지에서 가까이 위치한 도이치 극장과 베를린 앙상블은 수리 공사를 거쳐 예산이 증액되어 저명한 연출가를 예술감독으로 영입하여 활동을 재개했으며, 역시 동베를린쪽의 소극장인 막심-고리키 극장과 민중극장에게도 지원이 약간 증가되었다. 이런 정책은 동베를린 중심가 쪽의 전통 있는 극장들을 더욱 후원하고 서베를린쪽의 유사한 극장들을 폐쇄함으로써 연극문화의 중심을 도심 지역(Mitte)으로 이끌려는 의도에 부합된다.

문화 통합적 정책에서는 대중 문화적 요소가 강화된 점이 있는데, 소위 진지한 연극 공연을 하는 극장들(쉴러-극장, 자유민중극장)은 감소되었지만, 오락용 극장들은 확대되고 지원도 증가되었다. 여기에는 역시 현재 베를린의 중심지인 프리드리히 슈트라세(Friedrich-strasse) 기차역 근처에 있으며, 요란하고 흥겨운 음악과 군무(群舞)·노래를 곁들이며 흥미 본위의 공연을 일컫는 레뷔(Revue) 연극을 하는 프리드리히슈타트 궁전(Friedrich-stadt-Palast) 극장과 뮤지컬·레뷰 등 대중적 장르의 공연을 다양하게 올리는 메트로폴 극장(Metropol-Theater)이 통일 전보다 더 활발한 공연을 펼치고 있다. 또한, 서베를린쪽 시내에 있는 뮤지컬 전용 극장인 테아터 데스 베스텐스(Theater des Westens)도 변함없이 공연을 하고 있고, 동베를린 중심지와 가까운 서베를린 지역에서는 20세기 초반에 있다가 사라진 극장인 빈터가르텐 바리에테(Wintergarten Varieté)도 생겨나서 써커스와 판토마임, 노래와 군무 등 다양한 밤무대 쇼 공연을 보여주고 있다. 게다가, 포츠담 광장 근처에는 대형 뮤지컬 극장인 로얄 팔레(Royal Palais) 극장이 새로 지어져서 이제 베를린에는 도합 4개의 뮤지컬 전용극장이 있는 셈이다. 이와 같은 맥락에서 짤막한 정치사회 풍자를 곁들이며 음악 노래 공연을 보여주는 카바레(Kabarett) 소극장들도 늘어났다. 이런 극장들로는 디스텔(Diestel), 슈타헬슈바이네(Stachelschweine), 뷜모이저(Wühlmäuser) 등이 있으며, 통일 전보다 늘어났다. 이처럼 흥미 위주의 공연을 하는 극장들이 증가되어 대도시 대중의 가벼운 오락 욕구에 부응하고 있음을 말해주는데, 과거에 진지하고 도발적이고 비판적이거나 실험적인 연극이 자주 공연되던 서베를린의 연극 풍경과는 완전히 다른 양상이다.

영화관들도 연극 극장과 유사한 방향으로 재조정되었다. 우선, 이 도시에서 최대의 영화 행사인 베를린 영화제를 추진하는 경쟁 및 비경쟁부문의 본부와 주상영관이 모두 포츠담 광장 지역으로 이사 왔다. 그뿐만 아니라, 베를린의 시네마테크인 아르제날(Arsenal)과 영화박물관, 영화아카데미도 모두 이쪽으로 모였다. 서베를린쪽에 있던 수십여 개의 비상업적 영화관(Off-Kino)들은 많이 감소되었지만, 동베를린 지역에서 젊은이들이 모이는 장소가 된 하케쉐 회페(Hackesche Höfe) 근처에는 영화관과 소극장이 생겨났다. 그럼으로써 이제는 베를린 시내 중심이 되는 운터 덴 린덴 거리 주변과 프리드리히 슈트라세 역 주변, 포츠담 광장 지역에 여러 새로운 연극과 뮤지컬, 카바레 극장들과 영화관들이 집중적으로 자리 잡게 되었고, 소위 '문화의 중심'은 자연스럽게 현재 베를린의 중심지(Mitte)로 옮겨진 것이다.

대형 축제행사와 전시회들도 다소간의 조정을 거쳤다. 종합적 예술축제행사로서 동베를린에서 거행되며 주로 사회주의 국가들의 예술단체들을 초청하던 '베를린 축제행사'(Berliner Festtage)는 생략되었고, 많은 관객을 모으는 서베를린에서의 '베를린 축제주간'(Berliner Festwoche)는 유지되고, 공연장이 東西 베를린 여러 곳으로 확산되었다. 세계문화의 집(Haus der Kultur der Welt)에서 3년 마다 거행되는 대륙별 문화 행사인 '수평선'(Horizonte)은 東

西 베를린 중간에 위치한 점에서 행사가 대폭 확장되었다. 역시 중간 지점에 있는 역사적인 건물에서의 대규모 전시회도 같은 맥락에서 이해된다. 세계문화의 집과 가까이 있는 마틴-그로피우스-바우 건물에서 90년대 초반 대형 전시회가 잇달아 열려는데, '메트로폴리스'(1991), '유대인의 생활세계'(1992) 등이었다.

한편, 대안적 예술 내지 실험적 작품들을 표방하는 '자유 예술가'(freie Künstler)들의 주된 활동지였던 크로이츠베르크, 티어가르텐, 노이쾰른 지역에서 임대료가 상승하여 이들은 동베를린 지역의 프렌츠라우어 베르크(Prenzlauer Berg)와 북쪽의 판코프(Pankow)로 옮겨가야 했다.

마지막으로 문화 통합에서 한 가지 요소를 더 든다면, 多文化的(multi-cultural) 관점이 있다. 통일 이후 열려진 경계선을 넘어 동쪽에서 많은 이주민들이 베를린으로 진입 해 와서 원래 외국인이 많던(서베를린 인구의 약15%) 베를린에는 더욱 많은 외국인들의 도시가 되었다. 독일 정부와 독일인들이 원하든 원하지 않든 간에 이제는 베를린도 더욱 多文化的 사회가 되어 외국인 이주자들을 포함한 소수 민족들을 포함한 사회 및 문화정책이 요구되고 있다. 이런 상황에서 문화도 다문화적인 관점에서 소수 민족들, 또한 세계의 다른 민족들에 대해 열린 안목을 보여주는 문화 행사들이 90년대에는 더 많이 펼쳐졌다.

4. 베를린 문화 통합의 문제와 교훈

통일이후 베를린에서 행해진 문화 통합적 조치들로 인해 베를린의 문화적 풍경은 상당히 변화되었다. 이것은 베를린을 중심으로 동쪽과 서쪽 유럽에서 일어난 정치적 변화들에 부응하는 모습, 즉 새롭게 주어진 베를린의 지정학적 위치에 맞는 모습이라고 할 수 있다. 과거 베를린의 중심지를 부활시키는 '중심 이동'과 다수의 문화를 위하고, 多文化 사회의 문화에 포커스를 맞추며 문화의 인프라구조 변화를 추진했던 지난 10여 년 간의 문화 정책은 도시의 문화적 지형(cultural topography)을 상당히 많이 바꾸어 놓았다.

이와 같은 문화 정책은 장기적 볼 때, 21세기 시작과 더불어 새롭게 태어난 도시 베를린의 위상과 역할에 부합하는 데에 기여하려는 데에 주된 목적이 있으며, 여기에는 90년대 중후반 베를린 시정부의 집권당인 보수우익 정당 기독교민주당(CDU)의 정책이 어느 정도 반영된 점도 있다. 실상, 독일 정부는 21세기를 향해 거대한 야심찬 계획을 갖고 있다. 이것은 베를린을 정치・경제의 중심지뿐만 아니라 모스크바에서 리스본까지, 오슬로에서 아테네까지를 관통하며 유럽에서 東西와 南北 관계에서 다시금 중심지로 도약하려는 포부이며, 東西 유럽에서 경제와 문화의 교차점으로 부각되고자 하는 희망이다. 이런 원대한 모습을 향해 베를린에서는 문화 통합적 조치들과 더불어 동베를린 지역과 새로 개발된 지역에서 낙후되고 미비한 교통망 및 정보통신시설의 인프라 구조를 개선하고 확충하는 데에 먼저 많은 노력이 선행되었던 점이 간과되어서는 안될 것이다.

그러면, 이 자리에서는 문화 통합에서의 문제점들을 비판적으로 살펴보자. 사실, '문화 통합'의 문제성은 우선 그 개념부터 시작된다. '문화 통합'이란 모호하고 포괄적인 용어로서 개념상의 문제를 안고 있으며, 그 때문에 현실에서 추진하고 실천하는 데에서는 구체적이지 못하게 되는 결과를 낳을 수도 있다. 문화 통합에 대해서는 흔히 '문화적 정체성'(cultural identity)의 회복이나 '문화적 동질성' 회복이란 표현이 자주 동반되며 설명되고 있으나 '문화적 정체성'이 무엇인지 충분히 설명되지 않은 상태에서는 모호함이 더해진다. 또한, '문화적 동질성'도 애매한 개념으로 분단 이전에 한 민족의 문화를 확인하고 재생시키려 한다면, 즉 과거의 문화에만 집착한다면, 분단 이후 변화된 측면들을 받아들이지 못하게 되므로 문제가 있다. 가드프레이 카・조지나 폴은 '문화적 통합'을 비판적으로 바라보면서 역사상에서 "독일은 정치적・경제적 통일을 거의 누리지 못했듯이 문화적 통일도 거의 이루어보지 못했다"고 하면서 독일 역사에서 왜곡되어버린 개념인 '문화적 정체성' 때문에 문화적 통합도 혼란과 논란을 겪고 있음을 언급한다. 더구나 문화 행위를 대하는 동서독 문화행정가・수용자들의 차이는 문화생산을 담당하는 문화 창조자들의 행위 보다 더 큰 차이를 보여주었다고 지적한다.

마지막으로, 베를린에서 문화 통합적 정책 후에 나타난 실제적인 문제들을 검토해보자. 도시의 외관상에서 보면 문화 통합은 그럴듯하게 성취되었지만, 문화의 내용과 수용에서 보면 문화는 통합되었다고 그렇게 간단하게 말할 수 없다. 왜냐하면, 1998년 시점에서 볼 때, 베를린 市政部 文化省의 언론담당관 발라벤슈타인의 말에 따르면 "여전히 대다수의 동베를린 시민들은 주로 동쪽의 문화예술 행사들을 관람하고 서쪽의 문화행사들을 찾아가지 않으며, 서베를린 시민들도 주로 서쪽의 문화예술 행사들을 찾아 간다"는 현상이 있기 때문이다. 그래서 베를린의 동쪽과 서쪽 지역에서 여전히 '문화적 분단'이 남아 있다고 밖에 볼 수 없으며, 다만, 이런 현상은 10~20대 청소년・청년층에게서는 미약해서 이들은 양쪽의 문화를 간격 없이 받아들인다고 한다.

포츠담 광장 재건과 오락성 문화의 확대로 인해 베를린 문화의 특징인 '대안적 문화'(Alternative Kultur)가 실종되고 있는 점도 있다. 통일 이전 서베를린에는 자본주의 소비문화와 상업적 문화에 대항하며 비판적이고 실험적 성격을 띠던 '대안적 문화'가 있었고, 대안적 예술가들은 주로 임대료가 저렴했던 크로이츠베르크(Kreuzberg)와 노이쾰른(Neukölln)에서 활동했고, 여기에는 공격적이고 실험적인 공연을 하는 소극장과 다른 영화관에서 상영해주지 않는 젊은 영화인들의 작품들을 상영하는 소형 영화관이 있고, 재즈 연주를 겸하는 카페들이 많아서 '대안적 청년 문화'가 형성되어 있는 곳이었는데, 이 모든 것은 포츠담 광장 주변이 고급 빌딩 밀집지역으로 개발되면서 밀려나야 했다. 결국, 통일 이전에는 이런 지역에서 숨 쉬며 활동하던 자유예술가(freie Künstler/프리랜서 예술가)들이 설 자리가 없어진 것이다.

또한, 미술가들은 주로 모아비트(Moabit)에 아텔리어를 갖고 있었는데, 이들도 임대료 상승 때문에 어디로 가야 할지 혹은 사라져야 할지가 문제로 떠올랐고, 프리드리히 슈트라세 역 근처의 낡은 건물 안에서 갖가지 작업을 보여주던 젊은 자유 예술가들의 공간도 정리되었다. 그래서 1999년 5월 영국의 BBC 방송도 "서베를린의 특징이던 대항문화(counter・culture)가 사라지고 있다"고 보도했으며, 시사주간지 '슈피겔'(Der Spiegel)의 미술평론가 손트하이머는 베를린에서 예전 같이 '거칠은' 문화는 안 보이고 이젠 순화된 문화들이 팔리고 있다고 말한다. 시정부에서는 동베를린 지역의 프렌츠라우어 베르크(Prenzlauerberg)와 판코프(Pankow) 지역으로 자유 예술가들을 인도하고 있으나 이곳이 이들의 새로운 활동무대가 될 지는 아직 미지수이다.

— 이 글은, 9월 5일 한국 독일학회의 정기 학술회의에서 필자가 발표한 내용이다

스포츠

베를린은 스포츠 도시로서 오랜 전통을 갖고 있다.

1936년 올림픽경기를 주최하였고 2006년 월드컵 결선장소이기도 하다. 해마다 베를린 마라톤대회가 열리기도 하고 국제 체육 행사 ISTAF, 여성 국제 테니스 챔피언십, CHI 승마 대회, 새로 건축된 경륜장에서 열린 '6일' 경기를 들 수 있다. 현재 베를린에서 가장 성공적인 축구 클럽은 분데스리가에서 활약하는 Hertha BSC와 분데스리가 2부 리그의 테니스 보루시아 베를린이다. 올림픽 경기장은 헤르타 BSC 베를린의 홈구장인데 1936년에 세워진 올림픽슈타디온은 경기장 보수가 2000년에 시작되어 2004년에 완공되었다.

공항

베를린에는 3개의 공항이 있다. 테겔 국제공항(TXL), 템펠호프 국제공항(THF), 쇠네펠트 국제공항(SXF)이다. 테겔과 템펠호프는 베를린 시내에 있는데 시내 북서쪽에 위치한 테겔(Tegel) 공항은 시내에서 약 6km 떨어져 있어 10여분이 소요되며 이 공항은 서부 유럽이나 북아메리카에서 오는 항공편의 도착지이기도 하다. 택시로 시내 중심까지 들어가는 데는 약 30여분 정도 걸린다.

시내 동서쪽에 자리 잡고 있는 템펠호프(Tempelhof) 공항의 경우는 5km 정도의 거리로서 약 10분 가량이 걸린다. 템펠호프 공항은 초기에는 군사전용 공항이었지만, 이제는 단거리 민간항공기들

을 위해 사용하나 폐쇄할 계획에 있다 한다.

그리고 쇠네펠트는 베를린 남동쪽 브란덴부르크 주 경계선에 있어 시내에서 24km 떨어져 있어 약 30분 정도가 소요된다. 쉐네펠트 공항은 구 동베를린의 공항으로 동구의 동유럽이나 러시아 쪽에서 오는 비행편이 발착한다.

베를린에 대한 유명인들의 언급

- Klaus Wowereit(베를린 시장): 베를린은 부유하지 않으나 섹시하다.
- Ernst Reuter(독일의 공산주의자로 독일사회민주당의 지도자였고 제2차 세계대전 후 서베를린 시장을 지냈다): 세계의 사람들이여, 이 도시를 보라
- Marlene Dietrich(여배우이자 가수): 나는 아직도 베를린에 여행 가방이 있다.
- Karl Scheffler(작가): 베를린은 저주 받아 영원히 생성 중에, 결코 완성되지 않는 도시로 있다.
- Hiroshi Motomura(미국 법대교수): 베를린은 뉴욕의 문화와 도쿄의 교통시스템과 시애틀의 자연과 베를린의 역사적 유물들이 혼합된 도시이다.

Stadtporträt Berlin
Geteilte Stadt, vereinte Stadt

Nach dem Zweiten Weltkrieg war Berlin eine geteilte Stadt - durch den "Eisernen Vorhang" in zwei Teile geschnitten. Am berühmten "Checkpoint Charlie" richteten Sowjets und Amerikaner ihre Waffen aufeinander, stets bereit, für das jeweilige Verständnis von Freiheit einen Weltenbrand zu entfachen. Der Bau der "Berliner Mauer" im Jahr 1961 trennte Ideologien; er trennte aber auch Familien, Nachbarn und Freunde. "Ich bin ein Berliner!", diese berühmt gewordenen Worte des US-Präsidenten John F. Kennedy demonstrierten das Mitgefühl der westlichen Welt für Berlins Tragödie, aber die verhärteten Fronten im "Kalten Krieg" zwischen Ost und West machten aus Berlin eine Stadt mit zwei Gesichtern.

베를린 시의 모습: 분리된 도시, 하나 된 도시

세계 제2차대전 후 베를린은 분리된 도시였다. '철의 장막'에 의해 두 부분으로 잘라졌다. 유명한 '찰리 검문소'에서 소련과 미국은 서로를 향해 그들의 무기를 겨누었고 자신들이 각기 이해하고 있는 자유를 위해 언제든 세계전쟁을 일으킬 준비가 되어 있었다. 1961년 세워진 '베를린 장벽'은 이념을 분리시켰고 또한 가족, 이웃 그리고 친구들도 분리시켰다. 미국의 대통령 존 에프 케네디의 "나는 베를린 시민입니다"라는 유명한 그 말은 베를린의 비극에 대한 서방세계의 공감을 표명한 것이다. 그러나 동-서의 '냉전' 속에서 냉담한 최전방은 베를린을 두개의 얼굴을 가진 도시로 만들어버렸다.

Der Fall der Mauer

Denn: Was niemand für möglich gehalten hatte, wurde am 9. November 1989 Wirklichkeit. Die Mauer fiel. Und die Menschen aus Ost und West fielen sich in die Arme, es flossen Tränen des Glücks.

Mehr als ein Jahrzehnt ist seitdem vergangen. Berlin ist nun die Hauptstadt des vereinten Deutschland. Presslufthämmer, Baufahrzeuge und Planierraupen bestimmten lange den Rhythmus der Stadt. In kürzester Zeit haben Arbeiter aus aller Herren Länder ganze Stadtteile aus dem Boden gestampft, vor allem dort, wo die Teilung der Stadt am deutlichsten ihre Spuren hinterlassen hatte - zum Beispiel am Potsdamer Platz. Hier ragen inzwischen schlanke Wolkenkratzer aus Glas, Stahl und Beton in den Himmel. Berlin - eine Stadt im Umbruch, die Menschen aus aller Welt anzieht.

장벽의 붕괴

그런데 누구나 불가능하게 여겼던 일이 1989년 11월 9일 현실로 되어버렸다. 장벽이 무너진 것이다. 동-서의 사람들은 서로를 포옹하고 행복의 눈물을 흘렸다.

그 후 10년 이상이 흘렀다. 이제 베를린은 통일 독일의 수도이다. 착압기, 크레인, 불도저들이 오랫동안 도시의 리듬을 이루었다. 도처에서 온 노동자들이 짧은 기간 안에 모든 시의 구역들을 - 특히 도시의 분단이 가장 분명하게 그 흔적을 남겨놓았던 곳, 예를 들어 포츠담광장 같은 곳 -창조해내었다. 이곳엔 그 사이 유리와 강철과 콘크리트로 이루어진 늘씬한 마천루들이 우뚝 솟아 있다. 베를린은 대개혁의 도시이며 사람들을 전 세계로부터 끌어당기고 있다.

(Leben-Städte-Alle Städte-Berlin-Statporträt으로 찾아 들어가면 된다)

Studieren in Berlin 베를린에서 공부하기
Studium mit Superlativ 최상급의 대학공부

Berlin ist nicht nur die größte Stadt, Berlin ist auch die größte Universitätsstadt Deutschlands. Mehr als 130.000 Studierende lernen hier an drei Universitäten, sieben Fachhochschulen, vier Kunsthochschulen und über 60 weiteren Forschungseinrichtungen. Berlin ist einer der beliebtesten Studienorte in Europa - in Deutschland sowieso.

베를린은 독일에서 가장 큰 도시이자 가장 큰 대학도시이기도 하다. 13만 이상의 학생들이 3곳의 종합대학과 7개 전문대학과 4개의 예술대학 그리고 60개가 넘는 연구소에서 배우고 있다. 베를린은 독일에서는 물론이고 유럽에서도 가장 인기 있는 공부장소이다.

Die Humboldt-Universität(HU) Berlin ist der Prototyp einer neuzeitlichen Universität. Der Dualismus von Lehre und Forschung wurde hier 1810 erstmalig praktiziert. Das beeindruckende Hauptgebäude steht direkt an Berlins bekanntester Straße "Unter den Linden". Knapp 34.000 Studierende sind an der HU eingeschrieben. Das Fächerspektrum der elf Fakultäten ist breit. Mit dem berühmten Krankenhaus, der Charité, hat die HU die größte medizinische Fakultät Europas.

베를린 홈볼트대학은 현대적 대학의 전형이다. 가르침과 연구의 이원주의는 1810년 처음 실행되었다. 강한 인상을 남기는 본관건물은 바로 베를린의 유명한 거리 '운터 덴 린덴'에 서 있다. 거의 34000명의 학생들이 홈볼트대학에 등록하였다. 11개 단과대학의 전공분야는 다양하다. 유명한 대학병원 샤리테와 함께 홈볼트대학은 유럽에서 가장 큰 의과대학을 갖고 있다.

Groß und international 크고 국제적이다

1948 gründeten Professoren und Studenten mit amerikanischer Unterstützung die Freie Universität Berlin - 20 Jahre später eine Hochburg der deutschen Studentenbewegung. Heute studieren hier mehr als 43.000 Jungakademiker in zwölf Fachbereichen und über 100 Instituten. Sprachen, Geschichte, Recht und Wirtschaft sind die klassischen Schwerpunkte. Eine internationale Prägung erhält die FU durch 5000 Studierende aus dem Ausland.

Die Größe der Freien Universität birgt aber auch Nachteile: Die Betreuung des einzelnen Studenten kommt oft zu kurz.

1948년 교수들과 학생들은 미국의 지원을 받으며 베를린 자유대학을 건립했다. 20년 후 이곳은 학생운동의 중심지였다. 오늘날 43000이상의 젊은 학도들이 12개 단과대학과 100개가 넘는 연구소에서 공부하고 있다. 어학, 역사, 법, 경제는 고전적 중심학문이다. 외국에서 온 5000명의 학생들로 인해 자유대학은 국제적 특성을 얻고 있다.

그러나 자유대학의 크기는 또한 불리한 점도 있는데 개개 학생을 지도해주는 것은 어렵기 때문이다.

(Leben-Städte-Alle Städte-Berlin-Studieren으로 찾아 들어가면 된다)

10-2. 뮌헨

바이에른 주의 서울이다. 독일에서 3번째로 큰 도시이며 유럽에서 가장 번영한 도시 중 하나이다. 약 130만 명의 주민이 살고 있으며 시의 모토는 "가슴을 가진 세계도시"이었는데 최근에 '뮌헨은 당신을 좋아 한다'로 바뀌었다.

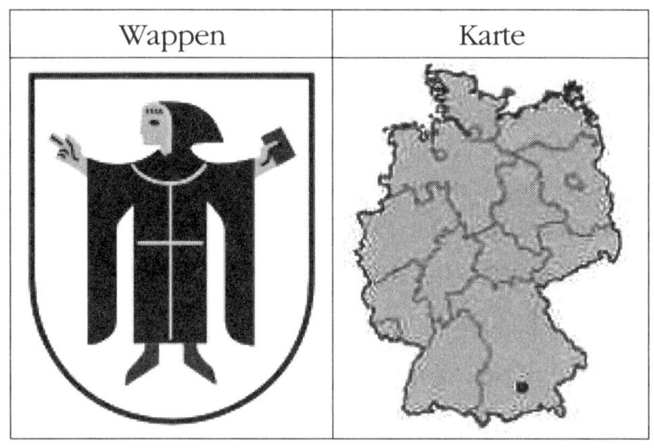

뮌헨의 상징으로 흔히 사자를 연관시키나 사자는 바이에른 주의 상징이고 베를린 시의 문장은 수도사의 복장을 한 아이('뮌헨의 아이'로 불린다)이다. 신성로마제국 시대 루드비히 4세 때부터 신성로마제국의 색깔인 검정과 금색이 뮌헨시의 공식적 색이다.

지형과 기후

뮌헨은 바이에른 주 상부, 알프스산 북쪽에서 50km떨어진 고원 위에 놓여져 있다.

기후는 바다에서는 멀고 알프스산 북쪽 가까이 놓여있기 때문에 강수량은 높은 편이다. 폭우가 갑자기 닥치기도 하고 낮과 밤의 기온차, 겨울과 여름의 기온차가 심하다. 알프스에서 불어오는 따뜻한 바람(푄)은 한두 시간 안에 갑자기 온도를 바꿀 수가 있다.

겨울은 12월에서 3월까지인데 뮌헨의 겨울은 다소 추운편이다. 겨울엔 많은 비가 내리지 않는다. 가장 추운 달은 1월인데 평균기온 섭씨 0.56도이다. 겨울 동안은 두세 주 정도 눈이 덮인다. 여름은 적당히 따뜻해 가장 더운 달인 7월이 평균 19도 이다.
여름은 5월에서 8월까지이다. 여름엔 태풍을 동반한 비가 자주 온다.

역사

1158년 작센과 바이에른의 공작이던 사자공 하인리히가 그 이전부터 자리를 잡고 있던 베네딕투스 수도회 수사들(Munichen이라 불렀는데 작은 수도승의 의미이다)의 거주지 옆에다 세운 도시인데 이 수도사들은 8세기의 수도원까지 거슬러 올라가나 뮌헨지역에 머문 것은 그 이전 로마시대부터라 한다. 뮌헨의 도시이름은 이 수도승들에게서 유래한다 할 수 있다. 하인리히공은 이자르강 위로 다리를 만들고 상인들로 하여금 이 다리를 사용하게 하면서 통행료도 부과하기 위해 근처 프라이징(Freising)주교 소유의 다리를 파괴하였는데 국왕 프리드리히 1세는 이 두 사람의 분쟁을 중재하면서 하인리히공의 약탈을 인가하고 뮌헨의 무역권과 화폐주조권을 주는 대신 주교에게 매년 보상을 하도록 하였다.

200년 후 1175년 뮌헨은 정식 도시로 승격되었으며 1180년에 하인리히공이 반역죄로 문초당하고 전영토를 몰수당하면서 뮌헨은 프라이징 주교 손으로 들어간다. 당시 바이에른 공국은 비텔스바흐(Wittelsbach)가문의 오토1세가 군주(공작)였고 비텔스바흐 가문은

1918년까지 바이에른을 통치하게 되는데 1240년 뮌헨은 오토2세의 소유가 되고 1255년 바이에른 공국이 둘로 나누어지자 뮌헨은 상부 바이에른의 공작영토가 된다. 1314년 루트비히 4세가 독일 왕이 되고 1328년에는 신성로마제국 황제로 등극한다. 루트비히 4세는 뮌헨에 소금 전매권을 주어 경제력을 강화시킨다. 이때부터 뮌헨을 나타내는 색이 검정과 금색이 되었다. 1506년 바이에른이 다시 통합되자 뮌헨은 바이에른 공국의 수도가 되었다.

16세기 뮌헨은 반종교개혁의 중심지였다. 1623년 30년 전쟁 동안 뮌헨은 당시 바이에른 공인 막시밀리안 1세의 거주지가 되었는데 그는 반종교개혁의 선두에 섰다. 한때 구스타브 2세 휘하의 스웨덴군에게 점령당하기도 하였고(1632), 1634~35년 사이 전염병이 발생하여 인구 삼분의 일이 죽는 일도 발생했으나 1648년 30년 전쟁이 끝나고 다시 인구는 늘어났다. 1705년 스페인계승전쟁 때에는 오스트리아에 점령되어 막시밀리언 2세 선제후(選帝侯)가 프랑스로 피신하여 루이 14세의 도움을 받았는데 이 무렵부터 프랑스의 영향을 받기 시작했다. 18세기 뮌헨은 다시 합스부르크 가문의 지배를 일시적으로 받기도 했으나 1789년부터 도시는 급격히 발전하면서 이미 당시 유럽에서 가장 큰 도시 중 하나로 성장했다.

1825~48년 재위에 있던 바이에른 국왕 루트비히 1세는 오늘날의 뮌헨을 기획하고 탄생시켰으며, 그가 선임한 건축가들로 하여금 공공 건축물을 통하여 뮌헨의 특징적인 모습을 확립하도록 하였다. 이어 루트비히 2세는 작곡가 리하르트 바그너(Richard Wagner)를 후원함으로써 음악과 무대의 도시라는 명성을 얻었다.

1839년에 철도가 들어서고 1876년에는 전차가 1882년에는 전기불이 들어오게 된다. 1930년에는 이자르 강변의 독일박물관이 처음으로 텔레비전 시연장이 되었다.

비텔스바흐 왕조의 지배는 제1차 세계대전 후인 1918년 루트비히 3세가 퇴위함으로써 막을 내렸다.

제1차대전 중 뮌헨은 연합군의 봉쇄로 식량에서나 물자 면에서 어려움을 겪었고 1916년에는 프랑스의 공습으로 폭탄도 3개나 떨어진다. 그리고 1918년 이후 뮌헨은 정치활동의 중심지가 되는데 바로 히틀러의 국가사회주의당(나치)의 중심지가 된 것이다. 1933년 나치당의 본거지가 되면서 나치는 뮌헨을 '나치운동의 수도'라 불렀다.

세계대전 후 뮌헨은 완전히 새로 재건되면서 1957년엔 인구가 백만 명을 넘어선다.

1972년 여름올림픽이 개최되나 팔레스티안 테러리스트들에 의해 이스라엘 선수들이 살해되기도 하였다. 이 당시 사건은 스필버그 감독에 의해 2006년 영화 '뮌헨'으로 만들어졌다.

1974년 월드컵의 여러 경기가 뮌헨에서 열렸다.

1992년 5월에는 증대하는 국내외 항공기와 탑승객을 처리하기 위하여 새로운 공항이 개설되었다.

정치

현재 뮌헨 시장은 SPD의 크리스티안 우데 Christian Ude이다. 뮌헨은 2차대전 이후 계속 SPD 정부로 자리 잡았다. 이일은 상당히 예외적인 현상인데 왜냐면 다른 바이에른 지역들은 상당히 보수적이라 거의 CSU가 모든 선거에서 자리를 차지하고 있기 때문이다.

뮌헨은 바이에른 주의 수도로 독일 정치의 중심지이며 바이에른 주정부, 주수상청과 모든 주의 기관들이 이곳에 있다.

분할지역

뮌헨은 25행정구(Bezirke)로 나뉘어져 있다.

알파벳 순서대로 하자면,

Allach-Untermenzing

Altstadt-Lehel

Aubing-Lochhausen-Langwied

Au-Haidhausen

Berg am Laim

Bogenhausen

Feldmoching-Hasenbergl

Hadern

Laim

Ludwigsvorstadt-Isarvorstadt

Maxvorstadt

Milbertshofen-Am Hart

Moosach

Neuhausen-Nymphenburg

Obergiesing

Pasing-Obermenzing

Ramersdorf-Perlach

Schwabing-Freimann

Schwabing-West

Schwanthalerhöhe

Sendling

Sendling-Westpark

Thalkirchen-Obersendling-Forstenried-Fürstenried-Solln

Trudering-Riem
Untergiesing-Harlaching

가볼만한 곳과 주 건축물들

1) Marienplatz 마리아 광장

뮌헨시 중심에 있다. 넓은 광장인데 그 중앙에 마리아상 기둥이 있어 이름이 마리아광장이 되었다. 뮌헨을 여행하는 사람이라면 제일 먼저 찾는 곳은 바로 마리아 광장인데 이곳에 신 고딕양식의 건축물인 신시청사와 구시청사가 자리 잡고 있다. 신시청사 종탑에는 시청종악(Rathaus-Glockenspiel)이 있어 매일 정오와 오후 5시가 되면 10분간 종소리에 맞춰 인형들이 움직인다. 거의 사람 사이즈의 인형들이 중세때의 마상창 시합을 보여주고 유명한 '통장이춤 Schäfflertanz'을 춰 많은 관광객을 같은 시간에 같은 장소에 모이게 만든다.

2) Stachus 슈타쿠스

마리아 광장에서 넓은 보행자도로로 이어지는 카알 광장 Karlsplatz의 별칭. 1797년 당시 바이에른 선제후이던 카알 테오도르의 이름을 붙였으나 그는 인기가 없던 제후라 뮌헨 토박이들은 그 이름대신 슈타쿠스 술집의 이름을 따 슈타쿠스라 부른다. 중세 때의 성곽은 파괴되었지만 3개의 성문이 뮌헨에 남아 있다. 동쪽엔 '이자르문 Isartor', 남쪽에 '센드링이 문 Sendlinger Tor', 서쪽엔 '카알문 Karlstor'이 있는데 이 광장에서 가장 오래된 건축물이 카알문이다.

3) Odeonsplatz 오데온 광장

마리아 광장에서 한 정거장 정도의 거리에 있는 이 광장은 뮌헨의 가장 고풍스러운 거리인 루드비히 거리와 이어져 있으며 이탈리아풍의 광장이다. 이 광장을 이루고 있는 것은 Feldherrnhalle과 Theatiner 성당인데 Feldherrnhalle의 입구엔 바이에른의 상징인 사자가 둘 있고 3개의 아치로 이루어져 있다. 루드비히 1세의 명으로 Friedrich von Gärtner에 의해 1841~44년에 만들어졌으며 전쟁 영웅을 기리는 단이 있다. Feldherrnhalle의 바로 오른쪽으로 17세기 대리석으로 세워진 테아티너 성당이 있다.

이 오데온 광장을 기준으로 루드비히 거리 쪽으로 신시가지 그리고 그 반대쪽으로 구시가지로 나뉜다.

4) Residenz 레지던츠 궁

오랫동안 뮌헨의 문화와 예술을 주도해 왔던 레지덴츠 궁은 1385년부터 짓기 시작해 1918년 히틀러의 정권 전까지 바이에른 공국 왕, 영주 등 왕가의 저택이자 직무 장소로 쓰였다. 여러 번 증축을 거듭해 왔으며 그 실내장식은 유럽에서 가장 중요한 박물관의 역할도 한다. 바이에른 왕국의 보물을 전시한 보물의 방도 있는데 각종 보석을 비롯해 왕관과 칼, 사파이어가 박힌 술잔 등 1250여 점이 전시돼 있다.

로코코양식의 극장에서는 수많은 오페라가 공연되었는데 모차르트의 "Idomeneo"는 1781년 여기서 초연되었다.

관내에 화폐박물관(각국의 동전과 지폐, 그중 고대 그리스의 동전도 있다)과 이집트미술관 등도 들어서 있어서 종합문화 센터의 역할을 하고 있다.

레지덴츠궁앞에 Max-Joseph-Platz 광장이 있다.

5) Peterskirche 성베드로 성당

마리아광장에서 가깝다. 가장 오래된 교회다. 로마네스크 시대에 지어졌으며 1158년 뮌헨이 도시로 자리 잡기 전 수도승들이 거주하던 곳의 중심에 있었다. 높은 제단에 성 베드로 동상이 있다. 이 성당 안의 내부 장식은 6세기의 것이며 무려 92m에 달하는 옥상에서는 마리아광장과 신시청사의 종탑까지도 선명히 바라 볼 수 있는 기회를 가질 수 있다.

6) Frauenkirche 성모교회

뮌헨에서 가장 유명한 건물이다. 뮌헨과 프라이징의 대주교를 위한 성당이었다. 돔 형태의 두개 첨탑이 있는데 양파모양의 놋쇠돔이 특히 유명하다. 1488년 완공된 이후 이 양파모양의 돔은 1525년 추가된 것이다. 원래는 쾰른성당을 본 따 뾰족하게 지으려 했으나 재정적 문제로 완성되지 못했다. 처음 볼 때는 두 탑의 높이가 같게 보이나 사실 북쪽 탑은 높이가 99m, 남쪽 탑의 높이는 100m이다. 이 탑의 높이는 2004년 시의 건물들 높이를 제한하는 법의 기준이 되기도 했다. 뮌헨의 다른 건축물들과 달리 세계대전에서 파괴되지 않고 살아남아 500년 이상의 역사를 갖게 되었다.

1622년의 바이에른 왕 루트비히의 묘가 있다.

7) Schloss Nymphenburg 님펜부르크성

뮌헨시내에서 북쪽으로 6km 떨어진 곳에 위치한 성으로 아름다운 정원으로 둘러싸여 유럽에서 가장 아름다운 성 가운데 하나로 꼽힌다. 순백색의 건물에 주홍빛 지붕, 연못, 백조, 분수, 푸른 정원과 숲으로 이루어진 님펜부르크 궁전은 오랫동안 비텔스바흐 왕가의 여름별장이었다. 원래 1664년 바이에른의 선제후 페르디난트 마리아가 자신의 부인이 아들 막시밀리안 에마뉴엘을 낳자 선물로 이 성을 짓게 한다. 당시 건축가는 아골스티노 바렐리 Agostino Barelli 였다. 이 궁전의 이름은 '요정들의 성'이라는 뜻을 지니고 있다 1664년부터 1748년 사이 증축과 증축을 거듭했다.

루이 14세를 위해 베르사유 궁전 정원을 설계했던 카르보네가 이곳 정원들을 설계했다. 님펜부르크 궁전 남쪽에 있는 2층 건물은 옛날에는 마구간이었다고 하는데 지금은 1층은 마구박물관(Marstall Museum), 2층은 도자기박물관(Museum Nymphenburger Porzellan)으로 꾸며져 있다. '마차 박물관'에는 화려한 마차들, 말이 끄는 썰매며 마구들이 전시되어 있는데 그중 마차 전체를 금으로 세공한 루트비히 2세의 금마차는 무척 화려하면서 정교하며 여자들을 위한 마차는 동화 속에 나오는 마차같다. 도자기박물관의 그릇들은 여자들이라면 욕심을 내지 않을까 싶다. 바이에른 루드비히 1세(1786~1868)가 궁정화가를 시켜 36명의 바이에른 미녀의 초상을 모아놓은 '미인 갤러리'도 유명하다. 1845년에는 막시밀리안 2세의 아들이자 바그너를 기리며 노이슈반슈타인성을 건축한 루트비히 2세가 이 성에서 태어나기도 했다.

8) Alte Pinakothek 구 피나코텍과 Neue Pinakothek 신 피나코텍, Pinakothek der Moderne 현대 피나코텍 미술박물관

알테 피나코테크(alte pinakothek)와 노이에 피나코테크(neue pinakothek)는 도로를 경계로 마주보고 있다. 우선 뮌헨이 자랑하는 알테 피나코테크에는 막스밀리안 1세 때 지어졌는데 중세부터 바로크 시대(14~18세기)의 유럽 회화를 중심으로 전시하고 있다. 4세기가 넘는 기간동안의 여러 기법에 대해 엿볼 수 있는데 뒤러의 그리스도를 닮은 '자화상'을 비롯하여 '4명의 사도', 라파엘의 그림들, 루벤스, 렘브란트, 다 빈치, 티티안, 엘 그레코 등의 작품들이 모두 모여 있다.

1953년 문을 연 신 피나코테크는 전쟁으로 파괴되자 1981년 알렉산더 본 브란카(Alexander von Branca)가 디자인해 구 피나코테크와 대비되는 현대적 건축물로 건축되었다. 19세기 회화·조각 등을 전시하고 있다. 교과서에서 볼 수 있었던 다비드, 고야, 고흐, 고갱, 세잔 등의 스페인과 프랑스 인상파 화가들의 작품들을 감상할 수 있다.

현대 피나코텍(pinakothek der moderne)은 20세기와 21세기의 그래픽, 건축, 디자인 부분의 작품을 전시한 모던한 미술관인데 독일 표현주의의 칸딘스키를 중심으로 독일에서 일어난 '청기사 운동'의 대표작품들이 있으며 현대 비디오 아트와 상업디자인에 이르기 까지 시각예술의 성과가 드러나는 곳이다.

9) Deutsches Museum 독일 박물관

이자르 강변에 위치하며 세계에서 가장 오래되고(1903년 시작하여 1925년 문을 열었다) 그 규모와 내용에서 가장 큰(16km에 달한다 한다) 과학박물관이다. 항공우주, 천문학, 자동차, 통신, 철도, 광학, 인쇄 등 수십 개의 전문분야로 나뉘어져 2만점에 가까운 물품들이 전시되어 있는데 그중 라이트형제의 비행기를 비롯하여 여러 모형의 항공기와 자동차가 전시되어 있다. 우리나라 인쇄술에 관한 것도 전시되어 있으니 한국인으로서 자부심을 가질만하다. 어린이들이 직접 체험하고 학습할 수 있는 공간도 만들어져 있어 더욱 흥미롭다.

✎ 독일 뮌헨 독일박물관(Deutsches Museum)

1903년에 설립된 독일박물관은 뮌헨 시 중심에서 동남쪽, 중앙역에서 지하철로 두 정거장 거리에 있으며 이자르 강변에 위치하고 있다.

세계 최초, 최대 규모의 과학·기술 박물관으로 뮌헨 출신의 사업가 오스카 폰 밀러가 창설한 독일 박물관은 총 8층 높이의 건물에 1만 7000여 점의 작품들이 항공·자동차·선박·컴퓨터·천문학 등 30여 가지의 분야별로 전시되어 있어 이 모든 것을 제대로 보기 위해서는 약 한 달 정도의 시간이 걸린다고 한다.

독일박물관은 우주의 분위기가 들도록 천장과 벽들이 전체적으로 어둡게 조성된 채 필요한 부분만 특별 조명을 하고 있다.

벽에 설치된 조직적인 내용의 패널들을 통해 역사와 원리를 설명하고 그 바로 옆에는 실제 로켓 노즐 등을 절단해 내부 구조를 이해하도록 하고 있다.

인공위성을 전시한 곳의 중앙에는 통제실에서 스크린으로 신호와 움직이는 영상을 주고받는 그대로가 재현돼 관람객들을 실감나게 해주며, 그 바로 옆에서는 모형 인공위성이 자전하며 지구 주위를 공전하는 모습을 볼 수 있다.

독일박물관 1층 항공관의 홀에 들어서면 오른쪽에 잘라놓은 에어버스 A300B 시리즈 항공기의 실물 크기 동체와 주 날개 밑에 엔진과 착륙장치를 볼 수 있다.

이곳에 전시된 비행기는 주요 부분의 커버를 전부 벗기거나 절개해서 비행기의 원리와 구조를 이해할 수 있도록 전시해놓았다.

2층 앞쪽에는 기구 비행, 비행선 시대, 그리고 릴리엔탈이 만든 최초의 유인 글라이더부터 초기 동력기에 이르기까지 라이트 형제의 동력 비행 이전의 항공 유물과 역사를 실물 크기의 모형과 패널로 살펴볼 수 있다.

2층 중앙 전시공간에는 날개의 원리, 비행기에 작용하는 힘, 비행기의 제어 등 항공역학의 원리를 소개하는 전시물이, 뒤편 중앙에는 독일의 대표적인 항공기인 융커스 Ju 52와 융커스사의 A50과 F13 항공기, 메서슈미트사의 Bf

109E 전투기, 등이 전시되어 있다.

3층에는 독일 등 유럽공동체 국가들이 참여하는 유럽우주국(ESA)의 우주개발사업을 중심으로 한 전시가 있는데, 여기에는 미국과 러시아 등 주요국의 개발품을 포함 각종 우주 발사체와 인공위성, 그리고 우주선의 실물과 모형은 물론 이들의 부속 장비와 기구 등을 전시하고 있다.

독일 박물관이 만들어지는 데에는 무려 22년이라는 오랜 세월이 소요되었다. 1903년 여름, 박물관 건설추진위원회가 처음 결성된 이후 제1차 세계대전의 패배와 최악의 인플레이션이라는 위기를 극복해나가며 많은 어려움 끝에 세워진 박물관이다.

40대에 건설을 추진하기 시작해 1925년의 칠순의 노인이 되어 독일 박물관의 개관을 바라보았던 오스카 폰 밀러가 온 생애를 바쳐 추진한 독일 박물관은 과학기술 박물관의 전형이 되었고, 시카고 과학 산업 박물관을 비롯한 세계의 유명 박물관 설립에 커다란 영향을 미쳤다.

— 출처: 대덕연구개발특구, HelloDD.com, [사보마당] 세계속 과학현장에 '풍덩', 2005년 9월24일, 글쓴이: 박혜린 홍보팀

10) Schwabing 슈바빙거리

파리의 몽마르트르에 비견되는 뮌헨의 예술과 유행의 중심가. 레오폴트(Leopold) 거리를 따라 이어지는 곳으로 화랑, 소극장, 디스코텍, 재즈 카페 등 젊은이들의 놀이 공간.

슈바빙거리하면 우선 전혜린이 떠오른다. 어느 누구도 그녀보다 더 서정적으로 슈바빙거리에 대해 묘사를 한 사람은 없다 생각한다.

전혜린(1934~65)은 수필가로 평남 순천 출생. 경기여고를 나와 독일 뮌헨대 독문과 수료. 여러 대학의 강사를 거쳐 성균관대 교수 역임. 31세로 자살힘.

수필집 "그리고 아무 말도 하지 않았다"에서 '뮌헨의 몽마르트르', '다시 나의 전설 슈바빙', '몽환적 시월'이란 제목으로 여러번 슈바빙에 대해 이야기해준다.

✎ 뮌헨의 몽마르트르

청춘과 보헴과 천재에의 꿈을 일상사로서 생활하고 있는 곳, 위보다는 두뇌가, 환상이 우선하는 곳..... 내가 살고 있는 뮌헨 북부의 한 구는 슈바빙이라고 불리워지는 독특한 지대다 슈바빙이라는 단어는 유럽이나 미국에서는 파리의 몽마르트나 쌩 제르맹 데 쁘레와 마찬가지로 한 개념이 되어 있다. 이 지대의 역사도 굉장히 오래되어 있어서 20세기에 어떤 일족이 이동해 와 정착한 것에서 출발하여 점점 발전하고 확장되어서 결국은 뮌헨이라는 대도시가 생겨났다고 한다. 따라서 슈바빙은 뮌헨의 핵심이라고 말할 수 있다. 슈바빙을 유명하게 만들고 독일의 다른 도시 또는 도대체 독일적인 것과 구별 하고 있는 것은 그 오랜 역사 때문이 아니라 특유한 분위기 때문이다. 그것은 무엇이라고 정의내릴 수 없는 독특한 맛-'슈바빙적'이라는 말 속에 총괄되는 자유, 청춘, 모험, 전재, 예술, 사랑, 기지......등이 합친 맛으로서 옛날의 몽마르트르와 비슷하기는 하지만 전혀 다른 자기의 맛을 가진 정신적 풍토라고 말할 수 있을 것 같다.일차 대전 후의 몽마르트르나 이차 대전 후의 생 제르맹 데 쁠레에 일말의 우수(독일의 로만티스무스의 안개)와 게르만의 무거 운 악센트를 붙인 곳이라고나 할까? 슈바빙의 주요 도로인, 거대한 포플러 가로수로 장식되어 있는 아름다운 레오 폴드가를 따라 올라가면 평범한 셀러리맨과 중산 계급 주부들에 섞인 슈바빙 가(수바빙족)들을 볼 수가 있다. 도로에 의자와 테이블을 내놓은 테라스 카페에 앉은, 보들레르식으로 머리를 기르고 '실재주의자 수염(반고호식 수염으로, 화가 수염이라고도 한다)을 기른 검은 스웨터에 검정 골덴바지를 입은 청년과 마리나 블라디 또는 브리짓드 바르도 식 머리를 한, 화장은 안하고 눈가만을 검게 그리고 끝을 올린 소녀들이 바로 그들이다. 한 잔의 커피 또는 아무것도 안 마시고 담배만을 연거푸 피우면서 몇 시간이라도 그들은 토론하고 있다. 그들의 화제는 몹시 시대 정신과 저널리즘에 민감한 것을 나타내고 있으나 특별한 것은 없다. 예를 들면 영화와 축음기판, 쥴리엣타 마시나와 하이 데카, 라이오 넬 햄튼과 석간신문, 시, 시계, 건축, 연애, 강의 노트, 소련의 로켓...... 등이 화제다. 그러나 슈바빙적인 것은 어떤 얘기 속에도 얘기 그 자체가 아니라 행간에 놓여 있다. 말해지지 않은 속에 억제된 감동, 욕망, 기대가 스며 있다. 돈, 시간표, 소시민 근성, 인습에 대한 철저한 무관심과 그 들로부터 자유로움의 의식이 어쩐 화제 사이에도 그들을 침묵 속에 굳게 맺어 서 일종의 분위기를 빚어내고 있는 것이다. 그들의 테마는 예술이다. 어디선지 모르게 그림이 그려지고 있고, 조각을 쪼고 있고, 시가 쓰여지고 있는 곳, 사람들이 젊었을 때 누구나 가질 청춘과 보헴과 천재의 꿈을 일상사로서 생활하고 있는 곳, 위보다는 두뇌가, 환상이 우선하는 곳, 이런 곳이 슈바빙인 것 같다. 이러한 분위기는 슈바빙의 주민들-대부분이 학생, 화가, 배우, 음악가, 기자, 시인 등으로 구성되 있다-에게서 나올 뿐만 아니라 슈바빙을 유명하게 만든 또 하나의 원인인 수많은 음식점과 댄스홀에서도 풍기고 있다. 즉 한 잔의 맥주와 한 접시의 수프로 저녁을 대신하고 몇 시간씩 난로를 쬐고 트럼프나 하 모니커로 놀기까지 하는 학생들을 조금도 싫어하지 않는 무관심한 음식점, 한 잔의 맥주로 몇 시간 동안이라도 춤출 수 있는, 초 피카소적 장식을 벽에 막 그린, 학생 악단이 음악을 연주하고 있는, 촛불 몇 개만 켜 놓은 어두운 댄스 홀, 흑인 학생들 사이에서 조금도 주저를 안 느끼고 먹고 마시고 춤추고 사랑 할 수 있는 유일한 장소, 이것들이 슈바빙의 특성이다. 어떤 외국 사람에게도 정신적 고향만을 같이 한다면 지리적 고향은 의식하지 않게 해주고 잊게 만드는 곳이 슈바빙인 것 같다. 그들이 모여서 가끔 여는 그림 전람회에 '노아의 방주'라는 것이 있는데 그것은 폭격 맞은 폐허 속에 유지된 단 하나의 방으로서 천정은 머리가 닿게 얕고 어둡다. 그 속에 놀라운 요란한 색채와 기상 천외한 착상의 그림자들이 마치 옛날 다다이즘의 한창 때처럼 소심한 시민들을 질색시키기 위한 듯이 진열되고 있다. 그림 밑에는 전부 값이 적혀 있지만 한개도 붉은 종이가 안 붙은 것도 무리가 아니게 보였다. 꿈에 나올 것 같은 인물화, 식욕이 없어질 것 같은 정물, 신경 쇠약에 걸릴 것같이 강열한 요란한 색채의 그림들은 '노아의 방주' 이외의 다른 집을 찾아 가기는 거의 불가능하게 보였다. 슈바빙의 또 하나의 명물로서 영화 연구소라는 아주 작은, 의자도 딱딱하고 나쁜 쓰러져가는 영화관이 있다. 이곳에서는 현대의 영화 기술 시네마스코프, 톳드AO...... 등을 마이동풍으로 언제나 작은 화면에 흑백으로 최하의 값과 학생 할인으로 그러나 최고의 영화를 보여준다. 챠프린 한창 시절의 영화, 그레타 가르보의 다시없는 미모, 디트릿히의 젊은 발, 바리, 모아 형제, 독일 이 낳은 최고 배우 에밀 야닝스의 불후의 연기, 콘라트 화이트, 폴라 네그리 아스타 닐센...... 등의 무성 영화에서부터, 무성 영화에서 토키로 옮겨가는 경계선의 명화를 원어 녹음과 독일어 자막으로(다른 영화관에서는 다 독일어 녹음이다)다른 영화관을 한 바퀴 다 돌고난 후에 얻어다가 보여준다. 하여간 슈바빙은 이 무서운 날카로움으로, 발전해 가는 기계 문명 속에 아직도 한 군데 남아 있는 낭만과 꿈과 자유의 여지가 있는 지대, 말하자면 시계 바늘과 함께 뮤즈의 미소도 발을 멈추고 얼어붙어 버린 것 같다. 그렇게 때문에 슈바 빙은, 전독일에서 전구라파와 미국에서 재능 있고 환상에 넘친 모범적인 젊은 이들을 끌어오는 힘을 가지고 있고 그리하여 특수한 풍토를 만들어 내고 유지 하고 있는 곳이다. 젊은 토마스 만, 야콥 왓싸만, 웨데킨트, 스테판 게오르게......들을 뮌헨에 끌었던 것도 이 슈바빙적인것 때문이라고 한다. 이 풍토는 그 속에 한번 들어가서 그것을 숨쉬고 그것에 익고나면 다른 풍토 는 권태롭고 위선적이고 딱딱하고 숨막혀서 도저히 못참게 되는 곳인 것 같다 이 곳에서는 아직도 가난이 수치 대신에 어떤 로맨틱을 품고 있고, 흩어진 머리는 정신적 변태가 아니라 자유를 표시한 것으로 간주되며 면밀한 계산과 부지런한 노력 대신에 무료로 인류를 구제할 계획이 심각히 토론된다. 물론 이 형형색색의 슈바빙족속은 근본적으로 보아서 한 오해 또는 참된 예술의 어떤 카리카추어일 것이다. 그러나 사무실과 공장과 스케줄과 실험실 속에서 6일과 8시간을 보내는 시민들에게 특이한 것에의 예감, 자유의 향기 같은 것을 가져져다 주는 것이 종종 기괴한 이방인들, 삐에로, 방랑인, 집시 등인 것처럼, 슈바빙가의 무위와 허영과 천재연한 태도 속에서도 거부할 수 없이 풍기며 평상인에게도 향수를 느끼게 하는 것은 바로 '자유'인 것 같다. 천재적 착상과 인스피레이션에의 자유, 그리고 돈과 기차 시간표, 착한 시민근성, 인습과 타협으로부터의 자유과 그것이다. 슈바빙가는 아마 마지막의 개인주의자이며 생활 예술가인 것 같다. 사람들이 많이 얘기만 하고 있는 '정신의 자유'를 그들은 맨 주먹으로 감행해 보고 있는 것이다. 이러한 슈바빙적 정신은 결국은 일반적인, 뮌헨적인 것을 특별히 보다 모험적으로 동요되고 지성적으로 날카로와진 형태 속에 압축한 것이라고 볼 수가 있다. 뮌헨의 공기 속에는 어딘지 모르게 이러한 슈바빙적 냄새가 떠 있다간 어떤 기회에 돌연 괴이한 프라카드 그림, 또는 사육제나 시월제-맥주제 속에서 분출되는 것 같다. 슈바빙은 한마디로 청춘의 축제라고 말할 수 있을 것이다. 회생도 적지 않게 바쳐지는, 그러나 젊은 목숨이 황금빛 술처럼 잔에 넘쳐 흐르고 있는 꿈의 마을, 이것이 슈바빙이 아닐까? 본질의 파악, 정의하는 것은 불가능하나 신선한 바다 바람 같은 자유의 냄새 로 사람을 매혹하고 마는 곳, 학생 시절을 슈바빙에서 보내고 일생동안 그 추억을 잊지 못한 토마스 울프가 '뮌헨을 말하거려던 뮌헨은 독일의 하늘(천국) 이다.라는 말을 빼놓지 말아라'라고 말한 것도 이런 뜻일 것이다. 끝으로 온갖 것이 합리와 이성으로 처리되는 독일에 빌고 싶은 것은 '슈바빙과 함께 보헴의 정신이여! 길이 살아라'.

현대적 뮌헨

뮌헨에는 많은 현대건축물들이 있다. 그러나 빌딩 높이제한에 대한 규정이 있어 초고층빌딩은 제한되어 있다. 가장 높은 빌딩들은 뮌헨의 북쪽 끝에 있는데 Hypo-Haus(히포은행), BMW빌딩, Highlight Towers 등이다. 하이라이트타우어즈는 123m의 비즈니스 건물인데 사실 이 건물 때문에 2004년 11월 뮌헨에서 건물높이제한에 대한 투표가 있었다. 그 이유는 고층건물이 도시미관을 해친다는 이유였다. 뮌헨은 바이에른 왕국의 유서 깊은 건물들이 많이 존재한다, 그래서 어느 곳에서나 프라우엔 대성당을 볼 수 있을 정도로 고층 건물을 철저히 억제해왔고 그래서 건물높이가 100m를 넘지 않는 것이 관례였다. 그러나 새로 들어서는 고층건물들로 인해 고층건물 신축허가를 둘러싸고 주민들이 찬반 양론으로 갈려 논란을 벌여오다가 결국 주민투표로 결정짓게 된 것이다. 아주 낮은 참여로 투표율이 30%를 넘지 못했으나 결과는 고층건물에 반대한다는 결과였다.

시 남쪽에 150m 높이로 건립될 예정이었던 지멘스(Simens) 본사 신축건물뿐 아니라 앞으로의 신축건문들의 계획 수정이 불가피하지만 찬-반의 차이가 크지 않았고 여러 전문가들의 이견이 있는데다 주민투표의 실질적 효력은 일년만 유효해 앞으로도 주민들의 양론은 계속될 것 같다.

✎ **올림픽 공원과 Allianz Arena**

올림픽 스타디움이 있는 공원. 근처에 BMW본사건물이 있다. 올림픽 스타디움은 1972년 뮌헨 여름올림픽을 위해 조성되었는데 투명한 차양의 불규칙한 천막형태, 혹은 거미집 같은 지붕은 20세기 독일 건축을 대표하는 건축물의 하나로 유명하다. 1974년 독일은 이곳에서 월드컵 우승을 차지하기도 했다. 작은 놀이공원도 있고 올림픽 탑이라고 불리는 TV 송신탑은 높이 290m 이고 이곳에 올라가면 뮌헨 시내가 다 보인다.

2006년 월드컵은 올림픽스타디움에서 열리지 않고 새 축구경기장인 Allianz Arena에서 열렸다. Allianz Arena는 2006년 독일 월드컵 개막전이 열린 경기장으로 지난 2002년 10월 기공식을 시작으로 거의 3년 가까이의 공사 기간을 거쳐 완공되었다. 알리안츠란 이름은 독일의 세계적인 보험회사 알리안츠의 이름으로 경기장 건설 스폰서로 선정되면서 막대한 비용을 지출한 대신 앞으로 15년간 경기장 명칭의 소유권을 보유하게 되었다.

3억 4천만 유로라는 엄청난 공사비가 들어간 초현대식 축구전용 경기장으로 약 6만 6천여 명의 관중을 수용할 수 있다. 이로써 여러 세계적인 대회를 치러내며 독일 스포츠의 상징으로 자리 잡았던 기존의 뮌헨 올림픽 스타디움은 더 이상 축구팬들과 만날 수 없게 되었다.

뮌헨 사람들에게 'AA' 또는 '더블A'라는 약칭으로 통하는 알리안츠 아레나는 UFO가 내려앉은 듯 독특한 모습을 자랑하며 반투명 재질로 된 외관을 통해 경기 때마다 여러 색의 다양한 빛을 낼 수 있다.

'알리안츠 아레나'를 똑같이 구현한 미니 경기장이 우리나라 서울 상암동에 있다. 2006년 4월 알리안츠 생명이 서울 상암 월드컵 경기장 북측 광장에 '미니 알리안츠 아레나'를 완공한 것이다. 6월 독일 월드컵을 앞두고 대한민국 축구 대표팀의 선전을 기원하고 한독 우호의 장을 마련하고자 세워진 '미니 알리안츠 아레나'는 유소년 축구대회 및 다양한 이벤트를 열어 시민들에게 휴식과 즐거움을 제공할 예정이라 한다.

맥주집

뮌헨에서 가장 유명한 맥주집은 Hofbräuhaus이다.

바이에른 왕실의 지정 양조장이었던 이곳은 1589년 빌헬름 5세에 의해 설립 되었고, 1830년부터 일반인들도 이용할 수 있게 되었다. 델리케이터라고 하는 독한 맥주가 대표 상품으로, 하루에 팔리는 맥주의 양이 1만ℓ나 된다고 한다. 1919년 가을에는 나치의 전신이라 할 수 있는 독일 노동자당 창당대회가 열렸으며, 히틀러가 수시로 사람들을 모아 놓고 연설을 하던 곳이기도 하다. 지금은 국적을 불문하고 뮌헨을 방문한 사람들이라면 꼭 찾는 명소가 된 이 대형 맥주홀은 1층과 2층을 합쳐 약 5000명 정도를 수용할 수 있다.

1층은 독일식 전통 맥주하우스로, 또한 2층은 저녁 식사를 겸해서 일반인들이 사교춤을 출수 있는 무도회장으로 각각 이용되고 있다. 무대에서는 바이에른 여성들이 전통 의상을 입고 폴카춤을 추기도 하고, 국적이나 나이에 상관없이 모든 이들이 함께 흥에 겨워 노래를 합창하는 모습도 종종 볼 수 있다.

호프브로이하우스는 그 자체가 관광명소다. 이 맥주집의 유쾌하고 신나는 분위기에 젖어보기 위해 일부러 뮌헨을 찾는 사람도 있을 정보다. 맥주집 한가운데에는 조그만 기념품 가게도 있고 그 앞에서는 6~7인조 브라스밴드가 늘 흥겨운 음악을 연주한다. 이 악단은 레퍼토리가 매우 다양해서 원할 경우 우리나라의 아리랑과 서울의 찬가를 연주해주기도 한다. 예약없이 누구나 자유롭게 입장할 수 있는데, 9~10월 사이의 '옥토버 페스트' 기간이나 주말에는 거의 빈자리가 없을 정도로 붐빈다.

— 출처: 두산 백과사전

라이프스타일

뮌헨시민들은 높은 질의 생활을 누리고 있다. 머서 휴먼리소스 컨설팅은 뮌헨을 세계적으로 질 높은 도시 상위권 10위 안에 드는 도시로 꼽았는데 2005년도 조사에서는 5위였다. 뮌헨의 경제는 번영하는 편이고 정보기술이나 생명공학, 출판 산업이 발달한 곳이다. 환경오염도도 낮은 편이나 2006년도 시내도로에서의 미세먼지 오염도(PM) 수준에 대해서 시의회가 다소 염려를 하고 있다. 그래서 환경국제단체인 그린피스는 시의회가 환경오염에 대해 좀 더 적극적인 태도를 취할 것을 항의하기도 했다.

대중교통은 상당히 효율적이다. 물론 한겨울에 S-bahn이 지연되는 경우도 있다. 범죄율도 독일의 다른 대도시(함부르크나 베를린)에 비해 아주 낮다.

카페문화는 뮌헨에서 잘 발달되어 있다. 특히 여름철 '비어가든'은 뮌헨시민들이 가장 즐기는 활동장소 중 하나이다.

경제

경제잡지 '캐피탈'이나 'Wirtschafts Woche 주간경제'는 뮌헨을 2006년도 서베이에서 최고점을 주었다. 독일 60도시를 대상으로 한

2002~2011년 사이 경제전망에서도 탑이었다. 생명공학의 중심지이자 서비스산업, 소프트웨어의 중심지이고 BMW 자동차산업, 트럭회사 MAN 실용차, 비행기엔진 제조업체 MTU, 유럽항공방위우주산업 EADS, 데스크탑 모니터 생산업체 NEC, 카메라 생산업체 Arri, 지멘스사, 마이크로소프트사의 독일본사의 본거지이기도 하다. 이러한 경제 중심지로서의 뮌헨은 많은 은행들이 증명을 한다. 보험회사인 알리안츠나 Munich Re 본부도 있다.

가장 크고 유명한 유럽 영화 프로덕션 중 하나인 바이에른 영화스튜디오, 독일에서 가장 큰 일간지 중 하나인 쥐트도이치 차이퉁 Süddeutsche Zeitung의 도시이기도 하다.

이러한 여러 요소들로 인해 뮌헨은 국제경제의 중심지로 여겨지는 것이다.

뮌헨 공항

Franz Josef Strauss I 공항이 뮌헨의 주 공항이다. 시내에서 북동쪽으로 30km 떨어져 있다.

바이에른의 유서 깊은 귀족가문 출신이자 오랫동안 바이에른 주 수상과 기사당 당수로 봉사한 프란츠 요제프 슈트라우스(1915~88)의 이름을 붙인 뮌헨 공항은 중요한 국제 항공 교통의 중심지로 1992년 5월 개항했다.

문화적 도시이자 독일경제의 중심지가 되는 뮌헨에 있어 뮌헨공항은 독일과 뮌헨의 문화를 유럽과 세계로 수출하는 관문이라 할 수 있다. 우리나라에서는 프랑크푸르트를 경유하여 뮌헨에 와야 하나 런던,파리, 암스테르담 등지에서는 1시간 30분 정도가 걸린다.

영국의 항공관련 컨설팅 기관인 '스카이트랙스'는 매년 90여 개국 362만 명을 대상으로 설문조사를 해 세계 최고의 공항과 항공사의 순위를 선정한다. 공항 평가항목으로는 공항 접근성, 공항청사 외관과 청결도, 출입국 수속 시간 및 담당 직원 친절도, 보안검색 대기시간, 체크인 수속 시간과 시설, 공항직원 친절도 및 외국어 능력, 환승 편리 유무, 그 외 편리시설이나 서비스 시설 등에 대해 수십 가지 설문조사를 하는데 2006년도에는 싱가포르 창이공항 1위, 홍콩국제공항, 뮌헨(독일)공항, 간사이(일본)공항 순이었다(인천공항은 바로 다음의 세계 5위를 차지했다).

뮌헨의 유명한 거리들

바이에른 왕국의 옛 19세기 거리들은 뮌헨관광에 꼭 거닐만한 곳들이라 이름을 알아두면 좋다. 다음 거리들은 모두 서로 인접해 있으며 위에서 열거한 뮌헨의 역사적 장소들의 거리이자 명품들이 늘어선 거리이기도 하다.

- Brienner Strasse: 루드비히거리 남쪽 끝에서 시작
- Ludwigstrasse: 오데온스광장에서 시작
- Maximilianstrasse: 막스조세프 광장 Max-joseph platz에서 강 건너의 막시밀리아노임 궁전까지 이어진 길로 고급 옷가게들이 늘어서 있다. 아름다운 거리를 조성하기 위해 막시밀리안 2세가 건축가들과 머리를 맞대고 이 거리를 만들었다고 한다.
- Prinzregentenstrasse: 서울 강남과 같은 거리

뮌헨의 과학연구소

독일의 막스 플랑크연구소는 프라운호퍼 연구소와 함께 독일의

과학연구를 대표하는 양대 산맥이다.

독일의 자존심 막스플랑크 연구소를 이끌어가고 있는 기관은 막스플랑크 재단이다. 막스플랑크 재단은 패전후 1948년 2월 26일 학문발전을 촉진하고 후원하기 위한 목적으로 설립되었다.

재단의 이름은 독일을 대표하는 물리학자 막스플랑크(Max Planck)의 이름을 따라서 명명되었다.

국내외에 90여개의 소속 연구소가 있다.

90여개에 달하는 소속연구소는 독일의 16개주에 나누어져 있고 네덜란드, 이탈리아, 스페인, 브라질 및 프랑스에도 연구시설이 있다. 뮌헨에 사무본부가 있다.

주요 연구분야는 생물학·의학 분야, 화학·물리학 분야, 예술·인문분야 등으로 나누어진다.

먼저 생물학 및 의학 분야가 있다. 주로 생명유기체, 분자생물학, 분자화학 및 인간과 동물의 신경작용 등에 대한 연구를 수행하고 있으며, 다음으로 화학, 물리학, 기술 분야에서는 우주의 생성, 구조, 변천, 원자(또는 물질) 연구, 반도체, 금속, 플라스틱, 섬유, 페인트, 접착제 등과 같이 해당 기술 분야에 바로 적용할 수 있는 기술개발을 위한 연구를 수행하고 있다. 아울러 인문학 분야도 포함하여 예술, 사회, 역사 및 법률 등에 관한 연구까지 수행하고 있다.

독일의 막스플랑크 연구소는 그동안 수많은 노벨상 수상자를 배출하는 등 독일의 대표적인 연구기관으로 자리 잡아 독일의 미래를 이끌어가고 있다.

(더 자세한 것은 한생일씨의 싸이월드 미니홈피 '독일생활'을 참조. 여기의 여러 자료를 모아 2005년 7월 "흥미로운 나라 독일"(한솜미디어)이 출간되었다. 인터넷 사이트는 http://paper.cyworld.com/brith1)

응용연구 진흥을 목적으로 설립된 프라운호퍼(Fraunhofer) 협회는 연구소의 연구결과를 기업이 응용할 수 있도록 연구소와 기업을 연결해주는 역할을 한다. 이 협회 산하에는 약 50개의 연구소가 있어 자연과학 및 기술분야의 위탁연구, 특히 기업이 위탁한 연구를 수행한다. 막스 플랑크가 학교-연구소 관계로 순수 기술 중심의 연구를 담당하는 반면, 프라운호퍼 연구소는 산업-연구소 관계로 응용기술 중심의 연구를 담당하고 있다. 세계적인 응용기술의 간판 연구소인데, 많은 과학자나 엔지니어가 부러워하고 일하고 싶어 하는 연구소다. 현재 프라운호퍼 연구소는 13,000여 명의 전문가들이 각 산업 분야를 망라한 57개 연구소에서 일하고 있으며, 매년 약 10억 유로의 연구 예산으로 운영된다. 매우 큰 규모의 연구소이며 보유 특허의 수도 엄청나다.

프라운호퍼 연구소 뮌헨 본부를 중심으로 독일 전역에는 57개의 프라운호퍼 연구소가 각각 특화된 연구를 수행하고 있다. 최근 전 세계적으로 인기를 끌고 있는 'MP3'의 핵심기술이 프라운호퍼 연구소에 나온 사실은 누구나 알 것이다.

프라운호퍼 연구소가 출원하는 특허 등록건수를 보면 가히 놀랄만한 수준이다.

1년에 450여개에 달하는 특허를 출원하고 있다. 매일 1개 이상의 특허를 출원하고 있는 셈이다. 특허출원 건수에서 보듯이 프라운호퍼 연구소가 얼마나 응용기술에 대한 집착을 가지고 연구하는지를 알 수 있다.

프라운호퍼 연구소는 모든 연구비를 기업에게 의존하고 있는 것은 아니다. 정부출연연구기관답게 독일 과학기술부의 강력한 지원과 예산을 등에 업고 있다.

(더 자세한 것은 HelloDD.com 의 이준기 기자가 2003년 10월 07일에 쓴 '독일의 클러스터를 찾아-프라운호퍼 연구소'를 참조)

문화정책에 의한 문화도시의 완성 – 뮌헨시

– 이미재(청주대 공예학과 교수)

▶ 관과 민의 긴밀한 협조와 연구로 이룬 문화발전

독일 군주시대 바이에른주의 막스밀리안 루드비히 1세는 "어느 누구도 뮌헨을 보지 않고는 독일을 보았다고 말할 수 없을 만큼 뮌헨을 문화도시로 만들겠다"고 공포한 바 있다. 이러한 문화정책의 목적으로 루드비히 1세는 이미 1800년대 초부터 뮌헨이란 도시를 문화도시로 초석을 닦았다. 이어 루드비히 2세를 거치면서 뮌헨과 그 근교는 오늘날 문화유적지로 볼거리가 풍족한, 그리고 그동안 문화정책의 끊임없는 연구로 장족의 문화발전을 거둔 도시로 독일이 자랑하고 있다. 이 결과 루드비히 1세가 정리하고 싶었던 것 중 하나가 1826~36년 사이에 레오 본 클렌체(Leo von Klenze)에 의해 건축된 알테 피나코텍(Alte Pinakothek)이다. 세계적인 미술관의 하나로 손꼽히는 고전회화 미술관인 이곳에는 세계 대가들의 8백여점 상당의 그림이 르네상스를 중심으로 중세기부터 로코코말기까지 시대 순, 나라별로 잘 정리되어, 유럽회화 역사를 일목요연하게 보여주고 있다. 제한된 공간의 벽면 사정으로 인하여 미처 걸지 못한 그림들을 합하면 실제 4천여 점 이상이 소장되어 있다. 그런데 이 유명하고 중요한 중세로부터의 작품들은 바이에른 대공국의 공작들과 선제후(選帝侯)들 과 루드비히 1세에 의해 모아진 것으로 알려지고 있다.

이렇게 모여진 진품들이 오늘날까지 남겨져 후세 정신문화 생활을 즐기는 독일인을 포함한 세계 많은 사람들에게 마음의 양식이 되고 있는 것이다. 때문에 이 사실에 대하여 독일 바이에른 주민들은 이들에게 늘 감사하고 있다고 한다. 18세기 전후한 작품들은 히포은행(Hypo Bank)과 벡셀은행(Weschel Bank)이 수집하였는데, 이 그림 모두들은 1966년 이후 두 은행은 바이에른 주정부에서 계속 빌려주고 있다고 한다. 바로 이것들이 알테 리나코텍 길 건너편에 자리한 노이에 피나코텍(Neue Pinakotek)에 전시되어 있는 작품들이다. 이와 연관되어 바이에른 주정부의 회화수집가인 피나코텍관장 호엔졸렌(Johann georg Prinz von hohenzollern)이 보수기간 중에 정년을 넘기면서 68세로 은퇴하였고, 은퇴와 동시에 다시 히포방크미술관(Hypo Bank Kunsthalle) 관장으로 모셔졌다. 이 사실은 시의 문화정책 일환으로 관과 민의 투철한 협조를 의미한다. 뮌헨은 루드비히 1세가 예언했듯이 모든 문화예술이 집합된 곳으로 연극, 영화, 문학, 미술, 음악, 무용 등의 세계적인 작품·공연들이 해를 거듭하며 손을 꼽는다. 뿐만 아니라 한때 바그너와 동성연애의 오명과 정신이상의 과음으로 뮌헨 근교 아름다운 호수 슈탄베르그 제(Stanberg See)에서 미문의 죽음을 남긴 루드비히 2세 역시 이곳에 유럽이 자랑하는 찬란한 문화유적들을 남겨놓고 있다. 바이에른 주정부는 1800년대 초에 지어진 알테 피나코텍을 중심으로 100년 후인 1900년대 바로 길 건너 맞은편인 같은 거리 바러 스트라쎄(Barer Strasse)에 노이에 피나코텍을 지었으며, 21세기를 목전에 두고 20세기 문화 정리를 위해 같은 거리에 현재 넓은 잔디로 미술관 앞마당 역할을 하고 있는 바로 같은 장소에 삼각구도로 새로운 피나코텍 휴어 모데르네(Pinakothek für Moderne)가 설계를 끝내고 건축 준비 중에 있다. 2000년대 미래를 준비하고 설계하는 방향이 21세기의 문화산업의 초점을 정확하게 포착하여 바이에른 주정부 문화사업은 빈틈이 없다. 확장보다 계획성 있는 정리는 칼날 같은 완벽을 추구하는 독일인다운 구상이라 생각되지만 이 같은 뮌헨시의 문화정책은 세계의 관심거리로 주목되리라 생각된다. 피나코텍이란 그리스 말로 회화 혹은 미술관이란 뜻으로 통용되고 알테와 노이에, 모데르네는 옛것과 새로운 것 그리고 현대를 각각 뜻하여 중세전의 미술부터 르네상스 로코코까지는 알테(Alte)에, 사실주의, 인상주의 등 근대회화는 노이에(Neue)에, 사조별·시대순으로 역시 잘 정리되어 있다. 그리고 준비 중에 있는 현대미술관이 현대회화를 비롯하여 바로 오늘날의 현대미술을 획기적인 시대 감각에 맞추어 그들 국민의 예술철학의식을 반영하며, 첨단기술 활용의 상당히 진보적인 양상으로 기대가 크다.

▶ 정부 주도로 면밀하게 이뤄진 장기적 문화정책

바이에른 주정부는 알테 피나코텍의 보수계획을 건축한 지 170여년 만에 3년의 설계과정과 4년 반의 수리과정을 거쳐, 1994년 4월부터 건물 보존방식의 개조수리로 공사가 실시되어 52개월 동안 미술관 문을 열 수가 없었다. 장기적인 문화발전정책으로 노이에 피나코텍과 샤크 갤러리에 나눠어 걸렸던 걸작들은 마침내 1998년 7월 23일 전야제를 시작으로 7월 24일 되돌아왔다. 뮌헨시의 문화정책은 아마도 앞으로 다시 200년 이상을 내다보는 성공을 거둘 것이라 감히 추측한다. 이곳은 겉으로 보기에는 미술관 벽의 색과 국기가 그대로 있어 사람들에게는 큰 변화가 없어 보인다. 그러나 이전에 뮌헨을 방문하여 이곳을 찾았던 사람들은 이 미술관 안에서 많은 것이 바뀌었음을 한눈에 알 수 있다. 물론 대규모 내용의 변화를 이룬 것은 아니다. 전시실과 디스플레이 프레젠테이션 등의 순번조차도 내용 자체의 변동이 없으며, 작품을 전시했던 장소와 대작의 위치도 거의 그대로이다. 이렇게 이 사람들은 100년 훨씬 전에 심사숙고히 연구하여 걸어놓은 것에 대하여 충분한 근거와 설득력을 갖고 있는 것이다. 단지 주목되는 것은 최첨단기술을 도입하여 자연채광의 조명시설과 현재 이곳 기후에 꼭 필요치 않은 냉방시설도 앞으로의 엘리뇨 현상에 대비하여 훗날 2000년대를 내다본 기획이라고 한다. 무엇보다도 냉방시설로 인해 그림에 손상이 가지 않도록 뮌헨공과대학의 최첨단 기술을 완벽하게 등용했다는 것이다. 또한 보다 관심 있게 시선을 끄는 것은 다양한 색상의 설치 벽면과 벽면에 손이 닿을 경우 중앙경보장치에 의해 안내원에게 즉시 신호가 교신되는, 최첨단기술의 도난방지 경보장치가 연구 설치됐다는 것이다. 그림에 손이 가기 전에 벽에 피부만 닿아도 경보기가 울리며 이는 바로 중앙에서 어떤 이유로 경보기가 울리는지 카메라 비디오 장치에 의해 감지되어 그 방의 미술관 직원에게 순간적으로 핸디를 통한 경보가 온다. 경보장치를 최우선으로 하여 전체 방뿐만이 아니라 부분부분 처리되어 있는 비디오 장치도 감독 실치되이 있디. 때문에 사람들이 하던 일을 기계가 하는 21세기 첨단산업이 낳은 노동력의 문제점은 바이에른 주정부도 피할 수 없는 고심거리가 되었다.

▶ 알테 피나코텍 개관 현수막

모든 방들은 공기가 잘 통하도록 통풍관을 만들고 냉방장치와 경보장치 그리고 천장의 유리를 응용하여 자연채광을 이용하였고, 비가 오거나 흐린 날씨의 기후관계거나 어둑해지는 저녁시간 등에 맞추어 전등이 밝혀진다. 이러한 장치의 최첨단 과학기술을 동원해 주정부는 4,780만 마르크를 책정했으나 건축변경 비용으로 인하여 5,280만 마르크(420억 원)가 들었다. 때문에 미술관 운영상의 임원 감축이 불가피하다는 문제가 대두되었다. 새로 단장한 벽면들과 기둥은 회색의 면과 명주를 섞은 천으로 잘 정리되어 있고 스페인의 그림이 전시된 방의 벽면은 자주색 우단으로, 이탈리아는 노란 회색의 물들이지 않은 이태리 건축의 상징색인 자연색을 사용했고, 렘브란트, 프란츠 할스, 반 다이크 등의 작품이 전시된 네덜란드 방은 창백한 목소초색(Reseda Green)을 사용해 대부분 안정적이면서도 지루한 느낌을 받지 않도록 색감의 변화를 주었다. 이 미술관의 보물은 결국 보완 경보장치나 자연채광에 의한 조명장치 그리고 냉방장치의 개조작업을 사람들로 하여금 알아볼 수가 없도록 설계되었다는 것이다. 때문에 미술을 감상하는 데 경보의 지나친 소음도 없으며 아무런 방해요소가 보이지 않아 시각적인 시야가 충분히 자유롭다. 이러한 장치들은 대개 전쟁 이후의 응급조치였는데 신기술 도입과 함께 단장된 근본적인 개조공사 이후 뮌헨 미술관계는 풍토의 구경거리로 새로 주목받고 있다. 결국 이러한 것은 뮌헨시의 장기적인 문화정책으로 정년을 3년씩이나 넘김에도 불구하고 전문가의 중요한 역할 풍토가 정부정책으로 면밀 주도하게 이루어졌다. 바로 이점 또한 우리에게 시사하는 바가 크다.

▶ 바이에른 시민들의 문화수요 충족을 위한 장치들

또한 서쪽 전시장에는 몇 개의 새로운 공간을 '연구하는 전시실(Studien Gallery)'이라 명칭하여 세미나를 열 수 있는 방으로 꾸몄다. 이는 이 도시문화의 미술사 연구 활동을 보다 효율적이고 능률적으로 하기 위한 것으로 뮌헨대학 미술사학 발전에 밝은 미래를 시사한다. 이곳 네덜란드 관람실에는 뷰류겔의 문제작 '잠자는 나라와 죽음의 승리' 등을 걸어 두었다. 또한 장애인이 관람할 수 있도록 엘리베이터 시설을 배려했고, 그 외에도 미술관 상점과 레스토랑을 새로 단장해 알테 리나코텍은 명실 공히 21세기를 향한 문화준비에 새로운 국면을 맞았다. 바이에른 주의 미술관들은 여러 각도의 행정개혁을 통해 더 많은 자체수단에 의한 자금을 모아야 한다는 견해가 있어 이곳 미술관의 휴식공간도 개조작업과 아울러 두 배로 늘어났으며, 미술관 판매용 기념품 알테 피나코텍의 상징물을 디자인하였다. 명작을 기반으로 한 문화경쟁 상품으로 우산, 마후라, 필기도구, 책꽂이, 티셔츠 등 상당 수준의 다양한 종류들이 다양한 가격으로 개발되어 수익성을 강조하고 있다. 전야제를 시작으로 문이 열리던 날, 많은 사람들이 몰려든 미술관 안에서는 루벤스 그림을 감상하며 동시에 개관 음악회가 열려 관심을 보였다. 한쪽 방에서는 미술을 감상하고 다른 방에서는 음악이 연주되어 미술관 전체가 음악이 울려 퍼진 이색적인 전야제였다. 뮌헨시는 개조비용이 많이 들었음에도 불구하고 그림을 감상하려는 이곳 바이에른 시민들의 문화수요를 충족시키기 위해 일요일 무료입장을 다시 제도화시켰다. 관람시간은 화요일부터 일요일은 오전 9시부터 17시까지, 그리고 목요일은 20시까지이며, 일요일엔 입장료가 없다. 1천 6백일이상 문이 잠겨 있던 이곳 바이에른주의 알테 피나코텍은 독일의 3대 미술관 개조작업 중의 하나로 독일의 프로이센 다음으로 크고 중요한 미술관이다. 1996년 5월에 새로 문을 연 슈트트가르트 알테 슈타트 갈러리(Alte Stadt Gallerie)의 개조와, 통독을 이룬 후 베를린의 게말데 갈러리(Gemalde Gallerie) 역시 지난 6월에 문을 열었으며, 세 번째로 뮌헨에서 문을 연 것이다. 이렇게 독일은 20세기를 마무리하면서 기본적으로 국가정책의 틀에 의해 독일 전 지역의 주요 3대 미술관 개조계획을 10여년에 걸쳐 차례로 각 도시정책에 의해 개조·복원되었다. 우리는 여기서 독일이 미래를 향해 발돋움하는 21세기, 소위 문화전쟁에 대비하는 철저한 준비과정을 이해해야 하며 독일의 게르만적 청사진에 대하여 우리는 좀 더 연구할 필요가 있다. 우리는 이에 반하여 종합적인 우리의 구체적인 문화정책에 대한 조감도를 하루빨리 가속화하여 우리 실정에 맞는 한국적 문화개발과 문화관광 개발에 힘을 모아야 한다. 세계적인 문화도시로 손꼽히는 뮌헨은 역사적으로도 2차 세계대전을 발발시켰던 것과 관련해 1938년 뮌헨협정을 체결한 세계사적 의미를 갖고 있는 도시다. 독일은 역사를 중요시하는 민족으로 한 가지 더 소개하고 싶은 뮌헨의 문화정책이 있다. 이 도시는 문화의 쟁점 도시로 유럽의 많은 예술가들이 스쳐간 도시다. 특히 오래된 건물을 마음대로 부수거나 보수할 수 없는 뮌헨의 정책으로 아직도 많은 작가들이 살다가거나 머물다 간 집들을 그대로 남겨 놓고 보통 사람들이 살게 하고 있다. 이를 역사적인 차원에서 중요하게 지적한 뮌헨은 독일에서 널리 알려진 문화거리, 바로 슈바빙 일대를 중심으로 한 새로운 수색정책을 시사한 바 있다. 이는 1800년대부터 1900년대에 이르도록 바실리카 칸딘스키, 폴 클레, 베르톨드 브레히트, 가브리엘 뮌터 등 문학, 미술, 영화, 연극, 음악과 같은 수많은 예술가들이 주거했던 번지수 앞 거리바닥에 시에서 주관한 흰색의 판서가 기록되어 있다. 그 판서의 내용은 우선 이름을 쓰고 그 옆에 출생년도와 사망년도가 표시되어 있으며, 그 아래 어떤 거리 몇 번지에 얼마동안 거주했던가에 대한 사실의 역사가 기록되어 있다. 이는 우선 시범정책으로 시민들의 관심도가 얼마만큼인가를 파악하기 위해 쓰여졌는데, 앞으로 주민의 호응도에 따라 확실하게 다시 새긴다는 계획에 있다. 뮌헨시에서 주관한 이 문화개발정책은 민간기업 및 은행의 협조에 의해 이루어진 것으로 역시 관과 민의 합작으로 이룬 문화지출의 수준을 알 만하다. 이러한 문화정책 측면으로 뮌헨의 역사를 돌이켜 보면 뮌헨은 역시 문화도시로 손색이 없으며, 앞으로도 이 도시는 "뮌헨을 보지 않고는 독일을 보았다고 할 수 없다"고 한 루드비히 1세의 말처럼 세상 사람들은 남부독일의 문화정서를 보기 위해 계속 뮌헨 슈바빙의 포푸라 길을 따라 거닐다가 낭만의 미소를 머금고 떠나리라 생각된다. 이러한 선진국의 문화정책들을 타산지석으로 삼아 우리 문화의 국가경쟁력을 강화시킬 수 있어야 한다.

— 출처: 문화-관광 정기발간물인 한국문화관광정책연구원

찬란한 궁정문화 꽃피운 바이에른의 진주

뮌헨은 서울 보다 작아도 만만히 보다가는 큰 코 다친다. 더욱이 이 도시는 중세 이후 근대에 이르기까지 찬란한 궁정문화를 꽃피운 진주와 같은 도시다. 12세기 중반 수도사들이 터를 닦은 뮌헨은 100년 뒤인 13세기 들어서 독일 남부의 바이에른 공국 수도로 자리매김한다.

그 후 일취월장, 승승장구하면서 세력을 넓히던 바이에른은 드디어 19세기 유럽의 중심부인 바바리아 지방에 독립 왕국을 건설한다. 그 주인공은 막시밀리안 1세(1799~1825). 그는 바이에른 왕국을 창건하고 뮌헨에 바이에른 왕실 궁전인 레지덴츠궁을 건설한다.

막시밀리안은 내침 김에, 시 외곽에 요정 님프의 궁전이라는 뜻의 님펜부르크 성을 짓는다. 베르사이유 궁을 모방해 지은 화려한 바로크 양식의 이 궁전은,

이탈리아 출신 왕비의 향수를 달래주기 위해 지은 레지덴츠의 별궁이라고 한다.

독일에서 가장 화려한 궁정문화를 꽃피웠고, 바이에른 왕국의 수도로 르네상스 바로크 로코코 양식의 많은 문화유산을 간직한 '바이에른의 진주' 뮌헨의 서민들은 어떻게 살아왔을까.

800년이 넘는 찬연한 역사의 뮌헨은 오래된 왕궁의 화려함 못지않게 서민들의 삶 역시 소박하지만 풋풋하고 정겨웠다. 그것을 증명하는 것이 지금도 완벽하게 보존된 서민들의 전통가옥이다. 시청이 있는 올드시티에서 남서쪽으로 5km 떨어진 하켄 거리의 훈츠쿠겔은 1440년에 지은 전형적인 독일식 전통가옥이다.

나이가 570살이나 된 이 가옥은, 고색창연한 역사에 걸맞게 뮌헨에서 가장 오래된 식당이 들어서 있다. 이 식당은 평일 저녁에도 윗층의 옛 거실 공간까지 손님이 들어차는데, 돼지새끼구이 · 오리구이 · 송아지찜 등 바이에른 전통음식을 즐기는 가족단위, 동창모임이 주를 이룬다. 그만큼 분위기 또한 아늑하고 가족적이다.

독일 스포츠의 지존 도시

2006독일월드컵 개막전이 열린 뮌헨은 독일스포츠의 영광을 간직한 성지다. 1972년 개최된 뮌헨올림픽은 라인 강의 기적을 이루고 분출하는 독일의 힘과 번영을 과시한 스포츠 제전이었다. 1974년에 열린 서독월드컵은 독일에 두 번째 월드컵 우승의 영광을 안겨주었다. 그리고 그 감격의 현장이 바로 뮌헨이었다. 당시 올림피아슈타디온에서 열린 네덜란드와의 결승에서 독일은 2대 1 역전승을 거두었고, 이 대회에서 독일팀 주장이었던 프란츠 베켄바우어는 '축구황제'로 등극한다.

뮌헨은 독일 프로축구리그(분데스리가)를 이끄는 명문 구단의 산실이기도 하다. 'FC 바이에른 뮌헨'은 독일 최고의 구단으로 리그 우승 19회, 독일컵 우승 10회 등의 위업을 달성했으며, 2002~06년 시즌에도 두 번이나 우승했다. 바이에른 뮌헨의 구단주는 바로 1974년 독일월드컵 주장선수였던 베켄바우어. 그는 2006년 독일월드컵 조직위원장이기도 하다.

뮌헨은 이번 월드컵에서 개막전뿐 아니라 국제방송센터(IBC)와 국제축구연맹(FIFA) 총회를 유치할 수 있었던 것도, 스포츠 지존으로서 뮌헨의 면모를 인정받았기 때문이리라.

세계에서 가장 아름다운 시청광장

독일 남부 끝자락 알프스산맥이 위용을 접고 평지와 만나는 곳에 뿌리내린 도시 뮌헨은 숲과 조화를 이룬 도시풍경이 여행자들의 호기심을 자극하는 도시다. 뿐만 아니라 외국인으로 하여금 와서 살고 싶도록 흡인하는 매력을 발산하는 편안한 도시다. 뮌헨 인구 130만 명 중 4분의 1 가까운 30만 명이 외국인이라는 점만 봐도 '열린 공간으로서의 뮌헨'을 읽을 수 있다. 그 이유는 어디 있을까?

우선 산업이 발달해 있다. 독일의 정보통신·미디어 산업의 중심지이며, 자동차·식품가공·정밀광학기기·가전제품·화장품·의류·맥주 등의 제조업이 활발하다. 또 영화 제작과 도서 출판의 중심지이기도 하며 유럽 최대의 도산매 시장도 자리 잡고 있다. 한 마디로 먹고살기 좋은 곳이다.

자연을 지배하고 다스리기보다는 그 속에 스스로를 던져, 건축물과 공원조차 자연과 어우러지도록 설계하여 독일에서 가장 아름다운 도시로 만들었던 뮌헨시민들의 지혜도 큰 몫을 하고 있다.

1층에 일반 점포를 줄줄이 입주시키고 있는 뮌헨 시청사와 프라우엔 성당을 양쪽에 두고 누워 있는 마리헨 광장에서 늘 많은 사람과 즉흥 공연이 어우러지는 품새를 보고 있노라면 어깨춤이 절로 나온다. 가히 '세계에서 가장 아름다운 시청 광장'이라는 찬사가 과장이 아님을 알 수 있다.

1468년 성당 건축 당시 뮌헨 인구가 1만 2000명이었을 때, 2만 명을 수용할 계획으로 성당을 건립했다는 설명을 들으며 당시 가톨릭 성도들의 신심에 감탄한 후, 마리헨 광장을 떠난다. 여기서 카를 광장까지 이어지는 보행자 전용도로는 그야말로 느긋한 소요(逍遙)에 알맞은 분위기. 이 모양 저 모양 다양한 점포와 물건, 즉석공연이 이뤄지는 거리를 천천히 거닐다 보면 어느새 독일박물관, 막시밀리아노임궁전, 레지덴츠박물관까지 이어진다.

뮌헨의 신촌이라고 할 슈바빙과 슈바빙을 대표하는 영국공원 또한 명소 중 명소다. 이자르 강변을 따라 1790년에 조성됐다는 세계 최대의 이 도시공원은 울창한 숲과 호수, 산책로, 넓은 잔디밭 등이 꾸며져 있어 뮌헨 시민들에겐 아늑한 휴식처다. 날씨가 좋은 날에는 잔디밭에 누워 일광욕을 즐기는 사람도 많아 마치 유명 휴양지에 와 있는 듯한 착각을 불러일으키기도 한다.

독일 과학기술 집대성한 박물관 도시

하지만 이 정도로 뮌헨을 세계인의 도시로 소개하기엔 미흡하다. 궁정문화의 내공뿐 아니라, 박물관문화도 둘째가라면 서러워할 도시이기 때문이다. 대표박물관인 독일박물관은 독일의 과학기술을 집대성한 곳으로, 뮌헨에 있는 44개 박물관 중 단연 으뜸이다. 당연히 세계 최초가 많다 20세기 초에 제작된 세계 최초의 잠수함, 1897년 아우구스부르크에서 루돌프 디젤이 만든 세계 최초의 단기통 20마력짜리 디젤엔진, 라이트 형제가 만든 세계 최초의 비행기와 제2차 세계대전 당시 사용했던 전투기 등을 볼 수 있는 뮌헨의 자존심이다. 구텐베르크의 최초 인쇄활자 인쇄소와 최초의 금속활자본 성경도 뮌헨에 있다.

세계 6위 미술관이라는 피나코텍은 뮌헨뿐 아니라 각국 대가의 미술을 집대성한 곳이다. 1836년 개관한 알테 피나코텍(Alte Pinakothek)과 1853년 개관한 노이에 피나코텍(Neue Pinakothek), 그리고 2002년 9월 개관한 현대미술 피나코텍은 명실상부한 독일 최고 시각예술 근거지다.

이곳에는 르노와르의 젊은 여인, 모네의 수련, 고흐의 해바라기, 레오의 성모자, 요세프 슈틸러의 괴테 초상화, 라파엘의 카니자니 집안의 성가족 등 기라성 같은 거장들의 작품 뿐 아니라, 현대미술 거장의 작품도 수다하게 전시되고 있다. 이 또한 독일의 자존심이다. 이밖에 국립박물관, BMW박물관, 레지덴츠박물관 등. 심지어 금제 마차가 전시된 님펜부르크성도 박물관이다.

알리안츠 아레나 뮌헨의 새 랜드마크

때가 때이니 만큼 요즘 세계인의 관심을 끄는 명소 중 하나는 역시 이번 월드컵 개막식과 독일 대 코스타리카의 개막전이 열렸던 알리안츠 아레나. 어찌 보면 거대한 타이어 같기도 하고, 어찌 보면 UFO 같기도 한 이 경기장은 6월 9일 세계인의 이목을 집중시키면서 영국의 한 축구잡지로부터 '세상에서 가장 아름다운 축구경기장'이라는 찬사를 들었을 정도로 매력적이다. 바이에른 뮌헨과 독일 최초 구단 1860 뮌헨의 홈구장인 이곳의 좌석은 6만 6000석. 모두 천으로 싸여있고 관중 모두가 비를 피할 수 있는 전천후 축구관람장이다.

뮌헨에 본부를 두고 있고, 우리나라에도 진출한 세계적인 생명보험사 알리안츠가 총 공사비 4200억 원 가운데 1100원을 기탁해 15년간 이름을 쓰도록 돼 있는 이 경기장은, 앞으로도 영원히 뮌헨의 랜드마크가 될 것이다.

뮌헨 시청에서 북쪽으로 4km 떨어진 곳엔 72뮌헨올림픽이 열렸던 올림피아슈타디온이 있다. 이 역시 독일 현대건축의 대표작이다. 지붕 아크릴을 강철로 이어 만들었는데 독일 건축가 빈터 비니가 비누막을 관찰해 모양을 결정했다고 한다. 최소 표면적을 갖는 비누막에서 최소비용으로 가장 튼튼한 지붕 만들기 위해서였다고 한다.

세계 최대 맥주집 호프브로이하우스

하지만 뮌헨을 방문하거나 뮌헨에 체류하는 사람이라도 이곳에 가보지 않았다면, 뮌헨 얘기를 할 자격이 없다. 그건 뮌헨에 대한 모독이기 때문이다. 호프브로이하우스가 바로 그곳이다.

1589년 빌헬름 5세의 왕실 양조장으로 건립돼, 1830년에 일반에 공개된 후 이젠 세계인의 명소가 되어버린 호프브로이하우스는, 1층 홀에만 1000명, 점포 전체에 5000여명을 수용할 수 있는 세계최대의 맥주집이다. 여기서 하루에 소비되는 맥주만 평균 1만 ℓ라니 상상이 가는가.

1983년 처음으로 이곳을 방문한 후 80년대 중반과 90년대 중반에 들를 때마다 절감한 것은 그곳에서 무한한 역동성을 충전했던 점이다. 그래서 요즘처럼 온통 우울한 소식뿐일 땐, "드링켄 지(Drinken Sie!)"를 외치며 호기 있게 잔을 부딪혔던 호프브로이하우스에서의 한 잔이 더 생각난다.

한국인으로서 뮌헨을 여행하거나 뮌헨에 머무르면서 지나치지 말아야 인물이 두 명 있다. 천재 여류학자 전혜린(田惠麟 · 1934~65)과 김대건 안드레아 신부(1822~46). 각기 자살과 순교로 요절한 두 사람의 흔적이 이곳 뮌헨에 뚜렷하게 남아 있다.

먼저 스테디셀러인 '그리고 아무말도 하지 않았다'로 아직도 우리의 심금을 울려주고 있는 전혜린의 발자취는 천재 물리학자 베르너 하이젠베르크를 배출한 뮌헨대학 일대의 대학로거리인 슈바빙에서 찾아 볼 수 있다.

서울법대 3학년이던 1955년 뮌헨대로 유학해 독문학을 공부했던 그녀. 하지만 이 천재 여인도 고독이라는 괴물 앞에선 속수무책이었던 듯, 아름답기만 한 뮌헨의 하늘을 늘 침울한 회색빛으로 표현하곤 했다. 그녀는 슈바빙에 있는 레스토랑 '제로제(SEEROSE)'의 한 귀퉁이에서 상념에 젖기도 했을 터이고, 고국의 지인에게 구구절절한 그리움의 편지를 또박또박 써내려가기도 했을 것이다. 그러나 뮌헨에서의 지독한 고독은 끝내 그녀를 우울로 안내했나보다.

전혜린은 1959년 뮌헨대 독문과를 졸업한 후 귀국해 서울대 법대와 이화여대의 강사를 거쳐 성균관대 교수로 부임한다. 천재에 걸맞은 대접이었다. 그러나 그녀는 일요일이었던 1965년 1월 10일 스스로 생을 마감한다. 짓누르는 고독과 우울의 무게를 끝내 감당하지 못한 것이다.

그녀는 지금 경기도 안산 조남리 선영에 잠들어 있지만, 그녀가 토해낸 짙은 고독과 음울의 흔적은 슈바빙 거리의 제로제 한켠에 '전혜린 비석'이 아직도 남아 있다. 한국 유학생들이 요즘에도 이곳을 즐겨 찾는 이유는 그들 또한 유학생활이 주는 고독과 우울을 잠시라도 희석시키고 싶기 때문 아닐까."

— 출처: 지방의 국제화 웹진, 연중기획-세계의 도시를 찾아서 ⑦ 월드컵 개막전 뮌헨

Stadtporträt München 뮌헨도시의 모습

Das Millionendorf 백만인의 마을

München gehört neben Berlin zu den attraktivsten Städten Deutschlands. Beides Millionen-Städte könnten sie doch nicht unterschiedlicher sein: Berlin ist groβ und unübersichtlich, chaotisch und laut, aber auch innovativ und inspirierend - eine Groβstadt am Puls der Zeit. München - das ist der Gegenpol: Kleiner und gemütlicher, genieβerisch und gelassen, aber auch konservativ und etwas behäbig - ein "Millionendorf", wie es gern etwas geringschätzig genannt wird.

뮌헨은 베를린과 더불어 독일에서 가장 매력적인 도시에 속한다. 두 큰 도시는 그러나 구별되지 않는 것이 아니다. 베를린은 커서 한눈에 전망하기 어려

우며 혼란스럽고 시끄럽다. 그러나 또한 개혁적이고 고무적이며 시간의 맥동을 느낄 수 있는 대도시이다. 뮌헨은 그 반대이다. 작고 안락하며 향유적이고 느긋한 도시다. 그러면서 보수적이고 부유하다. 종종 평가 절하되어 '백만 인의 마을'로 불리기도 한다.

Bayern und Bier 바이어른과 맥주

Doch das "Dörfliche" hat auch seine Vorteile. Tatsächlich bietet München alles, was eine Stadt lebenswert macht: Ein Zentrum mit zahlreichen Kirchen und barocken, gotischen und klassizistischen Prachtbauten. Eine Fülle von Museen, Theatern und Konzerthäusern. Feine Einkaufsstraβen. Das schicke Studenten- und Vergnügungsviertel "Schwabing" mit seinen Straβencafes, Kneipen, Buchläden. Und: München ist grün. Zahlreiche Parks wie zum Beispiel der "Englische Garten" oder die Isar-Auen lassen Luft zum Durchatmen. Nicht zu vergessen die über 80 Biergärten, in denen die Münchner im Sommer unter Kastanien sitzen, plaudern und literweise bayerisches Bier vertilgen.

그러나 '마을'적인 것은 이점도 있다. 사실 뮌헨은 도시로서 살만한 모든 것을 제공한다. 많은 교회와 바로크, 고딕, 고전적 호화건물들이 있는 중심지이기 때문이다. 수많은 박물관, 극장, 콘서트홀도 있다. 세련된 쇼핑거리. 거리카페, 술집, 서점들로 가득 찬 멋진 대학생들의 유흥가인 '슈바빙'. 그리고 뮌헨은 녹색이다. '영국정원'이나 '이자르 강변 초원'과 같은 수많은 공원은 심호흡을 하게 만든다. 잊지 말 것은 80개가 넘는 맥주집이다. 그곳에서 뮌헨사람들은 여름에 밤나무 아래 앉아 수다를 떨고 리터단위로 바이어른 맥주를 마셔댄다.

Autos und Hightech 자동차와 하이테크

Doch München ist mehr als "nur" ein wunderschönes Touristenziel. Die bayerische Landeshauptstadt mit ihren 1,3 Millionen Einwohnern ist auch ein modernes und florierendes Wirtschaftszentrum. Der Automobil-Hersteller

BMW, der Elektronik-Konzern Siemens und der Luft- und Raumfahrtkonzern DASA haben hier ihren Sitz. Die bayerische Landesregierung fördert gezielt die Ansiedlung von High-Tech-Unternehmen sowie Forschungsprojekte in den Bereichen Bio- und Informationstechnologie.

뮌헨은 단지 아름다운 관광목적지 그 이상이다. 130만 주민의 바이어른 주도인 뮌헨은 또한 현대적이며 번영하는 경제의 중심지이다. 자동차 생산업체인 베엠베, 전자기업인 지멘스, 영공재벌인 DASA가 이곳에 본부를 두고 있다. 바이어른 주정부는 생물공학과 정보산업에 있어 연구프로젝트 이외에도 그 분야의 기업들의 이주 정착을 목표로하여 후원하고 있다.

Studieren und Forschen 공부와 연구

Und "last but not least": München ist natürlich auch eine wichtige Universitätsstadt. Rund 100.000 Studierende lernen und forschen hier an zehn Hochschulen. Renommierte Wissenschafts-Organisationen wie die Max-Planck-Gesellschaft und die Fraunhofer-Gesellschaft haben in München ihren Sitz. Zu Weltruhm gelangten zwei Münchner Studierende - allerdings aus traurigem Anlass. Die Geschwister Hans und Sophie Scholl gründeten hier unter dem Namen "Weiβe Rose" ihre Widerstandsorganisation gegen Hitler und die Nazis und wurden 1943 hingerichtet.

마지막으로 말하지만 결코 무시하지 못할 것은 뮌헨이 또한 대학도시라는 점이다. 십만이 넘는 학생들이 10개의 대학에서 공부하고 있다. 유명한 과학기관인 막스 플랑크 연구소나 프라운호프 연구소도 뮌헨에 소재하고 있다. 세계적 명성을 얻은 - 그러나 슬픈 계기로 - 한스와 조피 숄 남매는 뮌헨에서 '백장미'란 이름으로 히틀러와 나치에 저항하는 단체를 결성했지만 1943년 처형되었다.

(Leben-Städte-Alle Städte-München-Statporträt으로 찾아들어가면 된다)

Studieren in München 뮌헨에서 공부하기

Zwischen High-Tech-Campus und Studentenstadt 최첨단의 캠퍼스와 학생도시 사이에서

Es gibt kaum etwas, was man in München nicht studieren kann. Von Architektur bis Zoologie, von Filmregie bis Gentechnik reicht das Fächerangebot. Zehn Universitäten teilen sich das Feld. Die drei gröβten sind die Ludwig-Maximilians-Universität, die Technische Universität und die Fachhochschule München - insgesamt über 76.000 Studenten.

뮌헨에서 공부할 수 없는 것은 거의 없다. A에서 Z까지, 건축학에서 동물학, 영화연출에서 유전자공학까지 모든 학문분야가 다 있다. 10개의 대학에 그 분야가 나뉘어 있는데 가장 큰 세 대학은 루트비히-막시밀리안 대학, 공과대학, 그리고 뮌헨전문대이다. 총 76000명의 학생이 있다.

Städte in der Stadt 도시 안의 도시

Bei solch einem Massenbetrieb ist klar, dass es keinen einheitlichen Universitäts-Campus gibt. Zwar haben die Hochschulen meist einen Stammsitz im Zentrum, doch ihre verschiedenen Institute liegen dezentral im ganzen Stadtgebiet verstreut, allein die Ludwig-Maximilians-Universität hat rund 100 Standorte. Für die Studierenden hat das zwei Konsequenzen: Die "U-Bahn", die sie zu ihren Instituten befördert, wird ihre zweite Heimat. Und: Das soziale Leben vor allem der internationalen Studierenden findet in erster Linie in den Studentenstädten statt: in groβen Wohnheim-Ansiedlungen mit bis zu 2400 Plätzen. Die bekannteste ist die "Studentenstadt Freimann" an der Peripherie von München. Mit ihren vielen Hochhäusern nicht gerade eine Schönheit, verfügt sie aber über eigene Cafes, Kneipen und Sporteinrichtungen. Gerade für Studenten aus dem Ausland ist es hier meist einfacher, Leute kennen zu lernen.

그러한 대량 경영에 있어 하나의 통합된 캠퍼스가 없는 것은 자명하다. 대학들이 대부분 그 본부를 시 중심에 두고 있지만 여러 기관들이 도시 전역에 분산되어 있다. 루트비히-막시밀리안 대학만 100군데에 흩어져 있다. 그 결과 학생들에게 다음 두 가지가 생겨난다. 하나는 그들을 각 기관으로 운송하는 지하철로 두 번째 고향이 된다. 다른 하나는 사회적 삶으로 특히 외국 학생들의 경우 우선 대학생 도시에서 이루어진다. 즉 "2400명까지 수용할 수 있는 커다란 기숙사 마을이다. 그중 가장 유명한 것은 '프라이만 대학생 도시'로 뮌헨 외곽에 있다. 고층 건물들로 아름다운 경관은 아니더라도 자신만의 카페, 술집, 스포츠 시설 장소들을 갖고 있다.

외국에서 온 학생들에게 이곳은 사람들을 만나 알고 지내는데 가장 손쉬운 장소이다.

(Leben-Städte-Alle Städte-München-Studieren으로 찾아 들어가면 된다)

11. 종교

오늘날 독일에서 종교를 믿는 사람의 수는 과거보다 적다. 기독교가 주 종교인데 전통적으로 독일에서 가장 영향력 있는 종교는 독일 개신총회와 구교이다. 북쪽과 동쪽에는 주로 개신교로 독일인구의 33%이고 남쪽과 서쪽은 또한 독일 전체 인구의 33%로 로마 카톨릭 신자이다. 공식적으로는 550만 명이 교회에 속하고 있다. 그러나 독일의 많은 사람들이 교회에 나가지 않는다. 주로 결혼식이나 장례식 때 나간다. 독일 개신교 신도들은 주로 복음교회의 신자들이다. 아무 교파에도 속하지 않는 독립교회나 조합교회(각 교회가 자치·독립되어 위로부터의 지배를 거부하는 신교 교회 제도)는 비록 작기는 하나 독일 여러 지방과 마을에 다 있다. 이 중 하나가 신앙고백 루터파인데 독일에서는 독립 복음주의 루터파로 불린다. 그리스 정교는 주로 손님노동자들이나 그 가족들이 믿는데 많은 수의 사람들이 믿고 있어 독일에서 3번째로 큰 종교이다.

로마 카톨릭교는 유대교를 제외하고 15세기의 유일한 종교였다. 그러나 1517년 마틴 루터가 이것을 부패한 기독교로 보고 종교개혁을 일으킴으로 유럽과 세계의 역사를 바꾸어 버리고 개신교를 설립했다. 세계 1차대전 전에는 독일 인구의 3분의 2가 개신교였고 3분의 일이 로마 카톨릭이었다. 특히 북쪽과 북동쪽은 개신교가 지배적이었다. 1945년과 1990년 사이 동서독이 분리되어 있을 때 카톨릭은 소수만이 믿었었다.

동독에서 종교의식이나 종교단체 가입은 서독에 비해 현저히 낮았다. 아무래도 공산정권 때문이다. 동독정부는 성년식(Jugendweihe, 14~15세 청소년들이 국가에 충성을 맹세하는 성인식)의 지침 등을 통해 무신론적 세계관을 장려했다. 만일 어린 청소년들이 이 식에 참여하지 않으면 사회적으로 불리한 대접을 받아야만 했다. 그래서 오늘날도 교회에 나가는 비율은 서독지역 사람들의 14%에 비해 현저히 낮아 5%정도만 일주일에 한번 교회에 나간다. 그래서 세례, 종교적 결혼식이나 장례식도 서독쪽 보다 낮다.

독일 전체 인구의 30%가 공식적으로 아무 종교에도 등록되어있지 않다. 동독지역이 물론 더 높다.

370만 명 정도는 이슬람교도들이다. 주로 터키계 사람들인데 이 숫자는 여러 종파의 이슬람교도를 다 포함하고 있으나 독일인들은 이 종파들이 다 같은 이슬람으로 생각한다.

그리스나 세르비아에서 이주해온 사람들은 주로 그리스정교를 믿는다. 30만 정도이다. 그 외에도 여러 작은 종파들이 있으나 독일정부는 사이언톨로지(론 허버드 L. Ron Hubbard라는 인물이 창립. 과학기술을 통한 정신치료, 영혼윤회 등을 신봉하는 일종의 신흥종교로서 외계의 혼이 인간의 몸을 빌어 환생하고 있다고 믿으며 인간이 죽으면 이 '외계의 혼'이 세상을 떠돌다 갓 태어난 태아의 몸에 깃든다는 것이다)를 종교로 인정하지 않고 단지 세금면제를 노리는 비즈니스집단이라 보고 있다. 그렇다고 독일에서의 종교활동을 저지하지는 않는다.

오늘날 독일에서, 특히 베를린과 같은 대도시에는 유대인들이 급속히 증가하고 있는데 이전 동구권, 특히 소련에서 베를린장벽 붕괴이후 이주해와 독일에 정착한 사람들이다. 독일정부는 소련의 어느 다른 종족보다 특히 유대인들을 많이 받아들이고 있으며 독립국가연합(CIS)이나 발틱3국의 유대인들에게 이주를 무제한적으로 허용하고 있다. 독일에서 이미 오랫동안 살고 있던 6만 명의 유대인들은 이러한 정책을 그다지 반기지는 않는다. 자신들이 유대인 커뮤니티에서 오히려 소수그룹이 되고 있기 때문이다.

교회와 정부는 서로 분리되어 있지만 서로 헌법에 따라 제휴를 하고 있다. 독일에 거주하는 사람은 자신이 거주하고 있는 구청에 주민등록을 하면서 종교란에 자신의 신앙을 신고해야 한다. 그러면 자동적으로 그는 소득세의 약 8%를 교회세(Kirchensteuer)로 내게 된다. 꼬박꼬박 교회를 나가지 않더라도 종교세는 징수되며 독일의 성당과 교회는 교인들의 매주 헌금에 의존할 필요가 없고 국가는 종교단체에 간접적으로 돈을 후원하는 것이다. 어떤 이들은 종교세를 내기 싫어 일부러 신고를 않거나 그 종교에서 탈퇴하는 경우도 있다.

정부가 소득세와 연계해서 걷어주는 이 세금 덕분에 국립교회들은 넉넉한 살림을 유지하고 있는데 교회가 엄청난 종류와 규모의 사회봉사 활동과 구제사업을 벌일 수 있는 것도 다 이러한 비빌 언덕이 있기 때문이다. 예컨대 교회는 병원, 유치원, 양로원, 학교를 후원하고 제3세계에까지 나가서 구호활동을 벌인다. 이런 방면에서 독일인은 단연 두각을 보인다.(27)

독일헌법은 신앙과 종교의 자유를 보장하고 있다. 어느 누구도 신앙이나 종교적 신념 때문에 차별받을 수 없다는 것을 명시하고 있다. 그렇지만 종교의 자유와 실제 독일 사회에서의 법적 판결은 서로 이율배반적일 때가 있다. 최근 독일에서는 학교교사와 같은 대중서비스업에 종사하는 이슬람 여인들이 두건을 써야 되는지 안 써야 되는지에 대해 뜨거운 논쟁을 벌이고 있다. 이 문제는 독일에서 소송까지 이어져 2003년 가장 많은 화제를 일으킨 문제인데 소송의 개요를 보면, 아프카니스탄 출신의 한 독일여성(95년 시민권 획득, 1998에는 Grundschule와 Hauptschule의 교사자격을 취득하였다)이 바덴뷔템부르크주에서 교사로서 임용되는 것에서 거부를 당한 적이 있다. 그 이유는, 관할 교육청의 담당자와 그녀와의 면담과정 중에 그녀는 수업 중에도 이슬람문화권의 전통인 두건착용을 하겠다고 주장했기 때문인데 이에 관할 교육청은 그녀의 임명신청을 거부하였다. 그녀는 행정소송을 제기하였으나 여러 번 패소하였다. 그 이유는 선생이 종교에 대해 중립을 지켜야 하는 것에 위배된다는 것이었다. 그러자 그녀는 두건착용의 금지는 오히려 종교의 자유를 침해하는 것이라고 헌법재판소에 소원을 냈는데 헌번재판소는 마침내 5대 3으로 그녀의 손을 들어 주었다. 그러나 헌법재판소의 판결은 두건착용을 금지할 수 있는 법을 바덴뷔템베르크주가 가지고 있지 못하다는 이유를 근거로 하고 있기 때문에 만일 각 주가 법률적 토대를 마련할 경우 두건착용을 금지할 수도 있다는 결론이 나오기 때문에 그러한 법률적인 토대를 마련하려는 주들까지 생겨나고 있어 앞으로도 사회적 논쟁을 야기 시킬 수 있다.

2005년에 독일도시 파데르본Paderborn은 격렬한 논쟁에 휩싸이게 되었는데 많은 침례교 가정들이 자신들의 아이들을 학교에 보내는 것을 거부하고 집에서 종교적 가르침으로 홈스쿨링을 하겠다고 주장한 것이다. 공교육 교과과정이 자신들의 양심이나 종교적 신념에 반하는 내용을 담고 있다는 것이 그 이유였다. 독일 헌법에 의하면 모든 아이들은 각 주의 공립학교에서 교육을 받아야만 한다. 그래서 독일은 홈스쿨을 불법으로 규정하고 있으며 다른 유럽국가에 비해 홈스쿨에 대해서 가장 강경한 정책을 유지하고 있는 나라이다. 주정부는 침례교 부모들로 하여금 법을 따르도록 종용했지만 아무 소용이 없었다. 처음에는 경고도 하고 벌금도 물게 하고 잠시 구류도 했지만 그들을 단념시킬 수 없었다. 결국 2005년 8월 시정부는 부모들에게서 아이들 후견인의 자격을 박탈했다.

이에 대해 독일의 홈스쿨 운동가들은 독일의 현재의 제도가 부모의 권리를 제한하고 있다고 주장하면서 독일 정부가 계속해서 홈스쿨을 적대시하고 처벌할 경우 유럽인권법정에 제소하겠다고 주장한다.

독일교회는 그 어느 나라보다도 기독교의 새로운 종파에 대해 지식과 정보를 적극적으로 보급한다. 보통 3단계의 용어를 사용해 교회를 구별하는데 1) Kirche: 로마 카톨릭, 독일 개신교, 그리고 그리스정교회는 이에 속한다. 2) Freikirchen: 독일 개신교(EKD)가 아닌 다른 개신교 종파를 주로 지칭하는데 예를 들어 침례교, 감리교, 독립 루터파,

제7일 안식일 재림파, 오순절파등이다. 3) Sekte: 주 종교집단이 아니고 파괴적 숭배예찬을 하는 종파거나 신도들이 떠나고 싶어도 마음대로 종파를 떠날 수 없는 집단을 Sekte라 부른다. 여기에 속하는 그룹은 몰몬교, 사이언톨로지, Hare Krishna(하레 크리슈나교, 미국의 신흥종교로 힌두교의 일종)등이다. 유대교나 이슬람교는 Sekte라 부르지 않는다.

독일의 종교와 그 신자 수 비율을 정리하면 다음과 같다.

기독교인	약 5420만(68%)
무신론자	2440만(29.6%)
이슬람	300만(4%)
불교와 유대교	20만(0.25%)
힌두교	9만(0.1%)

다른 작은 종교들은 5만 명이 채 안되는 신도들을 갖고 있다.

獨법원 "'여호와의 증인'에 법적 권리 보장" 판결

기독교의 소수 신흥종파인 '여호와의 증인'이 기존의 개신교나 가톨릭과 동일한 법적 대우를 받기 위해 15년 동안 벌여온 송사에서 일단 승리했다고 26일 공영 도이체벨레 방송 등이 보도했다.

방송 보도에 따르면, 베를린 행정법원은 지난 24일 여호와의 증인에 기성 종교들과 같은 법적 권리를 보장해야 한다는 판결을 내렸다.

이번 판결로 베를린시 당국은 여호와의 증인에도 기성 종교들과 마찬가지로 종교세를 배분하고 세금을 감면해주는 한편 자선단체를 만들 수 있도록 해줘야 한다.

독일에선 시민이 자신의 종교를 신고하면 정부가 신자의 수입에서 종교세를 거둬 교단에 나눠주고 있다.

시 당국은 당초 여호와의 증인에 대한 가정법원이나 청소년 단체들의 고발에 따라 불법성이 있다며 종교세 배분 등 여러 권리를 인정하지 않았다.

시는 종교의 자유는 있지만 여호와의 증인 측이 어린이들에게 수혈을 받지 말라고 가르치거나 너무 엄격한 교육방식을 적용해 미성년자의 복지와 생명을 위협하고 가족관계도 해치기 때문이라며 법적 혜택의 제한을 옹호했다.

이에 대해 여호와의 증인 측은 "수십만 명의 신자 가운데 교회를 떠난 10여 명이 근거 없이 불만과 비난을 하는 것에 불과하며, 이는 개신교나 카톨릭 등 어느 교단도 마찬가지"라고 주장하며 소송을 제기했다.

재판부는 "시 당국은 비난의 내용이 사실이며, 합법적 종교 단체가 아님을 구체적으로 입증하지 못했다"면서 원고측의 손을 들어줬다.

이 종파의 독일 내 지도자인 미국인 리처드 켈시 씨는 "우리는 전도하고 집회를 할 권리를 갖고 있으며 이를 계속할 것"이라며 베를린 외의 나머지 15개 주에서도 행정소송을 제기할 방침임을 밝혔다.

그러나 볼프강 후버 독일 개신교협의회 의장은 "법원이 베를린시의 손을 들어주지 않은 것에 매우 놀랐다"며 판결을 비판했다.

나치는 여화와의 증인 신자들을 강제수용소로 보냈으며, 옛 동독 공산 정권은 이 종파 자체를 불법화했다.

현재 베를린에 독일 본부를 둔 여호와 증인의 독일 내의 신자 수는 16만 6천명이라고 도이체벨레는 전했다.

— 출처: 연합뉴스, 최병국 특파원 2005/03/27

독일- 갈수로 뜨거워지는 종교수업 폐지 논의

독일에서는 초등학교부터 중등교육과정까지 정규과목으로 정해진 종교수업이 있으며, 이 수업은 프로테스탄트와 카톨릭 수업으로 나뉘어져 있다. 종교수업은 국가와 교회가 함께 하는 교육이며 독일 기본법을 기본 원칙으로 하여 다음과 같이 정리 할 수 있다.

종교수업은 일반 공립학교에서 정식과목으로 정해져 있고, 교과과목에서 특수한 위치를 차지한다. 종교수업에 필요한 과목은 종교적 세계관에서 중립적 입장을 가진 국가기관에서 결정하고(필수과목이므로 학년진급에 필수적이며, 학문적인 특징을 가짐) 교회는 교과과정의 진행, 교육 자료의 선택에 책임이 있으며 종교과목 교사 임용시 중요한 역할을 한다.

역사적으로 볼 때 오늘날 유럽국가의 발전은 기독교 사상을 그 모태로 한다. 기독교는 유럽각국의 사회문화 전반에 걸쳐 다양한 영향을 주었다. 오늘날 독일 공립학교 제도의 모델은 중세기교회의 학교 운영과 신학적 목표 설정의 결과이기에 종교 수업의 역사를 학교 발전의 역사와 분리할 수 없으며 따라서 학교 종교수업의 가치는 오늘날까지 큰 영향을 주고 있다.

독일 기본법은 종교의 자유, 종교 표현의 자유, 종교 행사의 자유를 보장하고 있다. 또한 종교 수업의 법적 지위도 독일 기본법 제7조에 의해 규정되어 있다. 이 법에 의하면 종교수업 중학생들을 교화하거나 종교적으로 조직하는 행위는 금지되어 있다. 즉 학부모들은 자신의 아이들을 종교수업에서 제외시키고, 학교예배, 미사, 학교기도회에 참여치 않게 할 권리는 있으나, 기본법 제4조에 의해 종교수업, 학교예배, 기도회 폐지를 요구할 권리는 없다. 따라서 종교수업에 참석하지 않은 학생들은 주의회 법률에 의해 추가수업에 참석해야 한다. (각 주마다 예외 규정이 있으나 일반적으로 종교수업에 참석하지 않은 학생들은 철학, 도덕, 윤리 수업 등에 의무적으로 참석해야 한다).

오늘날 종교수업 교수법은 그 내용과 방법, 목표에 있어 결코 교육학적, 신학적 기준에 어긋나서는 안되게 되어있다. 종교수업의 주제는 일면으로는 신앙으로서의 종교, 일반사회 관점으로서의 종교, 개개인이 바라보는 종교의 모습이며, 또 다른 일면으로는 청소년들이 가질 수 있는 삶의 고민, 인생의 방향 설정에 도움을 주는 내용으로 구성된다. 종교 수업의 임무는 특정 종교를 강요하는 것이 아니라, 올바른 종교를 선택 할 수 있는 능력을 키워주는 것이다.

종교수업은 필수 과목이기 때문에 학교는 반드시 정해진 수업일수 내지는 시간을 채워야 하며, 다른 교과과목과 같이 과학적인 입장에서 수업을 실시하고 학점을 주어야 한다. 종교교사는 종교수업에 가장 적합한 능력을 가진 전문인이어야 하며, 따라서 대부분의 종교교사는 목사 또는 신부이다.

교육제도의 임무는 성장 과정에 있는 학생들이 올바른 가치관과 사회규범을 습득할 수 있도록 돕는데 있다. 특히 종교는 이러한 임무를 수행하는데 효과적이다. 종교를 통해 청소년들은 사회에 간접 참여할 수 있으며, 기본적인 사회가치 규범을 습득하고 사회에 적합한 생활양식을 연습할 수 있다. 이러한 이유 때문에 저명한 사회학자 에밀 뒤르켕은 종교와 사회화를 동일한 개념으로 파악하기도 했다.

종교는 복잡 다양한 현대인의 사고와 행동을 단순한 도덕규범으로 체계화할 수 있으며, 현대인들이 산업사회 속에서 놓치기 쉬운 삶의 의미를 일깨워준다. 따라서 종교수업은 인간 삶에서 극히 중요한 인간 존재에 관한 질문에 그 답을 제공한다. 예를 들어 인생, 죽음, 질병, 고통, 책임, 행복, 두려움, 사랑, 실패, 가난, 전쟁, 평등과 같은 인류 삶의 의미와 목적을 주 내용으로 하는 것이다. 따라서 독일 종교교육은 신앙의 원칙이나 종교소개에만 그치는 것이 아니라 양심교육, 이웃 및 인류에 대한 개인 책임까지 수업의 목표로 포함한다.

종교수업은 다른 과목에 비해 특별한 주의가 필요하다. 특히 종교교사에 대해서는 좀 더 엄격한 자기 수양과 자기 관리가 요구된다. 왜냐하면 종교교육은 다른 일반과목과는 달리 지식 전달의 수업이 아니라 교사를 통한 학생들의 모방과 감화가 쉽게 일어날 수 있는 수업이기 때문이다. 따라서 종교수업은 교사 특유의 수업방법에 따라 다양하게 전개 될 수 있다. 교사 재량에 따라 다양한 수업 방법 예를 들어 명상, 인생과 죽음에 대한 토론, 음악, 그림감상 등과 같은 수업 방법을 선택할 수 있다.

전체적으로 보면 초등학교 때부터 진행되는 종교수업은 학부모와 학생사이에서 긍정적인 평가를 받지만, 7학년(우리나라 중학교 1학년에 해당)부터는 이 과목에 대한 호감이 떨어지는 것을 알 수 있다. 이전 세대에서는 학생들이 종교과목을 다소 선호했으나, 오늘날 학생들에게는 가장 인기 없는 과목 중 하나가 되기도 했다. 그러나 종교과목을 수강한 학생들 중 대부분은 종교과목이 계속적으로 유지되기를 희망한다.

오늘날의 사회는 개개인마다 서로 다른 세계관을 형성하기 때문에 기독교에 대한 관심보다는 신흥종교에 대한 관심이 커지고 있다. 특히 각 종교마다 상이한 입장을 견지한다는 이유에서 서로에 대한 이해보다는 경쟁의 입장에서 있는 것이 사실이다. 개방된 현대사회에서 종교는 다양한 주장과 입장으로 인해 하나의 의견을 가지기 힘들다. 때문에 현대사회에서 종교교육은 점점 더 어려워지고 있다. 게다가 사회와 종교의 분리가 가속화되는 지금 상황에서, 종교수업은 더 이상 무용하다고 비판하는 교육자들의 주장이 거세지고 있다. 이들은 프로테스탄트와 카톨릭으로 나누어진 종교수업을 통합하거나 완전히 변형된 새로운 형태의 수업(윤리학, 평화에 대한 교육, 환경교육, 도덕교육 등)을 실시할 것을 요구한다.

독일 사회에서 종교수업에 대한 논의는 갈수록 뜨거워지고 있다. 21세기 독일에서 종교수업이 어떻게 진전되고 변화할지, 종교의 역할이 교육제도 안에서 과연 유용한지, 아니면 종교수업 자체가 폐지될지에 대한 논의는 앞으로 계속될 전망이다.

— 출처: 교육개발 통권124호 - Global Message, 한국교육개발원

독일 교회는 살아있다! - 1

이번에 하노버에서 30회 독일 개신교 교회의 날(Deutschen Evangelischen Kirchentag 25 bis 29. Mai 2005)이 있었다. 이 행사는 전 독일의 도시에서 매 2년마다 한 번씩 개최되는데 올 해는 처음 발생도시였던 하노버에서 맞아 하노버 사람들은 좀 더 뜻 깊은 생각을 하게 되었다. 이 기간 도시 곳곳에서 있는 집회와 찬양, 여러 선전, 광고 등을 위해 독일 전역, 아니 세계적으로도 기독교인들이 모인다.

필자는 첫날 하노버 오페라 하우스에서 있는 집회를 보러 가려고 했으나, 너무나 많은 사람들로 인하여 감히 먼발치에서만 보고 Steintor에 있는 집회를

참여했다. 전철에도 사람들이 넘쳐나고, 이를 위해 독일의 학교들은 휴가를 주기도 하고, 사람들은 가족끼리, 친구끼리

속속 모여들었다. 집회에서 예배를 잠깐 드리면서 이렇게 많은 사람들이 거리에서, 특별히 정해진 건물이 아닌, 함께 찬송을 부르고, 자유로이 기독교 설교를 듣는 모습을 보고 감동을 받아 감히 독일교회가 잠자거나 죽었다고 말할 수 없다고 느꼈다.

토요일에는 다시 오페라하우스에서 열린 콘체르트에 참가하면서 거리에서 울려나는 아름다운 찬양소리를 들을 수 있었고, 하노버 한민교회 집사님과 함께 Kroepke라는 도시 중심에서 있는 여러 집회를 돌아다니면서 참가했다. 이런 날들은 하노버라는 도시에 있어서 하나의 아름다운 축제이자, 독일의 기독교인들에게 서로서로 신앙과 삶을 재조명할 수 있는 좋은 기회라고 생각 들었다.

잠깐 역사를 보자면-

교회의 날은 기독교적인 신앙을 가지고 있고 교회와 세계의 미래에 참여하고 있는 사람들

만든 하나의 자유로운 움직임의 날이다. 1949년 이후 이러한 움직임은 존재해왔는데, 그 당시에는 2차 대전이 끝나고 난 뒤 Reinold von Thadden-Trieglaff 와 다른 사람들이 하나의 가능성을 갖고자 하는 취지로 시작했다. 개신교가 하나의 자체 지식을 갈고 닦으며, 하나의 의견을 형성하고, 비판적으로 되고자 하는 취지에서, 더 구체적으로는 더 이상 나치 때와 같은 잘못된 길로 떨어지지 않도록 하고자 함이 바람이었다.

1949년 Reinold von Thadden-Trieglaff는 그의 친구들과 함께 하노버에서 이 날을 창시했다. 당시 개신교의 문외한들은 시 교회로부터 독립하는 일을 기독교의 신앙과 사회와 세계에 대한 책임을 지고 신실하게 사는 것과 같이 중요시 여겼다.

이러한 운동의 뿌리는 경건주의와 세계기독교 교회와의 연관성에서 찾아볼 수 있다. Trieglaff로부터의 카리스마적인 일대기로부터 개신교(프로테스탄트)의 이러한 두 가지의 흐름은 하나의 형태로 만났다. 평화와 생태학적인 토론이 교회의 날의 첫 장을 열었다. 그래서 교회의 날은 80년대부터 이러한 생각 정

의, 평화, 그리고 창조적 수호라는 취지하에 이루어졌고 이것은 또한 동독의 기독교인들을 대화로 이끌어내기도 했다.

분단된 독일에서도 1961년까지 공통의 교회 날이 존재하였다. 그러나 베를린 장벽이 세워지고 나서 이러한 길들은 나뉘어졌다. 독일의 개신교 교회의 날 이외에 동독에서는 개신교 교회의 날이 생겨났다. 그러나 이 두 일들은 아주 밀접한 관련을 맺었다. 1989년의 통일 이후 2년 후 동독과 서독의 교회의 날 움직임은 1991년 하나의 공통적인 기반이 마련된 후 서로 다시 합쳐졌다.

많은 발의와 청원들과 자극들이 독일의 교회의 날들을 통해 나왔다. 1961년 베를린에서 유대인과 기독교인의 대화가 시작되었고, 1965년 쾰른에서 개신교-카톨릭과의 대화가 생겨났다. 새로운 형태, 새로운 음악과 미사순서의 예배들은 신성함의 형식을 따라 생겨났다.

이러한 과정을 통해 독일 개신교 교회의 날이 오늘날까지 오게 된 것이다. 사람들을 자유로 이 신에 관해 묻고, 그리고 세상에서 기독교를 어떻게 지켜낼 지에 대해 열려있는 자세로 서로서로 모아서 의견을 모은다. 그래서 교회의 날은 항상 사회로, 비판으로, 그리고 그를 통한 새로운 형성으로의 간섭에 대한 듣고자 한다. 희망과 비판을 가지고, 다른 사람들과 만나고, 기독교가 성장해 낼 수 있도록 말이다.

— 출처:kbs world net, 유진영 칼럼, 작성일: 05. 05. 29

독일의 종교신화 1 - Osternhase und Osterneier

신화는 "현실적 요소에 근거를 둔 상징으로서의 종교행위"로 정의 내려질 수 있다. 신화의 개념은 일반적인 이야기소재를 가지고 특정 범위 안에서 국한되어 사용되어지며 사실과 일치하는 실제의 이야기로서 종교적 요소나 세계관적인 요소로 이루어졌다. 그래서 신화를 연구하는 것은 각 국가의 정체성을 이해하는 데 도움이 된다.

이 글에서는 현재 독일사회에서 이루어지고 있는 종교적인 관습에 관한 신화에 대해 잠깐 소개하고자 한다. 일반적으로 특정하게 독일적인 신화는 찾아보기 힘들다. 왜냐하면, 대부분의 신화는 그리스, 로마신화로부터 그 뿌리가 유럽으로 옮겨와서 유럽 내에서 오랜 기간 동안 각 국가에서 공통적으로 받아들여졌기 때문에 그 모습이 고전적인 신화와 비슷하다. 그러나 독일에서 이루어지는 많은 관습이나 제식에서 여기에 상응하는 신화를 찾아볼 수는 있다. 이러한 이유로 독일자체의 신화를 소개하기 보다는 현재 독일사회에서 행해지고 있는 관습에 따른 종교적 신화를 언급하고자 한다.

먼저, 부활절 토끼(Osterhase)에 관한 이야기를 알아보면, 토끼는 결실(수확)과 생활을 봄에 되돌려주는 동물로 상징된다. 독일은 우리나라와 마찬가지로 봄, 여름, 가을, 겨울의 뚜렷한 경계가 있다. 봄에는 나무가 새로운 잎을 피우고 꽃은 자라기 시작한다. 동면을 한 동물들은 긴 겨울잠을 깨고 동계서식지로부터 나와서 뛰어다닌다. 그래서 봄에는 많은 동물의 알을 볼 수 있다. 부활절 토끼란 부활절에 필요한 달걀을 가져오는 동물로서 최초로 오버라인, 엘자스, 라인란트 팔츠(am Oberrehein, im Elsass und in der Pflaz)에서 유명해졌다. 최초의 문서는 하이델베르그의 의학박사 Georg Frank von Frankenau의 작품 "Satyrae medicae"(1678)에서 발견되었다. 그러나 19세기가 시작될 때까지 부활절토끼는 많이 알려져 있지 않았다. 삽화로 된 부활절 토끼에 관한 책과 과자, 장난감산업이 인기를 몰기 시작하면서 비로소 부활절토끼의 기원은 여러 가지 다양하게 설명된다. 그러나 주로 이 토끼는 부활절 양을 잘못 이해한 것으로 알려져 있기도 하다.

여기에 연관 지어 부활절달걀(Ostereier)과 관련한 의미에 대해 알아본다면, 이것은 아이들에게 선물로 주는 색칠한 달걀 또는 달걀모양의 과자를 뜻하고 있다. 부활절을 위해 선사된 색칠되고 여러 가지 다양한 기법으로 치장(장식)된 달걀에 행운을 기원하는 글이 씌어져 있다. 이것은 후에 설탕, 초코렛, 마르치판(매우 단 과자), Wachs(왁스) 및 다른 것과 함께 장식된다. 이러한 관습은 중세시대의 달걀 및 식사축성, 달걀헌작(기부)을 부활절에 했던 것으로부터 발전되었다. 문헌상으로 확인된 것은 13세기 초에 Freidank가 그의 "겸손"을 나타내는 가운데 독일에 처음으로 색을 칠한 달걀이 나왔다고 한다. 그러나 부활절 달걀은 1615년에 스트라스부르그(Strassburg)에서 처음 선보였다.

동유럽에서는 특히 금으로 칠한 달걀이 선호되며, 중부유럽이나 서유럽에서는 붉게 칠한 부활절 달걀이 선호된다. 달걀에 대한 다른 장식들은 17세기에 유행하기 시작했으며, 이때로부터 다양한 장식과 치장의 기법이 나타났다. 17세기부터 이 관습이 처음으로 나왔는데 부활절에 부모들은 아이들을 위해 부활절 달걀을 숨기고 아이들에게 부활절토끼가 많은 알을 가져왔다고 설명한다. 18세기 말에는 부활절 달걀은 대부모로부터 받는 세례축하선물로, 존경의 선물로, 우정과 사랑의 선물로 보통 사용되었다. 높은 사회계층의 사람들은 금, 은, 유리, 도자기로 만들어진 값이 비싼 달걀을 만들어내었다. 유명한 '깜짝 놀라게 하는 달걀'(Überraschungseier)은 1884년에 나왔으며 이것은 러시안 금세공사의 발명품이었다. 또한 수집가를 위한 예술적인 형상의 달걀 생산은 예술수공업자들의 중요한 분파로 발전해나갔다.

— 출처:kbs world net, 유진영 칼럼, 작성일: 04. 04. 12

독일의 종교신화 2 - Namenstag, Jungfrau und Martinstag

세 번째로 성인의 생일(Namenstag)을 들 수 있는데, 카톨릭 교회에서는 각각의 날들을 성인 이름의 날로 특별히 지내고 있다. 카톨릭 교도들은 이러한 성인들에게 기도를 드리고 그들에게 필요한 도움을 빈다. 전통적인 카톨릭 교도 집안에서는 아이들에게 고유한 이름 외에 성인의 이름을 붙여주는데, 예를 들어 그날에 태어났던 성인의 이름을 지어준다. 그래서 아이들은 후에 자신의 생일을 축하하는 것 외에 자신의 이름과 같은 성인의 생일날을 축하한다. 그러나 이 성인의 생일은 항상 각 사람의 생일과 일치하지는 않는다. 이 때문에 카톨릭 교의 아이들은 가끔 두 번의 생일축하를 하는데, 자신의 생일과 성인의 생일이 그 날이다. 많은 카톨릭 가정에서는 이날이 생일날 축하보다 더 큰 의미를 가진다. 그러나 개신교도 가정에서는 생일날만 축하를 한다.

네 번째로 숫처녀(Jungfrau) 신화를 들 수 있다. 이는 기독교의 마리아 신화와 같다. 기독교의 신앙에서 숫처녀는 특별히 중요한 역할을 하는데, 예수의 어머니는 예수를 잉태했을 때 숫처녀였다고 한다. 크리스마스역사의 원전에는 단지 한 명의 숫처녀의 이야기가 나오는데 이것이 후에 숫처녀(Jung Frau)로 대체되었다. 이 신화는 큰 장점을 갖고 있다. 왜냐하면 마리아가 숫처녀였기 때문에 그녀의 남편인 요셉은 예수의 아버지가 될 수 없다. 그리고 예수는 "태어남"을 통해 특별한 존재가 되었다. 그래서 이 숫처녀란 순결을 가진 처녀와 같은 말이 되었고, 숫처녀는 신과 완전히 특별한 관계를 가진 인간으로 이야기 되어진다.

다섯 번째로 마틴의 날(Martinstag)을 들 수 있다. 11월 10일이 이 날로 독일의 아이들은 등을 들고 각 집으로 다니며 노래를 부르고 먹을 것을 얻는다. 원칙적으로 아이들은 이날 달고 맛있는 것을 얻는다. 성자 마틴의 이야기는 다음과 같다. 마틴은 부유한 사람으로 어느 날 말을 타고 가다가 추위에 떨고 있는 가난한 사람을 보았다. 그러나 그는 그냥 지나쳐 갈 수 없었다. 그래서 자신의 커다란 따뜻한 망토를 찢어서 그 가난한 사람에게 그 망토의 반을 주었다. 결국 그는 자신의 여행용 양식도 나누어서 가난한 사람에게 그것을 주었다. 오늘날 창문에 놓여있는 초와 아이들이 들고 있는 등불은 성자 마틴이 가난한 사람에게 나누어주었던 당시의 따뜻함을 기억하게 한다. 그가 죽은 후 수십 년이 흐르고서 나서야 그는 카톨릭 교에 의해서 성자로 불리어졌다. 그래서 11월 10일은 그의 성인의 날로 귀속되었고 마틴 이름을 가진 모든 카톨릭 교도들은 이날을 성인의 날로 축하한다.

성경을 독일어로 번역하고 개신교적인 신앙을 창시했던 마틴 루터 또한 11월 10일이 그의 생일이고 그를 기리는 성인의 날이다. 그는 학생시절 집집마다 다니면서 노래를 부르고 먹을 것을 부탁했었다. 이것을 기념하기 위해서 오늘날 아이들은 집집마다 다니면서 노래를 부르고 작은 것을 부탁한다. 그러므로 마틴의 날은 두 종교에 있어서 특별한 날이다. 등을 들고 마틴의 날 노래를 부르는 관습은 양 종교의 중요한 마틴, 즉 카톨릭의 성자 마틴과 개신교의 마틴 루터를 생각나게 한다. 이러한 관습은 1900년 라인란트에서 있었던 풍습의 개혁으로부터 생겨났고 그 이후 북부독일과 서부독일 및 네덜란드와 플랑드로 지방으로 퍼져갔다.

—작성일: 04.04.12, 작성자: 유진영

[문화읽기] 독일의 종교... 다시 생각해 보는 신앙

1415년 7월 6일 보헤미아의 종교 개혁가 후스(Johannes Hus)는 독일 콘스탄츠(Konstanz)의 화형장에서 다음과 같이 말하면서 숨을 거두어 간다: "너희들은 지금 거위(Husa는 보헤미아어로 거위란 뜻)를 굽지만 100년이 지난 후 백조로 부활할 것이다. 그러나 너희들을 그 백조를 제거할 순 없다." 그리고 약 100년 후 우리는 독일의 종교 개혁가로서 마틴 루터((Martin Luhter 1483~1546)를 만나게 된다.

독일이란 나라! 종교 개혁가 마틴 루터와 멜란히톤(Philipp Melanchton 1497~1560)이 태어난 나라. 1517년 10월의 마지막 날 루터가 당시 도미니카나 승려 텐첼(Johann Tetzel)의 면죄부 판매의 부조리를 비판하면서 공개적 토론을 요구하는 95개 조항을 비텐베르크(Wittenberg)의 城교회(Schloβkirche) 문에 못 박아 걸면서 역사상의 종교개혁의 서막이 열린다. 이는 오늘날 우리가 알고 있는 신교와 구교의 분리의 시작을 의미하기도 한다. 물론 이러한 출발은 反 종교개혁과 30년 전쟁인 종교전쟁이라는 처절한 시련을 암시하기도 한다. 무엇보다도 이 종교전쟁의 주 격전지가가 독일이었기에 독일은 인류역사상 종교의 이름하에 행하여진 가장 커다란 재앙을 맛본 나라이기도 하다.

이런 사실은 왠지 독일에는 개신교인이 훨씬 많은 것이라는 생각을 하게 된다. 그러나 통계적으로 보면 독일 인구의 34.1%가 개신교이고 33.4%가 구교이다.1 이렇듯 전체적으로 보면 구교와 신교가 대동소이하며 이 통계는 독일 국민들이 주거지 관청에 신고한 수치이다. 통계상 거의 70%에 가까운 독일인이 기독교인이다. 그러나 이는 형식적인 분류에 불과하고 실질적으로 본인이 종교인이라 생각하는 사람들은 그리 많지 않다. 이런 면은 처음 독일에 오는 우리나라 사람들에게 이해하기 어려운 일면이기도 하다. 그들의 종교관이란 과연 어떤 것인지 짐작하기 쉽지가 않다. 단지 하나 확실히 말할 수 있는 것은 한국과는 사뭇 다른 종교적 분위기와 종교에 대한 견해를 가지고 있다는 것이다.

기독교 이외도 60년대 이후 많은 외국 노동자들이 독일로 이주 해 오면서

타 종교인도 많이 늘고 있다. 무엇보다도 독일에서 제일 많은 외국인인 터키인들의 대부분이 이슬람교도이고 이에 따라 이슬람교인이 기독교 이외에 제일 많은 분포를 형성하고 있다. 98년 현재 통계적 자료에 따르면 이슬람 교인이 약 3백만 명으로 집계되고 있다. 그리고 그리스정교와 여호와 증인, 세르비아 정교 그리고 유대교가 뒤를 따른다. 2차 대전 이후 대부분의 유태인이 독일을 떠났거나 홀로코스트에 희생되었기에 유대교인은 현재 독일에서 단지 4만 7천 명으로 기록되고 있다. 한편 우리 동양인의 입장에서 흥미로운 것은 최근 들어 동양에 대한 관심이 높아지면서 불교인이 늘고 있다는 것이다. 현재 동양 출신을 제외한 순수 독일인 불교신자만 약 십만 명으로 집계되고 있다.

이런 종교의 다양성은 독일인의 종교에 대한 견해에 상당한 영향력을 주면서 그들의 종교에 대한 새로운 해석을 하게끔 하는 동기가 되기도 한다. 이런 와중에 기독교만의 절대성에 대한 의심과 상실은 점점 증가되고 있는 느낌이다. 젊은이들 사이에서 어느 한 종교만이 절대적 믿음과 절대적 대상이 된다는 생각은 이미 사라진지 오래 되었다. 실제로 통계상 70%의 기독교인이지만 이들 중에 일요일에 교회 가는 사람은 극소수이다. 주위의 독일 친구나 학교의 동료 중에서도 일요일에 교회 가는 이를 한 번도 만나지 못했다. 그렇다고 이들 모두가 신의 존재를 안 믿는 것은 아닌 것 같다. 작년에 독일인을 대상으로 한 설문조사에서 기독교를 떠나 일반적으로 신이라는 존재 믿는 사람은 약 20%정도로 나타났다. 그렇다면 위 통계의 70%는 단지 소위 순수 종교세를 내는 사람들의 수치이지 그것이 한국식의 기독교 신자를 말하는 수치는 아니다. 또한 많은 독일인들에게는 신의 존재여부에 대한 물음 그 자체는 그 어떤 의미를 가져 주지 못하는 것 같다. 이와 함께 어느 일정 종교에 대한 고정적 관념이 사라지고 종교의 선택에 대한 관용성이 점점 확산되고 있다는 느낌이다. 다시 말하자면 이는 어느 한 종교만이 진정한 종교라는 생각에 벗어나 어느 종교나 다 똑 같은 입장에서 보려는 해석이라고 볼 수도 있다. 독일에서 종교에 대한 믿음의 문제는 하나의 개인적 선택의 문제이지 그 어떤 선별의 우선권을 어느 종교만이 가지고 있다고 생각하지 않는 것 같다.

이는 이들 사회의 개방적 수용문화와 맞물리는 한 현상이라고 생각된다. 그러기에 광신적 종교인을 원리주의자 또는 분리주의자로 생각하며 이는 마치 극우 민족주의자와 마찬가지로 생각하는 분위기이다. 민족주의 자체가 어느 민족의 우월성을 주장하는 것에서 나왔고 이는 결국 다른 민족을 인정치 않으려는 것과 같이 한 종교의 우월성과 그 종교만의 절대성이라는 생각 자체도 이와 같은 궤도에서 생각하는 것이다. 이러한 종교의 분위기는 타국의 문화에 대한 관용성하고도 관련된다. 종교 또한 그 나라의 문화와 밀접한 관계에 놓여 있기에 그들 전통과 다른 종교를 이해하려는 노력은 다른 문화를 적극적으로 이해하려는 노력이라고 볼 수도 있다.

한국 사람들의 커다란 오해 중에 하나가 유럽이란 대륙이 기독교의 전통에 바탕을 둔 나라들이고 그러기에 유럽에 있는 나라는 모두 단순히 기독교의 나라라고 생각하는 것인 것 같다. 아니 기독교의 전통에 바탕을 둔 기독교의 나라라고 해도 틀린 말은 아닐 것이다. 그러나 실제로 독일에서 느끼는 기독교의 분위기는 우리 한국의 유·불·선의 전통이 그 어떤 종교성이라는 의미부여 없이 우리들 생활양식에 스며든 관습이나 풍속과 같아 보인다. 이들에게 있어 기독교라는 종교는 그네들 선조의 전통이며 관습이지 더 이상의 의미 부여의 모습은 일반적으로 찾아보기 힘들다.

또한 형식적으로나마 종교인으로 남아있던 많은 독일인들이 최근 들어 세금 부담으로 점점 탈퇴를 하고 있어 교회(여기서는 신, 구교 모두 칭함) 자체적으로도 점 점 재정적으로 어려움을 느끼고 있다. 이런 현실에서 한국을 방문한 적이 있는 적지 않은 독일인들이 밤이 되면 거리 곳곳에서 마치 네온사인처럼 빛나는 빨간 십자가는 이색적인 풍경으로도 비추어 지는 것 같다.

독일에서의 종교적 분위기를 보면서 느끼면서 우리나라의 종교와 다른 나라들의 종교적 모습을 비교해 본다. 우리는 지금 21세기를 시작하고 있다. 지난 1000년 동안 숫한 종교적 분쟁이 있어 왔으며 얼마 전 코소보 사태 또한 인종 문제가 종교 문제와 같이 대두되었으며 지금도 이스라엘 가자지구에서는 종교적, 정치적 분쟁으로 아까운 목숨들을 잃고 있다. 지난 1000년 동안 전 유럽에서 행하여 졌던 종교 탄압, 마녀 사냥, 유태인 추방 그리고 히틀러의 유태인 대학살! 우리는 언제까지 종교가 다르다고 억압받고 추방되고 또 죽어야 하는가? 지난 1000년의 의문은 아직도 풀리지 않은 채 우리는 앞으로 또 1000년을 맞이해야만 하는지? 오늘도 중동의 가자지구에선 종교의 이름아래 총성이 들려오고 또 한 목숨이 사라지고 있다. 루터가 면죄부를 비판하면 비텐베르크城교회 대문에 95개의 반박 조항을 내 건지 이제 거의 500년이 지나는 지금 우리는 또 다른 이름의 면죄부를 팔고 사지나 않은지 생각해 본다.

우리 '인간성 그 자체' 보다 중요한 것이 또 있단 말인가?

— 출처: kbs world net, 최수현 칼럼, 작성일: 01. 05. 11, 작성자: 최수현

1.

Der Deutsche trinkt Bier auf dem Oktoberfest... Deutschlands Ureinwohner sind blond, haben blaue Augen, sind kühl und abweisend. Sie ernähren sich am liebsten von Würstchen mit Sauerkraut. Und die deutsche Musik besteht nur aus Beethoven und Bach.

Klischees und Vorurteile über "die Deutschen". Was kann typisch sein für ein Land, in dem mehr als 80 Millionen Menschen leben? Ihnen fällt gerade auch nichts ein? Wie wär's damit: gastfreundlich, freigebig und hilfsbereit. Gerne auch pünktlich, engagiert und arbeitsam. In jedem Fall hat in den letzten Jahrzehnten - nicht zuletzt durch die vielen Migrantinnen und Migranten, die hier leben - die deutsche Gesellschaft so viel Vielfalt und Toleranz gewonnen, dass manches Klischee einfach nicht mehr greift. Das moderne Deutschland ist viel zu abwechslungsreich und vielschichtig, um sich in wenige Worte fassen zu lassen.

1) der Deutsche: 형용사 deutsch를 명사화 한 것. 즉 독일남자, 독일인. 형용사를 명사로 만들 때는 형용사의 첫 자를 대문자로 고치고 형용사 앞에 남성 정관사, 여성 정관사, 복수 정관사를 붙이면 형용사는 약변화 어미변화를 하고 남성 부정관사, 여성 부정관사를 붙이면 형용사는 혼합변화 어미변화를 한다. 관사 없이 형용사를 명사로 만들면 형용사는 강변화 어미변화를 한다. 이때 명사의 뜻은 그 형용사적 의미인 '....한 사람'의 뜻이 된다. 중성 정관사를 붙이면 그 형용사적 의미를 가진 '사물'이나 그 추상적 개념의 '....한 것'이 되는데 국가명의 형용사 앞에 das를 붙이면 그 나라의 '언어'가 된다.

	강변화(정관사어미변화)				약변화				혼합변화		
	남성	여성	중성	복수	남성	여성	중성	복수	남성	여성	중성
1격	-er	-e	-es	-e	-e	-e	-e	-en	-er	-e	-es
2격	-en	-er	-en	-er	-en	-en	-en	-en	-en	-en	-en
3격	-em	-er	-em	-en	-en	-en	-en	-en	-en	-en	-en
4격	-en	-e	-es	-e	-en	-e	-e	-en	-en	-e	-es

형용사 강변화는 정관사 어미변화와 거의 비슷하고
형용사 약변화는 남성 1격, 여성 1, 4격, 중성 1, 4격만 e이고 나머지는 전부 en이다.
형용사 혼합변화는(강변화 + 약변화) 약변화의 e는 각각 강변화의 어미로, en은 그대로 두면 된다.

2) trinken동사는 3인칭 주어에 맞추어 동사어미를 t. 동사의 en부분이 어미, 그 앞은 어간이라 한다. 즉, trink는 어간, en는 어미.
3) auf는 3, 4격 지배 전치사. 여기서는 3격 지배. 원래 '...위에, 위로' 뜻이나 여기서는 '...에서'.
4) Deutschland 명사에 s를 붙여 2격을 만듬. '독일의'
5) Ureinwohner는 남성명사이고 복수도 모양이 같다. 다음 sein 동사가

sind이므로 여기서는 복수.

6) blau 형용사는 다음 명사 das Auge의 복수 Augen 앞에서 형용사 강변화 복수 4격 어미 e를 붙임.
7) ernähren sich von...는 '...을 먹고 살다'
8) am liebsten '...을 가장 좋아하는'
9) die deutsche Musik에서 deutsch는 형용사 약변화 여성 4격 어미변화
10) bestehen aus ....로 이루어지다.
11) die Deutschen의 die는 복수 정관사. 형용사 deutsch를 명사화 시키면서 어미를 형용사 약변화 복수 1격 어미.
12) sein은 화법조동사 können 때문에 원형을 쓴 것임.
13) in dem에서 dem은 앞의 선행사 ein Land를 가리키는 중성 관계대명사. 전치사 in 다음이라 3격.
14) 동사 einfallen은 분리동사. 3격 명사와 함께 ....의 머리에 떠오르다.
15) wäre의 e를 생략하며 '를 찍음. wäre 는 sein 동사의 접속법 2식.
    - 접속법 1식 : 동사의 원형 어간에 접속법 인칭어미를 붙임.
    - 접속법 2식 : 동사의 과거형에 접속법 인칭어미를 붙임(단, 과거형에 모음 a, o, u가 있는 불규칙동사에서는 이 모음이 ä, ö, ü로 바뀜).

독일어 동사의 현재, 과거, 접속법 어미를 비교하면 다음과 같다.

현재인칭변화	과거인칭변화	접속법인칭변화
ich-- e du-- st er-- t	ich-- du-- st er--	ich-- e du-- est er-- e
wir-- en ihr-- t sie-- en	wir-- en ihr-- t sie-- en	wir-- en ihr-- et sie-- en

실제로 독일어 접속법의 쓰임은 일일이 나열할 수 없을 정도로 많고 섬세하다.

그러나 대략 다음과 같이 간단히 정리할 수 있다.

간접화법: 다른 사람의 말이나 글을 전달할 때. 대개 접속법 1식.

요구화법: 접속법 1식(요구, 기원, 원망, 양보, 제3자에 대한 명령)
비현실화법(영어의 가정법): 접속법 2식(강한 추측, 의혹, 가정).
sein 동사는 접속법1식에서 일인칭과 3인칭이 조금 불규칙하게 변화를 하는데,

ich - sei
du - seiest
er - sei
wir - seien
ihr - seiet
sie(Sie) - seien

16) damit 그것에 관하여, 여기서 da는 항상 지시적 기능을 하는데 즉 콜론 다음에 나오는 말들을 가리킨다.
17) der Fall 경우
18) nicht zuletzt 특히
19) der Migrant, die Migrantin 은 이주자(남성과 여성)란 의미인데 독일어 사전에는 잘 안나온다. 영어 migrant에서 온 단어.
20) die는 앞의 이주자들을 받는 관계대명사 복수형.
21) so, dass 형태는 영어의 so that 용법으로 생각하면 된다.
22) gewonnen은 동사 gewinnen의 과거분사. 앞의 haben 동사와 함께 완료형.(haben + p.p)
23) greifen 동사는 잡다, 쥐다 뜻이나 여기서는 효과가 있다, 작용하다.
24) modern 형용사 약변화 중성 1격 어미
25) viel 부사로 강조어, 다음에 나오는 강조어 zu(너무)와 함께 이중 강조.
26) um~zu 용법. ...하기 위하여, ...하기에는. um 다음에 목적어를 놓고 zu 다음에 동사.
27) fassen은 파악하다
28) 재귀대명사의 특수 용법. 가장 흔하게 사용되는 경우가 sich lassen의 경우인데 lassen은 사역동사로서
"~하게 하다"라는 의미를 주된 의미로 사용하는 동사이다. 이 동사가 나오

면 보통 본동사는 원형으로
후치되는데 이 lassen이 들어간 문장에 sich가 있을 경우 그 문장은 수동적인 의미로 해석이 된다.
즉, lassen sich + 타동사원형은 동사의 수동적 의미+ können.
해석은 보통 "~될 수 있다", "~해야 한다" 정도로 하면 된다.
그러므로 여기서 '파악되기에는 너무 변화가 많고 다층적이다', 혹은 너무 변화가 많고 다층적이라 몇 마디로 '파악될 수 없다'로 번역.

2.

Die Bandbreite der Gesprächsthemen ist aber eher dürftig. Es wird häufig über die Arbeit oder das Studium geredet und sehr gerne philosophiert. Kein Wunder im Land der Dichter und Denker!

Man findet die Themen auf deutschen Partys zu trocken und ein wenig metaphysisch. Es kann eine ganze Weile dauern, bis man beim Small Talk auf einer Party ins Private übergeht.

문법해설

1) die Bandbreite 띠의 폭
2) die Themen은 das Thema의 복수
3) werden + p.p 형태는 수동태. 수동태는 보통 타동사가 들어간 능동문을 수동태로 바꾼다. 즉 능동문의 목적어가 수동문의 주어가 되는 것이다. 그러나 자동사가(목적어가 없는 동사) 쓰인 능동문을 수동태로 바꿀 때는 가주어 es를 주어로 하여 수동문을 만든다.
   reden은 자동사도 되고 타동사도 됨. philosophieren도 자동사.
4) kein은 부정어로서 nicht + ein 이라 생각하면 되는데 명사 앞에서 명사를 부정한다. 변화는 부정관사처럼 변화한다. Wunder는 중성명사.
5) im= in + dem의 줄인 말

6) der Dichter, der Denker는 둘 다 복수형이 단수형과 같다. 이 문장에서 앞의 정관사 der는 복수 2격의 정관사.

7) auf deutschen Partys: 여기서 전치사 auf는 '~에서'의 뜻. 3격 지배. die Party는 외래어라 복수에 s를 붙인다. 형용사 deutsch는 형용사 강변화 복수 3격 어미변화.

8) zu trocken의 zu 는 영어의 too(너무)의 뜻. 독일어 zu는 영어의 to 아니면 too.

9) eine ganze Weile 장시간, 오랜시간

10) beim= bei + dem

11) small talk 잡담. 사소한 일을 화제로 부담 없이 나누는 가벼운 대화

3. Pünktlichkeit à la Deutsche Bahn

Wie sieht es denn aus mit der Pünktlichkeit, mit diesem deutschen "Markenzeichen"? In einem Seminar über Unternehmenskommunikation fragte einmal jemand, was hinter diesem Klischee denn heutzutage noch steckt. Außer dem Seminarleiter erscheine doch kaum jemand pünktlich bei den Veranstaltungen. Ein weiteres Beispiel - die Deutsche Bahn. Im letzten Monat konnte ich dank eines Interrail-Tickets das Service-Angebot der Deutschen Bahn eingehend kennen lernen. Die Erfahrungen, was die Pünktlichkeit anbelangt, waren erschütternd: Kaum ein Zug hatte keine Verspätung. Wehe, wenn man öfter umsteigen muss und bereits den ersten Anschluss verpasst hat: Nach dem Domino-Prinzip bricht die ganze Kette zusammen. Da muss man halt auf die nächste Verbindung warten.

Und hier kommen dann die anderen Tugenden zum Tragen: Freundlichkeit und Entgegenkommen seitens des Zugpersonals. Und meine größte Entdeckung: Die (deutschen) Fahrgäste nehmen die Verspätungen durchaus mit Geduld und Gelassenheit hin. Das macht sie, einmal mehr, sympathisch.

문법해설

1) à la: 불어에서 옴. ...식으로, ...풍의
2) 분리동사 aussehen. 분리전철은 꼭 문장 뒤로 후치하는 것이 아니고 때로 전치사구나 zu 부정사구 앞에 놓일 수 있다.
   sehen 동사는 불규칙동사라 현재 3인칭에서 sieht로 변화.
3) mit는 3격 지배 전치사. 영어의 with에 해당. 여기서는 mit 전치사구를 주어처럼 번역하면 됨. es는 가주어 역할.
4) das Markenzeichen 상표. dies-는 지시대명사로 정관사 어미변화(정관사류), 형용사 deutsch는 앞의 정관사류 때문에 형용사 약변화. 모두 전치사 mit에 걸리니 3격변화를 해야 됨.
5) hinter 는 3격지배 전치사
6) 동사 stecken은 꽂다, 박혀 있다, 붙어 있다, 숨어 있다.
7) auβer는 3격지배 전치사. ...밖에, ...이외에.
8) erscheine라고 동사를 쓴 까닭은 erscheinen 동사를 접속법 1식을 써서 간접화법을 나타낸 것.
9) kaum은 부정어로 거의 ...않는, 어느 ...도 아닌.
10) weiter는 그리고 또, 그 밖의. 형용사 혼합변화(앞에 부정관사가 나왔으니) 중성 1격.
11) letzt 지난. 형용사 약변화 남성(뒤의 남성명사 der Monat) 3격(전치사 in 다음이라).
12) dank 2격 지배 전치사. ...덕분에.
13) eingehend 상세한, 상세히
14) kennen lernen ...을 알게 되다. ...와 아는 사이가 되다. 분리동사 kennenlernen과 같음.
15) 동사 anbelangen은 was와 함께 was etwas(4격) anbelangt 용법으로

만 쓰임. "...에 관해서는".

16) 동사 verpassen 놓치다. haben과 함께 완료형. 과거분사는 ge가 안붙는다(비분리전철 ver).

17) nach는 3격지배 전치사. 영어의 after. 여기서는 "...에 따라".

18) zusammenbrechen 분리 동사. brechen은 현재 3인칭에서 불규칙, bricht가 됨.

19) halt는 부사로 '정말로'

20) warten 동사는 전치사 auf와 함께 ...을 기다리다.

21) zum Tragen kommen 적용되다. 작용하다.

22) seitens 2격지배 전치사. ...쪽에서

23) hinnehmen 받아들이다

24) sympathisch 호감이 가는

4.

Vielleicht ist es ja typisch, dass es den Deutschen manchmal schwer fällt, positiv über sich selbst zu reden? Das Märchen vom "hässlichen Deutschen", der es oft schwer hat mit seinem Image in der Welt, konnten auch Boris Becker und Claudia Schiffer nicht umschreiben.

 문법해설

1) 동사 3인칭 변화한 fällt의 원형은 fallen.
es fällt j-m schwer ~에게 곤란하다.

2) über sich selbst 자기 자신에 관하여

3) positiv zu reden 긍정적으로 말하는 것. zu부정사구가 앞의 문장의(곤란하다) 보족어로 쓰임.

4) das Märchen은 동화란 뜻 이외에도 풍문, 꾸며낸 이야기.

5) vom= von + dem, von은 3격 지배전치사, ...에 관하여, ...의(2격 대용)

6) hässlich는 형용사 약변화 남성 3격 어미변화.
7) deutsch 는 형용사가 명사화 되면서 남성 3격(형용사 약변화)
8) der는 관계대명사, 선행사는 der hässliche Deutsche
9) haben 동사가 es와 결합하여(이때 es는 아무 의미 없는 목적어)
haben + es + 형용사는 ...(형용사)하다.
예: Er hat es eilig. 그는 급하다.
10) umschreiben 고쳐 쓰다. 바꾸다.
11) Boris Becker는 독일의 세계적으로 유명한 테니스 선수이고 클라우디아 쉬퍼는 역시 세계적으로 유명한 독일의 모델. 아름답고 유명한 사람들이지만 독일의 이미지, 즉 세계대전이나 나치의 만행으로 인한 독일의 나쁜 이미지를 바꾸기 어렵다는 의미.

5. Deutsche Sprache - schwere Sprache

"Why can't the Tuwort come früher?" Fragen dieser Art sind bei Deutsch lernenden Ausländern ebenso verbreitet wie die oft scheiternden Versuche, das frisch gelernte Deutsch anzuwenden. "Können sie mir bitte drei Brötchen verkaufen?" Antwort des Bäckers: "Moana Sie Semmln?". Hier gibt es drei Erklärungsmöglichkeiten: Entweder man ist im falschen Land, die Lehrer haben einem die falsche Sprache beigebracht, oder aber man spricht gar kein Deutsch in Deutschland. Spricht man natürlich schon, aber mal klingt es schwäbisch, mal kölsch, mal sächsisch und, wenn es einen ganz hart trifft, eben bayerisch. Aber schon das Hochdeutsch an sich ist kompliziert genug. Und wenn es um Dinge wie Groß- und Kleinschreibung oder gar solche grammatikalische Finessen wie den Konjunktiv geht, da versagt im Land der Denker und Dichter selbst so manch ein Muttersprachler. Trotz oder gerade wegen der heftig umstrittenen Rechtschreibreform ist das Setzen von Kommata immer noch ein

Gräuel, genauso wie der unbändige Hang zur Substantivierung, der dann so hübsche Ungetüme wie das Wort "Betä ubungsmittelverordnungsänderungsgesetz" hervorbringt. Deutsche Sprache. Nicht immer schön, dafür exakt.

 문법해설

1) das Tuwort 동사
2) bei는 3격 지배전치사. Deutsch lernenden Ausländern: 동사에 d를 붙이면 현재분사로 형용사가 된다. 동사 lernen에 d를 붙이니 '배우고 있는, 배우는'. der Ausländer는 복수도 단수와 모양이 같다 . 여기서는 복수. 명사의 복수 3격엔 n을 붙이게 되어 있어서 n을 붙임.
3) verbreiten의 과거분사꼴인 verbreitet는 '널리 퍼진, 일반적인'의 의미.
4) ebenso...wie ...와 마찬가지로 똑같이
5) wie die oft scheiternden Versuche 다음에 sind verbreitet가 생략된 것.
6) das frisch gelernte Deutsch anzuwenden: 동사 anwenden이 분리동사라 zu 부정사의 zu가 분리전철 다음으로 들어간다. 부정사구가 앞의 명사 Versuche(der Versuch의 복수형)의 보족어.
7) moana는 meinen의 남부 사투리
8) die Semmel은 das Brötchen의 남부 사투리.
9) es gibt: ...이 있다.
   뒤에는 반드시 4격이 오고 단수나 복수 다 올 수 있다.
10) einem은 부정대명사. 부정대명사는 확실하지 않거나 일정하지 않은 사람이나 사물을 지시하는 대명사를 말한다.

◆ einer의 변화

	남성	여성	중성
1격	einer(man)	eine	eins
2격	eines	einer	eines
3격	einem	einer	einem
4격	einen	eine	eins

11) beibringen 가르치다. 분리동사라 과거분사의 ge가 사이로 들어감.
12) Spricht man natürlich schon: 이 문장에서는 wenn이 생략되었다. wenn이 생략되면 그 자리에 동사가 들어간다. 즉 주어, 동사가 도치되는 것이다. 그리고 wenn 이 schon이나 auch와 같이 쓰이면 'wenngleich ...일지라도, 설사 ...라 해도'의 뜻이 된다.
13) mal...mal...mal: 때로는, 때로는
14) treffen 동사는 3인칭 주어에서 trifft가 되는 불규칙동사. 원래 만나다, 마주치다, 타격을 주다라는 뜻이지만 여기서는 es trifft j-n hart 은 '운이 나쁘면, 형편이 안좋으면'.
15) an sich 그 자체
16) es geht um etw: ...이 문제다. ...에 관한 것이다.
17) solch- 지시대명사로(그러한) 형용사 강변화 한다. 복수 4격 어미 e가 붙음.
18) die Finesse의 복수는 die Finessen
19) wie ...과 같은
20) 동사 versagen: 잘못하다, 제대로 못하다, 실패하다.
21) manch는 여러, 상당한의 뜻. 다음에 복수가 오지만 부정관사와 함께 단수도 올 수 있다. 복수가 오면 전체를 말하고 단수가 오면 단위의 개별성을 강조한다.
22) trotz(...에도 불구하고)와 wegen(...때문에)은 다 2격지배전치사.
23) umstritten 의견이 분분한, 논쟁의 여지가 있는
24) das Setzen 놓기, 두기.
25) von은 2격 대용으로 '....의'.
26) immer noch 아직도 여전히
27) genauso wie ....와 똑같이
28) zur는 zu+ der, der Hang(경향)다음에 써서 '...로의'.
29) der: 관계대명사로 선행사는 der Hang
30) so...wie ...와 같은
31) hübsch 꽤큰, 상당한, 귀여운, 이쁜

6. “Du” und “Sie”

Es war schon recht seltsam, aber eigentlich auch ein erhebendes Gefühl: Mit Beginn des 11. Schuljahrs sollten die Lehrer uns plötzlich mit “Sie” anreden. Da waren wir mit 16 Jahren - zumindest sprachlich - zu “Respektspersonen” geworden, galten also irgendwie schon als Erwachsene, obwohl man doch gesetzlich erst mit 18 so richtig erwachsen ist.

Im Unterricht wurde es nun amüsant: Einige Lehrer gerieten regelmäßig ins Stottern - “Kannst du ... äh ... könnten Sie bitte ...” -, andere boten uns gleich beiderseits das als freundschaftlich-vertrauter geltende “Du” an.

Das richtige Augenmaß

Wo genau die Altersgrenze zwischen Duzen und Siezen liegt, ist dennoch schwer zu sagen. Wenn man einen Unbekannten anspricht, ist gutes Augenmaß gefragt: Sieht jemand wie 18 oder älter aus, ist eher das “Sie” angebracht; Jüngere kann man mit “Du” anreden, ohne dass sich der- bzw. diejenige respektlos behandelt fühlt.

Unter Gleichaltrigen - vor allem unter Studenten - ist das “Du” selbstverständlich. Sogar Senioren, die ihr Rentnerdasein mit einem Studium aufpeppen, bieten ihren (um Jahrzehnte) jüngeren Kommilitonen gerne das “Du” an: Das klingt ungezwungener und nicht so distanziert.

Faustregeln

Ein paar allgemeine Faustregeln: Ohne Rücksicht auf das Alter duzt man sich natürlich im Kreis der Familie. Die Zeiten, da man noch die Großeltern oder gar die Eltern mit

"Sie" ansprechen musste, sind lange vorbei. Ebenso duzt man sich im Freundeskreis, im Sportverein und in sonstigen Freizeitgruppen. Auch in Diskotheken, Studentenkneipen und anderen Orten, wo junges Publikum anzutreffen ist, sagt man üblicherweise "Du". Ansonsten ist zunächst einmal das Siezen angesagt: Ob man sich mit dem Uni-Professor unterhält oder beim Bäcker ein Brot kauft - hier herrscht sprachliche Distanz.

Natürlich kommt es vor, dass man sich nach einiger Zeit und bei gegenseitiger Sympathie das "Du" anbietet. Die Initiative sollte aber dann von demjenigen ausgehen, der ä lter ist (bzw. sich für älter hält).

Die komplizierten Regeln des Duzens und Siezens gehen mittlerweile vielen Deutschen auf die Nerven: Häufig zu hö ren ist der neidvolle Seufzer, die Engländer hätten es ja mit ihrem "you" so einfach. Und so geht vor allem unter den Jü ngeren der Trend zum freundschaftlichen "Du".

문법해설

1) schon 정말로
2) recht 대단히
3) erhebend 기운을 돋우어 주는, 감격적인
4) 11학년은 김나지움의 7학년(우리나라 고2정도)
5) der Lehrer의 복수형은 die Lehrer. 단수, 복수형이 같다.
6) geworden은 werden의 과거분사. werden동사는 완료형을 만들 때 sein 동사와 결합한다.
7) 동사gelten의 과거는 galt. 주어가 wir이므로 galten. gelten als 는 '...로 간주되다'

8) irgendwie 여하튼

9) 동사 erwachsen은 자라다, 성장하다. wachsen의 과거는 wuchs, 과거분사는 gewachsen. 따라서 비분리동사 erwachsen의 과거분사는 ge가 빠져 erwachsen이 되니 결과적으로 원형과 모양이 같게 된다. 과거분사로서 erwachsen은 형용사로 '성장한, 어른이 된'의 뜻. 이 형용사를 명사화시키면 der Erwachsene(남자), die Erwachsene(여자), die Erwachsenen(복수)가 되고 관사 없이 명사화시키면(성인) 형용사 강변화어미를 취하니 Erwachsener(남자), Erwachsene(여자), Erwachsene(복수)가 된다. 따라서 여기서 Erwachsene는 여자이기 보다는 주어 wir에 맞게 복수이다.

10) 동사 geraten의 과거는 geriet. 주어 Lehrer가 복수이니 gerieten.

11) stottern은 말을 더듬다. 독일어의 모든 동사는 그 모양 그대로 명사로 쓰면 중성명사가 된다.

12) könnten은 können 동사의 접속법 2식이 könnte, 주어가 존칭의 Sie이니 könnten. 여기서 접속법 2식은 외교화법으로 공손한 요구를 의미할 때 사용.

13) ander는 부가어적으로 쓰일 때는 '다른'이라는 의미이고 명사적으로 쓰일 때는 부정대명사로 '다른 사람'이라는 의미. andere는 다른사람들(복수).

14) bieten의 과거는 bot. 여기서는 분리동사 anbieten의 과거.

15) das als freundschaftlich-vertrauter geltende "Du" : 이 부분은 조금 어렵지만 찬찬히 따지면 어렵지도 않다. 우선 das는 명사 'Du'에 붙는 정관사.

als는 동사 gelten과 함께 쓰이는데 위에서 배운대로 '...로 간주되다'의 뜻. gelten에다 d를 붙이면 현재분사꼴인 형용사가 된다는 것도 이미 설명했음. freundlich-vertrauter는 절대비교급 형태로(비교대상 없이 비교형) '더 정답고 친밀하게'라는 부사로 쓰임. 정리하면 '더 정답고 친밀하게 간주되는 Du'.

16) unbekannt는 형용사로 '모르는, 미지의' 의 뜻. einen Unbekannten은 남성 부정관사를 붙이면서 형용사 unbekannt를 명사화하니 형용사

혼합변화 어미를 취하고 남성 4격이니 어미 -en을 붙인 것임.

17) 동사 ansprechen은 '...에게 말을 걸다'. '...에게'는 4격을 쓴다.
18) das Augenmaß(눈대중), 형용사 gut는 형용사 강변화 중성 1격 어미 -es변화.
19) gefragt는 fragen동사의 과거분사. 여기서 fragen은 요구하다의 뜻. sein동사+p.p는 수동태(수동태는 werden+p.p도 된다). 따라서 '요구된다'.
20) 동사 sieht는 sehen동사가 현재 3인칭에서 불규칙변화 한 것. 여기서는 분리동사 aussehen. 동사가 맨 앞에 있는 이유는 wenn이 생략되었기 때문(이미 배운 것임).
21) anbringen 말을 꺼내다, 말하다. 과거분사 angebracht가 쓰인 이유는 sein과 함께 수동태를 만들기 위해. 즉 존칭 Sie가 주어이니 '말해진다'.
22) 형용사 jung의 비교급 jünger를 명사화. 복수 4격으로 목적어. 이 문장에서 주어는 man.
23) anreden은 4격 목적어(...에게)를 취함.
24) ohne zu + 동사, ohne dass + 절: ...하지 않고, ... 없이
25) der-는 derjenige를 의미. 뒤에 diejenige에서 같은 말 반복(jenige)을 생략하면서 '-'를 침.

    derjenig-는 지시대명사로 '그 사람'의 의미. 앞의 der부분은 성에 따라 정관사 변화하고 뒤의 jenig-부분은 형용사 약변화한다. derjenige는 그 사람(남자), diejenige는 그 사람(여자)
26) fühlen 동사는 늘 재귀동사로 쓰인다. sich fühlen '느끼다'.

◆ 재귀대명사의 위치

a) 정치문: 정동사 바로 뒤에
b) 도치, 후치문: 주어 명사 앞에, 주어가 man이나 인칭대명사이면 그 뒤에.

27) unter는 3,4격 지배전치사. 여기서는 3격 지배. '...사이에서'.
    형용사 gleichaltrig '같은 나이의'. 형용사의 명사화. 형용사 강변화 복수 3격.
28) vor allem 특히

29) 명사 der Student는 약변화 명사이다. 약변화 명사란 단수 1격을 제외하고 단수 2, 3, 4격과 복수 1, 2, 3, 4격에서 모두 -en(혹은 -n)을 붙이는 명사. 여기서는 복수 3격의 Studenten(unter가 3격 지배).

30) der Senior의 복수는 die Senioren. 연금을 받는 노령자.

31) ihr는 소유대명사('그들의'). 소유대명사는 뒤의 명사의 성과 격과 수에 따라 부정관사 어미변화를 한다(부정관사류). 뒤에 복수명사를 수식할 때는 정관사 복수 어미변화. 뒤에 중성명사 das Rentnerdasein(연금생활자의 존재)가 왔으니 중성 1격 어미는 없다.

32) aufpeppen 활기를 불어 넣다.

33) 분리동사 anbieten 제안하다

34) ihren(um Jahrzehnte) jüngeren Kommilitonen:여기서 소유대명사 ihr와 형용사 jünger(형용사 jung의 비교급)는 명사 Kommilitonen (der Kommilitone는 약변화 명사로 복수 3격인 Kommilitonen)을 수식. 그래서 소유대명사는 정관사 복수 3격 어미 -en을 붙이고 jünger는 형용사 혼합변화 복수 3격 어미 -en을 붙임.

35) 형용사 ungezwunge에다 비교급 어미 -er을 붙여 '더 자연스럽게'

36) distanziert는 distanzieren의 p.p 형으로 '삼가는, 거리감을 둔'이라는 형용사. 동사의 어미가 ieren으로 끝나면 과거분사에 ge를 안붙인다. 예로 studieren의 과거분사는 studiert.

37) ein paar 격변화 없고 '두서넛의, 약간의'.

38) die Faustregel의 복수는 die Faustregeln

39) ohne Rücksicht auf ...을 고려하지 않고

40) das Alter 나이

41) im Kreis 무리 안에서

42) da는 거의 als의 뜻. 앞에 시간규정사가 선행한다.

43) lange vorbei 오래전에 지나간

44) ebenso 또한

45) sich는 상호대명사 '서로'

46) sonstig 그밖의

47) "wo junges Publikum anzutreffen ist"에서 anzutreffen ist는 sein zu 용법이다.

sein + zu 부정사는 haben + zu 부정사와 반대되는 것으로 haben + zu가 능동의 müssen의미 즉 '...해야만 한다'라는 의미라면 sein + zu는 수동적 뜻으로 '...될 수 있다'(können) 혹은 '...되어야만 한다'(müssen).

junges Publikum이 주어가 되니 '젊은 고객들이 만나지는 곳'. 능동적으로 번역을 하면 '젊은이들을 만날 수 있는 곳'(wo man junges Publikum antreffen kann).

48) üblicherweise 보통, 통용적으로
49) ansonsten 그 외는
50) ist angesagt(수동태). '말해진다'.
51) sich mit j-m unterhalten '....와 이야기 하다'. halten은 현재 3인칭에서 불규칙 hält.

    여기서 halten동사처럼 어간이 변하는 동사는 어간의 끝이 -t일 때 단수 3인칭 인칭어미 -t를 또 붙이지 않는다.

    예: gelten(er gilt), braten(er brät)
52) der Bäcker는 원래 빵굽는 사람, 빵집주인 이란 뜻이지만 여기서는 빵가게로 해석.
53) 분리동사 vorkommen '일어나다, 생기다'.
54) nach einiger Zeit 조금 시간이 지난 후(전치사 nach는 3격지배전치사)
55) sollte를 쓴 이유는 sollen의 접속법 2식으로 würde, könnte의 뜻. 접속법 2식에서 동사의 과거가 이미 -e로 끝나면 접속법어미의 -e를 붙이지 않는다.
56) von...ausgehen ...에서 시작되다, ...에서 나오다. ausgehen은 분리동사. 앞에 화법조동사가 있어 뒤로 후치하면서 분리되지 않았다.
57) von demjenigen: von이 3격 지배 전치사이므로 derjenige(그 사람, 위에서 설명)의 3격
58) 뒤의 der는 관계대명사로 derjenige는 뒤에 관계절을 동반한다.
59) bzw: beziehungsweise의 약자. '각각, 또는'
60) sich는 재귀대명사가 아니고 '스스로, 자신을'의 뜻.
61) halten 동사는 전치사 für와 함께 '...로 간주하다'의 뜻. gelten...als 는

'간주되다'.

62) älter는 형용사 alt의 비교급

63) j-m auf die Nerven gehen '...를 성가시게 하다'. 따라서 vielen Deutschen은 복수 3격.

64) häufig zu hören ist der neidvolle Seufzer에서 주어는 der neidvolle Seufzer(부러움에 찬 탄식), sein zu 용법.

65) haben + es + 형용사. hätten은 haben의 접속법 2식인데 간접화법을 쓰기위해서 보통 접속법 1식을 쓰나 직설법 현재형과 모양이 같을 때는 구별을 위해 접속법 2식을 쓴다.

66) der Trend zum ...로의 경향, 추세.

67) unter den Jüngeren 비교적 젊은 사람들 사이에서는.
형용사의 비교급에는 상대비교형과 절대비교형이 있는데 상대비교는 뒤에 비교 대상이 있어 '...보다 더'란 의미로 als와 함께 쓰이고 절대비교는 비교대상 없이 쓰여 '비교적 ...한'의미. 형용사 jung의 비교급을 명사화 한 것. 전치사 unter 다음이라 3격.

68) gehen동사는 여기서 '되어가고 있다'의 뜻. 다른 예로 Wie geht es dir?

7. Der beste Freund - das Auto

Die Deutschen sind eine Auto-Nation – das ist unbestritten: Das einzige Land ohne generelle Geschwindigkeitsbegrenzung auf der Autobahn, das Land, wo manche Familien mehr Autos als Mitglieder haben, das Land des Mercedes'. Die deutsch-automobile Beziehung ist sehr harmonisch. Die Besitzer pflegen ihre Autos mit Liebe zum Detail. Viele Deutsche waschen ihren Wagen regelmäßig in einer automatischen Waschanlage. Einigen jedoch sind die dort üblichen Bürsten zu kratzig. So waschen sie ihre Autos lieber von Hand. Aber Vorsicht! In Deutschland darf man dies nur in einer Selbstbedienungswaschanlage tun. Eine Straßenwäsche gilt als zu umweltbelastend. Dabei wäre es doch so schön, wenn alle Nachbarn sehen könnten, wie man sein Schätzchen hätschelt und streichelt.

1) die Deutschen 독일 사람들
2) unbestritten 논쟁의 여지가 없는.
3) Geschwindigkeitsnbegrenzung 속도의 제한(제한속도)
4) das Auto의 복수는 die Autos.
5) das Mitglied의 복수는 die Mitglieder
6) zum Detail 세세한 일까지, 자질구레하게
7) in einer automatischen Waschanlage 자동 세차시설에서
8) einigen은 einig의 복수 3격. einig는 두가지 뜻이 있다. '일치한, 같은 의견의'와 '몇몇의'. 여기서는 후자의 뜻. 부정수사인데 형용사로 쓰이기도 하고 명사적으로 쓰이기도 한다. 명사적이란 품사가 명사가 아니고 명사처럼 의미를 갖는다는 말. 명사적으로 쓰일 때는 언제나 복수 정관사 어미변화. '몇몇 사람들에게'
9) üblich 보통 사용되는,
10) zu는 영어의 too
11) von Hand 손으로
12) dies는 지시대명사로 '이것'. 중성 단수 1, 4격의 dieses와 같음. 주어로 쓰일 때는 성에 관계없이 쓰이고 술어에 단수, 복수 다 올 수 있다.
예: Dies ist mein Sohn. 이 애는 내 아들입니다.
Dies sind meine Töchter. 이 애들은 내 딸들입니다.
13) Selbstbedienung은 셀프서비스
14) gelten als ...로 간주되다
15) umweltbelastend 환경을 해치는
16) dabei 그 때에, 그 일을 할 때
17) wäre는 외교화법으로 sein의 접속법 2식. '...아닐까, ...이겠지'

18) der Nachbar의 복수는 die Nachbarn

19) Schätzchen은 애인이란 뜻이나 여기서는 자동차를 가리킴.

8. Es muss nicht immer Kaviar sein

Eine groβe Vorliebe der Deutschen gilt traditionell dem "Wü rstchen". Ob in Bayern die Weiβwurst, in Ostdeutschland die Thüringer Rostbratwurst oder in Frankfurt das Frankfurter Wü rstchen, die regionalen Unterschiede sind groβ.

Und doch gibt es eine gesamtdeutsche Lieblingswurst. Auf Platz Eins der deutschen Top Ten des schnellen Essens steht die Currywurst mit Pommes Frites - eine gegrillte Wurst aus Schweine-, Kalb- und Rindfleisch mit einer Currysoβe sowie Ketchup und Mayonnaise.

Ansonsten isst man gerne international: In München etwa gibt es angeblich fast mehr italienische Restaurants als in Mailand, und in jeder etwas gröβeren Stadt finden sich die türkischen Döner- und griechischen Gyros-Buden, die die Snacks schnell auf die Hand servieren. Neben den bekannten Fast-Food sind aber auch spanische Tapas-Lä den, japanische Sushi-Bars und amerikanische Bagel-Shops vielerorts vertreten.

wer eine deftige Küche mag, der wird in Deutschland aber weiterhin viel Freude haben. Ob Schweinshaxe oder Würstchen, Kasseler oder Schnitzel - im Gasthof gehören auf jeden Fall Kartoffeln dazu. Und wenn dann nach einigen Wochen in Deutschland die Hose nicht mehr passt, dann weiβ man, dass das obligatorische Stück Torte oder Streuselkuchen zum Nachmittagskaffee vielleicht doch zu viel des Guten war.

문법해설

1) der Deuschen은 die Deutschen의 2격
2) gelten동사는 뒤의 3격명사와 함께 '..에 관계되다, ...을 두고 말하다, ...이다'
3) auf Platz Eins: Eins는 독일에서 '수'(수, 우, 미, 양, 가의 성적 중), 1위를 의미. 즉 '1위 자리에'
4) Pommes frites 는 불어에서 와 '폼프릿'으로 발음. 감자튀김
5) etwa 가령, 예를 들어
6) angeblich 이른바, 소위
7) sich finden '있다, 존재하다'.
8) Döner는 사전에 잘 안나오는데 케밥을 말한다.
9) 지로(Gyro)는 양념한 쇠고기, 토마토, 양파, 자치키 소스를 피타 브레드에 말아 주는 그리스 식 샌드위치.
10) neben은 3격지배 전치사 '...외에도, ...옆에'
11) 동사 vertreten은 원래 '대표하다'의 뜻이지만 sein 동사와 함께 '있다, 참석하다, 나타나다'의 뜻. 이때 vertreten은 p.p.형.(treten-trat-getreten인데 ver가 비분리전철이니)
12) wer는 부정관계대명사. 일반 관계대명사와 달리 보통 선행사가 없으며 '막연한 사람'을 나타내며 '막연한 사물'을 나타낼 때는 was를 쓴다. 사람일 때는 '...한 사람', 사물일 때는 '...한 것'으로 해석. 선행사 대신에 뒤에 후행사가 나오는데 wer의 후행사는 지시대명사 dcr를 was의 후행사는 das를 쓴다. 지시대명사절은 동사가 정치법. 관계대명사절은 후치법.
13) deftig 실속있는(큰 양의), 영양이 많은
14) weiterhin 더욱더

15) auf jeden Fall '꼭, 하여튼, 어떠한 경우든'

16) dazugehören '거기에 속하다, 거기 첨부되다, 거기 끼어 있다'

17) obligatorisch 필수적인, 의무의

18) das Stück 한조각

19) zum 여기서 zu는 부가, 첨부의 의미 '..에다가, ...에 곁들여'

20) zu viel des Guten 혹은 des Guten zu viel '너무 지나친'

9. Gute Laune für alle

"Zum Lachen gehen die Deutschen in den Keller." Ein böses Vorurteil. Und es stimmt auch nicht. Zum Beispiel Rosenmontag in Köln: Wildfremde Menschen - als Papst, Pinguin oder Pilot verkleidet - umarmen und küssen sich. In den Kneipen wird zu Liedern mit so vielsagenden Texten wie "Die Karawane zieht weiter, der Sultan hat Durst" geschunkelt, die Gastwirte machen 40 Prozent ihres Jahresumsatzes, und die Gäste danken es mit einem und mehr Promille Alkohol im Blut. Sie beginnt am 11.11. um 11 Uhr 11: Die fünfte Jahreszeit, die im Westen der Republik "Karneval" und im Süden "Fastnacht" oder "Fasching" heiβt. "Organisierte Fröhlichkeit" nennen Karnevalsmuffel das Ganze und fliehen in karnevalsfreie Zonen nach Norddeutschland oder Berlin.

문법해설

1) zum 여기서는 목적. '...하기 위하여'

2) stimmen 맞다

3) zum Beispiel '예를 들어, for example'

4) wildfremd 생면부지의

5) verkleidet 는 verkleiden의 과거분사로 분사구문. '변장한 채'
6) küssen sich의 sich는 상호대명사 '서로'
7) zu Liedern 노래에 맞추어. das Lied의 복수는 die Lieder. zu는 3격지배 전치사. 모든 복수명사 3격에는 -n을 붙인다.
8) wird...geschunkelt는 수동태. 자동사 schunkeln(노래에 맞추어 몸을 흔들다)이 수동태가 되면서 가주어 es가 쓰이나 도치문에서는(in den Kneipen이 문두에 나와 도치문) es가 생략되어 없어진다.
9) Karawane 일단의 행렬, 대상, 순례자의 떼.
10) Sultan 회교국 군주의 칭호
11) ziehen 이동하다, 나아가다, 끌다.
12) weiter 계속해서, 그 외의, 그 이상의
13) der Jahresumsatz 일년매상
14) das Promille 1000분의 일. mit einem und mehr Promille '1000분의 일 그리고 그 이상으로'
15) am 11. 11은 am elften November로 읽는다. 날짜는 서수. 독일은 날짜를 달보다 먼저 쓴다.
16) 사육제는 Karneval, Fasching, Fastnacht등으로 불린다.
17) -muffel '...을 싫어하는 사람, ...에 둔감한 사람'

10. Müll - eine Wissenschaft für sich

Müllentsorgung in Deutschland ist eine ernst und gesetzlich geregelte Angelegenheit. Wer nicht mitmacht oder die Regeln missachtet, der muss mit einer Strafe rechnen.

Der erste "Müll-Intelligenz-Test" erwartet den Neuankömmling in Deutschland gleich am Flughafen. Schon hier wird es klar: Alles, was zu trennen ist, ist auch getrennt zu entsorgen. Und dafür sind in den Hallen Müllsäulen aufgestellt. Kaum zu übersehen! Dank der simplen Info-Bilder kann jeder -

mit oder ohne Sprachkenntnisse - sofort erkennen, in welche der vier Sektionen er welche Abfälle zu werfen hat: Papier, Aludosen, Glas und Restmüll.

Die Farbenlehre des Mülls

Diese Lehre ist nicht für Farbenblinde gedacht: gelbe Tonne, blaue Tonne, grüne Tonne - für Plastik, Papier und Metallverpackungen. Braune Tonnen sind Biotonnen für organischen Abfall. Und große Container für Glas... Dieses System ist noch ausgeflippter als das am Flughafen. Glas wird nach Farben sortiert: Weiß, Grün und Braun. Und wehe Ihnen, wenn Sie die verordneten Einwurfzeiten nicht berü cksichtigen.

Einmal wollte ich leere Flaschen an einem Samstag loswerden. Da ich vom Kindesalter an gewöhnt bin, das Glas (wenn schon - denn schon) laut zu zerbrechen, habe ich die Flaschen mit voller Wucht ins Innere des Containers geschmissen. Sofort hat sich jemand aus dem Fenster gelehnt und mich sehr unfreundlich gefragt, ob ich denn wohl lesen könne? Nachdem ich diese Frage mit einem eindeutigen "Ja" beantwortet hatte, erhielt ich von diesem mündigen Bürger den Hinweis, dass das Flascheneinwerfen nur an Werktagen zwischen 7 und 19 Uhr erlaubt sei und dass diese Vorschrift doch auf dem Container deutlich zu lesen sei.

Einrichtung vom Sperrmüll

Wie kompliziert das Müllentsorgungssystem in Deutschland ist, zeigt ein "Müllplaner". Dieses Heft mit vielen Daten und

Terminen wird jedem Haushalt ein Mal in Jahr zugeschickt. Darin wird genau angegeben, wann was wo abgeholt wird. Am interessantesten sind sicherlich die "Sperrmülltermine". An bestimmten Tagen kann man alles, was nicht in die Mü lltonnen passt, entsorgen lassen: Schränke, Bänke, vermottete Teppiche, Kloschüsseln, alte Hörfunk- und Fernsehgeräte... Sie werden am Abend auf den Bürgersteig vor dem Haus gestellt und am nächsten Vormittag dann von den städtischen Entsorgungsbetrieben abgeholt. Diese Termine sind auch dann wichtig, wenn Sie selber nichts zum Wegwerfen haben. Man kann nämlich sehr gut die Einrichtung seiner Wohnung oder seines Zimmers mit den von anderen weggeworfenen Sachen vervollständigen - oft sind das absolut funktionstü chtige Dinge. Schämen Sie sich nicht dabei, es ist gang und gäbe!

문법해설

1) für sich 그것 자체
2) die Müllentsorgung 쓰레기 수거, 처리
3) ernst 와 gesetzlich는 여기서 부사 '심각하게, 법적으로'
4) geregelt 규정된
5) 부정대명사 wer와 후행사 der
6) die Regel의 복수 die Regeln
7) mit etwas rechnen ~을 고려하다, 예상하다.
8) der Neuankömmling 갓 온 사람
9) gleich 곧, 즉시
10) klarwerden 분명해지다
11) 부정대명사 was의 선행사는 대게 없으나 간혹 부정수사(alles)가 선행사가 될 수 있다.

all은 형용사로도 쓰이고 명사적으로도 쓰이는데 정관사 어미변화를 따른다. alles는 '모든 것'.

12) was zu trennen ist에서 sein + zu 용법. '분리될 수 있는 것, 혹은 분리되어야만 하는 것'으로 번역

13) getrennt 분리된 채

14) entsorgen '쓰레기를 처리하다'. "ist... zu entsorgen" 도 sein + zu 용법

15) aufstellen 세우다. sein + p.p로 수동태. '세워져 있다'.

16) kaum zu ...하기 어려운, 거의 ...할 수 없는

17) übersehen 간과하다, 못보고 지나치다.

18) dank ~덕분에(2격 지배)

19) das Bild의 복수 die Bilder

20) mit oder ohne '가지고 있든 없든'

21) in welche der vier Sektionen: 우선 welch는 의문대명사로(어느?) 형용사적 또는 명사적으로 쓰인다. 형용사로 쓰일 대는 정관사 어미변화를 따르고 명사적 용법으로 쓸 때는 앞 혹은 뒤에 나오는 명사의 단수 정관사 어미변화 한다. 여기서는 명사적으로 쓰이며 뒤의 die Sektion(복수는 die Sektionen)을 가르킨다. 전치사 in 다음에 4격(던져 넣으니까). "4개의 분리함 중 어느 분리함으로'

22) zu werfen hat 에서는 haben + zu 용법(...해야만 한다.)

23) ist nicht gedacht 계획된 것이 아니다. 생각된 것이 아니다. gedacht는 denken의 과거분사 이기도 하고 gedenken의 과거분사 이기도 하다. 두 동사는 의미가 비슷.

24) ausgeflippt 정신을 돌게하는

25) noch + 형용사 비교급= 훨씬 더 ....한

26) nach Farben 색깔에 따라

27) wird sortiert 수동태. 동사 sortieren의 과거분사엔 ge가 안붙음(-ieren).

28) wehe! 탄식, 비통, 놀라움의 외침.

29) verordnet 규정된

30) berücksichtigen 고려하다

31) loswerden 버리다, 없애다.

32) von...an '...부터'

33) gewöhnt 익숙한, 길들여진

34) wenn schon, denn schon 이왕 할바에야 철저하게 하자, 이왕 이렇게 된 것 어떻게 되든 상관 있는가

35) mit voller Wucht 힘껏

36) geschmissen 은 schmeißen의 과거분사

37) sich lehnen 상반신을 내밀다, 구부리다.

38) fragen 동사는 4격과 함께(누구에게).

39) lesen köonne에서 könne는 접속법 1식으로 간접화법.

40) erhalten 얻다, 받다. 과거가 erhielt.

41) mündig 어른의, 성인의

42) der Hinweis 언급, 지시

43) das Flascheneinwerfen 병던져넣기

44) der Werktag 평일, 근무일

45) erlaubt sei에서 sei는 sein 동사의 접속법 1식(간접화법). erlauben의 p.p와 sein 동사는 수동태.

46) deutlich zu lesen sei. (sein + zu 용법). diese Vorschrift(이 규정)를 주어로 해서 수동태로 만듬. '이 규정은 분명히 읽힐 수 있다'. 능동문으로 번역하면 '사람들은 이 규정을 분명히 읽을 수 있다'.

47) die Einrichtung 가구비치, 집을 꾸밈

48) der Sperrmüll 부피가 커서 일반 쓰레기통에 들어가지 않는 쓰레기.

49) kompliziert 복잡한

50) wird...zugeschickt 수동태. zuschicken은 '보내다'

52) angeben 언급하다. 지정하다. wird angegenen '언급되어 있다, 지정되어 있다'.

53) abholen 가지러 가다, 가지러 오다, 마중 나가다.

54) entsorgen lassen 수거하게 하다.

55) vermottet 좀벌레 먹은

56) Kloschüssel 변기

57) der Hörfunk 라디오

58) das Fernsehgerät 텔레비전

59) werden...gestellt, werden von... abgeholt 다 수동태.

60) wenn ...일지라도

61) mit den von anderen weggeworfenen Sachen: '다른 사람들에 의해 버려진 물건들'

62) oft sind das absolut funtionstüchtige Dinge에서 주어는 das(지시대명사로 성과 수에 관계 없이 쓸 수 있다)

63) dabei 이일에서, 그때에, 이일을 할 때

64) sich schämen '부끄러워 하다'. 존칭에 대한 명령문은 주어와 동사의 위치만 바꾸면 된다.

65) gang und gäbe '세상에서 보통 행해지는, 관습적인, 당연한'.

11. Stadtporträt Berlin

Geteilte Stadt, vereinte Stadt

Nach dem Zweiten Weltkrieg war Berlin eine geteilte Stadt - durch den "Eisernen Vorhang" in zwei Teile geschnitten. Am berühmten "Checkpoint Charlie" richteten Sowjets und Amerikaner ihre Waffen aufeinander, stets bereit, für das jeweilige Verständnis von Freiheit einen Weltenbrand zu entfachen. Der Bau der "Berliner Mauer" im Jahr 1961 trennte Ideologien; er trennte aber auch Familien, Nachbarn und Freunde. "Ich bin ein Berliner!", diese berühmt gewordenen Worte des US-Präsidenten John F. Kennedy demonstrierten das Mitgefühl der westlichen Welt für Berlins Tragödie, aber die verhärteten Fronten im "Kalten Krieg" zwischen Ost und West machten aus Berlin eine Stadt mit zwei Gesichtern.

Der Fall der Mauer

Denn: Was niemand für möglich gehalten hatte, wurde am 9. November 1989 Wirklichkeit. Die Mauer fiel. Und die Menschen aus Ost und West fielen sich in die Arme, es flossen Tränen des Glücks.

Mehr als ein Jahrzehnt ist seitdem vergangen. Berlin ist nun die Hauptstadt des vereinten Deutschland. Presslufthä mmer, Baufahrzeuge und Planierraupen bestimmten lange den Rhythmus der Stadt. In kürzester Zeit haben Arbeiter aus aller Herren Länder ganze Stadtteile aus dem Boden gestampft, vor allem dort, wo die Teilung der Stadt am deutlichsten ihre Spuren hinterlassen hatte - zum Beispiel am Potsdamer Platz. Hier ragen inzwischen schlanke Wolkenkratzer aus Glas, Stahl und Beton in den Himmel. Berlin - eine Stadt im Umbruch, die Menschen aus aller Welt anzieht.

문법해설

1) geteilt는 teilen의 과거분사 꼴로 '분리된'
2) vereint는 vereinen의 과거분사 형태로 '합쳐진, 하나가 된'
3) eisern 쇠로 만든
4) der Vorhang 커튼, 장막
5) geschnitten은 schneiden의 과거분사. sein+p.p 상태수동
6) aufeinander 서로 대결하여, 서로 서로
7) richten 향하나
8) stets 언제나, 끊임없이
9) jeweilig 각기, 각각, 매번
10) der Weltenbrand 세계전쟁
11) entfachen 일으키다

12) trennen 나누다, 분리하다
13) diese berühmt gewordenen Worte 이 유명하게 되어진 말
14) verhärten 냉담하게하다
15) halten für... ...라고 여기다
16) fliessen의 과거 floss, es는 가주어로 진주어 Tränen(die Träne의 복수)의 수에 따른다.
17) vergehen 시간이 지나가다. sein과 합쳐 완료형
18) vereinen의 p.p인 vereint
19) aus aller Herren Länder 도처에서
20) etwas aus dem Boden stampfen, 무엇을 즉석에서 만들어 보이다. 땅을 다져 무엇을 만들다.
21) regen 돌출하다
22) der Wolkenkratzer 마천루
23) der Umbruch 변혁
24) anziehen 끌어당기다

12. Studieren in Berlin

Studium mit Superlativ

Berlin ist nicht nur die größte Stadt, Berlin ist auch die größte Universitätsstadt Deutschlands. Mehr als 130.000 Studierende lernen hier an drei Universitäten, sieben Fachhochschulen, vier Kunsthochschulen und über 60 weiteren Forschungseinrichtungen. Berlin ist einer der beliebtesten Studienorte in Europa - in Deutschland sowieso.

Die Humboldt-Universität (HU) Berlin ist der Prototyp einer neuzeitlichen Universität. Der Dualismus von Lehre und Forschung wurde hier 1810 erstmalig praktiziert. Das beeindruckende Hauptgebäude steht direkt an Berlins bekanntester Straße "Unter den Linden". Knapp 34.000 Studierende sind an der HU eingeschrieben. Das Fächerspektrum der elf Fakultäten ist breit. Mit dem berühmten Krankenhaus, der Charité, hat die HU die größte medizinische Fakultät Europas.

Groß und international

1948 gründeten Professoren und Studenten mit amerikanischer Unterstützung die Freie Universität Berlin - 20 Jahre später eine Hochburg der deutschen Studentenbewegung. Heute studieren hier mehr als 43.000 Jungakademiker in zwölf Fachbereichen und über 100 Instituten. Sprachen, Geschichte, Recht und Wirtschaft sind die klassischen Schwerpunkte. Eine internationale Prägung erhält die FU durch 5000 Studierende aus dem Ausland.

Die Größe der Freien Universität birgt aber auch Nachteile: Die Betreuung des einzelnen Studenten kommt oft zu kurz.

1) der Superlativ 최상급
2) Studierende 대학서 공부하고 있는 사람들
3) sowieso 하여간, 어차피
4) beeindruckend(동사+d는 현재분사꼴) 깊은 인상을 주는
5) einschreiben 대학에 등록하다
6) das Spektrum 다양성, 분과
7) das Fach(복수는 Fächer) 전공분야
8) die Unterstützung 후원, 지원
9) bergen 지니다, 포함하다
10) die Betreuung (논문지도등을) 담당, 지도
11) zu kurz kommen 불리하게 되다, 너무 적게 받다.
12) der Student는 약변화 명사. 단수 2, 3, 4격과 복수 모두가 Studenten

13. Stadtporträt München

Das Millionendorf

München gehört neben Berlin zu den attraktivsten Städten Deutschlands. Beides Millionen-Städte könnten sie doch nicht unterschiedlicher sein: Berlin ist groß und unübersichtlich, chaotisch und laut, aber auch innovativ und inspirierend - eine Großstadt am Puls der Zeit. München - das ist der Gegenpol: Kleiner und gemütlicher, genießerisch und gelassen, aber auch konservativ und etwas behäbig - ein "Millionendorf", wie es gern etwas geringschätzig genannt wird.

Bayern und Bier

Doch das "Dörfliche" hat auch seine Vorteile. Tatsächlich bietet München alles, was eine Stadt lebenswert macht: Ein Zentrum mit zahlreichen Kirchen und barocken, gotischen und klassizistischen Prachtbauten. Eine Fülle von Museen, Theatern und Konzerthäusern. Feine Einkaufsstraßen. Das schicke Studenten- und Vergnügungsviertel "Schwabing" mit seinen Straßencafes, Kneipen, Buchläden. Und: München ist grün. Zahlreiche Parks wie zum Beispiel der "Englische Garten" oder die Isar-Auen lassen Luft zum Durchatmen. Nicht zu vergessen die über 80 Biergärten, in denen die Mü nchner im Sommer unter Kastanien sitzen, plaudern und literweise bayerisches Bier vertilgen.

Autos und Hightech

Doch München ist mehr als "nur" ein wunderschönes Touristenziel. Die bayerische Landeshauptstadt mit ihren 1,3

Millionen Einwohnern ist auch ein modernes und florierendes Wirtschaftszentrum. Der Automobil-Hersteller BMW, der Elektronik-Konzern Siemens und der Luft- und Raumfahrtkonzern DASA haben hier ihren Sitz. Die bayerische Landesregierung fördert gezielt die Ansiedlung von High-Tech-Unternehmen sowie Forschungsprojekte in den Bereichen Bio-und Informationstechnologie.

Studieren und Forschen

Und "last but not least": München ist natürlich auch eine wichtige Universitätsstadt. Rund 100.000 Studierende lernen und forschen hier an zehn Hochschulen. Renommierte Wissenschafts-Organisationen wie die Max-Planck-Gesellschaft und die Fraunhofer-Gesellschaft haben in München ihren Sitz. Zu Weltruhm gelangten zwei Münchner Studierende - allerdings aus traurigem Anlass. Die Geschwister Hans und Sophie Scholl gründeten hier unter dem Namen "Weiße Rose" ihre Widerstandsorganisation gegen Hitler und die Nazis und wurden 1943 hingerichtet.

문법해설

1) beide는 명사적으로 쓰일 때 집합명사의 개념으로 단수형인 beides가 쓰인다.
2) unterschiedlich 다른, 상이한
   부정어 nicht + 형용사 비교급 unterschiedlicher으로 '그렇게 다를 수가 없다. 그보다 더 다를 수가 없다'.
3) unübersichtlich 한 눈으로 전망하기 어려운
4) der Puls 맥동, 생기
5) gelassen 여유있는, 침착한

6) behäbig 쾌적한, 안락한, 부유한

7) geringschätzig 경시하듯, 경멸적인

8) der Prachtbau (복수는 -ten) 호화건축물

9) das Vergnügungsviertel 유흥가

10) die Aue 강가의 초원

11) vertilgen 마시다, 먹어치우다

12) florierend 번창하고 있는

13) Luftfahrt 비행

14) Raumfahrt 우주비행

15) gezielt(zielen의 p.p) 목표로 하여

16) renommiert 유명한

14. Studieren in München

Zwischen High-Tech-Campus und Studentenstadt

Es gibt kaum etwas, was man in München nicht studieren kann. Von Architektur bis Zoologie, von Filmregie bis Gentechnik reicht das Fächerangebot. Zehn Universitäten teilen sich das Feld. Die drei gröβten sind die Ludwig-Maximilians-Universität, die Technische Universität und die Fachhochschule München - insgesamt über 76.000 Studenten.

Städte in der Stadt

Bei solch einem Massenbetrieb ist klar, dass es keinen einheitlichen Universitäts-Campus gibt. Zwar haben die Hochschulen meist einen Stammsitz im Zentrum, doch ihre verschiedenen Institute liegen dezentral im ganzen Stadtgebiet verstreut, allein die Ludwig-Maximilians-Universitä t hat rund 100 Standorte. Für die Studierenden hat das zwei

Konsequenzen: Die "U-Bahn", die sie zu ihren Instituten befö rdert, wird ihre zweite Heimat. Und: Das soziale Leben vor allem der internationalen Studierenden findet in erster Linie in den Studentenstädten statt: in großen Wohnheim- Ansiedlungen mit bis zu 2400 Plätzen. Die bekannteste ist die "Studentenstadt Freimann" an der Peripherie von München. Mit ihren vielen Hochhäusern nicht gerade eine Schönheit, verfügt sie aber ü ber eigene Cafes, Kneipen und Sporteinrichtungen. Gerade für Studenten aus dem Ausland ist es hier meist einfacher, Leute kennen zu lernen.

문법해설

1) Filmregie 영화연출
2) Gentechnik 유전자공학
3) Massenbetrieb 대량경영
4) der Stammsitz 본부
5) befördern 운송하다
6) die Ansiedlung 작은 마을, 부락, 정착, 이주

참고문헌

도서명, 저자, 출판소, 출판년도 순으로 놓았다.

괴테 파우스트 휴머니즘, 김수용 (책세상, 2004)
그림형제. 생애와 동화문학세계, 이성훈, 건국대학교출판부, 1994.
독일견문록, 김영찬, 김&정, 2005.
독일이야기 2, 서울대학교 독일학 연구소, 거름, 2000.
마이스터의 나라 독일, 월간조선사, 월드 빌리지 2004년 1호
문예사조, 김치수편, 문학과 지성사,1979.
박영수, 지구촌 문화여행, 거인, 2006.
박찬기, 독일문학사, 일지사, 1978.
예술시대의 독일문학, 조창섭, 서울대학교출판부, 1993.
유시민과 함께 읽는 독일문화 이야기, 바르코브(유시민 편역), 푸른나무, 2004.
통일 독일의 문화와 예술, Renate Luscher(김이섭, 최경은, 배정희 옮김), 담론사, 1998.
파시즘의 대중심리, 빌헬름 라이히(황선길 옮김), 그린비.
파우스트의 엔텔레키적 양상 I -괴테『파우스트』 I 부를 중심으로, 유창국, 괴테연구 제9집 (1997).
홍미로운 나라 독일, 한생일, 한솜미디어, 2005.

색 인

1. 국문

기타

가

나

사

아

자

2. 독문

A

B

D

E